격동의
환태평양

이 저서는 2020년 대한민국 교육부와 한국연구재단의 지원을 받아 수행된 연구임(NRF-2020S1A5C2A02093112)

환태평양
연구총서
17

격동의 환태평양

국가의 상쟁과
지역의 통합
그리고 초국적 연계성

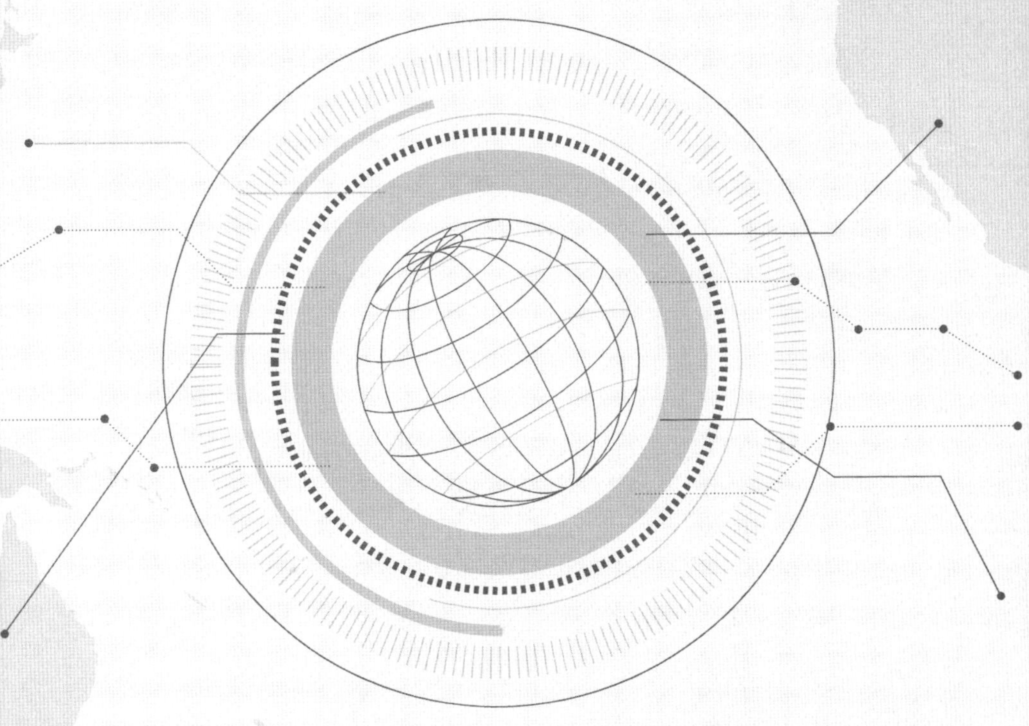

차창훈, 박상현, 이재승, 김석수, 김동수, 마티외 아레스, 에리크 블랑제,
김호철, 현 민, 이준구, 김건휘, 정호윤, 임하람, 정문수, 노용석, 이정화
지음

이담북스

환태평양은 오늘날 세계 정치경제의 중심 무대가 되었다. 이 광대한 해양 공간을 둘러싸고 국가들은 경쟁하고 연대하며, 분리되면서도 연결되고, 사람·사물·생각은 국경을 가로질러 끊임없이 직조된다. '격동의 시대'라는 표현이 상투어처럼 들릴 수 있으나, 트럼프 2기 행정부의 등장과 일방적 관세 부과, 중국의 '동원된 세계화', 규칙기반 통상질서의 균열, 공급망을 중심으로 한 가치사슬의 재편이라는 현실 앞에서 환태평양은 그 어느 때보다 요동치고 있다.

이 편저는 국립부경대학교 글로벌지역학연구소가 한국연구재단의 인문 사회연구소 지원사업 '메가-지역으로서 환태평양 다중문명의 평화적 공진 화: 국가의 상쟁, 지역의 통합, 도시의 환대'를 수행하면서 축적한 연구성과를 반영하여 기획·편집한 학술서로, 격동의 환태평양을 이해하기 위한 다층적 분석의 시도이다. 본서의 대부분은 글로벌지역학연구소가 발간하는 학술지 『Journal of Global and Area Studies(JGA)』에 게재된 논문들로 구성되었으며, 영문의 경우 번역하여 수록하였다. 다만 2부, '환태평양 통상 질서 재편과 통합'이라는 주제를 보다 심도 있게 다루기 위해 외부 전문가의 글을 저자 동의하에 수록하였다. 하나는 CPTPP 회원국인 캐나다 학자들의 시각을, 다른 하나는 산업통상부에 재직 중인 실무전문가의 정책적 시각을 담은 글로, 학술 연구와 정책 현장을 함께 아우르고자 하는 본 편저의 기획 의도를 반영한 것이다.

본 편저는 국가 간 패권 경쟁이라는 거시적 차원에서 출발하여, 무역협정 이라는 제도적 차원을 거쳐, 글로벌 가치사슬이라는 경제적 연계의 차원으 로 내려와 마침내 태평양을 횡단하는 이들의 초민족적 사회 형성이라는 풀 뿌리연계망의 차원까지 환태평양이라는 공간을 입체적으로 조망하고자 하 였다. 이를 위해 국제정치학, 국제정치경제학, 역사학, 지역학 등 다양한 분 과 학문에 걸친 13편의 논문을 한 권으로 엮었다.

1부 '상쟁하는 국가와 환태평양'은 미ㆍ중 전략적 경쟁이라는 환태평양 의 쟁점을 다룬다. 차창훈은 자유주의 국제질서에 대항하는 중국의 문명 주의 이데올로기를 구성주의적 접근을 원용하여 규범 경쟁이 패권 전이의 핵심 차원임을 논증한다. 박상현은 중국 '일대일로'를 단순한 외교 전략이 아니라 국내 정치경제적 조건과 결부된 '동원된 세계화'로 독해한다. 이재 승ㆍ김석수는 ASEAN이 중국 팽창에 대해 어떻게 대응하는지를 아세안의 집합적 대응과 회원국가의 이질적 인식을 중심으로 살펴본다. 김동수는 트 럼프 2기 시대의 미중관계가 한반도에 던지는 시사점을 현실주의적 시각 에서 검토한다.

2부 '환태평양 통상질서의 재편과 통합'은 포괄적ㆍ점진적 환태평양경제 동반자협정(CPTPP)을 중심에 놓는다. 캐나다의 연구자 마티외 아레스와 에리크 불랑제는 글로벌 무역전쟁의 소용돌이 속에서 CPTPP를 둘러싼 미국·중국·일본의 복잡한 셈법을 현실주의·기능주의 시각에서 검토하고 글로벌 가치사슬 중심의 보완적 설명을 제시한다. 산업통상자원부의 실무 경험을 지닌 김호철은 CPTPP의 전략적 의미와 한국이 직면한 쟁점을 정책적 관점에서 풀어낸다. 현민은 CPTPP를 중견국 연대의 규범 플랫폼으로 재해석하고, 중국·대만의 가입 쟁점을 통해 이 협정이 지닌 국제적 함의를 탐구한다.

3부 '환태평양 연계성과 글로벌 가치사슬'은 환태평양 연계성의 구체적 측면을 가치사슬, 무역관계, 국제관계에서 살펴본다. 이준구는 글로벌 가치사슬과 지역 간 연결의 이론적 지형을 정리하며 3부 전체의 분석틀을 제공한다. 김건휘·현민은 중력모형을 활용한 실증분석을 통해 CPTPP 발효 이후 ASEAN 회원국의 무역구조 변화를 체계적으로 규명하고, 무역창출 효과와 글로벌 가치사슬 후방 참여 확대를 확인한다. 정호윤은 브라질-중국 관계를 국제정치경제적 시각으로 분석함으로써 무역·투자와 남남협력을 축으로 전개되어 온 동아시아-라틴아메리카 연계성의 한 단면을 보여 준다.

4부 '태평양 횡단과 초민족적 사회장의 형성'은 환태평양을 가로지른 사람들, 담론, 문화에 주목한다. 임하람·정문수는 18세기 제임스 쿡의 태평양 탐사를 자유해 담론의 역사적 기원으로 재조명하고, 오늘날 해양 거버넌스의 역사적 뿌리를 드러낸다. 노용석·이정화는 멕시코와 쿠바의 에네켄 농장으로 이주한 한인들의 후손이 어떻게 '모국'과의 연계성을 구성해 가는지를 현지 조사를 통해 살핀다. 정호윤은 브라질 야구의 발전에서 일본계 이주자의 역할을 추적하며, 스포츠를 매개로 한 환태평양 트랜스내셔널리즘의 구체적 양상을 드러낸다.

이처럼 이 책은 패권 경쟁의 이데올로기에서 이주민의 문화적 연대에 이르기까지, 환태평양을 둘러싼 거시·중범위·미시적 차원을 하나로 묶고자 하였다. 또한 각 논문이 개별적으로 완결성을 지니되, 전체로 읽힐 때 '상쟁', '통합', '연계성'이라는 부제의 세 축이 서로 긴밀하게 교차하도록 구성하였다. 이러한 구성을 위하여 기꺼이 원고를 내어주신 필자 선생님들께 깊이 감사드린다. 특히 전혀 인연이 없음에도 불구하고 흔쾌히 본 편저에 원고의 수록을 허락해 준 마티외 아레스(Mathieu Arès), 에리크 불랑제(Éric Boulanger), 그리고 산업통상부의 김호철 국장님께 감사드린다. 더불어 1부의 3장 "아세안(ASEAN)의 구조적 한계와 중국 팽창에 대한 이질적 인식"을 번역한 글로벌지역학 연구소의 박지훈 박사, 편집 과정에서 도움을 준 글로벌지역학과 대학원의 김소현 박사과정생, 박경미 박사과정생, 그 밖의 글로벌지역학연구소 모든 성원에게 감사의 뜻을 전한다.

거대한 물질이자 사물로서의 바다, 태평양은 늘 그러할 뿐인 자연이다. 격동이니 태평(太平)이니하는 것은 단지 이 사물 앞에 선 말, 우리의 시각일 뿐이다. 그럼에도 불구하고 이 책이 격동의 바다를 넘어 태평(太平)의 바다로 나아가는 작은 나침반이 될 수 있기를 바란다.

2026년 봄, 태평양의 가장자리에서
박상현·현민 씀

1부

상쟁하는 국가와 환태평양

01

자유주의와 문명주의
미국과 중국의 국제질서를 둘러싼 패권 경쟁[*]

차창훈(부산대학교)

Ⅰ. 서론: 이데올로기와 국제질서

2024년을 기준으로 20년 전 중국의 국민총생산(구매력 기준)은 약 57,600억 달러로 미국의 절반에 미치지 못했다. 10년 전인 2014년에는 미국을 넘어섰고, 2024년에는 그 격차가 벌어져서 미국의 1.5배에 달할 것으로 예측된다. 군사력으로 미국과 중국의 국력지표를 평가하면 사정은 달라진다. 2022년 미국의 군사비 지출은 8,490억 달러이고 3,000억 달러에 미치지 못하는 중국의 2배가 넘는다. 핵전력, 전투기 수, 석유 비축량 및 해외 군사기지 등 군사력 전반에서 중국은 미국에게 열세에 놓여 있다. 아울러 정부의 거버넌스, 정치제도 및 스마트 파워 등 제반 종합국력의 지표를 비교하면 중국은 미국과 비교우위에 있다고 주장하기 어렵다. 그럼에도 불구하

---

[*] 이 글은 『Journal of Global and Area Studies』 8권 1호(2024)에 게재된 논문을 저자 동의하에 수록하였음.

고 중국의 뚜렷한 국력 성장은 국제질서에서 기존 패권국가인 미국에 충분한 도전을 제기하고 있기에 '투키디데스 함정'에 빠질 수 있다는 역사적인 경고가 제시된다. 여기에는 국제정치의 세력전이가 발생하는 구조적인 변동이 국가 간의 전쟁으로 귀결된다는 관점이 투영되어 있다(앨리슨, 2018).

기존의 패권국 미국과 부상하는 강대국 중국이 구조적인 변동과정에서 발생시키는 긴장과 갈등은 이념의 영역, 즉 국제정치 질서를 둘러싼 이데올로기에서도 충돌하는 양상을 나타낸다. 이는 1945년 제2차 세계대전 이후 패권국으로 등장하고, 미소 냉전에서 승리를 이끌어내면서 미국이 유럽과 서구문명의 이름으로 구축해 온 자유주의 국제질서를 둘러싼 대결에서 나타나고 있다. 미중 전략적 경쟁은 세력전이가 초래하는 국제 질서와 거버넌스의 변화와 관련하여 많은 문제제기를 불러일으켰다. 특히 2017년 트럼프 행정부의 시리아에서 철군, 이란 핵협상 무효화, 파리협정 취소 등은 미국 국력의 자유주의 국제질서 리더십 쇠퇴로 해석되었다. 중국이 자유주의 국제질서를 전적으로 수용하고 그 구성원의 일부분이 될 것인지, 혹은 자유주의 국제질서에 대항하고 대안적인 질서를 형성할 것인지에 대하여 많은 논의들이 있어 왔다. 아이켄베리(Ikenberry)는 자유주의 국제질서는 개방되어 있고 공정하지만 느슨한 규칙에 기반하고 있기에 중국과 같은 부상하는 새로운 강대국을 포용할 능력이 있으며, 미래의 국제질서는 중국의 결정에 달려 있다고 평가하였다(Ikenberry, 2011: 343-346). 이러한 평가는 국제질서를 구성하는 이데올로기 요소에는 세심한 주의를 기울이지 않은 것이다. 왜냐하면 중국의 정치 엘리트 혹은 대중들이 자유주의나 민주주의 이데올로기를 수용하지 않은 상태에서 서구가 주도하는 자유주의 국제질서를 적극 수용하기 어려운 현재의 상태를 설명할 수 없는 것이다. 따라서 쿱찬(Kupchan)이 주장하는 바와 같이 국제정치의 변화는 단순히 물질적인 권력의 변동만이 아니라 어떤 질서를 만드느냐를 둘러싸고 경쟁하는 규범 간의 대결이다. 헤게모니 전이란 자신만의 독특한 문화적·사회경제적 그리고 정치적 정향을 갖는 일련의 규범적인 질서를 세력권 확장을 추구하는 부상하는 강대국이 성공적으로 확산시킬 때 시작되는 것이다(Kupchan, 2014).

이데올로기는 개별행위자 혹은 집단 행위자들이 정치의 세계에서 해석하고, 가치평가하고, 행동하는 하나의 구별되는 정치적 세계관으로 정의된다(Freeden, 1996). 이데올로기는 국제질서의 구조를 형성할 뿐만 아니라 기존 질서에 도전하고 전환을 시도하는 집단적인 시도를 의미한다. 왜냐하면 대안적인 믿음과 가치를 조직화하기 때문이다. 따라서 이데올로기는 도구적으로 정당화(legitimization)를 조작화하는 수단으로서도 중요하며, 아울러 실제적인 믿음 그리고 상호주관적인(intersubjective) 가치의 원천으로서 매우 중요하다. 이러한가치들은 대중들의 담론이나 국제제도를 구현하는 규범 그리고 국제기구의 일상적인 운용에서 수용되어진다. 동시에 이데올로기는 권력의 독립적인 형태로서 접근해야 한다. 영향력을 행사하는 '구성적인 권력(constitutive power)'으로써 행위자들이 결과적으로 정당화하려는 정책과 이익을 구현하는 것이다(Allan, Vucetic and Hopf, 2018).

규범이 이데올로기로서 역할을 하고, 행위자 간 권력의 역학관계에 작용하는 구성적인 권력을 행사함에 따라 구성주의(constructivism)도 규범을 둘러싼 이데올로기 대립에 그 연구 영역을 확대하였다. 구성주의 초기 연구는 규범과 정체성을 포함한 관념적이고 문화적인 요소들이 국제정치에서 중요한 역할을 해왔음을 밝혀 왔다(Finnemore, 1998; Katzenstein, 1996). 최근 구성주의 논의는 규범 경쟁이 자유주의 국제질서에서 관념과 정체성이 갖는 사회화와 대항의 메커니즘 과정을 깊이 있게 다루고 있다(Bettiza and Lewis, 2020; Reus-Smit, 2017; Allan, Vucetic, and Hopf, 2018). 고다

르드와 넥슨은 글로벌 권력정치의 역학에 따른 규범 경쟁의 분석을 시도한 바가 있다(Godard and Nexon, 2016). 본 연구도 이데올로기의 역학관계가 창출하는 국제질서의 변화를 구성주의 접근방법에 따라 고찰하고자 한다.

어떤 특정한(자유주의) 국제질서가 다른 이념과 경쟁하고 대립되는 과정에서 이데올로기의 역학관계가 갖는 중요한 역할을 드러내는 것이 본 연구의 목적이다. 이 글은 다음과 같은 내용으로 구성된다. 2장에서는 서구가 구축해 온 자유주의 국제질서의 형성과정과 현재의 위기 상황을 설명하고자 한다. 아울러 자유주의 이데올로기의 헤게모니에 대항하는 이데올로기로 등장한 문명주의에 대하여 고찰하고자 한다. 문명을 강조하는 정치리더십의 정치 기술적인 수사와 문명에 기반한 국제정치 연구 경향을 소개하고자 한다. 4장은 자유주의 국제질서에서 이데올로기의 역학관계로서 작동해 온 사회화(socialization)와 낙인찍기(stigmatization)의 메카니즘을 기술하고자 한다. 나아가 자유주의 국제질서에 대항하는 대안 이데올로기가 선택하는 전략을 자유주의 행동, 흉내내기, 문명의 근본화, 대안 규범의 기획 등 4가지로 설명하고자 한다. 마지막으로 미국의 자유주의 국제질서에 대항하는 중국의 문명주의 국제질서를 전망하고자 한다.

II. 자유주의 국제질서와 문명주의의 등장

1. 자유주의 국제질서의 확산과 위기

자유주의 국제질서는 수백년 간 역사를 주도해 온 서구 번영의 산물이다. 자유주의 사상은 18세기 영국에서 아담 스미스의 정치경제학 국부론에서 시작되었다. 칸트의 영구평화론은 공화주의 정치체제가 보다 폭넓은 정치적 공간을 확보할 경우 국제질서의 평화를 달성할 수 있다는 논리를 부여해 주었다. 로크와 밀에 이르러 계약, 권리 및 법이 민주주의 정치체제에 중요한 의미를 부여하는 사상으로 발전하였다(Fawcett, 2014). 개별 정치공동체에서 발전한 자유주의 사상과 자유주의적 국제질서의 연관관계는 다층적이다. 자유주의 국제질서는 지난 200년을 경과하면서 발전하였지만, 19세기에서 일관되고 구별되는 자유주의적인 국제문제를 찾아보기는 쉽지 않다. 무역, 지식과 기술, 집단안보 등과 관련된 다양한 사고들이 개방된 자유주의적 민주주의 세계 내부에서 확산되었다. 19세기 이래 서구의 자유주의 민주국가들이 200년 동안 세계질서를 주도했고, 20세기 말이 되었을 때 글로벌 GDP의 80%를 차지하는 결과를 가져왔다. 산업혁명과 함께 자본주의 경제는 국경을 넘어서 팽창했다. 유럽 열강들은 제국주의를 구축했고, 민족국가를 단위로 하는 국제정치가 뿌리를 내렸다. 자유주의 민주주의 정치체제의 수, 규모, 부가 압도하는 질서를 만들어냈다(Doyle, 1983).

20세기 들어서 자유주의 국제주의(liberal internationalism) 사상이 국제질서를 조직화하고 개혁하는 틀로 이해되기 시작하였다. 1919년 윌슨 대통령이 이러한 생각을 처음으로 시도했고, 국제연맹의 구상처럼 비교적 단순하게 집단안보체제를 통해서 전쟁의 위협으로부터 안보문제를 해결하려는 것이었다(Deudney and Ikenberry, 1999: 196). 1945년 루즈벨트 대통령은 자유주의 국제주의를 국제사회의 아젠더로 삼으면서 확산시켰다. 대공황과 대규모 살상의 세계대전을 거치면서 전쟁과 무력 그리고 근대성 등에 대한 보다 근본적인 물음들이 제기되었다. 파시즘과 전체주의의 등장을 목도했고, 홀로코스트와 원자폭탄의 공포, 세계경제의 침체 등은 인류의 생존에 의문을 가져왔다. 전후의 내장된 자유주의(embedded liberalism) 질서가 경제적 및 정치적 위협을 극복하도록 고안되었다. 미국이 주도한 전후 국제정치경제 질서가 브레튼 우즈체제로 확립되었고, 유엔헌장에 인권과 같은 보편적인 가치가 표방되었다. 이 과정을 통해서 자유주의 국제주의는 개선되고 운영가능한 세계 질서의 비전을 제공하였다. 이는 국내에서 추구되는 자유주의 민주정치체제를 위협하는 예기치 않은 국제문제와 돌발사태를 해결하는 조직화된 규칙들인 제도와 능력을 갖추려는 것이다.[1]

냉전 체제의 해체와 함께 자유주의 국제질서가 지배적인 이데올로기로 확산되었다. 자유주의 국가들은 공산주의에게 승리를 선언했고, 자유주의 이론들은 '역사의 종언'을 선언했다. 자유주의 국제질서 제도와 규칙들은 이 질서 외부에 있었던 국가들에게 선택의 손짓을 보냈다(Ikenberry 2009, 76; Jahn 2018, 45). 탈냉전 시기 굳건히 연결된 유럽-미국의 세력권이 대서양을 넘어 전지구적 범위로 확산되기 시작했다. 이 과정은 3가지 축으로 이루어졌다. 첫째는 정치적인 축으로 인권 규범과 민주주의 거버넌스의 확산이다. 둘째는 경제적인 축으로 워싱턴 컨센서스로 상징되는 신자유주의 자본주의의 확산이다. 셋째는 정부 간 국제기구의 축으로 국제문제와 인류의 당면과제를 다루는 국제제도와 레짐의 확산이다.(Cooley and Nexon, 2020: 6-9; Jahn, 2018: 43; Lake, Martin and Risse, 2021: 229-32).

따라서 자유주의 국제질서는 안전보장체계를 통한 안보협력, 다자주의 제도, 경제적인 개 방성, 인권 규범에 기반한 민주주의 연대 등으로 조직화되어 있다(Ikenberry 2018, 7). 자유주의 학자들은 이를 인류 역사의 진보로 평가한다. 만인 대 만인의 투쟁이라는 무정부 상 태의 홉스 정치 세계관을 극복하여 전쟁과 갈등을 조정하는 제도적인 협력을 성취한 결과로 평가한다. 미국은 동맹국을 결속시키고, 세계경제를 안정화하며, 협력을 촉진시

---

1   자유주의 국제질서의 이론과 역사에 관해서는 Tony(1994), Mandelbaum(2004), Borgwardt(2005), Ninkovich(1994) 참조.

키고, 자유세계의 가치를 고양하면서, 자유주의 국제질서의 헤게모니 리더십을 제공하였다. 서유럽과 일본이 주요한 파트너 국가로 떠올랐고, 그들의 안보와 경제적인 번영이 자유주의 질서의 확장으로 이어졌다. 냉전 종식 후 동아시아, 동유럽 그리고 라틴아메리카는 민주주의 이행이 이루어졌고 세계경제로 통합되었다. 자유주의 국제질서가 확산됨에 따라 거버넌스 제도들이 잇따랐다. 나토가 확대되었고, 세계무역기구가 출범했으며, G20이 무대의 중심이 되었다.

그런데 낙관적인 전망은 낙담으로 변했다. 인도주의적 (군사)개입을 통해서 민주주의 촉진정책과 신자유주의적인 경제정책들은 목표 달성에 실패했다. 2000년대 초 부시 행정부는 자유주의 국제주의의 단극주의(unipolarity)를 포기하고 다자주의를 추구했다. 동맹국과 우방국들을 종종 국제제도를 무시하고, 비합법적인 외교정책을 공격적으로 추구했다. 이 과정에서 노골적으로 인권규범을 침해하기도 하였다. 더욱이 신자유주의 경제정책은 2008년 세계 금융위기를 초래했다. 이 무렵 아이켄베리는 자유주의 국제주의의 실험은 실패했다고 평가했다(Ikenberry, 2011). 자유주의 국제질서는 가치중립적인 규칙, 제도 및 시장을 통해서 국가 간의 상호관계를 규정 짓는 다소 얄팍한(thin) 규범의 질서로 평가절하되었다. 그리고 일련의 복합적인 행동의 규칙과 규범을 강제함으로써 서구밖의 국가들과 사회의 변화를 자신들의 의도대로 추구하고 있다고 비판받았다. 자유주의적 국제주의의 근거는 취약해졌고. 글로벌 거버넌스를 위한 새로운 흐름이 등장했다(Acharya, 2016).

반면 낙관론자들은 일시적인 위기는 미국의 오만이 초래한 것일뿐이라고 한다. 자유주의 국제질서 그 자체의 위기는 아니고 자유주의 세계의 헤게모니 리더십으로서 미국의 권위의 위기라고 평가한다(Ikenberry, 2015: 451).

자유주의 국제질서는 개방되고 규칙에 근거한질서의 비전을 제시하기 때문이다. 자유주의 민주주의에 공간을 마련하며, 주권과 상호의존성의 딜레마를 해결하고, 국가내부에 그리고 국가들 간의 권리를 보존하고 보호를 추구한다. 세계대전의 파괴와 재앙, 경제공황, 파시즘과 전체주의의 흥망 등에도 불구하고 자유주의 국제질서는 살아남았고, 현재의 위기에도 살아남을 것으로 예측된다. 결국 자유주의 국제질서의 미래는 미국과 유럽의 능력에 달려 있다(Ikenberry, 2018: 22). 미국과 유럽의 국내적인 안정을 유지하고 국제적 리더십을 행사해야 한다. 산적한 국내문제들, 경제적인 불평등, 정체된 임금, 재정 적자, 환경 오염, 인종 및 민족 갈등 등을 극복해야 한다. 뉴딜과 위대한 사회와 같은 국내 사회개혁 프로그램에 의하여 국제적인 리더십도 가능했다는 점을 상기해야 한다는 것이다.

2. 서구 중심주의와 문명주의(civilizationalism)

국가 단위를 넘어서 이를 포괄하는 보다 커다란 문명단위로 인류의 역사를 재구성하려는 시도는 20세기 초에 이루어졌다. 토인비(Toynbee)는 그의 방대한 저서 역사의 연구에서 인류 역사를 28개 문명의 흥망성쇠를 검토하면서 문명은 엘리트 지도자로 이루어진 창조적 소수의 지도 아래 '도전'에 성공적으로 '응전'함으로써 문명이 순환한다고 주장했다. 그는 제1차 세계 대전 후 서유럽 문명에 위기가 도래한 상황에서 당시 관심을 받지 못했던 아시아 문명의 역사에도 주목하였는데, 인류 문명사를 다각도로 통찰한 토인비의 역사연구는 기존 서구 중심의 역사관에서 벗어나는 새로운 관점을 제시했다. 토인비의 연구의 탈서구화는 서구의 몰락을 전망한 슈펭글러의 영향을 받은 것이다. 슈펭글러 역시 인간의 문화 혹은 문명을 단위로 역사를 연구했는데, 러시아의 부상으로 서구 문명의 몰락을 예견하였다. 그의 저서는 전후 베르사이유 체제와 경기 침체로 유럽의 지식인들에게 많은 공감을 일으켰다.

'문명'이란 용어가 주는 이미지는 상호 간의 이질성이다. 역사에서 문명의 교류와 융합은 상업적인 교류뿐만 아니라 전쟁의 방식을 통해서 이루어졌다. 문화의 융합은 분명하게도 인류 문명의 진보에 기여하였지만, 문명의 충돌에는 갈등적이고 대립적인 생각이 따라온다. 국제정치학에서 '국가'가 아닌 '문명'을 분석단위로 연구하는 시도들이 탈냉전 이후 점차 주목을 받아 왔다. 헌팅턴은 이데올로기가 체제를 구분하던 냉전구조가 해체되고, 문명의 차이에 기인한 다양한 문화적인 갈등이 수면 위로 올라올 미래를 '문명의 충돌'로 표현하였다(Huntington, 1996).[2] 선택적으로 역사를 쟁점화하거나 혹은 신화를 창조하는 것은 과거를 현재로 확장하고 미래의 전망을 구조화하는 효과가 있다(Anderson, 2006). 21세기에 들어서 문명을 강조하는 정치외교술(statecraft)이 정치지도자들에게 빈번히 차용되기 시작했다. 도널드 트럼프, 시진핑 혹은 이란의 모하마드 카사미와 같은 정치지도자들은 문명적 인 수사를 사용하며 자신들의 지지자들의 정신 세계에 정체성을 부여하고자 한다. 자신을 자신이 속한 문명권의 지도자로서 부각하려는 의도가 있는 것이다. 기독교 정통성, 범슬라브주의, 중국 문명, 이슬람 성전 등이 이를 대변한다. 문명을 구별하는 색채를 입히는 정책과 외교적인 수사가 빈번히 발생하는 상황에서 아차리야(Acharya)는 "문명이 세계정치의 전면으로 다시 등장했다"고 주장하였다(Acharya, 2020).

자유주의 국제질서의 퇴조 속에서 서구 중심의 세계관을 반박하고 정치지도자들이 역사와 문명을 활용하는 정치외교술 양상은 현저하게 증가하였

---

2 문명을 분석대상으로 하는 연구로 Katzenstein(2010), Coker(2019), Dallmayr, Kayapinar and Yaylaci (2014) 참조.

다(Mayer, 2018; Kaczmarski, 2017). 실제였든 허구이든 과거의 재현을 체계적인 방식으로 재현하는 정치외교술은 3가지 목적을 갖는다. 외교정책을 프레임하고 정당화하는 것, 어떤 국가의 특정한 이미지를 자연스럽게 받아들이게 하는 것, 국가·지역·글로벌 층위에서 집단적 정체성을 안정화시키는 것이다(Liu and Denis, 2005; Brow, 1990). 세계 곳곳의 정치지도자들이 다양한 역사적인 기억들을 정치화하는 것은 현재의 서구 중심의 진보적이고 단선적인 역사관을 뒤흔드는 힘을 갖는다. 이는 통상적이지 않은 역사 프레임이다. 이러한 뒤흔들기는 몇몇 국가들내에서 역사문제를 건드려서 분열적인 양상을 초래하고 있다. 미국, 영국, 캐나다, 남아프리카 등에 서는 종전에는 아무 논쟁거리도 아니었던 역사적인 영웅들의 동상들이 갑자기 맹렬한 논쟁의 대상이 되고 폭력적인 행위까지 발생하고 있다. 이는 도시의 공공장소나 기념물 등에 새겨져 있는 노예제도, 식민주의 및 제국주의를 떠올리기 때문이다(Callahan, 2016; Lynch, 2015).

문명의 정체성을 드러내는 외교적 수사와 행위들의 현저한 증가는 탈냉전 이후 세계화의 과정 속에서 서구 중심의 자유주의 국제질서에 대항하는 이데올로기의 등장을 의미한다. 이를 브루베이커(Brubaker)의 용어를 가져와서 '문명주의(civilizationism)'라 한다(Brubaker, 2017). 문명주의는 그리스 로마 문명권에 기반을 둔 유럽중심주의에서 벗어나 세계의 다른 지역의 질서를 이해하려는 관점이다. 유럽의 문명 지배는 결국 유럽적인 세계 질서관을 형성하였다. 1648년 종교전쟁을 끝으로 베스트팔렌 주권국가체제가 형성되었고, 이제 주권을 갖는 민족국가들이 시민들이 충성심을 바치는 최고의 정치권위체가 되었다. 이중적인 시스템이 만들어졌다. 한편으로 유럽 내에서 교회로부터 독립된 민족국가의 주권체제가 작동하면서 세력균형 중요한 원리로 작동하게 되었고, 다른 한편으로 유럽 외부에서는 유럽의 식민지들이 제국주의 국가들의 치열한 경쟁 속에서 개척되었다. 유럽패권이 제국주의와 식민주의 그리고 세력균형을 통해서 그들의 관계를 경영해왔다면, 미국패권은 자유주의를 강조하며 다소 이상주의적이다. 민족자결주의와 민주주의를 자신의 역사적 산물로 창출한 미국은 자유주의 국제질서를 주창해왔는데, 다자주의 국제제도와 집단안전보장체제를 통해서 세계를 지배해 왔다.

국제정치의 서구 중심주의는 베스트팔렌 주권과 무정부상태의 지배에서 파생된 다양한 서구의 개념들을 포괄하고 있다. 서구의 역사는 근대에 이르기까지 권력, 주권, 무정부상태, 안보, 민주주의, 인권, 복지 등의 근대적 개념을 창출해 냈다. 그런데 문명주의는 이러한 근대적 개념들의 보편성을 다른 역사적인 시공간의 맥락에서 검증하고자 한다. 다른 역사 혹은 문화에서 형성되었던 국가 간 질서를 이해하는 관점을 찾고자 한다. 간과되었던 연구주제로 중국의 '천하(天下)', 이슬람의 동서양의 융합 혹은 가교 역할, 수메르 왕의 지배자가 아닌 중재자, 인도 마우리아 왕 아소카의 도덕적 정복 개념 등이 그러한 것들이다. 아차리야는 서구가 창출한 근대성, 민족국가, 주권을 골간으로 하는 세계질서와 비교하여 다른 문명권, 인도, 중국, 이슬람 문명권은 다른 대안을 성숙시키고 있는가를 질문한다(Acharya, 2023). 그리고 서구가 자신들의 역사에서 찾아낸 근대적 개념들을 다른 문명권의 과거 역사에 무조건 적용하는 것을 삼갈 것을 강조한다. 단순한 회귀적인 적용은 서구 중심주의의 허구적 보편주의를 초래한다.

홉슨(Hobson)은 서구가 세계문명의 진보를 이루어냈다는 서구 중심주의에 근본적인 물음을 던진다. 그에 따르면 서구의 국가들의 강대국 부상 시점은 16세기 이후로 보는 것이 일반적인 견해이지만, 사실 서구문명이 다른 지역의 문명을 압도하기 시작한 것은 제국주의와 식민주의가 지배하기 시작했던 19세기 이후이다. 아편전쟁 직전인 1820년대 중국(淸)이 세계경제 GDP에서 차지하는 비중은 29%에 이르렀고, 이는 당시 유럽경제의 전체규모에 해당한다(홉슨, 2005). 이를 근거로 아차리야는 19세기 서구문명의 지배를 가능하게 했던 요인을 제국주의와 식민주의에서 찾는다. 유럽의 이주민들로 인해 아메리카 대륙 인구의 2천만 명, 약 95%의 원주민이 사라졌다. 피사로의 정복 전쟁과 함께 천연두는 잉키제국을 붕괴시켰다. 금, 은, 감자와 같은 식량자원은 스페인의 번영을 가져왔고, 유럽으로의 이주는 유럽대륙의 인구압박을 완화시켰다. 아프리카가 제공한 노예무역은 유럽 번영의 필수불가결한 요소였고, 미국의 강대국 발전에 기여했다. 아울러 아프리카는 유럽인들이 개발하는 의약품의 중요한 실험실이었다. 인도의 자원은 영국으로 빨려들어간 부의 보물창고였다. 비서구 세계가 기여한 서구 중심의 역사발전 사례는 셀수 없을 정도이다. 따라서 서구 중심주의 역사관은 하나의 관점일 뿐이다. 따라서 아차리야는 세계는 다양한 영화를 상영하는 '멀티플렉스(multiplex)'에 비유한다. 세계는 단일한 문명으로 이해될 수 없고, 문명의 표준이 강요되어 온 서구 지배의 역사가 21세기에 종료되고 있음을 주장한다.[3] 후쿠야마의 '역사의 종언'이 자유주의 승리를 선언했다면, 아차리야의 '멀티플렉스'는 문명의 다양성을 강조하면서 자유주의 선언의 편협성을 지적한다.

문명주의는 서구중심의 자유주의 국제질서의 근대적 개념에서 벗어날 것을 요구한다. 세계 질서(world order)란 세계 전체에 적용되는 권력의 배열

---

3 멀티플렉스 세계는 의미심장한 존재론적인 분석틀을 제시한다. 이는 정치적인 수사와 주장이 더하여지고, 서로 다른 장소에서 서로 다른 청중들의 공명이 다양한 음향실에서 증폭되는 모습으로 비유된다. 아차리야의 멀티플렉스 상영관 비유는 어느 하나의 연출자나 제작자도 청중들의 주목과 관심을 오래 지속해서 독점할 수 없음을 의미한다. 청중들은 각기 다양한 공연 가운데 하나를 선택하는 것이다.

그리고 그 배열체가 갖는 성질을 가리키는 개념이다. 단순히 권력 자체를 가리키는 개념이 아니고, 그것이 구현되는 상태(arrangements)를 의미한다. 이것이 갖고 있는 특질이 다른 문명과 어떻게 상호작용하는지를 주의깊게 살펴볼 것을 요구한다. 아울러 정치체제 형태로서 군주제와 민주주의가 초래하는 세계 질서의 결과를 어떻게 평가할 수 있는가도 문명주의 관점에서 제기될 수 있다(Acharya, 2023: 269-270). 문명주의는 기존의 국제정치 이론에서 문화, 정체성, 담론으로 이해하려는 관점과 견주어서 이데올로기를 대안적인 개념을 제시한다. 자유주의 국제질서는 미국과 유럽 주도의 서구 문명이 문명의 표준으로 제시되었는데, 이 표준은 다른 한편으로 이데올로기 요소들로 이루어져 있다.

III. 이데올로기, 헤게모니, 정체성의 배분(distribution of identity)

국제질서란 국가 행위의 규칙적이고 지속적인 패턴으로 이해된다. 국제질서는 국가들의 실천적 행위를 형성하고 구조화하는 국제제도, 규칙, 규범, 담론의 기저에 흐르는 구조를 의미한다(Ikenberry, 2001; Bull, 1977; Schweller, 2001). 21세기 급속한 국력 신장으로 세계 최대의 경제대국이자 2위의 군사대국이 된 사회주의 중국이 갖고 있는 국제질서관에 대하여 다양한 의문들이 제기되어 왔다. 특히 현재의 자유주의 국제질서를 주도하는 사명감을 갖고 있는 미국의 지식인들에게 이러한 의문들은 증폭되어 왔다. 20세기 두 차례의 세계대전과 냉전체제에서 전체주의 국가들을 상대로 승리하여 자유주의 문명국가를 지켜냈다는 자부심이 중국에 대한 근본적인 의구심을 불러 일으킨다. 첫째는 정치적으로 중국이 공산당 1당 독재의 전체주의 국가라는 점, 둘째는 문명사적으로 중국이 조국책봉체제(tributary system)의 방식으로 위계적인 서열을 추구해왔다는 점, 셋째는 중국이 현재 '중화민족의 위대한 부흥(中國夢)'을 실현하려는 민족주의가 고양되고 있는 점을 경계한다.

중국이 서구의 자유주의 국제질서 헤게모니에 대항할 수 있을까? 이 문제를 살펴보기 위 해서는 헤게모니에 대한 고전적 개념으로 돌아갈 필요가 있다. 콕스(Cox)는 헤게모니를 "지배 국가가 이데올로기적으로 광범위한 동의를 확보하는 기반에서 세워지는 어떤 특별한 질 서의 지배력"이라 정의한다. 물론 그에게 헤게모니 질서란 세계적인 차원의 하나의 생산시스템이며, 이것은 서로 다른 국가내의 사회계급 상호 이해와 이데올로기 관점에 의하여 지지되는 것이다. 헤게모니 질서는 3가지의 구성 요소를 갖는다. 첫째는 지배국가(혹은 국가의 동맹체)이고, 둘째는 정당화하는 이데올로기이다. 마지막으로 이데올로기를 전지구적으로 퍼뜨리는 사회화의 메카니즘이자 일종의 전달 벨트처럼 기능하는 제도들의 네트워크이다(Cox, 1987: 7).[4]

헤게모니 질서의 안정성과 지속성은 강대국들 간 이념과 정체성의 배분에 의존한다. 리더십 국가가 쇠퇴하고 있더라도 지배 엘리트와 대중의 이데올로기가 지지를 받고 있다면 유지된다. 강대국 내부의 헤게모니 이데올로기의 지배력에 의존하는 것이다(Allan, Vucetic and Hopf 2018). 이들의 연구에 따르면 서구의 강대국들 내부에 엘리트와 대중은 민주주의와 자유주의 국제질서에 안정적인 지지를 나타냈고, 권위주의 정치체제 정체성을 갖고 있는 중국은 이들의 멤버십에서 효과적으로 배제되고 있다. 아울러 중국

---

4 이 모든 것을 총칭하여 콕스는 세계질서라 명명하였다. 콕스는 고전적 마르크스주의의 경제/물질주의 결정론을 회피하고, 세계질서의 제도나 이념의 구조에 중요한 역할을 부여하고자 하였지만, 어떻게 이념과 정체성이 헤게모니의 안정성과 이행에 영향을 주는지에 대해서는 명시하지 않았다.

이 대항 헤게모니(counter hegemony)의 동맹군에 강력한 추종자들을 끌어 모으지는 못할 것으로 주장한다. 중국이 자국에 호의적인 정체성을 배양하기에는 상당한 기간이 소요되고 곤경에 처할 것으로 예측된다. 세계정치의 '정체성 배분 구조(distribution of identity)'에서 비록 다른 문명권의 대중들이 신자유주의 이데올로기에 불만을 나타내고 있으나, 이것이 효과적으로 대안적인 이데올로기를 형성하기는 어려울 것으로 간주된다(Allan, Vucetic and Hopf, 2018: 848).

이러한 맥락에서 국가정체성은 향후 국제질서의 헤게모니 경쟁에서 중요한 위치를 차지할 것이다. 국가정체성이란 국가의 구성원들에게 어떤 의미를 부여하여 국가 자아(national self)를 구성하는 사회적 범주들의 집합체로 정의된다. 국제질서에는 다양한 국가정체성이 배분되어 있다. 국가내부에는 행위자들이 정치적이고 사회적인 생활에 의미를 부여하고 의사를 표현하며 행동을 하게 되는 국가정체성의 범주와 개념들과 관련된 담론들이 있게 된다. 그리고 국가 자아는 무엇인가 당연한 것으로 받아들여지는 엘리트들과 대중들의 소망과 이해에 스며들어 있다. 따라서 국가 자아는 국가사회 내부에서 표현되는(소리나 문자로) 모든 매체에서 발견되며, 여기서 유통되는 정체성의 범주를 분석함으로써 상식(널리 받아들여지는 것)을 추적할 수 있다. 더욱이 일상의 상식에서 통용되는 국가정체성의 담론을 추적함으로써 헤게모니 이데올로기가 받아들여지고 거부되는 정도를 평가할 수 있게 된다.

정체성이 배분되는 과정에는 두 가지 메카니즘이 있다. 첫째 국내차원에서 영향력 있는 전문가 집단이 제공하는 정체성 담론이 외교정책의 방향을 결정하는데 중요한 영향을 미친다. 엘리트와 대중들에게 특정 방향의 외교정책을 당연한 것으로 받아들이게 하는 것이다. 대중들에게 광범위하게 공유되는 정체성은 외교정책결정자들이 어떤 특정한 정책 방향을 정당화하는데 있어 제약을 주거나 실현가능하게 한다. 정치공동체의 구성원들에게 정당화 되지 못하는 정책결정을 지속적으로 할 수 없다. 민주주의 정치체제에서 정치 엘리트들의 책임성이 강하게 작동하고, 권위주의 정치체제에서도 어느 정도 제약이 따른다. 권위주의 정치체제의 지도자들도 자국내에서 어느 정도는 사회화되기 때문에 대중들과 유권자들에게 호응받지 못하는 정책을 채택하는 것은 부담이 되기 때문이다. 그러므로 국가정체성은 외교 정책결정과의 관계에서 어떤 국가가 특정한 헤게모니 질서를 지지하거나 경합하는 정도에 영향을 준다. 만약 국가정체성이 헤게모니 질서에 일치하지 않는다면(중국의 경우처럼), 이 국가의 외교정책 엘리트들은 자신들의 정책을 방어하고 설득하는 전략을 선택해야 한다. 20세기 초 미국 국민은 유럽의 세력균형 독트린에 기반한 국제질서를 거부했는데, 이는 유럽과 구세계의 강대국들과 관련된 것으로 인식했기 때문이다. 그래서 월슨대통령은 미국의 예외주의를 강조했고, 미국이 신세계의 강대국이라는 복음주의를 주창했다.

둘째, 헤게모니 이데올로기는 국제적 차원에서 기존 질서에 회원들을 포함 혹은 배제시키는 구조적인 요소를 작동시킨다. 헤게모니 질서는 국가들 사이에 집단정체성을 불러일으키고, 이는 '나'와 '타자'를 구분한다. 따라서 헤게모니 질서는 어떤 특정한 행위와 정체성을 정당화하거나 배제시키는 기준으로 작용한다. 예를 들어 기존의 자유주의 국제질서 이데올로기가 '공산주의' 혹은 '신정주의'와 같은 국가정체성을 거부한다면, 해당 국가들은 기존의 헤게모니 이데올로기로부터 압박을 받고, 이와 경쟁하려는 대안적인 이데올로기를 탐색하게 한다. 앞서 살핀 문명주의가 이러한 대안으로 제기될 수 있다. 따라서 중국과 같이 부상하는 강대국이 국제질서의 정체성 배분과 갈등을 일으킬 경우, 자국의 국민들은 기존 강대국들 국민들이 받아들이는 헤게모니 이데올로기를 수용하는데 어려움을 느끼게 된다. 바로 이 지점에서 자유주의 국제질서와 조응하지 않는 중국과 같은 국가들은 '문명'에서 자신들의 이데올로기적 요소들을 찾고 있는 것이다.

국가정체성, 이데올로기, 외교정책의 관계가 의미하는 바는 특정한 국제질서의 정당성은 이를 지지하는 이데올로기와 국가들 간 정체성의 배분구조에 관계에 달려있다. 국가들 간 정체성의 배분구조가 지속된다면, 기존의 헤게모니 질서는 변동이 없을 것이다. 반면 많은 수의 국가들내 외교정책결정자들이 기존의 질서에 동의를 구하는 과정에 어려움을 겪거나, 기존 헤게모니 질서가 많은 수의 국가들을 배제하게 된다면, 기존의 헤게모니 질서의 이데올로기는 정당성을 상실하게 될 것이다.

오늘날 국제질서에서 국가정체성의 배분은 다음과 같다. 미국과 유럽 등 서구의 국가들은 민주주의 정체성을 갖고 있다. 반면 중국은 자국을 사회주의 국가로 인식한다. 정체성의 배분구조는 헤게모니 이데올로기를 형성하고 이는 헤게모니 리더십을 정당화한다. 19세기 유럽에서는 자유주의 제도와 이데올로기를 그리고 그 밖의 지역에서는 중상주의적인 제국주의 제도와 이데올로기를 지지해 왔다. 유럽국가들에게 자유주의 자기 인식은 점차 확산되었고 보편적인 유럽문명의 표준으로 형성되었다. 유럽의 세력균형에 중요한 축을 담당하는 국력을 가졌던 비자유주의적이고 뒤처졌던 러시아는 유럽문명의 표준에서 제외되었다(Neumann, 2008). 1721년 뉘스타드 조약은 유럽열강들이 러시아를 더 이상 무시할 수 없었기에 유럽열강으로 받아들인 것으로 평가된다. 러시아의 전체주의 정체성은 항상 유럽열강들의 자유주의 형태의 정치체제와 충돌을 일으켰다. 1875년 러시아는 유럽에서 전제군주가 지배하는 유일한 국가였다. 러시아는 유럽열강들의 정체성과 이데올로기와 일치하지 않는 '비정상적인' 국가였다. 반면에 영국은 미국의 대항 헤게모니 도전에 단 한번도 맞서지않았다. 그 대신 영국은 헤게모니 안정성과 이행이 이루어지는 정체성 담론의 통합과 평화적인 부상을 허용했다. 미국의 독립전쟁(1793-1814)이 있기는 했지만, 남북전쟁 후 영국과 미국은 서로 전쟁할 어떠한 이유도 찾을 수 없었다. 1859년 다윈의 종의 기원이 발간된 이후 당시 존재하던 인종적인 태도는 더욱 지지받았고, 앵글로 색슨주의가 대중들과 엘리트들 사이에 널리 유포되었다(Vucetic, 2011: 133-39). 미국-스페인 전쟁과 보어 전쟁 기간 동안 미국과 영국은 서로에게 지지를 보내면서 경쟁의식은 사라져갔다. 이 과정은 양국의 특별한 관계 발전의 밑거름이 되었다. 영국은 점차 세계체제에서 미국이 자신들의 지도적인 역할을 대신하는 계승자로 받아들였다. 쿱찬(Kupchan)은 서로 정체성을 동일시하는 유대감이 미국과 영국이 서로 전쟁을 하는 것은 생각할 수 없는 일로 받아들이는데 기여했다고 평가한다(Kupchan, 2010: 73-111). 영국은 미국이 자신의 리더십을 받아들일 준비가 되었다고 보았고, 자유주의 정체성이 일치되는 미국이 강대국들의 경쟁에서 비자유주의 적국인 독일과 러시아에 맞설 것이라고 판단했다.

이 사례는 국제정치의 정체성 구조가 헤게모니 역학관계에 미치는 중요한 사례를 보여준 다. 중국의 헤게모니 이행을 전망할 시에 중국의 정체성을 구성하는 요소와 기존 강대국들 간의 정체성 배분구조를 고려할 필요가 있게 된다. 헤게모니 이데올로기가 강대국들로부터 충분한 지지를 받는다면, 헤게모니 국가가 경제적 혹은 군사적으로 상대적인 쇠퇴에 있더라도 헤게모니는 안정적일 수 있다(Ruggie, 1982: 384). 헤게모니 리더십은 다른 강대국의 외교정책으로 지탱될 수 있다. 헤게모니 이데올로기와 그 근저의 정체성이 국제질서에서 새로운 강대국의 역할을 인정하지 않거나 배제하게 되면, 헤게모니 국가와 새로운 강대국 간에 갈등이 발생한다. 이때 헤게모니 전이는 새로운 강대국이 현상 수정을 원하는 다른 국가들과 대항 헤게모니 연합을 형성할 수 있을 때 발생한다. 한 연구에 따르면 서구 국가들뿐만 아니라 브라질, 중국, 인디아, 일본, 러시아 국가들은 민주주의 정체성에 비교적 강한 지지를 나타내고 있다. 반면 신자유주의 정체성에는 부정적이거나 다소 모호한 태도를 나타내고 있다. 그런데 이러한 태도가 신자유주의의 경쟁 상대가 될만한 대안적인 헤게모니 담론으로 응집되고 있지는 않다(Allan, Vucetic and Hopf, 2018: 858).

IV. 자유주의 국제질서 운영과 문명주의 도전 메카니즘

자유주의 국제질서는 다소 긍정적인 결과를 산출했다. 다자주의나 국가를 대의하는 글로벌 거버넌스의 형태 및 경제적 번영이 이어졌다. 그리고 이 과정에서 자유주의 근대성과 존재론적인 안보의식(ontological security)이 자리잡고, 국제질서를 형성하는 구조로서 영향력을 갖게 되었다.[5] 이를 '구성적인 권력(constitutive power)'로 부르고자 한다. 자유주의국제질서가 문명화의 표준으로 받아들여질 때, 여기에는 몇가지 원리가 구성요소로서 포함된다. 민주주의 정치체제, 인권 규범, 자유시장에 기반을 둔 자본주의 경제체제 그리고 자유주의적인 국제관 등이다. 이런 원리들을 문명의 표준으로 수용할 것을 요구받는 '사회화(socialization)'의 과정이 있게 되고, 반면

---

5 국가들은 자신의 존재론적인 안보의식(ontological security)에서 자신들을 위치짓는다. 존재론적인 안보의식이란 국가들이 갖는 질서와 신뢰에 대한 기본적인 욕구이다. 이는 자신들의 정체성을 위협하는 깊이 자리잡은 불확실성에 대한 두려움이기도 하다(Mitzen, 2006).

이를 거부할 경우 문명의 바깥에 위치짓게 되는 '낙인찍기(stigmatization)'의 과정이 있게 된다. 자유주의 국제질서의 리더십을 행사하는 국가는 이 두 가지 방식을 통해서 국제질서의 안정성과 지속성을 추구한다.

1. 사회화와 낙인찍기

사회는 그 구성원들의 어떤 행동들이 평범하고(ordinary), 자연스럽고(natural), 정상적인(normal) 것으로 받아들이는 범주들의 수단을 확립하고 있다. 사회구성원들은 그다지 심사숙고하지 않으면서 어떤 행동들을 평범하고, 자연스럽고, 정상적인 것으로 기대하고 받아들이면서 이것을 옳은 것으로 요구하게 된다. 국가는 규범을 내면화하지 않고도 물질적 이익(순응하지 않을 경우 처벌의 두려움이나 순응할 경우 보상) 때문에 규범에 순응하는 양상을 나타낸다. 혹은 국가는 자신들의 행동을 진지하게 변화하는데, 이는 엘리트들이 규범의 실제적인 가치에 설득되고 그 가치를 내면화할 경우이다(Finnemore and Sikkink, 1998; Checkel, 2005). 규범을 도구적으로 채택한 경우에도 시간이 경과하면서 실질적인 내면화가 이루어지기도 한다. 반대로 규범의 내면화는 이루어졌지만, 해당 규범에 순응하지 않는 경우도 있다. 규범의 내면화는 사회화의 동의어로 받아들여지고, 순응을 동반하는 사회화이고, 순응은 진보로 받아들여진다.

이러한 기대를 충족시키지 못하는 구성원에게는 낙인찍기가 이루어지는데, 바람직하지 않다는 의미로 그 구성원을 다른 사람들과 차이가 나는 범주로 깎아내린다.[6] 낙인찍기를 당하면 많은 결과가 뒤따른다. 그의 열등함

---

6 낙인찍기는 고프만(Goffman)이 1960년대 사회학 개념으로 창안하였다. 낙인(stigma)은 그리스어로 문신의 일종 혹은 짐승의 가죽을 태우거나 잘라서 표식을 하는 것을 의미하는 용어이다. 기독교 신비주의에서 이 용어는 십자가에 못박인 예수에 상응하여 하느님의 기적을 나타내는 것을 의

과 위험을 설명하는 이데올로기가 동반된다. 상당히 넓은 범위의 '불완전성'이 그 대상에게 덧씌워지는데, 이는 매우 원초적인 것으로 향후 그가 직면하는 삶은 차별에 의하여 강등된다. 여기서 중요한 것은 낙인의 내용 그 자체가 아니라, 이 낙인이 찍혀지는 맥락(context)과 관계(relationship)이다. 낙인이 찍히는 사람이 낙인이 갖는 사회적인 믿음체계를 공유하지 않는다면 여기서 벗어날 수 있다. 그러나 가치체계를 공유한다면, 자신의 낙인을 인지할 수 밖에 없다. 그러므로 낙인은 정상적인 자와 비정상적인자로 사회적으로 공유되는 기반을 갖는다. 일반적으로 낙인이 찍히는 사람은 사회적인 믿음체계를 공유하고자 하며, 자신이 마땅히 그래야 하는 모습에서 부족한 부분을 받아들인다.

국제정치에서 사회화는 결국 동질화(homogenization)를 의미하며, 자유주의 국제질서의 구성원리를 받아들일 것을 압박받는다. 자신만의 독특한 자아가 제거되는, 다시 말해 서구의 자유주의 국가와의 차이를 없애는 압박이 내키지 않는 국가들(reluctant socializers)은 서구가 표준으로 제시하는 '보편의 타자'가 되기를 강요받는다. 아차리야는 이를 '단일한 보편주의(monistic universalism)'라고 불렀다. 사회화를 회피하려는 국가는 자유주의 질서의 세계화 과정에서 낙인찍기 과정에 들어서게 된다. 낙인찍기는 순응하지 않는 국가를 배제하고 수치스럽게 함으로서 문명의 표준이 되는 자유주의 국제질서에서 공유되는 규범과 정체성을 날카롭게 다듬고 강화하는데 기여한다. 사회화는 가르침과 설득의 일방적인 과정임에 초점에 주어

<hr>

미하였고, 몸에 상채기 혹은 표식을 하는 것을 의미했다. 근대에 들어 낙인은 어떤 사람들이 비정상적이고 도덕적으로 오염되었기에 공공장소에서 피해야 되는 사람들과 관련되어졌다. 예를 들어 낙인찍기는 동성성교와 이성성교와 같이 비정상적인 사람들을 정상적인 사람들과 구분하는 것에서 볼 수 있다.

졌다. 사회적 보상, 처벌, 수치심 등의 방법을 통해서 어떻게 대상자가 규범찬성적인 행동으로 변화되는지에 초점을 두었다. 따라서 사회규범의 거부는 조망을 받지 못했다(Epstein, 2012: 140). 북대서양조약기구와 유럽연합은 탈냉전후 자유주의-민주주의 규범을 중앙아시아와 동유럽에 전파하고자 했다. 최근에는 구성주의자들은 규범이 경쟁되거나 거부되는 경우 무슨 일이 일어나는지 조사하기 시작하였다(Wiener, 2007: 4). 규범은 갈등적일 수도 종잡을 수도 없지만 서로 만족하는 해석이 내려질 때까지 경합하게 된다. 규범의 확산 과정에는 로컬의 행위자가 중요한데, 상대적으로 약한 행위자들은 글로벌 규범 과정으로부터 배제되거나 주변화에 도전한다(Acharya, 2012: 202).

핀모아(Finnemore)와 시킨크(Sikkink)는 부르디외의 사회학 개념인 '하비투스(habitus)'에서 규범의 내면화를 국제정치의 영역으로 확장했다. 그는 개인이 세계를 바라보고 행동하는 방식을 조직화되고 공유되는 인식구조에서 형성되는 성향(disposition)을 전제했다. 이는 세계가 어떻게 이루어져 있는지에 대한 기본적인 동의이고, 특정한 상황에서 특정한 행동이 어떻게 되어야 한다는 전제이다. 국제관계에서도 국가들 간에 충분히 공유되는 하비투스가 있어서 충분히 공통적인 세계관을 전제하고 규범 기획자에 의하여 질서가 수용되고, 질서 밖의 존재에게 낙인을 찍는 것을 근대의 산물로 보았다. 낙인과 정상인의 차이는 후속적인 행동의 차이를 가져온다. 낙인이 없는 정상인은 낙인이 찍힌 비정상인이 인간이 아니며, 이를 근거로 모든 종류의 불평등한 처사를 정당화한다. 이것은 바로 19세기 유럽국가들이 비서구 세계를 다루었던 방식이다. 세계를 문명과 반문명 그리고 미개로 구분하였다. 미개인은 자신을 결정할 수 있는 정신적 도덕적 능력이 결핍되었다고 간주되었고, 자신들의 이익을 위해서 식민지로 삼았다. 식민지 국가들은 명예롭게 상대할 필요가 없고, 주권 원칙이 적용되지 않고, 아직 국가라고 하기에는 '동양적 전제통치(oriental despotism)'에 의하여 통치되고 있다고 보았다(Zarakol, 2014).

낙인찍기는 두 가지 방식으로 사회화를 회피하는 자들의 권력을 상징적으로 제거한다. 첫째로 낙인찍기는 자유주의 국제질서의 위계 서열을 만들어내는데, 낙인찍기의 대상이 되는 국가는 자유주의 문명의 표준에서 하위에 위치짓게 된다(Adler-Nssen and Zarakol, 2021). 둘째로 낙인찍기의 대상이 되면 회피국가들은 자신들의 이익이나 구상을 실현하는데 있어 정당성을 상실하게 한다.(Allan, Vucetick and Hopf, 2018: 849). 예를 들면 이런 국가들은 지속적으로 서구의 강대국들로부터 "무책임", "후진적인", "불량배", "야만적인", "비이성적인" 수식어가 붙고, 궁극적으로는 "문명화되지 못한" 등의 주홍글씨가 찍힌다.

국제사회는 일부분 규범을 어기고 위반하는 국가들에게 낙인찍기 그리고 이들 국가들의 낙인찍기에 대처하는 방식을 통해서 구성된다. 국가들은 단순히 사회화의 수동적인 대상이 아니고 능동적인 행위자이다. 낙인이 찍힌 국가들은 전략적으로 그 낙인에 대처하는데, 지배적인 도덕 담론에 도전하거나 변화하고자 한다. 탈냉전 이후 자유주의 국제질서의 세계에서 인권, 자유시장, 대의적 민주주의체제 등의 국제규범이 개별국가들에게 그 수용을 압박받아 왔다. 동유럽의 국가들의 엘리트들은 이를 받아들여 국제사회의 일원이 되고자 했고, 유럽연합의 북대서양조약기구의 확대로 이어졌다. 이 규범을 위반하는 국가들은 '천민(pariah)'으로 비난받고 있고, 문명화된 국가들의 바깥에 위치지워진다. 남아프리카 공화국은 비교적 성공적인 '문명국가'가 되었고, 이란은 권위주의 레짐의 참호를 팠다. 자라콜(Zarakol)은 터키, 일본, 러시아에게 서구가 지배하는 국제사회가 '후진적인', '열등한’ 등의 라벨을 부쳤지만, 이들 국가들은 결국 새로운 진입자가 되었음을 보여준다(Zarakol, 2011).

자유주의 국제질서는 역사적으로 서구 국가들과 비서구 국가들의 위계적인 관계에 의존해 왔다. 이것이 없었다면 애초에 자유주의 국제질서는 존재할 수도 없었다(Adler-Nissen and Zarakol, 2021: 619). 19세기는 근대 국제질서 형성의 중추적인 역할을 했고, 국제체제는 서구와 비서구 국가들 간의 일종의 사회적 관계가 등장하여 현재까지 국제관계의 성격을 규정했다. 서구는 세계의 중심이 되었고, 정치에서 문화까지 모든 분야의 ‘표준’이자 ‘정상’이 되었다. 국가들이 대외적인 행동을 어떻게 해야하는가의 기준이 되었다. 이러한 기준에 미달할 경우, 다시 말해 ‘문명의 표준’에 미치지 못하는 경우 동등한 법적 인정을 받는 문명국으로 고려되지 못했다. 위계적인 서열에서 ‘제3세계 국가군’에 속하게 되었다. 서구 국가들은 문명 외부의 국가들을 경멸했고, 후발 국가들을 통제불능한 무규범으로 간주했다. 시간이 경과함에 따라 서국 국가들의 권력은 이 차이들이 재생산되고 확대되도록 했다. 무엇이 정상인지를 정의하는 주인에게 열등하다고 간주되는 것은 물질적으로도 심각한 결과가 동반되었다. 낙인에 대한 비서국 국가들의 전략은 2가지로 분류된다. 일부 국가들은 영예로운 뱃지를 달고 낙인을 받아들이는 시도를 하였다. 소련은 낙인이 찍혔지만 비슷한 부류의 국가들로부터 리더십을 인정받아 보편적이고 규범적인 이데올로기 창출을 시도했던 최상의 국가였다. 그러나 소련은 근대 국제질서의 사회적 위계성을 재구성하는 이념을 성공적으로 나타내지 못했다. 단지 나머지 세계는 서구를 따라잡아야 한다는 생각만을 갖고 있었을 뿐이었다. 이와는 대조적으로 서구의 주변국가들 혹은 비서구 국가들은 자신들의 낙인찍히는 결점들을 개조함으로써 서구의 멤버십에 합류하고 국제체제의 사회적 위계에서 상승하기를 원했다.

이것이 서구 자유주의 국제질서에의 동화이다. 19세기 후반과 20세기 초반 많은 비서구 국가들이 겉으로는 아주 사소해 보이는 복장에서부터 보다 진중한 법률에 이르기까지 서구와 조약에 서명하고 서구가 만든 조직에 가입하면서 '서구 규범'을 받아들였다.

2. 자유주의 행동, 흉내내기, 문명의 근본화, 대안 규범의 기획

자유주의 국제질서에서 서구의 규범 독점에 도전하는 위치에 있는 국가들은 자유주의 이데올로기를 수용하거나 흉내내기를 시도하면서 국내와 국제적 차원에서 지지자를 창출하고 동원하는 전략을 취한다. 아울러 자신만의 이데올로기(문명주의)를 주창함으로써 자유주의 개념의 보편적인 타당성과 경쟁하려는 시도를 하게 된다.

첫째 자유주의 행동(liberal performance)이란 전체주의 국가의 정치 엘리트들이 자유주의 원리와 실천을 충실히 받아들이고 실천하는 것을 의미한다. 특히 자유주의 이념과 정체성을 창안하고 지켜왔던 유럽과 미국이 이에 모순되는 행동을 했을 경우 전체주의 국가들은 세계무대에서 자유주의 질서를 수호하는 활동가의 역할을 자처한다. 예를 들어 중국은 서구의 정부들이 남용해 왔던 정치적인 시민권에 대한 상세한 주장을 담은 보고서를 발간해왔다. 이는 미국무성과 유럽 대외협력청이 작성해왔던 인권 보고서에 대응하는 것이다. 중국 국무원은 보고서에서 미국은 시민의 권리를 위협하는 폭력적인 범죄를 빈번히 발생시키는 무기를 확산해왔다고 주장해 왔다. 중동지역에서 미국의 군사작전도 문제시하는데, 이를테면 시리아, 이라크, 아프가니스탄에서 미국의 군사행동은 인종적인 차별과 포로의 고문으로 얼룩졌다고 비난했다(Xinhuanet, 2017). 이는 서구의 국가들이 그들이 중요시하는 자유주의 이념을 잘못 적용하는 것을 지적하면서 이들과 경쟁하고 정치적인 영향력을 얻기 위한 '분절주의 전략(fragmenting strategy)'이다. 미국와 유럽의 국가들이 선택적으로 자유주의 규범을 활용하고 이중잣대를 갖고 있어 '위선적'임을 강조하는 것이다(Glaser, 2006; Finnemore, 2009).

이것은 특정한 서구 국가들의 신뢰성을 떨어뜨리고 이들 국가들이 추진하는 외교정책에 대한지지, 승인, 협력, 기여 등을 철회하는 효과를 갖을 수 있다. 위선은 서구 국가들의 규칙을 제정하고 아젠더를 설정하는 권한과 능력을 저하시키게 된다. 국제적인 표준을 만드는 이 과정에 더 이상 지지를 보낼 수 없게 되는 것이다. 위선이 지속되고 있다는 인식을 하게 되면 자유주의 가치와 규범에 대한 존중이 약화되어 서국 국가들의 권위가 상실되는 결과로 이어진다. 반면에 전체주의 국가들은 이러한 방식을 통해서 자유주의 가치와 이념을 대표하는 지위를 획득하게 된다. 이러한 '대표능력(representational force)'은 어떤 물리적인 위 험을 만들어내는 것은 아니지만, 기존 패권국가들이 갖고 있는 존재론적인 안보의식에 위협을가할 수 있다. 서구 국가들이 자유주의 가치와 이념을 수호하는 것이 아님을 노출시킴으로서 '자유주의 행동'은 서국 국가들의 국민들에게 의구심과 모순을 드러낸다. 이는 결국 자유주의 규범과 이념의 이름으로 대외정책을 말하고 행동하는 서구 국가들의 의지를 약화시키게 된다.

둘째로 자유주의 흉내내기(liberal mimicry)이다. 자유주의 흉내내기는 자유주의 가치를 갖는 담론과 실천의 형태는 갖추지만, 사실상 내용적으로 자유주의가 아닌 행동을 의미한다. 흉내내기란 링(Ling)의 개념을 차용한 것인데, 링의 '실질적인 흉내(substantive mimicry)'가 의미하는 것은 단순한 복제가 아니라 원래 자유주의 이념이 의미하는 바를 다른 맥락에서 재창조하는 복제를 의미한다(Ling, 2002: 117). 경쟁적인 권위주의 국가는 이러한 방식을 통하여 자유주의 가치가 갖는 원래의 의미가 진보적인 의미를 갖는 것이 아니며, 권위주의 정치체제의 규범과 실천도 자유주의 질서에 기여하고 있음을 보여준다.

중국 정부가 차용하는 '굿거버넌스(good governance)'의 개념은 좋은 일례를 보여준다. 굿거버넌스란 정부의 효율적인 공공정책 및 서비스 제공은 시민사회의 적극적인 참여와 결 합되어 유능하고 책임있는 통치를 의미한다. 중국 정부와 학자들은 이 개념을 받아들여서 자유주의 원칙의 투명하고, 책임감 있고 공평무사한 정부의 능력을 강조하고 있는데, 민주주의 정치체제가 아닌 공산당의 일당체제에서도 실현가능함을 설파한다(Yu, 2008; Deng, and Guo; Wang and Guo, 2015). 중국측의 굿거버넌스 논의는 효과적인 정부와 자유주의 가치인 민주주의 정치체제 및 시민의 정치적 권리에 기반한 정부 개념을 분리시킴으로써 권위주의 정치체제인서 중국정부의 국내 질서를 정당화하려는 의도를 갖는다. 중국의 자유주의 흉내내기는 중국이 주도하는 국제제도인 상하이 협력기구(SCO)에서 선거감시단 (election monitors)의 확산에서도 보여진다. 이들의 선거감시단은 겉으로는 깨끗하고 공정한 민주적인 감시자로 보이지만 사실상 전체주의 목적에 봉사한다. 자유주의 흉내내기는 서구의 자유주의 가치 독점에 도전함으로써 이들의 권위와 자유주의의 고정된 가치를 약화시키는 의도를 갖는다. 자유주의 가치와 규범을 혼란스럽게 하고 주의를 분산시킴으로써 서구가 갖는 정통성을 흔드려는 의도를 갖는 것이다(Cooley, 2015).

셋째로 문명의 근본화(civilizational essentialization)이다. 문명의 근본화는 문화적 특징에 기반하는 특정한 형태의 국가정체성을 표명하는 것을 의미한다. 이때 자유주의 가치와 규범은 '타자'로 간주되고, 이 가치의 보편적인 타당성과 견주게 된다. 문명의 근본화를 카젠스타인은 '문명을 원초적인 것으로 만드는 것'과 관련다고 보았다(Kazenstein, 2010:12). 이는 정치적인 기획으로 나와 타자를 구별하고 옳고 그른 것을 분별하여 당연히 받아들이는 어떤 현실을 창출하는 것이다. 이때 두 단계의 과정을 거친다. 한편으로 차이와 경계를 구분짓는 특정한 형태의 문명적 정체성의 형태를 창출하는 것이 중심에 자리잡는다. 이때 복합적이거나, 내적으로 경쟁하거나, 진화하거나 혹은 우발적인 성격의 정체성 개념은 제거된다. 다른 한편으로 근본화되는 문명 그 자체는 일련의 가치들을 구현하여 표현되는데, 이는 다른 문명의 가치들과는 차이가 나며, 서구의 자유주의와 구별되게 된다. 이러한 문명적인 상상은 문화적인 특수성과 가치의 차이를 나타내는 서사로 표현된다. 헌팅턴이 '문명의 충돌'을 주장했을 때, 이는 21세기 국제정치의 놀라운 특징을 예언한 것이었는데, 중국의 정치 리더십은 그의 예언을 정치적 그리고 지적인 기획에서 놀랍게도 구현하고 있다.[7]

중국 문명은 자신의 영역 바깥의 세계와는 구별되는 도덕적 질서를 수용하는 것으로 이해되었다. 중국 역사에서 개별 왕조들은 이러한 문명적인 규범을 구현하려는 특수자일뿐, 정치지도자들은 항상 이데올로기적이고 도덕적인 권위를 우선시하였다. 이러한 도덕적 질서의 내용은 시대에 따라 변화되었다. 유교적 가치는 전통적 왕조체제에서 그리고 마오의 공산주의 이데올로기와 신유교주의가 현대 중국의 응집력 있는 국가정체성을 형성했다. 이러한 정체성은 중국의 문화와 외부세계의 문화를 구분짓는 문명적 담론을 통해서 유지되었다. 이는 '문명'과 '야만(夷)'의 이분법이다. 시진핑 시기에도 중국 문명을 천명하려는 이데올로기를 발전시켰다. 12개의 사회주의 핵심 가치를 촉진하면서 "문명을 강조하여 신문화를 구축하자"라는 정치 켐페인을 추진해 왔다(Gow, 2017). 이는 국가-사회-시민 관계에 대한

---

7 파이(Pye)의 오래된 언급처럼, 중국의 엘리트들은 중국을 국가이기보다 문명으로 간주해 왔다(Pye 1990).

비전이 아니며, 중국 공산당의 가치를 문명의 이름으로 서구 자유주의 가치와 대조시키며 확고부동하게 만드려는 것이다. 많은 핵심가치들이 마오쩌둥 사상과 사회주의 이념이 아닌 유교 윤리로 회귀하고 있다. 국가와 공동체는 개인이나 시민사회보다 우선하고, 조화의 규범과 사회적 의무가 시민과 정치 권리보다 높은 지위를 부여받는다. 이러한 방식으로 인권의 보편적인 주장은 거부되고 '아시아적 가치(Asian value)'를 강조한다(Feng, 2015).

문명의 근본화는 적합한 지역이나 사회의 기반 주위에 공동의 정체성과 규범을 창출함으로써 '통합하는(integrating) 권력정치의 힘'을 갖는다. 문명의 근본화는 서구를 타자로 구별하고 대조되는 시간(역사)와 공간(지역)에서 자신만의 안정된 집단 정체성을 국내적으로 구축할 수 있게 한다. 자아를 생각하게 하는 이 안정적인 정체성은 존재론적인 안보의식(ontological security)을 제공하여 하나의 개별적 행위자로서 자각하게 한다. 또한 문명의 근본화는 국제체제에서 중국의 자율성을 확대하는 힘을 갖게 하는데, 카젠스타인은 이를 '순환하는 권력(circulatory power)'라 하였다. 순환하는 권력이란 행위자가 대안적인 정상성(혹은 표준)을 만들어 낼 수 있는 능력이며, 세계정치의 정체성, 규범, 분류방식을 의미하는데, 기존의 정상성에 반대, 저항, 회피, 도전을 추구한다. 문명의 근본화를 통해서 중국은 서구가 주도하는 자유주의 이념과 가치로의 사회화를 회피하고 자신만의 특수한 가치를 창출할 수 있는 힘을 갖게 된다(Katzenstein, 2014). 마지막으로 문명의 근본화는 중국의 정치엘리트들이 자신들의 이해관계를 단순히 조야한 형태가 아닌 정제되고 도덕적인 세계관으로 표현하게 한다. 국내 및 국제적인 문제와 관련된 다양한 주제들을 정당화하고 합리화하여 동의를 확보할 수 있는 담론을 제공한다. 자유주의 이념과 가치 수용은 단순히 국내의 관객들에게 서구의 추종자로 비추어지게 하여 정통성을 상실하게 한다. 아울러 자유주의 가치와 규범이 커다란 문명사의 관점에서 국지적인 것으로 비추어지게 함으로서 자신들의 문명과 구별되어지게 한다. 따라서 민주주의, 인권 그리고 자유주의 질서는 서구가 만들어낸 것이므로 보편성과 정당성을 상실한다. 자유주의가 갖는 집단정체성을 동원할 수 있는 능력은 세계정치에서 그리고 중국 내부에서도 약화된다.

넷째로, 대안 규범의 기획(counter norm entrepreneurship)이다. 대안 규범의 기획은 비자유주의적인 사회 및 정치 규범을 글로벌한 차원에서 제기하고, 국제질서의 비전을 표방하여 경쟁하는 형태를 갖는다. 이는 문명적인 차이와 특수성을 강조하는 서사나 이미지를 끌어내면서 동시에 가능한한 전지구적으로 폭넓은 공감을 자아내려는 문화적인 소재를 동원한다. 대안 규범은 자유주의적 고안물에 반대하여 천명된다. 이러한 대안의 양식은 단순히 부정적인 거부에 기반하지는 않는다. 대안 규범의 기획은 국내와 국제질서에서 이데올로기적인 대안으로 일련의 비자유주의 가치, 제도, 실천 등의 응집력 있는 무엇을 긍정적으로 촉진하고자 한다.

중국의 대안 규범 기획은 다소 분명하지는 않다. '베이징 컨센서스'는 전체주의 정부의 국가주도 개발 양식을 의미하는데, 서구의 학자들에게서 확인된 개념이다(Halper, 2010). 이 개념은 중국 그리고 서구의 학자들에게 회의적으로 받아들여졌다. 중국은 단일하고 응집력 있는 이데올로기가 결여되어 있고, 경제적이고 정치적인 실용주의에 따라 인도된다고 평가되었다. 그러나 시진핑 시기에 중국은 정치 질서와 경제 발전과 관련된 자신만의 이념에 대하여 점차 공격적으로 표방하기 시작하였다. 2017년 전국인민대표자대회에서 시진핑은 중국의 사회주의 모델은 자신의 독립을 지키고 경제발전을 하려는 국가들에게 새로운 선택권을 부여한다고 밝혔다(Gracie 2017). 중국은 에티오피아와 같이 적극적으로 중국 모델을 수용하려는 아프리카 국가들에게 정부관료 정치교육프로그램의 재원을 제공하였다. 중국은 전세계에 475개의 공자사당을 지원했으며, 이를 통해서 중국에 대한 긍정적인 이미지를 촉진했다. 중국의 학자 그리고 정책분석가들은 세계질서와 관련된 대안적인 비전을 주창해 왔다.[8] 중국의 고대 세계관인 '천하관'이 국가 간의 갈등을 극복하는 조화로운 세계의 비전으로 재창조되었다(French, 2017; Callahan, 2008). 천하관은 신유교주의 담론인 바, 중국중심적인 문명 담론과 위계적인 질서 규범의 새로운 등장을 의미한다. 여기에는 자유보다는 가치 질서가, 법보다는 도덕이, 민주주의와 인권보다는 엘리트 통치가 우위에 있는 위계적인 체계를 의미한다.(Callahan, 2008: 758). 이는 새로운 헤게모니를 위한 제안서이며, 시진핑의 일대일로 야망과 함께 주목을 받았다. 일대일로는 아시아에서 '운명 공동체'를 중국중심으로 구축하겠다는 시도의 일부이고, 이는 중국을 글로벌 거버넌스의 게임에서 규칙 제정자의 권력을 부여하는 것을 의미한다. 2019년 일대일로의 5번째 정책인 '인민상통(人民相通)'과 관련된 아시아 문명대화 포럼에서 문명의 다양성을 존중하는 세계질서에 대한 생각들이 시진핑에 의해 명시적으로 승인받고 촉진되었다.

대안 규범 기획은 독점적일 수는 없지만 정치권력을 통합하는 전략이다. 이러한 경합 양식은 중국을 적극적인 규범 창출자로 만들고 아젠더를 설정하고 생산하는 능력을 만들어 국제영향력을 제공한다. 국제무대에서 사회관계와 국내 거버넌스와 관련된 대안을 제안함으로써 서구에 기반을 둔 다

---

8 중국 학자들은 리더십의 도덕성을 강조하면서 세계질서의 안정성과 세력전이를 설명하는 중요한 독립변수로 패권국의 도덕성을 강조하는 논의가 활발하다. 이는 일종의 대안 이데올로기 기획인 바, 스마트 파워를 도덕적 리더십으로 설명하거나(Fang, 2023), 리더십을 국가 리더십, 국제리더십으로 구분하여 패권국가의 전략적 신뢰를 강조한다(Yan, 2019).

자주의 제도와 행위자들로부터 동의를 구하고자 한다. 서구사회에서 유럽 문명 회의주의적인 견해를 갖는 사람들에게 호소하고, 비서구의 문화, 사회, 정치 규범을 지지하는 종교적인 전통주의자들, 극우적 단체들 및 우파 대중활동가들의 지지를 전지구적 차원에서 동원하고자 한다. 중국은 서구내에서 이러한 지지자들을 확보하는데 성공적이지는 않았지만, 신유교주의 이념은 작지만 영향력 있는 추종자들을 모으기 시작하고 있다(Bell, 2016).

V. 결론

서구의 자유주의 국제질서는 200여년 동안 국가 간의 질서를 형성해 왔다. 그러나 탈냉전 이후 문명주의는 새로운 국제질서를 요구하고 있다. 문명주의 담론은 오늘날 국제 정치경제 있어서 회피할 수 없는 담론이 되고 있다. 일대일로의 유라시아 이미지는 서구를 대체하고, 미국와 유럽의 영향력을 축소하고 있다. 대안적인 역사 담론은 궁극적으로 기존 세계질서에 영향력있는 이데올로기를 재창조하고 있다. 그 가운데 미국과의 패권 경쟁에 돌입한 중국은 이데올로기 영역에서도 문명주의를 표방하며 국제질서를 둘러싼 경쟁에 나섰다. 중국의 사회주의 국가 정체성은 과거 제국주의 역사의 침탈과 반복되었던 근대화 실패의 유산 그리고 냉전시기 이데올로기 경쟁 속에서 형성되었다. 개혁개방시기 애국주의와 민족주의 정서가 사회주의 이데올로기와 함께 체제의 정통성을 강조하는 중요한 자원으로서 고취되었다. 천안문사태 이후에는 경제적인 풍요를 누리면 새롭게 성장하는 젊은 세대들에게 백년수치의 희생을 강조하는 애국주의 선전물들이 모든 매체에서 강조되었다. 결과적으로 역사의 기억, 민족주의 서사들이 이데올로기에 생기를 불어넣으며, 오늘날의 중국외교정책을 형성하고 있다. 전체주의적인 중국 사회주의의 통치 모델이 자유주의 모델보다 우월하고 유교와 중국적 사회주의가 이데올로기적인 연계성을 찾기 시작하였다.

미래 미국과 중국의 이데올로기를 둘러싼 헤게모니 전망은 크게 3가지 시나리오를 갖고 있다. 첫째, 미국과 서구동맹 국가들의 자유주의 연합 리더십의 안정적 지속. 둘째, 자유주의 국제질서가 와해는 되지만 대체되지는 않는 상태. 셋째, 새로운 중국 헤게모니 국제질서로 이행이다. 그런데 자유주의 정체성의 국제 배분구조에 따르면 서구의 헤게모니가 지속될 것이다. 강대국들 간은 자유주의 헤게모니에 강력한 지지를 보내고 있다. 강대국들 중 중국의 엘리트들만이 서구 헤게모니에 반대하고 있다. 미국과 유럽국가들이 과거 공산주의 체제를 배제했던 모습은 현재 중국을 부정하는 모습에서도 확인된다. 다른 강대국들의 엘리트와 대중들은 중국의 대안을 받아들이려면 자신들이 생각하는 민주주의 정체성을 부정해야 한다. 중국의 자기 정체성 인식은 다른 강대국들과는 사뭇 비교된다. 국제질서에 대한 기본 인식이 다른 국가들과 동떨어져 있고, 민족주의적이며 선전적이다. '중국특색의 사회주의', '관료지향적인 의식', '중국몽', '호혜'등의 용어가 중국 정체성을 의미하는 중심적인 역할을 한다. 이와같은 이데올로기는 내부적인 것이다. 예를 들면 중국몽같은 개념은 경제번영을 표현하는 보편적인 비전이기보다 '중국민족의 위대한 부흥'을 요구하는 민족적인 수식어이다. 중국특색의 사회주의는 중국 사회가 어떻게 발전하는지에 대한 특수한 개체성과 관련된 독트린이다. 중국 정체성의 이러한 지배적인 요소들은 다른 강대국들에게 호소력을 가지면서 대항 헤게모니 질서와 비전을 형성할 것으로 보이지는 않는다. 중국의 전체주의 정치체제는 과거 파시즘이나 소비에트처럼 거부되고 있다. 시진핑의 권력이 공고화되었던 지난 수년 간 이러한 인식은 강화되었다. 더욱이 중국은 경제적으로도 다른 국가들의 이익을 해치는 경쟁자로 비추어지고 있으며, 리더십으로나 모델로서 긍정적으로 묘사되지 않는다. 그람시의 용어대로 중국이 '역사적인 블록'을 형성할 수 있을지 의문이다.

02

중국 '일대일로' 기획의 정치경제
'동원된 세계화'의 국내적 조건을 중심으로[*]

박상현(국립부경대학교)

Ⅰ. 서론

2013년 중국 공산당의 지도적 위치에 오른 시진핑 주석은 카자흐스탄의 나자르바예프 대학에서 '일대일로'(One Belt, One Road, BRI)라는 구상을 발표했다.[1] 일대일로 계획은 초기에 주변국가의 교통인프라 구축에 초점을 맞추었지만 시간이 지나면서 참여국가와 사업범위가 애초의 '일대'와 '일로'를 넘어서 계속 확대되었다.[2] 지난 10년 동안 150개 이상의 국가와 30개

---

[*] 이 글은 『Journal of Global and Area Studies』 8권 1호(2024)에 게재된 논문을 저자 동의하에 수록하였음.

1 일대일로의 공식 영어 명칭은 One Belt and One Road Initiative(OBOR)에서 Belt and Road Initiative(BRI)로 변경되었다.

2 일대일로의 범위는 당초에 중국 서부내륙과 중앙아시아 그리고 동남아시아였으나, 2014년에 동아프리카와 유럽으로 확대되었고 2015년에는 사실상 세계를 포괄하게 되었다. 이때부터 일대일로는 원리상 어떤 분명한 연계성의 근거도 갖고 있지 않은 모든 나라에게 개방되었다(Demiryol, 2022: 418). 2015년에 국가발전개혁위원회와 관련기관들이 일대일로의 기본 원리와 협력 영역의 개요

이상의 국제기구가 '일대일로' 협력 문서에 서명하고 20개 이상의 전문 분야에서 다자간 협력플랫폼을 설립했다(国务院新闻办公室, 2023). 2023년에는 북경에서 일대일로 10주년을 기념하는 '일대일로 국제협력 정상포럼'이 개최되기도 했다.

중국 정부는 일대일로를 순수한 경제적 기회의 확대라는 관점에서 설명하고 있지만, 일대일로 사업은 정치·경제·문화 등의 다면적 성격을 띠고 있다. 또한 시진핑 시대를 대표하는 대외정책 전망으로서 일대일로 기획은 '도광양회'라는 기존의 대외정책 기조로부터의 단절을 상징한다. '중국몽'의 일부로서 일대일로는 중국이 세계의 중심이었던 '제국'시대의 역사를 상기시키며 중국의 영광을 재현하는 동시에 '인류운명공동체'를 실현하는 수단으로 홍보되고 있다. 일대일로 기획은 중화인민공화국 수립 100주년이 되는 2049년까지 계속될 전망이다.

일부 개발도상국가들은 일대일로 기획을 새로운 형태의 국제개발협력 계획으로 환영하고 적극적인 참여의사를 밝혔던 반면, 미국을 중심으로 하는 서방 국가들은 중국의 정치적 영향력 확대를 우려했다. 일대일로의 효과에 대해서도 나라에 따라 서로 다른 평가가 제시되었다. 일부 국가는 중국식 개발협력, 특히 인프라 개발의 성과를 긍정적으로 평가하면서 일대일로 정상회의에 적극 참여했던 반면, 다른 국가들은 중국의 '부채함정'(debt trap) 외교를 비난하거나 중국 해외건설 프로젝트의 '착취적' 측면을 고발하기도 했다(Gelpern et al., 2021: 3).[3]

를 제시하는 일차적 정책자료 「육상실크로드 경제벨트와 21세기 해상 실크로드의 비전 및 행동」(推动共建丝绸之路经济带和21世纪海上丝绸之路的愿景与行动)(이하 「비전 및 행동」)을 발간했다. 여기서 일대일로뿐만 아니라 세 개의 육상 벨트, 두 개의 해양통로, 6개의 경제회랑이 특정화되었다(Demiryol, 2022: 418).

3   예를 들어 2019년 말레이시아 수상 마하티르 모하마드는 부채함정 외교를 경고하면서 '불공정한'

일대일로의 추진 배경과 성격을 둘러싸고 다양한 분석들이 제기되고 있는데, 국제관계·국제정치경제 연구자들의 관심은 중국이 주도적으로 세계 질서를 재형성할 수 있는가에 집중되는 경향이 있다. 대다수 연구는 일대일로를 중국 특색의 새로운 국제질서를 건설하는 중국식 헤게모니 전략의 일환으로 파악한다(Summers, 2016; Zhang, 2017; Dogan, 2021; 백권호·백서윤, 2023; 김재관, 2020; 이동률, 2021). 일대일로의 '세계적' 효과에 대해서는 유보적인 입장을 취하더라도 일대일로가 오바마 행정부의 '아시아 회귀' 전략과 아시아·태평양 경제통합에 대응해서 유라시아의 경제적 연계성을 강화하는 유라시아 통합의 기획으로 기능하고 있다는 견해도 널리 퍼져있다(Xing, 2019: 13; Miller, 2017).

일대일로 기획이 중국의 당-국가가 주도하는 대외전략을 내포하고 있으며 지역적·세계적 효과를 낳고 있다는 사실은 부정하기 어렵다. 그러나 일대일로 참여국가와 사업의 포괄 범위는 계속해서 변화했고 경제적 규모도 유동적이었다는 점에서 일대일로를 하나의 일관된 '거대전략'으로 볼 수 없다는 견해도 존재한다(Jones and Zeng, 2018; Hall and Krolikowski, 2021). 실제로 일대일로의 추진 동기는 상당 부분 국내적인 정치·경제적 조건에서 유래했으며 실행과정은 중국 국가자본주의의 내부적 특성을 반영한다(Dogan, 2021; Zhang, 2017; Carmody and Wainwright, 2022). 또 일대일로의 구체적 실행계획은 국내적 조건을 반영하며 계속 변화하는 양상을 보인다. 그렇다면 중국 내 어떤 세력이 어떤 방식으로 일대일로 기획을 추동하고 있는가? 그리고 그들은 미국을 비롯한 여타 국가들의 반응에 어떻게 대응하고 있는가?

중국의 기반시설 건설 협상을 재협상 또는 기각할 의사를 표명했다(Brautigam 2019).

'국가 자본주의적 기획'(Carmody and Wainwright, 2022)으로서 일대일로라는 구상이 형성되고 실행되는 중국의 국내적 조건에 대한 연구는 상대적으로 부족하다. 이 같은 인식에 기초해서 여기서는 일대일로의 국내적 조건에 초점을 맞추는 몇몇 연구(Jones and Zeng, 2018; Hall and Krolikowski, 2021; He, 2021)에 주목해서 일대일로가 구상되고 실행되는 과정에서 중국 내부의 정치경제적 조건이 어떤 영향을 미쳤는가를 분석할 것이다. 나아가 '미·중 전략적 경쟁'이 심화되고 있는 상황에서 일대일로 기획이 변화하는 과정을 추적할 것이다.

Ⅱ. 일대일로 기획의 국내적 기초

1. 성장의 둔화와 '경제안보'의 대두

1980년대 말 개혁·개방 이후 중국경제는 지속적인 성장을 경험했다. 특히 중국이 1999년 미국과의 정상적 무역관계를 확립하고 2001년 세계무역기구(WTO)에 가입한 이후 중국의 대 미수출은 급증했고 중국은 세계최대의 수출국가로 성장할 수 있었다. 명실상부한 '세계의 공장'으로서 중국은 2005-08년 평균 12%의 경제성장률을 기록했다(Lardy, 2019: 10). 2008-09년 미국에서 발원한 세계금융위기 속에서도 중국경제는 상대적인 안정성을 자랑했다.

그러나 중국경제의 장기궤도에 관한 연구들(Li, 2017; 2020, Hung, 2022; Lardy, 2019) 은 대체로 2008-09년 세계금융위기 이후 중국경제의 성장률이 둔화되는 경향을 지적한다. 〈그림 1〉에서 드러나고 있는 것처럼, 2008-09년 세계금융위기 이후 중국의 평균이윤율은 상대적으로 높은 수준이지

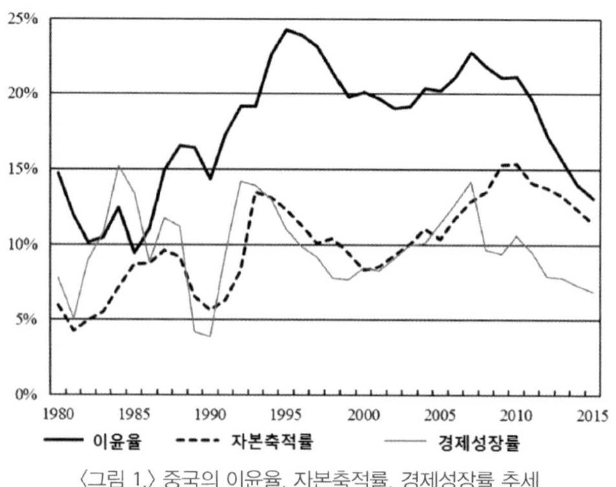

<〈그림 1.〉 중국의 이윤율, 자본축적률, 경제성장률 추세

출처: 출처: Li (2017)

만 급속하게 하락하는 양상을 보인다. 중국의 급속한 이윤율 하락은 국유기업 같은 비효율적인 제도 하에서 급속한 자본생산성 하락에 기인한 것으로 진단된다. 이 같은 추세에 더해서 저렴한 농촌출신 노동력의 고갈로 인한 임금상승, 즉 이윤압박도 영향을 미친 것으로 파악되고 있다(So, 2021; Li, 2020). 또 평균이윤율의 하락과 쌍을 이루면서 자본축적이 둔화되고 경제성장률도 하락하는 양상을 보인다. 특히 중국의 고도성장을 상징했던 10% 이상의 경제성장률은 한자리수 이하로 급격히 하락했고 코로나-19가 창궐하기 이전에 이미 5% 수준에 이르렀다. 이른바 '새로운 정상'(新常態)의 시대가 도래한 것이다.

2007-08년 세계금융위기에 대응해서 중국은 5860억 달러의 재정자극 패키지로 대응했는 데, 그 대부분은 지방정부의 기반시설 프로젝트 자금조달에 투여되었다. 2010년대 초에 이르러 경기부양을 위한 재정은 거의 모두 지출되었고, 많은 지방 정부들이 사실상 파산상태에 이르렀다. 또 지방의 토목·건설부문의 수익성 악화와 함께 철, 철강, 유리, 시멘트, 알루미늄, 전

력산업 등에서 과잉설비가 30%를 넘어섰다(Jones and Zeng, 2019: 8). 이런 상황에서 위기가 심화되는 것을 막기 위해 중국의 은행체계는 신용을 대규모로 확대시켰다.[4]

확대된 신용은 상당 부분 국유기업으로 흘러 들어갔다. 동시에 지방 정부들은 경제성장 수치를 상승시키기 위해 이미 과잉설비가 누적되어 있던 건설 부문 등에 대한 투자를 지속했다.[5] 중국의 급속한 성장의 주요한 동력이었던 대규모 기반시설 투자는 부채의 확대를 통해 지속되었다. 이 과정에서 '그림자 금융'이라고 지칭되는 비공식적인 금융조달 경로가 널리 활용되었다. 그 결과 2012-13년에 부동산 버블이 절정에 달했고, 건설부문에 누적된 부채가 지방은행의 부실을 키워서 2013년부터 크고 작은 금융위기가 발생했다. 중앙정부는 기반시설 투자 버블의 부정적 효과를 감축하기 위해 공식대출을 긴축하는 방향으로 선별적으로 개입하는 동시에 다양한 비공식적인 방식으로 지방은행 지원을 강화함으로써 산발적인 부동산 관련 부채위기가 대규모 금융위기로 진화하는 것을 막았다(Demiryol, 2022: 417).[6] 역설적으로 이 같은 '지연된 금융위기'는 중국의 '경제안보'에 대한 계속된 우려를

---

4 중국인민은행 자료에 기초한 연구에 따르면, 2009-11년에 은행체계의 자산은 49.6조 위안(7.6조 달러) 증가했는데, 그 대부분은 신규 대출 형태였다. 은행들은 3년 동안 대출을 27조 위안(4.2조 달러)이나 팽창시켰다(Wright and Rosen, 2018: 20).

5 이 같은 건설부문 과잉투자의 결과로 중국 각지에서 이른바 '유령도시'(ghost city), 즉 아파트로 가득 차 있지만 사람이 거주하지 않는 신도시가 출현했다. 중국투자네트워크가 2014년에 발간한 유령도시지표에 따르면, 전국적으로 대략 50여 개의 유령도시가 존재하는 것으로 파악되었다(Demiryol, 2022: 416).

6 이 같은 중앙 당국의 개입에도 불구하고 지방정부 재정부실이라는 문제는 해소되지 않았다. 2018년 S&P 보고서에 따르면, 지방정부의 '장부외' 대출은 40조 위안에 이르렀다(Demiryol, 2022: 417). 게다가 중국의 부채문제는 지방정부에 국한되지 않는다. 국제결제은행(BIS, 2024)에 따르면, 중국의 국내총생산(GDP) 대비 가계·기업 대출의 비율은 2008년 140%였는데, 2023년 2월에는 273%에 이르렀다. '좀비기업' 문제는 여전히 해결되지 않는 것으로 보인다.

낳는 동시에 경제안보를 지키기 위해 국가의 역할이 강화되는 계기가 되었다(Pearson et al., 2022a: 145).

2. 당-국가 자본주의와 동원된 세계화로서 일대일로

중국의 지도자들은 일정한 기간 통치 경험을 쌓은 이후 그것을 총화하면서 중국의 나아갈 바에 대한 자신의 거대 전망을 제시하는 경향이 있었다. 그러나 시진핑 주석은 성장이 둔화되고 사회적 불안이 우려되는 상황을 배경으로 총서기에 오르기도 전에 경제적 혼란의 현실을 진단하고 중국이 나아갈 방향을 제시했다. '100년의 국치'를 종결짓는 '중화민족의 부흥'이라는 중국몽은 중국의 세계적 위상을 높일 것을 제안하고 있지만 본질적으로 국내적 청중을 대상으로 하는 것이었다. 특히 '위대한 중국'이라는 강력한 민족주의로의 전환은 위기에 대응해서 당을 중심으로 하는 중국적 특색의 국가주의를 정당화하는 효과가 있었다(Pearson et al., 2022a: 144; Pathak, 2021: 151; Minzner, 2019: 23).

시진핑 지도부의 출범을 전후로 중국공산당은 경제적 위협에 적극적으로 대응할 필요성을 인식했다. 과거와 달리 경제문제는 '국가안보'라는 관점에서 이해되었고 중국의 '경제안보'를 지키기 위해서 당이 경제적 역할도 적극적으로 수행하게 되었다. '당-국가 자본주의'로의 이행으로 묘사되는 이같은 변화로 당은 공식적 경제정책에 영향을 미쳤을 뿐만 아니라 캠페인을 비롯한 여타의 경로로 민간경제에 직접 관여했다. 동시에 국가통제의 '관제고지'로서 국유기업이 당의 이해에 봉사하며 당의 전략적 목표를 달성하는 데 필수적인 수단으로 간주되었다(박상현, 2023).[7]

---

7 최근의 연구(Bai et al., 2020)는 중국의 '국가자본주의'가 국유부문에 국한되고 있지 않음을 보여준

한편 중국의 대외정책 형성에서는 전통적으로 중국공산당의 지도력이 결정적이었다. 중국은 '비동맹' 노선을 견지하면서도 양자적인 차원에서 다양한 수준의 협력국을 형성해왔다. 특히 시진핑 체제의 출범과 함께 경제적·전략적 자산을 추구하는 것이 '협력국 외교'의 중심에 위치하게 된 것으로 평가되고 있다(Liu, 2021: 209). '일대일로' 기획이 그런 변화를 보여주는 대표적 사례다. 당은 '중국몽'을 대외적으로 구현하는 기획으로 일대일로의 구상과 실행에서 주도적인 역할을 했다(He, 2021: 17; Johnson, 2016).[8]

중국공산당 지도부의 전략적인 추동력을 배경으로 일대일로는 국내정책과 대외정책이 결합될 뿐만 아니라 경제·정치·사회·문화를 포괄해서 광범위한 정책목표를 갖는 '옴니버스 프로그램'(Summers, 2016: 1369) 또는 '우산형 프로젝트'(umbrella project)(Zhang, 2017: 315)가 되었다. 동시에 일대일로는 정부기관을 통해 실행되는 공식적인 국가통치술의 요소뿐만 아니라 더 광범위한 행위자들을 비공식적으로 동원·조타하는 당 주도의 통치술의 요소도 내포하게 되었다(Hall and Krolikowski, 2022: 10). 일대일로의 대규모 투자·건설 계획은 당-국가의 보증을 필요로 했으며, 그 결과 대규모 프로젝트의 관리는 당-국가의 중앙권력을 강화시키는 경향이 있었다(He, 2021: 22). 바로 이 때문에 일대일로는 중국의 '동원된 세계화' 기획으로 불릴 수 있다.

다. 2015년 이후 설립된 수백 개의 '국유 자본투자회사'가 광범위한 민간기업 주식을 보유하고 있다. 중국의 1000대 기업 중에서 대략 78%는 국가와 직·간접적으로 지분연계를 갖고 있다. 중국경제의 상당 부분은 완전히 국가 소유도 아니고 완전히 민간소유도 아닌 혼합소유의 회색지대에 속해 있는 것으로 보인다(Naughton and Boland, 2023: 18).

8 단적인 예로, 2015년 일대일로 프로그램들을 최종 조정하는 역할을 담당하는 국무원 '일대일로' 건설공작 영도소조가 건설되었을 때, 중국공산당 상무위원 1명과 정치국원 2명이 거기에 포함되어 있었다(Zhao, 2020: 321).

등소평의 '도광양회' 접근과 단절하는 시진핑 지도부의 대표적인 대외정책 '주제'인 일대 일로는 시진핑 주석을 중심으로 당의 통일성을 강화시키는 매개로 기능했고 결국에는 당- 국가의 도그마 지위를 획득했다. 2017년 10월 19차 당대회에서 일대일로는 중국적 특색의 새로운 사회주의에 대한 시진핑 사상의 핵심으로 당헌에도 명문화되었다. 동시에 장기간에 걸친 일대일로 계획을 성공적으로 실현하기 위해서는 당 지도부의 장기적인 지도력이 확보 되어야 한다는 논의가 확산되었다. 즉 일대일로는 시진핑 주석의 임기 연장을 정당화하는 근거 중 하나가 되기도 했다(He, 2021: 16).[9]

일대일로는 또한 시진핑 주석이 일대일로 정상회의의 중심에 설 수 있게 만들면서 시진핑 주석에게 더 큰 정당성을 제공했다. 특히 일대일로에 대한 선전이 최고조에 이르렀던 2017년정상회의는 국내 청중들에게 영광의 시대를 상기시키면서 중국이 세계의 지도적 국가이고 모든 길은 북경으로 통한다는 메시지를 전달했다(Zhao, 2020: 324-325). 시진핑 주석의 지도하에 일대일로는 역사적 실크로드의 현대적 판본으로 부각되며 중국의 역사적 역할과 현대적 역할을 성공적으로 연결시켰다. 시진핑 주석의 연임이 결정된 2017년 무렵에 이르러서는 일대일로와 시진핑 체제의 성공이 너무나 긴밀하게 연계되었기 때문에 일대일로는 결코 '실패'를 상상할 수 없는 기획으로 인식되기에 이르렀다(Hall and Krolikowski, 2022: 6).

---

9   실제로 중국공산당 19차 당대회의 공식 보고서는 일대일로를 5차례나 언급하면서 장기적인 일대일로 기획의 성공적 실행을 위해서는 시진핑 주석의 3연임이 필요하다는 메시지를 전달했다(He, 2021: 16).

Ⅲ. 일대일로의 동원기제와 국유자본의 해외진출

1. 일대일로 동원기제와 국내적 경쟁

2013년 시진핑 주석의 '선언' 이후 당-국가는 그것을 구체화하기 위해 노력했다. 2015년 에 일대일로 '실행계획'이 제출되었고 최고위급 조정기구로 '일대일로' 건설공작 영도소조라 는 태스크포스가 수립되었다. 국가발전개혁위원회는 소조의 업무를 지원하고 실질적으로 운영하는 사무국 기능을 맡았다(백권호 · 백서윤, 2023). 그 밖에 외교부, 재정부, 중국개발은행, 중국수출입은행, 생태환경부 등도 일대일로 프로그램의 실행에 참여했다. 중앙정부의 공식적 '추진 메커니즘'은 복잡한 협의기구의 형태를 취하지만 본질적으로는 당이 조타수 역할을 맡는 위계적인 성격을 띠며 일종의 '동원기제'로 기능한다(He, 2021: 17).

그러나 이것이 자문이나 협의가 존재하지 않는다는 것을 의미하지 않는다. 오히려 '일대 일로'라는 당-국가의 구호에 최대한 다양한 집단을 동원하기 위해 지방의 성과 도시나 중앙 및 지방의 국유기업 등 다양한 정부 · 비정부 행위자들이 일대일로의 구상과 실행에 다양한 방식으로 관여했다(Hall and Krolikowaski, 2022: 7; Jones and Zeng, 2019: 2). 그들은 중앙정부의 공식적 '추진 메커니즘' 이면에서 일대일로 기획에 영향을 미치며 당-국가의 기금과 자원을 획득하기 위해 경쟁했다(He, 2021: 17; Hall and Krolikowaski, 2022: 7).

일대일로의 모호한 공식적 언어는 특히 성 단위 관료들 같은 하위 행위자들의 '해석적 관 대함'을 가능케 했다(He, 2021: 19).[10] 하위의 행위자들은

---

10 광둥성 사례가 이를 잘 보여준다. 광둥성 당 상무위원회는 일대일로 실행 및 참여 계획을 정식화

주석의 구호를 구체적 정책으로 번역하는 과정에서 중앙이 제시한 '전망'을 자신의 방식으로 해석함으로써 정책의 구체적 실행과정에 영향을 미칠 수 있다. 실제로 많은 지방정부나 국유기업이 일대일로의 의미를 각자의 방식으로 해석하고 그 기획을 자신의 이해에 부합하는 것으로 변형시키려 했다(Jones and Zeng, 2019: 2, 14).[11] 특히 지방 단위에서 정부와 대학 같은 비정부 행위자들은 기존의 지역개발 프로젝트의 명칭을 바꾸고 일대일로의 이름으로 새로운 활동을 제안했다. 여러 지역들 사이의 이 같은 경쟁은 일대일로 기획을 진화시키는 추동력이 되었다.

여기에는 중국의 주요한 국내적 문제, 즉 불균등 발전으로 인한 지역간 불평등이라는 문제가 중요한 영향을 미쳤다. 연안지역과 내륙지역의 발전 격차는 특히 심각한 사회적·정치적 불안의 위험요인으로 인식되어 왔고(Dogan, 2021: 99), 따라서 지역적 불균형 해소를 위한 정책의 필요성은 지속적으로 제기되어 왔다. 실제로 일대일로의 원형으로 거론되기도 하는 '서진정책'은 대규모 기반시설 투자를 통해 서부 국경지역의 저발전상태를 개선함으로써 사회적 불안을 완화하려는 시도였다. 2013년 12월에 국무원 국가발전개혁위원회(NDRC)가 개최한 초기 일대일로 심포지움에는 서부지역을 중심으로 하는 14개 성만이 초청되었다.

그러자 애초의 구상에서는 배제되었던 지역들이 다양한 방식으로 참여를 추진했다. 각 지역은 고대 실크로드와의 연계를 보여주면서 여론을 동원했다. 예들 들어 산시성(陝西省)과 허난성(河南省)은 어느 성이 역사적 실

했고 그 계획은 2015년에 일대일로 건설공작 영도소조에 의해 승인을 받았다. 이후 광둥성은 일대일로 촉진의 전위가 되었다(He, 2021: 19).

11 실제로 일대일로 기획의 많은 요소들은 서진정책이나 기업의 해외진출(走出去) 전략 등과 같은 기존의 정책들의 연장선에 있는데, 이는 지방정부나 국유기업이 과거의 프로젝트를 일대일로라는 새로운 구호에 맞게 재해석한 결과였다(He, 2021).

크로드의 출발점인가를 둘러싸고 공개적으로 논쟁을 벌였고, 푸젠성(福建省), 장쑤성(江蘇省), 광둥성(廣東省), 광시(广西) 등이 동남아시아를 향한 관문역할을 하는 해양실크로드의 출발점을 둘러싸고 더 치열하게 경쟁했다(Jones and Zeng, 2019: 8; Chen et al., 2023).

이런 경쟁의 결과로 애초의 계획에 포함되지 않았던 상대적으로 부유한 동부 연안 지역도 일대일로, 특히 해양 실크로드 지역개발의 틀 내에 포함될 수 있었다. 그 밖에도 다양한 지역이 일대일로 계획에 참여하게 되면서 일대일로 계획은 규모나 포괄범위가 더욱 커졌다. 그 결과 2013년의 선언과 2015년의 실행계획 사이에는 시간차도 발생했다. 2013년 심포지움에는 14개 성이 일대일로 기획에 포함되는 것으로 제시되었으나 2015년의 실행계획(「비전 및 행동」)에는 27개 성이 포함되었다. 또한 더 이상 '일대'와 '일로'가 아니라 세 개의 육로와 두 개의 해로 그리고 6개의 '회랑'이 제시되었다(Jones and Zeng, 2019: 9-11).

2. 국유부문의 해외진출: 축적체계의 외부화?

일대일로라는 슬로건을 구체적인 계획으로 전환시키는 과정에서 당-국가의 핵심적 수단이자 최대 수혜자는 국유기업이었다(Pathak, 2021: 165; Johnson and Zeng, 2019: 12). '국가대표기업'으로서 중국의 국유기업은 광범위한 '전략적' 영역에서 당-국가가 제시하는 구체적인 목표들을 추진하면서 중국적 판본의 국가자본주의에 대한 대중적 신뢰를 뒷받침한다. 일대일로는 기존의 프로젝트에 새로운 서사를 제공하거나 새로운 프로젝트를 정당화할 수 있는 논리를 제공함으로써 국유기업이 당-국가의 지원을 받아 해외로 팽창할 수 있는 전망을 제시했다(Zhao, 2020: 324).

수익성 악화로 인해 '개혁'의 압력을 받고 있는 상황에서 중국의 국유기업은 일대일로라 는 국가적 과제를 달성시키기 위해 선도적으로 노력함으로써 자신의 존재근거를 재확인하는 동시에 당-국가의 직·간접적인 지원을 획득했다. 특히 경제안보와 직접적으로 연관되어 있는 에너지 부문과 과잉설비 문제에 직면해 있었던 토목·건설 부문의 국유기업이 '일대일로'라는 구호 하에 해외진출을 주도했다.

중국은 석유, 천연가스, 석탄 등에서 세계최대의 수입국가로서 지속적으로 증가하는 에너 지 수요를 안정적으로 지지해야 하는 과업에 직면해 있다(Li, 2023; 이동률, 2021). 당-국 가의 관점에서는 경제성장의 지속에 사활적인 핵심적 원료와 투입물을 안정적으로 확보하는 것이 '경제안보'의 최우선과제로 간주된다. 그 결과 '에너지 안보'는 전체 일대일로 기획에서 중요한 역할을 하고 있으며 '에너지 연계성'은 일대일로가 추구하는 '세계적 연계성'의 주축이 된다. 특히 중국은 일대일로 기획을 통해 단순한 에너지 소비국에서 벗어나서 에너지 수급의 전과정을 연계하는 협력체계를 수립하고자 했다(이동률, 2021: 278).

그에 따라 중앙아시아를 가로질러 핵심적인 화석연료를 제공해 줄 수 있는 국가들이 중국을 중심으로 하는 세계적인 에너지 연계성에서 가장 중요한 역할을 하고 있다.[12] 석유와 가스를 운송하는 파이프라인 같은 몇몇 연계성 기반시설은 그 자원들을 중국으로 이동시키기 위한 것이다. 또 중국이 접촉을 확대하고 있던 사우디아라비아, 이란, 이라크 등 중동국가도 에너지 연계성에서 중요한 위치를 차지한다(Yao, 2021: 55).[13] 동남아시아 국가들

---

12 중국의 가장 중요한 에너지 공급국가인 카자흐스탄은 투르크메니스탄에서 중국의 신장지역으로 천연가스를 이동시키는 핵심적 수송 협력국가다. 중국은 2016년에 카자흐스탄 전체 석유추출의 30%를 통제했다(Yao, 2021: 55). 신장지역은 중국의 에너지 안보에서 핵심적인 위치를 차지했다.

13 중국은 사우디아라비아 원유의 최대 수입국이다. 중국은 사우디아라비아를 '협력국 정치'에서 가장 높은 수준의 협력 국가, 즉 '포괄적인 전략적 협력국가'로 규정하고 있다(Yao, 2021).

을 중심으로 하는 해양 실크로드 건설의 주요 사업도 에너지 수송의 다변화를 모색하는 시도의 일환이었다(이동률, 2021: 278).[14]

당-국가의 '전략적 부문'으로서 에너지 부문의 국유기업은 석유를 비롯한 화석연료 자원 추출에 적극적으로 참여했다. 그 결과 〈표1〉에서 드러나는 것처럼 2017년 이후 중국의 3대 국유 에너지 기업은 꾸준히 「포춘 글로벌 500」의 10대 기업에 이름을 올렸다. 중국은 세계 10대 기업에 3개의 에너지 기업이 진입한 유일한 국가였다. 일대일로를 통해 당-국가 자본 주의의 전략적 부문으로 등극한 에너지 기업은 2010년대부터 제기된 수익성 악화와 과잉설비의 문제에 대해서도 일정 정도 눈을 감게 되었다.

〈표 1.〉「포춘 글로벌 500」 10대 기업 내 중국 에너지 기업

영문명	중문명	순위				
		2017	2018	2019	2020	2021
State Grid	国家电网公司	2	2	5	3	2
Sinopec Group	中国石油化工集团公司	3	3	2	2	5
China National Petroleum	中国石油天然气集团公司	4	4	4	4	4

또한 일대일로 계획은 중국의 발전경험에 기초한 대규모 개발사업을 포함하고 있다. 중국건축고빈유한공사 같은 국유 건설기업은 애초의 '일대'와 '일로'에 포함되었던 나라들을 뛰어넘어 향후 일대일로의 거점이 될 것으로 기대되는 아시아, 아프리카, 라틴아메리카 등지에 위치한 고도 채무국가의 도로, 철도, 항만 등을 건설하는 주요 계약업체가 되었다(Lardy, 2019: 122; Miller, 2017: 31).

이런 국유기업들이 일대일로 건설 프로젝트 총액의 96%를 차지한다.

---

14 중국이 수입하는 에너지의 상당 부분은 말라카해협을 통과하는데, 이와 같은 '말라카 딜레마'는 중국이 에너지 수입을 다변화하고 에너지 교역을 위한 새로운 통로를 창조하도록 자극하고 있다 (Upadhyay, 2023: 178).

2014년부터 2018년 6월까지 117개 일대일로 참여국가들에서 중국 국유기업의 건설활동은 2560억 달러로 같은 기간 중에 미국에 대한 중국의 투자 총액 1480억 달러를 압도했다(Jones and Zeng, 2020: 2019). 2016년 글로벌 500대 기업 중 건설업종에서는 중국 국유기업 7개가 10위권에 들었고 1위부터 6위까지를 독차지하기도 했다(이치훈 · 최필수, 2017: 232). 2020년 12월 현재 80개의 중앙정부 국유기업이 138개 국가 및 지역에서 4700개 이상의 일대일로 건설 프로젝트에 투자 또는 참여하고 있다(SASAC, 2023).

일대일로 참여국에서 도로, 철도, 항만, 산업지구 건설은 중국의 철강과 시멘트 그리고 여타 건축자재에 대한 수요를 창조했다.[15] 일대일로 참여국의 수요가 중국의 모든 과잉생 산을 소비할 만큼 충분한 것은 아니었지만, 과잉생산으로 인한 압력을 부분적으로 경감시켜 주었던 것으로 보인다(Demiryol, 2022: 418). 물론 중국 정부는 자신들이 과잉설비를 수출 하려 한다는 통념을 기각했고 대신 '국제적 산업협력' 또는 '산능합작'(産能合作)이라는 용어를 사용했다(Xing, 2017: 15). 그럼에도 불구하고 일대일로 건설 프로젝트는 중국 '축적체 계의 외부화'(Xing, 2017: 15)나 중국 국가자본주의의 '공간적 수선'(spacial fix)(Zhang, 2017: 311)이라는 평가를 받았다.

여기서 중요한 점은 중국의 투자에 국유기업이 관여하고 있기 때문에 경제적 논리가 정 치적 기획에 종속될 수 있다는 사실이다. 특히 국유 건설기업은 민간기업이 부담을 떠안기 를 꺼리는 나라나 지역의 기반시설 건설에 적극적으로 참여했다(He, 2021: 20). 수익성과 정치의 '교환'(trade-off) 속에서 국유기업이 수익성이 낮은 프로젝트를 지속하는 경우도 드물지 않다.[16]

---

15 중국 산업성(Ministry of China)과 산업기술성(Ministry of Industry and Technology)에 따르면 신규 철도 20,000km가 건설되려면 8500만 톤의 철강이 필요했다(Demiryol, 2022: 418).

16 단적인 예로 COSCO해운그룹은 계속되는 손실에도 불구하고 그리스의 피레아스(Piraeus) 항구에

게다가 국유부문에 대한 분절화된 감독은 국유기업들이 해외에서 부주의하고 불법적인 방식으로 행동할 여지를 주기도 했다(He, 2021: 14).

한편 중국의 국유은행은 일대일로 계획에 자금을 제공하는 역할을 했다. 중국투자공사, 중국개발은행, 수출입은행 등 중국의 정책은행들이 참여국가들에게 금융적 자원을 제공하는 데 앞장섰다. 이러한 시도는 위안화로 표시된 해외직접투자를 부양하는 동시에 가치저장 수단으로 위안화의 보유를 장려함으로써 '위안화 세계화'라는 기획에도 봉사했다(Sbacchi, 2022: 9). 특히 중국개발은행과 수출입은행은 '특별대출' 메커니즘을 따라서 반드시 즉각 이윤이 창출되지 않더라도 프로젝트의 비용을 충당하는 경향이 있었다(He, 2021: 20).[17] 일대일로와 관련된 프로젝트, 특히 중요한 천연자원을 보유한 국가들은 중국의 정책은행들로부터 손쉽게 차관을 얻을 수 있었다. 그 결과 2017년에 중국은 세계은행과 국제통화기금 (IMF)을 제치고 공식적인 세계 최대 채권기관이라는 지위에 올랐다.

그러나 중국은 일대일로 계획과 관련된 직접적 대출 활동의 세부사항을 밝히지 않고 있다. 중국과 채무국가 사이의 구체적인 계약 내용은 거의 알려져 있지 않으며 종종 비밀유지 조항을 포함하기도 했다. 실제로 중국이 '부채함정'을 의도한 것은 아닐지라도, 코로나-19 대유행을 거치면서 일대일로에 참여한 몇몇 고도 부채 국가들이 채무위기에 직면했다(Subacchi, 2023). 이는 중국의 주요 정책금융기관들의 재무구조도 악화될 위험에 직면했 다는 것을 시사한다.

대한 관리를 유지했을 뿐만 아니라 카자흐스탄, 스페인, 네덜란드, 홍콩, 아랍에미레이트 등에 신규 투자를 진행했는데 이와 같은 투자는 기업의 재무상태를 악화시켰다(He, 2021: 20).

17　또 중국 정부는 일대일로 자금융통을 용이하게 하기 위해 특정 지역에 특화된 6개의 국제금융기구를 창설했는데, 그 중 대표적인 것이 아시아인프라개발은행(AIIB)이다(Zhao, 2020: 321).

Ⅳ. 미·중 '전략적 경쟁'과 일대일로 기획의 진화?

1. 일대일로 투자 및 건설의 변화와 연속

일대일로 기획의 상당 부분은 중국의 공격적인 투자와 대부에 기초해서 중국 국유기업이 대규모 토목·건설사업을 진행하는 형태로 전개되었다. 중국기업들은 중국과 체제친화적인 개발도상국에서 새로운 기회를 포착하는 데 능했고, 〈그림 2〉에서 드러나는 것처럼 2013년 이후 2019년까지 일대일로 참여국가에 대한 투자와 건설은 급속히 증가했다.

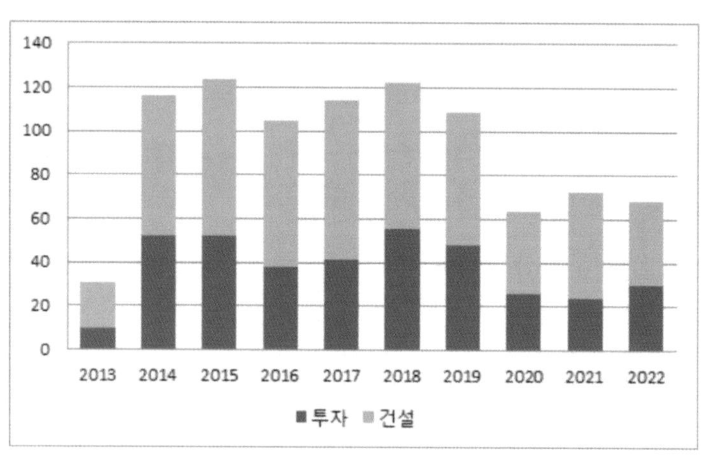

〈그림 2.〉 중국의 해외 일대일로 투자 및 건설(단위: 10억 달러)

출처: China Global Investment Tracker

그러나 많은 나라들에서 중국기업이 수행한 대규모 토목공사는 환경파괴와 열악한 노동 조건 같은 사회경제적 위험을 야기했다. 게다가 몇몇 나라들에서는 중국기업들 사이의 조정 실패로 인해 기반시설 건설을 지원하겠다는 중국의 약속이 제때 실현되지 못하기도 했다(Naughton and Boland,

2023: 30).[18] 코로나-19의 충격으로 몇몇 프로젝트의 경우 계약 조인이 연기되기도 했다. 참여국과 중국의 계약 취소로 인한 프로젝트의 실패, 즉 유동성 위기나 파산 사례도 상당했다(Upadhyay, 2023: 179). 2013년부터 2018년까지 647개 프로젝트가 실행되었는데 분쟁에 연루된 프로젝트의 숫자는 60개에 이르는 것으로 추정되고 있다(薛健吾, 2020: 9). 중국이 일대일로의 네트워크를 확대하기 위해 과도한 '정치적' 약속을 남발했다는 평가가 제기되는 것도 이 때문이다.[19]

〈그림 2〉에서 드러나는 것처럼 2018년을 정점으로 일대일로 해외투자는 급감하는 양상을 보인다. 이는 부분적으로 투자에 활용될 수 있는 자금의 감소에서 기인하는 것으로 추정되었다(Pathak, 2021: 166). 특히 일대일로의 실행에 관여하고 있는 중국의 양대 주요 은행, 즉 중국개발은행과 수출입은행은 재무구조가 크게 악화된 것으로 알려졌다. 양대 은행의 해외 대출은 2016년 750억 달러로 정점에 도달했다가 2019년에 40억 달러로 급감했다(Carmody and Wainwright, 2022: 2).

일대일로 건설과 관련된 부채위기는 국제사회에서 공개적인 쟁점이 되었다. 70개국의 정상급 인사들이 참여한 2019년의 일대일로 국제협력 정상포럼에서는 일대일로 관련 차관의 절차와 목적에 대한 의문들이 제기되었다. 특히 '부채 함정'이라는 쟁점이 참여국들의 의제에서 중요한 위치를 차

18　그리스에서는 에너지 부문에 대한 투자 및 개발 프로젝트의 약속이 충분히 실현되지 않았는데, 이는 그리스가 중국에 불만을 표시하는 중요한 계기가 되었다. 중앙아메리카에서도 유사한 사례들이 발견된다(Naughton and Boland, 2023: 30).

19　일대일로의 목표는 참여국가의 발전목표에 부합한다고 가정되었지만 몇몇 기반시설 건설 계획은 참여국가의 필요에 대한 장기적 고려와는 무관했던 경향이 있다. 특히 철도나 항만 등 몇몇 기반시설은 중국의 필요에 부합하는 경우 신속하게 건설되었다.

지했다(Dogan, 2021: 106).[20] 일대일로의 빛나는 전망을 선전했던 2017년 정상회의에서와 달리 시진핑 주석은 여러 문제를 경청하는 태도를 취했다(Zhao, 2020).

이 같은 상황에서 일대일로 기획의 실행과 관련된 조정은 불가피했던 것으로 보인다. 중 국은 점차 상대적으로 비용이 작게 들어가는 프로젝트를 강조하기 시작했다. 2018년 8월 시진핑 주석은 '일대일로' 전략 추진 5주년 심포지엄을 주재하면서 일대일로가 큰 밑그림 그리기('大写意')의 단계를 지나서 세밀한 계획을 완성('工笔画')하는 단계에 들어갔다고 선언했다. 나아가 코로나-19 대유행 속에서 대규모 건설 프로젝트가 어려움을 겪는 상황에서 중국은 상대적으로 덜 공격적이고 비용이 작게 드는 과학 프로젝트를 부각시켰다(Ye, 2022: 122).

중국은 '일대일로' 10주년이 되는 2023년에 기존의 성과를 평가하고 향후의 방향성을 제 시하는 백서(共建 "一带一路": 构建人类命运共同体的重大实践)를 발간했는데, 여기서 전환의 방향이 분명하게 드러난다. 시진핑 주석의 언급과 마찬가지로 백서도 일대일로가 기본적인 틀을 제시하는 단계에서 구체적인 세부사항을 실천하는 단계로 '발전'했다고 요약하면서 참여 기업의 '준법 책임'과 '부패에 대한 불관용'을 강조했고, 민간의 무역과 투자의 활성화에도 초점을 맞추었다(国务院新闻办公室, 2023).

---

20 '부채 함정' 논의의 결정적 계기는 스리랑카의 함반토타(Hambantota) 항구건설 프로젝트였다. 중국은 항구건설 비용으로 스리랑카에 10억 달러의 차관을 제공했는데, 스리랑카가 채무를 이행하지 못하게 되면서 함반토타 항구를 99년 동안 중국에 임대하게 되었다(Dogan, 2021: 106). 다른 나라들에서도 유사한 사건이 발생했다. 2018년을 기점으로 중국과 차관 공여 관련 쟁의가 발생한 참여국은 총 36개국이고 이 중 채무불이행 가능성이 있는 국가는 15개국으로 추정되고 있다(薛健吾, 2020: 9). 그러나 개발도상국에 대한 중국의 대출의 절반 정도는 공식 부채 통계에 포함되지 않는 '숨겨진 부채'로 추정되기도 하는데, 이는 '숨겨진 채무불이행'의 가능성을 시사한다(Horn et al., 2021).

또한 백서는 대규모 거대 프로젝트에서 디지털 연계성, 과학기술 협력, '저탄소 발전'으로의 이행 등을 강조하면서 일대일로 계획을 국제연합의 '2030 지속가능발전 의제'와 연계시켰다.[21] 이 같은 구상은 이른바 '고품질 발전'을 추구하는 '디지털 실크로드', '보건 실크로드', '녹색 실크로드' 등으로 표현되었다. 시진핑 주석이 강조한 것처럼 '작지만 아름다운(小而美)' 프로젝트를 더 많이 추진할 것이라는 의사도 표방되었다.

그러나 2023년 일대일로 투자보고서에 따르면, 민간기업의 참여를 늘리려는 중국 정부의 노력에도 불구하고 건설 부문에서는 여전히 국유부문이 일대일로 투자를 지배하고 있다. 보고서는 또한 석유와 천연가스 등 에너지 자원과 관련된 협상은 유지될 것이고 항만과 도로 건설 같은 부문에 대한 전략적 투자도 지속될 것이라고 지적하고 있다(Nedopilw, 2023). 게다가 디지털, 보건, 녹색 등 '고품질 발전'의 의제들은 상당 부분 「중국제조 2025」에서 제시된 국내 첨단산업 육성 전략과 쌍을 이루고 있다.

이런 측면에서 볼 때 일대일로라는 '동원된 세계화' 전략 내에서 중국의 국내 산업적 요구와 대외전략의 결합은 지속될 것으로 예상된다. 일대일로를 통해 지방정부는 계속해서 성장과 세계화에 투자를 할 것이고 국유기업은 국가의 금융적 지원을 얻어 해외로 팽창할 것이며 디지털, 보건, 녹색 산업들은 정부의 지원을 얻어서 성장하며 세계적 진출을 추진할 것이다.

2. 미중 전략적 경쟁과 대외관계의 플랫폼으로서 일대일로?

일대일로는 중국의 '그림자 외교정책'으로서 중국의 국내적 조건뿐만 아

---

21 2023년 일대일로 투자보고서에 따르면, 개별 투자계약 협상의 평균 규모는 2022년 6억 170만 달러에서 2023년 전반기에 3억 920만 달러로 감소했다. 이는 투자규모가 정점을 이룬 2018년과 비교할 때 48%나 작은 것이다 (Nedopilw, 2023: 6).

니라 국제정치적 상황도 반영했다. 참여국가의 국내적 여건과 참여전략은 우선적인 고려대상이 되었지만, 더 중요한 것은 미국을 위시한 주요국가들의 '정치적' 대응이었다. 중국은 일대일로를 서로에게 이득이 되는 순수한 개발의제로 제시했지만 처음부터 중국의 정치적 영향력 확대에 대한 우려에 부딪혔다.[22] 가장 중요한 것은 미국과의 관계였다. 특히 트럼프 행정부 이후 '미·중 전략적 경쟁'이 본격화되면서 일종의 대외적 캠페인으로서 일대일로의 정치·외교적 측면이 강화되었다. 이 과정에서 2023년까지 세 차례에 걸쳐 개최된 일대일로 국제협력 정상 포럼은 정치적으로 가장 중요한 무대가 되었다. 중국은 포럼에 참여하는 나라들과 양자적 관계에 기초해서 개별적으로 접근하고 있다(Dogan, 2021: 122).

널리 알려진 것처럼 바이든 행정부는 트럼프 정부시기에 선언된 중국과의 '전략적 경쟁'을 공식화하면서 규칙기반의 국제질서를 강조하고 있다. 특히 미국은 유라시아 대륙을 포괄 하는 일대일로에 대응하는 '인도-태평양 전략'을 본격화했다. 인도-태평양 전략은 4자안보 대화(QUAD)와 같은 군사안보적 차원뿐만 아니라 인도태평양경제프레임워크(IPEF) 같은 경제적 협력 전략도 포함했다. 게다가 미국은 일대일로 기획이 개발도상국에 미친 부정적인 경제적·정치적 효과를 지적하는 동시에 미국과 가치를 공유하는 국가들이 개발도상국의 개발요구에 부응할 것을 요청했다. 바이든 대통령이 2022년 6월 주요7개국(G7) 정상회의에서 제안한 세계인프라·투자파트너십(Partnership for Global Infrastructure and Investment)은 대안

---

22 협력국가를 '제후 국가'로 만들 수도 있다는 주장이 대표적이다. 중국의 영향력 확대를 우려한 몇몇 나라들에서 이런 저항에 나타났는데, 특히 동남아시아 국가들의 반발이 눈에 뛴다(Pathak, 2021: 167). 또한 인도는 처음부터 일대일로를 인도양 인접국가들을 통제하려는 중국의 전략으로 간주했다. 특히 인도는 인도-파키스탄 경제회랑이 인도의 주권과 영토적 통일성을 해친다고 주장하면서 반대입장을 분명히 했다(Upadhyay, 2023: 182).

적인 개발협력 프로그램의 대표적 사례다.

　중국은 이와 같은 상황을 '외부로부터의 견제와 도전'으로 인식하면서 '장기전 태세'에 돌입하고 있다(신종호, 2023: 18). 중국은 '최선을 희망하면서 최악을 대비하는' 다양한 대외 전략을 시도하고 있는데, 그중 하나가 일대일로를 국제적 영향력 경쟁의 수단으로 활용하는 것이다(Zhang, 2024: 368). 이런 맥락에서 2023년에 개최된 3차 일대일로 국제협력 정상 포럼은 일대일로가 방향성을 상실하고 있다거나 중국의 대부역량이 약화되고 있다는 인상을 없애려고 노력했다. 또 중국은 주요한 개발계획이 약속한 대로 차질 없이 진행될 것이라는 점을 강조했다. 이와 함께 '디지털 실크로드', '보건 실크로드', '녹색 실크로드' 등 연계성 기반시설 건설과는 거리가 있지만 '실크로드 정신'을 구현하고 있는 새로운 '고품질' 프로그램이 제시되었다.

　그런데 흥미롭게도 3차 일대일로 국제협력 정상포럼에서 중국은 '전략적 경쟁'이나 미국 중심의 '인도-태평양 전략'에 대해서는 전혀 언급하지 않았다. 그러나 일대일로 기획을 '서구'와 대비되는 중국적 대외관계의 구현으로 포장하려는 의도는 분명하게 드러났다. 일대일 로는 중국이 '인류운명공동체'를 건설하기 위해 중국적 방식으로 개발도상국에게 일종의 '공공재'를 제공하는 틀이라는 것이다(国务院新闻办公室, 2023). 코로나-19가 백신과 의료 장비 등 세계적 공공재를 제공하는 국가로서 중국의 영향력 확대를 위한 계기로 활용되었던 것이다.[23] 일대일로는 미국과의 경쟁전략, 특히 영향력 경쟁에서 균형을 맞추려는 수단으로서 중국 중심의 네트워크 형성을 위한 플랫폼으로 활용되고 있는 것이다(Zhang, 2024: 368; 김재관, 2020:

23　예를 들어 '보건 실크로드' 덕택으로 중국은 자신을 세계가 대유행을 정복하는 데 기여하는 책임있는 첨단기술 강국으로 내세울 수 있었다. 중국은 비서구 국가들에게 자국 백신을 배분하는 선발자 이득을 누렸고 시진핑 주석은 중국산 백신을 '세계적 공공재'로 위치시켰다(Upadhyay, 2023: 179).

61; 이동률, 2021: 287).

그 결과 일대일로 정상포럼은 사실상 '중국식 세계화'를 선전하는 중국의 핵심적인 외교 활동 무대가 되었다.[24] 시진핑 주석의 연설도 이 같은 변화를 반영했다. 시진핑 주석은 중 국이 국제주의와 세계화의 옹호자라는 점을 강조하는 동시에 중국으로부터의 위험 완화 (derisking)를 추구하는 서방의 노력을 비판했다.[25] 중국 공산당 지도부의 '정치적 세계관'에서 이익에 기초한 서구 주도의 자유주의적 국제질서와 도의(道義)에 기초한 인류공동운명체 건설은 선명한 대비를 이룬다.

그러나 일대일로 정상포럼은 참여국가들이 공유하는 가치가 무엇인지는 선명하게 제시하지 못했다(Zhao, 2020: 332). 인류운명공동체가 어떤 가치에 기초하는지는 여전히 모호하며 그런 모호성은 당분간 지속될 것이다. 게다가 일대일로 참여국가들과의 대외관계에서 중국 중심적 태도는 변화하지 않았으며, 중국과 체제 친화성을 갖는 국가들에 개발계획이 편중되는 경향도 지속되고 있다.[26] 이런 측면에서 일대일로가 경제외교를 활용해서 중국의 영향력을 확대하는 '전략 공간'의 창출로 사고되고 있다는 지적(신종호, 2023: 18)은 타당하다. 나아가 일대일로를 활용해서 미국과의 경쟁에서 영

---

24 일대일로 프로젝트에 참여하고 있지 않은 러시아의 푸틴 대통령이 정상포럼에 참석한 것은 중요한 정치적 의미를 가졌다. 푸틴 대통령은 이 자리에서 일대일로가 유라시아 통합에 대한 러시아의 전망과 일관된다고 선언했다.

25 일대일로 사업 10년을 평가하는 보고서(백서)도 중국이 일대일로 사업을 통해 '세계화의 건강한 발전을 촉진'했다고 평가했다. 또 백서는 일대일로 사업이 중국의 대외원조계획이나 지정학적 도구가 아니라고 강조하고 있으며 '화해 공존적 대가정(大家庭)' 건설이라는 목표를 제시하고 있다 (国务院新闻办公室, 2023).

26 중국은 일대일로 참여국가들과의 '분쟁'을 해결하기 위해 분쟁해결기구를 만들었다. 중국 최고인민법원은 시안과 선전에 각각 육상과 해양 실크로드 참여국과의 분쟁을 다루는 법원을 만들었는데, 국제적 기구가 아니라 중국의 법원을 이용한다는 측면에서 국제적 경제 분쟁에 대한 중국 중심적 태도를 보여준다(Zhang, 2020).

향력의 균형을 확보하려는 전략은 미국과의 전략적 경쟁을 오히려 심화시킬 가능성이 높은 것으로 보인다.

V. 결론

'시진핑 시대'를 대표하는 중국의 대외전략으로서 일대일로는 도광양회로 대표되는 기존 대외정책 전망과의 단절을 상징한다. 일대일로는 2013년에 처음으로 그 구상이 발표된 이후 10년 동안 변화하는 양상을 보였는데, 중국 정부는 이를 두고 일대일로가 '구체화'되었다고 자평하고 있다. 그러나 일대일로 기획의 전개과정은 결코 '추상'에서 '구체'를 향한 단선적 과정으로 묘사될 수 없다. 오히려 그것은 지속적인 조정과 진화의 과정으로 이해될 수 있는데, 여기서 국가자본주의의 성장둔화와 당의 경제적 역할 강화라는 국내의 조건이 중요한 역할을 했다.

시진핑 체제의 출범 당시에 일대일로는 중국이 직면하고 있는 다양한 문제의 해결책이자 중화민족의 부흥이라는 '중국몽'을 실현하기 위한 수단으로 제안되었다. 2008-09년 이후 계속해서 경제성장이 둔화되고 있는 상황에서 새로운 당 지도부의 구호는 당과 국가의 통일성과 정당성의 원천이 되었고 여타 국내 행위자들을 동원하는 틀이 되었다. 지방 정부들은 경쟁적으로 일대일로 사업을 유치했고 '전략적 부문'에 위치한 국가대표기업으로서 국유기업은 일대일로의 실행에 적극 참여했다. 특히 도로, 철도, 항만 등 연계성 인프라를 건설하는 국유건설기업은 일대일로에 참여하는 개발도상국에서 중국의 설비와 인력을 활용하여 대규모 건설 프로젝트를 진행했다. 국유 정책금융기관들은 일대일로에 참여한 국가들에게 그와 같은 프로젝트에 충당할 자금을 대부했다.

　중국식 국가자본주의의 특징을 답습하고 있는 이 같은 대규모 프로젝트는 중국이 설정한 우선순위에 따르는 경향이 있었다. 많은 경우 수익성보다는 당-국가가 제시하는 과제의 달성이 더 중요하게 고려되었다. 프로젝트에 관여하는 복수의 국유기업들이 사업을 서로 조정하지 못함으로써 일부 프로젝트는 실패로 귀결되었다. 또 일부 고도 채무국에서는 채무위기와 같은 부정적 효과를 낳기도 했다. 2018년을 기점으로 일대일로 해외투자 및 건설은 그 규모가 감소하는 추세를 보이고 있지만 여전히 주축을 이루고 있다. 2023년 10주년을 맞이하는 시점에서 중국은 '디지털 실크로드', '보건 실크로드', '녹색 실크로드' 등의 '고품질' 개발의제를 제시하고 있는데, 이는 중국 내에서 산업구조 고도화를 지원하는 대규모 산업정책인 「중국제조 2025」와 쌍을 이루는 것이다.

　일종의 '동원된 세계화'로서 일대일로는 시진핑 시대 당-국가의 지도력과 분리될 수 없는 대외전략이며 중국이 '국제주의'를 표방하는 한 앞으로도 지속될 것이다. 중국의 대외적 지도력은 국내 정치에서 당-국가 지도부의 정당성의 원천이 되며 국내의 정치·경제적 조건은 계속해서 중요한 추동력이 되고 있다. 당이 주도하는 캠페인의 요소는 사라지지 않을 것이며 대외관계에서 중국적 특색도 지속될 것이다. 중국의 당-국가는 대외정책 목표에 맞게 해외에 진출한 중국기업의 활동을 계속해서 '조타'할 것이다. 따라서 일대일로 프로젝트는 계속해서 당이 주도하는 국가 자본주의의 내부적 특성을 강하게 반영할 것이다.

　다른 한편 미·중 전략적 경쟁 속에서 일대일로는 또 다른 성격도 띠게 되었다. 중국은 미국과 동맹국 및 협력국에 대항해서 영향력을 확보하는 일종의 균형 전략으로 일대일로를 활용하고 있다. 앞으로도 일대일로는 서구와 구별되는 중국적 특색의 대외관계를 구현하는 모범사례이자 중국이 개발도상국에게 제공하는 일종의 '공공재'로 언급될 것이다. 그러나 일대일로 참여국가들이 어떤 공동의 가치를 갖는가는 여전히 모호하며, 정치적 영향력을 확대하려는 중국의 시도는 오히려 더 강한 견제를 초래할 위험이 있다.

아세안(ASEAN)의 구조적 한계와 중국 팽창에 대한 이질적 인식
무역 및 역내 외교를 중심으로[*]

이재승 · 김석수(부산대학교)

I. 서론

2020년, 역내포괄적경제동반자협정(RCEP)이 공식 출범하였다.[1] 인도가 협상에서 탈퇴하였음에도 불구하고, 중국, 일본, 한국, 호주, 뉴질랜드 및 아세안 회원국을 포함한 15개 당사국이 참여하는 세계 최대 규모의 메가 자유무역협정(FTA)이 체결되었다. RCEP는 범태평양 지역을 아우르는 FTA로서 무역을 통한 역내 통합을 가속화한다. 동북아시아의 3대 강국과 아세안, 그리고 서방 국가들의 참여로 인해 교역 규모에 미치는 파급 효과는 상

---

[*]　이 글은 『Journal of Global and Area Studies』 7권 4호(2023)에 게재된 논문을 저자 동의하에 번역하여 수록하였음.

1　RCEP는 세계 인구와 생산량의 약 30%를 연결하며, 2030년까지 세계 소득에 연간 2,090억 달러, 세계 무역에 5,000억 달러를 추가할 수 있다(RCEP, 2020).

당할 것으로 전망된다. RCEP는 초기에 중국 주도로 추진되었으나 이후 아세안이 주도권을 이어받았다. 아세안은 6개 대화 상대국과 각각 개별 FTA를 체결하고 있다. RCEP를 통한 중국의 교역 확대 및 시장 팽창은 실질적인 이익을 창출하며 이는 중국의 국익에도 부합한다. 중국은 협정 서명에 적극적인 입장을 취하였으나, 인도의 반대로 인해 협상 타결에 수차례 실패하였다. 인도의 반대에도 불구하고, 이 협정은 결과적으로 중국이 동아시아를 넘어 아시아태평양 지역 전체의 무역 질서를 주도하는 국가로 부상시켰다.

따라서 중국은 지역 의제를 주도하려는 자국의 계획에 더욱 강화된 영향력을 확보하게 되었다. 아세안은 일대일로(BRI)를 이행할 것으로 기대된다(Gong 2018). 다자 FTA는 동남아시아에 대한 중국의 접근성을 강화하였다. 그러나 아세안이 중국의 요구에 적극적으로 편승하기는 어려우며, 아세안의 입장은 관련 국가들의 대응 방식에 따라 달라질 수 있다. 중국은 먼저 동남아시아와 남중국해에서의 갈등을 해소해야 한다. 이에 따라 본 연구의 연구 질문은 다음과 같다. 중국과 아세안, 그리고 중국과 개별 동남아시아 국가들 간의 양자적 역학 관계를 어떻게 이해할 수 있는가? 아세안 지역은 무역과 지역 질서가 형성될 수 있는 중국의 가장 가까운 외부 인접 지역과 맞닿아 있다는 점에서, 일대일로 추진을 위한 중국의 앞마당이자 외교ㆍ통상의 시험대로 기능하고 있는가? 아세안은 중국의 공세적 접근에 어떻게 대응할 수 있는가? 시진핑 집권 이후 중국은 공세적 정책을 통해 대외 전략을 구축해 왔다. 본 연구는 아세안이 제도적 차원 및 개별 국가 차원에서 중국에 어떻게 반응하는지를 분석한다. 중국의 팽창은 아세안 내 개별 행위자들의 제도적 한계 및 역량 부족과 연계하여 역동적으로 고찰되어야 한다. 동남아시아 국가들은 경제적 영향력에 매우 취약한 구조를 지니고 있다. 중국의 GDP는 동남아시아 전체 GDP의 약 4배에 달한다(Jackson 2018). 베트남과 인도네시아는 성장세를 가속화하고 있으나, 중국에 미치지 못한다. 태국은 지역 분위기에 영향을 미칠 수 있는 자체적인 역량을 보유하고 있으나, 중국의 국력에는 미치지 못한다. 본 연구는 또한 중국의 영향력에 대한 아세안의 집합적 반응이 하나의 지역으로서의 동남아시아의 반응과 차이를 보이는지 여부를 검토한다.

본 연구는 몇 가지 이론적 고찰을 간략히 살펴보고 중국-아세안 관계를 구체적으로 구명한다. 제2절에서는 중국의 팽창 전략에 관한 학술 문헌을 검토하고, 일대일로와 RCEP를 통한 중국의 동남아시아 진출 목적을 분석한다. 제3절에서는 선행 연구자들이 제시한 강대국의 팽창과 지역 강국의 역할을 확인한다. 또한 현재 중국-아세안 관계의 역학 구도를 개괄하고, 중국 경제와 아세안 경제권 간의 차이를 살펴본다. 제4절에서는 아세안의 대응을 검토하고, 제도적·내부적 한계와 함께 중국의 팽창에 대한 아세안 개별 국가들의 상이한 반응을 예측한다. 마지막으로 제5절은 연구의 결론을 제시한다.

II. 배경 및 문헌 검토

중국의 정치·경제적, 전략적 팽창의 영향력은 점차 증대되어 왔으며, 이는 동아시아의 지역적·제도적 구조에서 매우 뚜렷하게 나타나고 있다. 중국은 경제적 지배력을 행사할 뿐만 아니라 지역의 전반적인 분위기까지 변화시키고 있다(Beeson & Li 2012). 현재 중국과 역내 여타 국가들 간의 무역 상호의존성은 심화되고 있으며, 중국에 대한 전반적인 의존도 역시 강화되고 있다. 중국의 핵심적인 의도는 동북아시아 및 동남아시아에서의 무역

의존성을 활용하여 완전한 역내 패권을 장악하는 것이다(Das 2009). 이는 일본을 비롯한 기존의 역내 강국들과의 관계를 긴장시키고 있으며, 미국의 개입이 확대되는 경향을 보이면서 중국이 기존 세력과 대립하는 것은 불가 피한 상황이 되었다(Beeson & Li 2012). 중국은 역내 인접국들, 특히 동아 시아에 지대한 영향을 미쳐 왔다. 이러한 영향력은 여타 이해관계자들이 관 계적 이익과 정치적 발언권을 확보하기 위해 대체로 억제해 왔다. 동남아시 아는 역사적으로 중국의 정치 · 경제적 관여로부터 자유롭지 못한 지역 중 하나였다(Beeson & Li 2012).

Beeson(2010; 2013; 2016)은 동남아시아는 중화 중심적 지역 질서의 일 부를 구성하며, 통상적으로 중국의 억압적 지배 아래 놓여 있었다고 평가했 다. Ba와 Kuik(2018)은 동남아시아 국가들은 지금까지 중국에 의해 포섭됐 으며, 여타 어느 지역의 국가들보다 중국으로부터 더 많은 역내 제약을 받아 왔다고 진단했다. 중국과 동남아시아 개별 국가들 간의 관계에 관한 연구는 다수 축적되어 있다. 또한 중국과 아세안 간의 관계에서 교역량 및 특정 현 안을 다룬 연구들도 다양하게 존재한다. 본 연구는 아세안 회원국으로서 여 타 동남아시아 국가들 및 중국과의 관계에서 발생하는 아세안 국가들의 딜 레마를 검토한다. 제도화된 틀의 내부와 외부 간의 차이를 통해 아세안과 중 국의 관계를 분석한 연구는 아직까지 많지 않다. 본 연구에서는 아세안의 제 도적 특성과 중국과의 관계가 지닌 특수성을 면밀히 검토한다.

일대일로(BRI)는 범지역적 강국들과의 연계성 및 협력을 핵심으로 하는 중국 중심의 무역 네트워크이자 발전 전략이다(Vines 2018). 시진핑 주석 은 이를 통해 "주변 지역을 운명 공동체로 전환하겠다"고 천명한 바 있다 (CMFA 2014). 중국은 인접 지역, 특히 동남아시아에 중국 중심의 규범을 적용하고자 하며 아세안에 대한 접근권 확보에 적극적인 태도를 보이고 있다(Gong 2018). 중국은 철도와 항만을 연결함으로써 자국의 영향력을 강화하고, 시장을 확대하며, 외국인 직접투자를 증대시키고자 한다. 중국의 구상이 실체화되기 이전에, 이에 대한 면밀한 연구가 선행되어야 한다(Aoyama 2016; Beeson 2018; Pu 2016). 중국 정부의 주변 외교는 가시적인 성과를 입증해야 한다(Swaine 2014). 이 구상은 미국의 패권을 위협하는 중국의 패권 수립 가능성이라는 맥락에서 필수적이다(Ferdinand 2016). 중국의 대전략은 동남아시아의 현행 경제 체계에 영향을 미치고 있다(Gong 2018). 이는 동남아시아의 지역 질서를 재편하면서 세계 질서 전반에도 영향을 미치고 있다(Blanchard 2017; Overholt 2015; Yu 2017). Aoyama(2016), Beeson(2018) 등 학자들은 이미 중국의 팽창 문제를 심도 있게 연구한 바 있다. Gong(2018)은 일대일로가 중국-아세안 관계, 특히 지정학적 지형과 경제적 측면에 어떠한 영향을 미치는지를 구명하였다. 이러한 통찰력 있는 분석틀로부터, 일대일로가 동남아시아에 영향을 미치고 있다는 사실은 자명하며, 중국의 영향력이 증대될 가능성이 높을 뿐만 아니라 아세안 역시 이로 인해 경제적 발전을 도모할 수 있을 것으로 기대된다. 아울러 Blanchard(2017; 2018; 2019)는 중국 정부의 대전략에 기반한 양자 관계에 주목하면서, 양 지역의 행위를 추동하는 요인들과 그 밖의 다양한 측면들을 분석하였다.

RCEP는 중국 중심의 지역 메커니즘 또는 무역 질서를 구축하고자 하는 정부 주도의 장기적 구상을 절차적 형태로 구현하는 데 핵심적인 역할을 담당할 것이다(Vines 2018). 동남아시아는 예상되는 미래 성장에 부합하는 시장 확대를 추구하면서 독립 변수의 지위를 계속 유지할 것이다. 동남아시아는 기존의 외부 파트너들과 양자 FTA의 결합 구조를 형성하고 있다. 인도가 협정 전체에서 배제되었음에도 불구하고, 세계 최대 규모의 메가 FTA는 발효되었다. 이를 통해 아세안은 중국 시장을 비롯한 여타 비관세 시장에 진입하고 상품을 판매할 수 있게 되었다. 이 협정을 통해 아시아태평양 지역은 긴밀하게 결합되었으며, 동남아시아는 협정 내에서 생산자와 소비자의 역할을 동시에 수행할 것으로 기대함으로써, RCEP가 이 지역에 미칠 영향과 파급 효과를 예측할 수 있게 한다. 일대일로와 RCEP는 동남아시아와 중국 간의 연계성을 극대화한다. 우선, 중국 정부가 주도하는 일대일로는 어디까지나 구상이며 협정이 아니다. 반면 RCEP는 협정으로서, 중국이 앞마당인 아세안과 직접적으로 연관된 협약의 일원이 되고자 적극적인 태도를 취하고 있음을 의미한다. RCEP를 토대로 중국이 영향력을 투사할 것으로 전망한다. RCEP는 동아시아와 인도태평양 간의 양쪽 지역을 위한 합의된 발판을 마련할 것이다(Vines 2018). 요컨대, RCEP는 일대일로에서 결여된 제도적 연결 거점을 구성할 뿐만 아니라, 동남아시아와의 연계 강화를 통해 중국이 자국의 입지를 공고히 하기 위한 교두보를 제공할 것이다. 중국은 이미 아세안과 양자 자유무역협정을 체결하였으며, 양측의 단일 시장화는 한층 심화되어 양측이 하나의 경제 공동체로 인식될 만큼의 수준에 이르렀다. 더 나아가 중국과 아세안은 무역 이행을 위한 역내 제조업 허브로서 우월한 지위를 확보할 수 있으며, 무엇보다 중국-아세안 자유무역지대(CAFTA)는 RCEP로의 가교 역할을 수행하고 있다(Chiang 2018).

중국은 미국을 주변부로 밀어내는 제도를 구상하고 지원함으로써 역내에서 증대되는 자국의 영향력을 유지하고자 한다. 또한 해양 팽창과 무역 역학을 주도함으로써 동남아시아 및 남아시아에서의 입지를 더욱 공고히 하였다(Beeson & Li 2012; Goh 2007). 동남아시아는 중국과 가장 인접한 시장으로서 미국의 영향력이 상대적으로 약한 지역이다. 동남아시아가 거점으로 설정될 경우, 이는 시장화와 중국화를 매개로 한 중국의 역내 행동주의를 위한 지배적 구조로 자리잡을 수 있다(Beeson & Li 2012; Blanchard 2017). 중국은 동남아시아를 확고한 우방으로 만들었으며, 지역 현안과 다자 프로그램을 주도할 강력한 기회를 갖고 있다(Tang 2006). 일대일로는 중국-아세안 관계에서 새로운 요소가 아니다. 발표 이전에도 중국은 동남아시아에 대한 인프라 투자와 자유무역협정을 통해 시장 연계성을 강화해 왔다(Jackson 2018). 중국은 이미 아세안 기반의 지역 협의체 회원으로서, 일대일로와 RCEP 이전에 아세안+3(APT) 및 CAFTA를 통해 동남아시아와의 관계를 정립하였다. 현재까지 역내 핵심 협의체는 단연 APT로, 이는 미국을 포함하지 않으며 중국이 주도적 지위를 점하는 잘 정비된 채널이다. CAFTA는 세계 최대의 자유무역지대이자 가장 빠르게 성장하는 경제권으로서, 20억 명의 잠재적 소비자를 보유하고 있다. 이는 지리적 접근성에 기반한 수익 창출 기회를 제공하며, 나아가 여타 강대국들에 대한 지정학적 특성과 전략적 이익을 극대화하는 자유무역 거점으로 기능한다(Beeson & Li 2012; Zhang 2008).

중국은 역내 안정을 추구하고 있으나, 분쟁 수역에 대한 영토 주장이 여전히 지속되고 있어 아세안이 중국에 적절히 대응하는 데 어려움을 가중시키고 있다. 현재 중국은 수자원 문제를 둘러싸고 동남아시아와 갈등 관계에 있다. 첫 번째는 남중국해에 대한 영유권 주장이다. 이 해역을 둘러싼 오랜 분쟁은 중국이 이후 해양 영토로 편입된 인공 섬을 조성하는 행위로 인해 반복적으로 격화되어 왔다. 이곳은 또한 중국과 동남아시아 국가들 간의 해양 분쟁이 발생한 장소이기도 하며, 미중 갈등이 내재된 공간으로(Ba & Kuik 2018; Tan 2018), 중국의 일대일로와 미국 주도의 인도태평양 전략이 교차하는 지정학적 접촉점을 형성하고 있다(Li 2020). 두 번째는 메콩강 문제이다. 메콩강은 중국 티베트에서 발원하며, 중국이 상류를 관할하고 있다

(Urban et al. 2018). 이는 중국과 동남아시아 간의 갈등을 야기하며, 동남아시아는 어느 정도 수동적 대응이 불가피한 실정이다. 이는 국가 간 국력과 경제 규모의 현격한 격차에서 비롯된다. 아세안은 제도화된 기구임에도 불구하고, 이 분쟁에 대해 공개적으로 발언한 경우는 드물었다. 그러나 분쟁이 아직 종결되지 않은 만큼, 중국은 동남아시아와의 전략적 파트너십을 지속적으로 유지하기 위한 방안을 모색할 것으로 예상된다(Zhao 2015). 중국은 역내 이해관계 문제를 가능한 한 해소해야 하며, 동북아시아 및 남아시아에서의 접근 방식과 달리 아세안을 자국 편으로 끌어들여 왔다. 만약 중국이 현안을 공개적으로 논의하였다면, 대부분의 아세안 회원국들은 중국 편으로 포섭되었을 수 있다. 아세안지역포럼(ARF) 가입 이후, 중국은 남중국해 분쟁을 탈안보화하고자 하였으나, 동남아시아에서 중국의 부상은 안보 위협이 아닌 경제 발전의 기회로 인식되었다(Goh 2015).[2] 동남아시아는 워싱턴과 도쿄가 가장 긴밀하게 주목하는 지역과 지리적으로 거리가 있기 때문에, 이 지역에 대한 역내 리더십을 주장할 수 있다(Zeng 2004).

III. 중국-아세안 관계의 이해

1. 패권 안정 이론의 이론적 틀

패권 안정 이론은 중국이 스스로 주도하는 무역 질서를 수립함으로써 안정을 추구해야 함을 시사한다. 이는 중국이 안보 측면에서 미국에 비해 현

---

2 Foot (1998) 참고. 이 문헌은 중국이 ARF(아세안지역포럼)와 같은 지역 기구에 참여한 배경과 중국의 지역 관계 및 외교 정책의 맥락을 설명한다.

저히 뒤처져 있기 때문이다. 중국이 주변국들과의 관계를 적극적으로 개선할 때에만 비로소 안보 부담을 능숙하게 완화할 수 있다. 찰스 킨들버거, 로버트 길펀, 스티븐 크래스너는 국제 경제 질서 전반에 걸쳐 유지되는 세력 분포가 안정성과 개방성을 가져온다고 주장하였다(Webb & Krasner 1989). 미어샤이머는 중국의 최근 팽창이 아메리카 대륙에서의 역내 패권을 전제로 한 미국의 먼로 독트린과 유사하다고 주장하였다(Mearsheimer 2006; Friedberg 2011; Walt 2013). 지배적 세력은 상대적으로 약소한 여타 강국들에 영향을 미칠 더 많은 기회를 갖는다(Beeson 2016; Jackson 2018). 더욱이 동아시아에서는 여러 중소 국가들이 공존하는 유럽과 달리, 위계적 균형으로 인해 중화 중심의 조공 체계가 중국이라는 대국에 의해 형성된 지역 질서를 강제해 왔으며(Kang 2005, 2010; Goh 2007; 2008, 2015; Katzenstein 2013a; Smith 2021), 이는 특히 동남아시아에서 두드러진다(Goh 2014). 중국의 팽창은 단순히 시장 확대의 관점에서만 분석될 수 없다(Zhao 2015). 따라서 중국에 대한 아세안의 대응이 복잡한 양상을 보이는 것은 지극히 자연스러운 결과이다. 개별 국가들의 경제력은 취약하며, 동남아시아 국가들이 전체로서 직면하는 위험은 외교적 상호작용을 단순히 수량화하는 것에서 비롯되는 위험보다 크다. 결과적으로 동남아시아는 중국의 외교적 관여에 대응하고 지역 현안에 관한 안보 전략을 수립하는 데 어려움을 겪고 있다. 중국의 부상은 역내 국가들에 위협 요인으로 작용하고 있으며(Jackson 2018), 중국 및 아세안과 국경을 접하는 동남아시아 국가들의 대응은 주로 신중하고 고도로 전략적인 성격을 띠고 있다(Pavlicevic & Kratz 2018).

아세안은 중국과의 높은 무역 비중 및 의존도를 나타내고 있어, 평화적 관계가 미래 성장을 유지하는 데 기여할 수 있는 만큼 중국으로부터 이탈하기가 어렵다. 중국-아세안 교역량은 연간 약 1,050억 달러에서 약 4,650억 달러로 급증하였다(Jackson 2018). 안보가 필요한 남중국해 영유권 주장의 부재를 넘어, 중국이 역내 거대 강국인 만큼 동남아시아가 소극적인 반응을 보이는 데는 복합적인 이유가 존재한다(Goh 2015). 첫째, 경제적 의존도가 심화되고 있다(Beeson & Li 2012). 둘째, 아세안의 특정 국가들과 중국 간에는 국력의 현격한 차이가 존재한다. 마지막으로, 외교·안보·무역 분야에서 중국의 행동은 개별 국가뿐만 아니라 동남아시아 전체에 영향을 미칠 수밖에 없다. 다시 말해, 패권 안정 이론은 중국의 팽창이 기정사실화되는 한, 중국의 팽창과 동남아시아 및 아세안의 외교적 운명을 경제 발전의 기회로 묘사한다. 아세안은 안보 문제에 대해 조용한 대응을 유지하고 있다. 동남아시아 경제권들은 중국 자본으로 개발될 수 있는 동일한 산업 무역 분야에서 중국과 경쟁 관계에 놓여 있다(Beeson 2010).

따라서 아세안은 중국의 팽창에 직면하여 여러 변수들을 고려해야 한다. 아세안은 여타 대화 상대국 및 중국과의 관계를 형성하는 데 활용되는 제도화된 완충 기구이다. 아세안은 이미 아세안+1 및 APT를 통해 중국·일본·한국과의 외교 채널을 구축하였으며, ARF를 통해 미국과 유럽연합(EU)을 끌어들였다. 이 포럼은 취약한 안보 상황에 대한 대처 방안을 논의하기 위해 각 참여국 외교 장관들이 참석하는 연례 회의이다. 이는 소국들이 외교적 수단을 통해 중국 주도 세력에 저항해야 하기 때문이다(Goh 2015). 아세안+1과 APT는 각국 정상 간의 연례 정상회의로 출범하였으나, 안보 중심의 협의체인 ARF는 비정기적으로 개최된다. 동남아시아는 지정학적 허브로서 중요한 가치를 지녀 왔으나, 중국의 팽창과 신흥 시장이라는 맥락 속에서 엇갈린 결과를 낳아 왔다. 중국의 공세적 무역 및 외교 전략에서 아세안을 배제하는 것은 불가능하다.

그람시적 관점에서 분석하면, 상식(common sense)은 국제 관계에서 중요한 의미를 지니는데, 여기에는 신념 체계와 권력 구조를 당연한 것으로 받아들이는 태도가 포함되며, 각 권력의 층위는 주로 여타 권력들의 인정으로 인해 상대적 위치를 유지한다(Breslin 2015; Femia 1987; Katzenstein 2013b). 이는 비대칭적 구조 내에서 참여자들의 위치가 흔히 결정되어 있으며, 각 층위를 대표하는 행위자들이 상호 영향력에 의해 규정됨을 의미한다. 즉, 동남아시아 경제권들은 중국과 관계를 맺으면서 자체적인 대외 전략을 활용하여 미국과의 관계를 개선하고, 상호 압박을 회피하며, 중국의 역내 팽창에 대한 레버리지로서 미국을 활용할 필요가 있다(Goh 2007; 2008). 아세안은 미국을 안보의 준거로 설정하는 한편, 일본을 통해 투자 경쟁을 조성함으로써 중국과 일본이 아세안 내 외국인 투자를 두고 치열하게 경쟁하는 구도를 만들어 내고 있다. 일본이 RCEP와 APT의 회원국인 만큼, 중국이 무역 환경을 일방적으로 통제하기는 쉽지 않다. 동남아시아에서 미중 경쟁과 중일 경합은 모두 심화되어 왔다(Goh 2007/2008). 국제 사회는 미중 대립에 대해 잘 알고 있으나, 일본은 꾸준히 동남아시아에 공적개발원조(ODA)와 외국인 직접투자를 제공해 왔으며, 이에 따라 해당 분야에서 일본과 중국 간의 대립 구도 역시 형성되었다. 이는 중국이 역내에서 이미 주도권 싸움에서 우위를 점하였음을 의미하는 것으로 해석될 수 있으나, 미국과의 충돌이 지속되는 한 중국과 인접국들 간의 상호 이해는 잠정적인 수준에 머무를 수밖에 없다. 중국의 역내 접근은 불안정한 상태이다. 중국의 주변부 정책은 중요한 의미를 지니는데, 미국과의 갈등과 아세안이 중국의 대외 관계에서 핵심적인 위치를 차지하기 때문이며, 이는 중국이 RCEP의 형태로 자국 주도의 무역 질서를 수립하고자 함에 따라 동아시아와 아시아태평양 지역에서 새로운 변수로 부상하고 있다(Arase 2015).

2. 비교적 접근과 패권의 확장

역사적으로 강대국들은 중소 국가들에 압력을 행사해 왔으며, 상호 얽힌 이해관계로 인해 약소 행위자들은 강대국의 의도로부터 벗어날 수 없었다 (Chen 2019; Kuik 2008). 이는 동아시아에서, 특히 중국의 부상 이후 뚜렷하게 나타났다. 중국은 한반도와 인도차이나반도에 공세적으로 영향력을 행사하면서 불균형적인 지역 질서를 구축하였다. 동아시아는 중국의 영향을 받았으며, 중국과의 조공 무역을 위해 역내 사안들이 안정되는 것을 용인하였다. 동남아시아 국가들은 조공 체계 내에서 지배적 강국에 대립하는 하위 국가로 자리매김하게 되었다(Goh 2007; 2008; Kang 2010; Waltz 1979).

미국, 유럽 국가들, 그리고 중국은 지난 수 세기 동안 대륙 전체에 걸친 권력은 미미하였으나 경제 및 무역 질서를 구축하는 데 있어서는 적극적으로 활동해 왔다. 미국은 북미에서 미국 주도의 무역 환경을 조성하기 위해 미국 · 멕시코 · 캐나다 협정(USMCA)을 체결하였으며, 세계무역기구 (WTO)의 출범을 주도하였다. 유럽은 역내 통합을 통해 경제 블록인 유럽연합(EU)을 창설하였으며, 동쪽으로의 대규모 팽창을 통해 그 규모를 확대하는 데 공세적인 태도를 취해 왔다. 강대국들은 동서양을 막론하고 역사 전반에 걸쳐 약소국들에 영향을 미쳐 왔으며, 영향력 있는 강국들은 인접국들에 대한 통제권을 확보하고 안보 환경 안정화와 무역 질서 주도의 역할을 담당해 왔는데, 이 모든 것은 오늘날 동남아시아에서 나타나고 있는 중국의 부상에서도 확인할 수 있다. 중국의 인접 지역은 크게 동북아시아, 동남아시아, 남아시아, 중앙아시아로 구성된다. 동북아시아에서는 미국이, 남아시아에서는 인도가, 중앙아시아에서는 러시아가 강한 영향력을 행사하고 있다. 중국은 동남아시아에서 여타 경제권보다 더 많은 관여를 확보할 수 있다고 판단하고 있다. 이 점에서 동남아시아는 일대일로가 중국의 외부 지역들을 통합하는 출발점이라는 사실이 중요하다(Smith 2021). 동남아시아는 인도의 영향을 받을 수 있으나, 훨씬 더 가까이 위치하여 역내 영향력이 갈수록 커지고 있는 중국의 영향력과는 비교할 수 없는 수준이다. 중국은 인도에 비해 경제적·군사적 우위를 점하고 있으며, 현재 아세안 국가들에 상당한 규모의 중국 자본이 투자되어 있다.

더 나아가 경제권들은 상당한 가치를 지닌 지역으로서, 단순한 인접 지역에 그치지 않는다. 이들은 중국의 대전략의 출발점이다. 또한 중국의 국내 임금 상승으로 인해 공장들이 인도차이나반도로 이전되고 있는 만큼, 중국이 주변부를 가까이 유지해야 한다는 점도 자명해 보인다. 중국이 동남아시아와 협력하여 지역 체제를 구축할 여지는 충분히 존재한다. 중국은 이미 아세안 전체와 FTA를 체결하였으며, CAFTA를 창설하여 양 경제권 간의 무역과 교류를 꾸준히 유지·확대해 왔다. 이러한 양상은 냉전 이후 동방으로 확대한 EU의 팽창과 유사하며, 대외적으로는 북아프리카 국가들과의 협력 구조와도 부합한다. 중국은 미국과 유럽의 행보와 유사한 방식으로 역내 환경을 주도하고 있으며, CAFTA와 공세적 외국인 직접투자를 통해 안정적인 무역 환경을 구축하고 해상 실크로드 구상 (MSRI, 海上緋緞之路)을 추진하고 있다(Blanchard 2019; Chen 2019). 그러나 아세안이 중국 주도의 질서를 자신 있게 받아들이기는 어렵다. 관계 내 일부 요인들은 영토 주장과 관련하여 회피될 수 있으며, 갈등이 해소되지 않는 한 남중국해 분쟁에 대한 관여와 관련하여 개별 회원국들의 반응은 필연적으로 달라질 수밖에 없다(Blanchard 2018). 이에 중국은 아세안을 "보통 이웃(普通鄰國)"에서 "전략적 파트너(戰略伙伴)"로 격상시키는 방향을 추구해 왔다. 그러나 이것이 어떠한 정치적 변화를 가져오는지 판단하기는 쉽지 않은데, 중국과 인접한 대부분의 국가들이 중국과 관련된 미묘한 국제적 의제들을 통해 억압

받아 왔기 때문이다(Jackson 2018). 아세안은 미국을 통해 협상력을 확보할 것으로 기대되며, 경제 분야에서는 중국이 제공하는 증가된 투자를 통해 성장의 중심부로 진입하고 있다(ASEAN Secretariat 2016; Pavlicevic & Kratz 2018). 중국의 대규모 팽창에 대한 아세안의 대응은 다양하며 구조적 한계를 지니고 있음을 이해해야 한다(Goh 2007; 2008; Beeson 2016). 중국의 부상을 독립 변수로 논의함에 있어서는 경험적 변수들이 고려되어야 하며, 물론 아세안의 가변적 대응은 종속 변수에 해당한다.

중국의 부상은 오랫동안 국제 무대의 당대적 현안이었으며, 특히 중국과 국경을 접하고 있는 국가들에게 더욱 그러하다. 중국의 부상은 생존과 직결되어 있으며(Blanchard 2018), 인도차이나반도는 역사적으로 중국의 강력한 존재로 자유롭지 못하였다. 아세안은 성장하는 시장으로서, 이에 대한 중국의 관심이 높아지는 것은 당연한 일이다. 중국의 정치적 의제에 대한 아세안의 반응은 두 가지로 요약할 수 있다. 첫째, 회원국들은 아세안이라는 제도화된 기구를 통해 대응한다. 아세안은 기존에 형성된 동남아시아 국가들을 대표하며, 현재 성장하는 시장으로서 경제적 연결 고리로서의 실질적인 가치를 지닌다. EU나 여타 통합 집단과 달리, 아세안은 대표 기구의 부재(Beeson 2005)와 취약한 경제적 위상으로 인한 외부 영향에의 취약성과 같은 구조적 약점을 지니고 있다. 두 번째 문제는 아세안 내 개별 국가들의 대응에 관한 것이다. 중국과 국경을 공유하는 라오스와 베트남은 중국에 대해 독특한 입장을 취하고 있으며, 여타 행위자들의 해양 영유권 주장에 대한 정치적 태도 역시 이질적이다. 중국으로부터 지리적으로 멀리 떨어진 국가들 모두가 남중국해 영유권 주장에 반대하는 편승 대열에 합류한 것은 아니다. 아세안은 중국에 무조건적으로 의존하고 있으며, 개별 국가들의 관점에서 중국에 반대하지 않는다. 중국의 협력과 아세안의 통합은 상호의존적인 관계에 있으며, 이는 중국의 팽창과 아세안의 대응이 독립 변수임을 의미하고, 중국과 동남아시아의 입장은 상호 연관되어 있다. 중국의 팽창이 불가피한 만큼, 동남아시아 국가들은 이에 대응할 수밖에 없으며(Allison & Blackwill 2012; Beeson 2010), 중국과 동남아시아의 협력은 중요한 변수이다. 중국의 성장은 계속해서 발전하겠지만, 아세안의 대응은 중국의 과도한 관여가 역내에서 이익을 취하는 것을 저지할 수 있으며, 이는 중국-아세안 협력을 이해하는 데 핵심적인 요인이다. 그러나 아세안의 내부적 우려와 역량의 한계 역시 고려되어야 한다. 중국의 아세안 및 그 회원국들에 대한 접근과 관련하여, 동남아시아의 대응이 분열되어 있다는 것은 명백한 사실이다.

3. 중국이 여타 강대국과 상이한 이유

아세안은 중국에게 가장 큰 역내 시장으로서, 중국의 수출입에서 동남아시아가 차지하는 비중이 가장 높다(Chiang 2018; Gong 2018). 양 경제권은 일대일로 출범 이전 수십 년간 경제 협력과 교역량을 지속적으로 유지해 왔으며, 경제 분야의 다양한 대형 청사진을 함께 추진해 왔다. 그러나 일대일로의 불분명한 성격으로 인해 중국과 동남아시아 사이의 불확실성은 증대되고 있다(Gong 2018). 양 권역은 냉전 종식 이후 양자 FTA를 체결해 왔으며, 중국의 관여가 확대됨에 따라 경제 분야에서 제도화된 관계가 형성되었다(Chung 2010). 중국은 CAFTA에 기반한 이행 단계를 밟으면서 APT 정상회의를 통해 다자 플랫폼을 구축하였다(Chiang 2018; Kuik 2005; Lijun 2003). 중국의 관점에서 이 협의체는 저렴한 노동력, 지리적 근접성, 문화적 유사성으로 인해 투자의 다양한 기회를 제공한다(Ba & Kuik 2018; Chiang 2018). 아울러 중국은 중부 및 서남부 지역의 발전을 도모하거나 지역 간 격차를 해소하는 데 이를 활용할 수 있다(Kuik 2005; Cheng 2013). 정치·경제적, 지리적 병치의 일부 측면은 양 경제권 간의 권력 불균형을 더욱 부각시킨다(Ba & Kuik 2018). 아세안의 관점에서 CAFTA는 지정학적 긴장을 완화하고 역내 안정을 유지할 수 있는 발전 도구이다(Chiang 2018). 여기서 가장 중요한 고려 사항은 아세안이 아세안 기반의 지역화되고 제도화된 다자주의를 활용하여 여타 강국들이 역내 불안을 균형 있게 조율하도록 요청할 수 있다는 점이다(Wang 2009). 이를 매개로 중국과 아세안은 해를 거듭할수록 상호 간의 투자를 확대하고 있다(Chiang 2018).

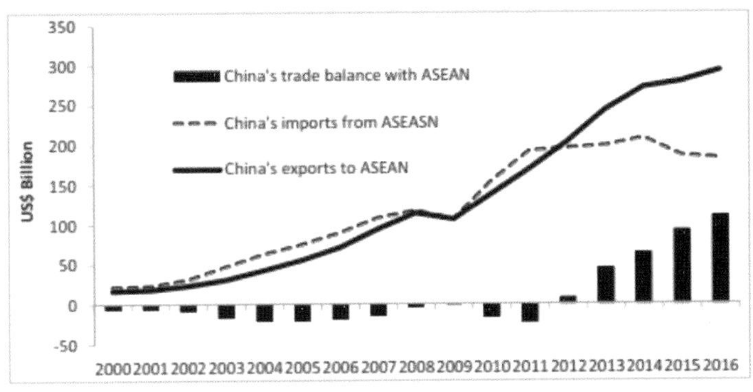

〈그림1.〉 중국과 아세안 간의 무역수지(2000−2016)

출처: CEIC 2016

동남아시아에서 중국의 영향력은 뿌리 깊게 자리 잡고 있어 배제될 수 없으며, 아세안은 중국의 부상에 대한 우려를 표명해 왔다(Ba & Kuik 2018; Beeson 2010, 2013; Jones & Jenne 2016). 더욱이 중국은 아세안의 6개 외부 파트너 중 육지와 해상 양쪽에서 아세안과 마주하는 유일한 국가이다. 인도 역시 미얀마와 육상 국경을 접하고 있으나, 해양 활동에 있어서는 영향력이 미미하다. 중국은 RCEP 내에서 육지와 해상 양쪽으로 아세안과 마주하는 유일한 강국이다. 중국의 산업 구조는 아세안과 유사하여, 이는 아세안에 잠재적인 문제를 야기할 수 있다(Beeson & Li 2012). 더 나아가 동남아시아에 대한 중국의 문화적·역사적 영향력도 고려되어야 한다(Ba & Kuik 2018). 전반적으로 중국은 동남아시아에서 안보적 관여와 개입의 여지를 상당히 보유하고 있으며, 이는 아세안의 구조적 취약점 및 개별 회원국들의 낮은 경제적 역량과 긴밀하게 연관되어 있다. 일부 아세안 회원국들은 역내 최대 강국에 대한 헤징 전략을 채택하였다(Kuik 2008). 중국은 일대일로와 RCEP를 통해 아세안과의 긴밀한 관계를 더욱 강화하였으며, 외국 시장 접근을 위한 전선으로서 동남아시아를 활용해 왔다(Chen 2019). 양측은 자유무역지대를 설립하고 교역을 추진하여 결과적으로 중국 주도의 무역 질서를 형성하였다. 일대일로와 관련하여, 동남아시아는 중국과의 발전적 시너지를 창출하고 아세안의 내부 연계를 더욱 강화하기 위한 플랫폼이 될 수 있다(ASEAN Secretariat 2018; Muller 2020). 그러나 아세안은 중국과의 연계가 강화됨에 따라 중국을 중요한 경제 파트너로 바라볼 수밖에 없는 상황이다. 다만, 남중국해를 둘러싼 갈등과 부채 외교는 중국의 외국 시장 진입을 견제할 필요성을 드러냈다.

IV. 아세안의 딜레마: 구조적 한계와 이질적 인식

1. 제도적 중심성의 결여와 외부 연계에 대한 의존

아세안은 경제적·사회적 연계를 위한 역내 인프라 확보의 중요성을 오랫동안 인식해 왔으나(Asian Development Bank 2017), 완전히 제도화되고 자율적인 기구로 발전하지는 못하였다(Allison & Blackwill 2012; Le Thu 2019). EU와 달리 아세안은 주민들이 직접 선출한 별도의 대표 기구를 갖추고 있지 않으며, 모든 의제는 정상회의와 장관급 회담을 통해 조율된다. 따라서 각국의 입장은 아세안 내부 정상회의라는 채널을 통해 표출되는 방식으로 기구를 운영하는데 중요한 의미를 지닌다. 최종적인 합의 방안은 만장일치 결정이 이루어진 경우에만 채택된다. 초국가적 기구는 별도의 대표 기구나 의회와 같은 세부적인 장치가 없다는 점에서 한계를 지닌다. 따라서 동남아시아 경제권들의 입장을 제도적 틀을 통해 해석하는 것이 좀 더 현실적이다.[3] 의사결정 과정은 시간이 많이 소요되며, 포괄적인 역내 이익을 고려하지 않은 채 회원국 자체의 이익에 부합하는 방향으로 의제가 설정되어야 한다. 의제는 위임 없이 만장일치로 결정되어야 한다. 또한 경제 · 무역 분야와 연계되어 있으나, 의제가 외교와 안보를 조율하는 경우는 드물다. 아세안은 완전히 제도화된 지역 기구라기보다는, 자체적으로 취약한 경제력을 보유한 개별 국가들을 위한 신중한 방패막의 성격을 띠고 있다. 아세안의 슬로건은 비공식성, 합의, 내정 불간섭을 강조하지만(Acharya 2000), 대표성만으로는 실현 가능성이 높지 않다는 주장이 제기되어 왔다. 동남아시아의 다자주의는 국가적 현안과 외부 요인에 의해 영향을 받는 내부 중심성의 결여로 인해 어려움을 겪고 있다(Davies 2018; Le Thu 2019).

아세안은 관세 동맹과 같은 별도의 채널을 통해 운영되지 않으므로, 고도로 발전된 지역 블록이라 할 수 없다. 주로 거시적 지역 경제 맥락을 논의하며, 각국의 별도 대표단이나 행정적 리더십, 또는 역내 패권을 갖추고 있지 않다. 아세안 중심성은 역내 외부 파트너들과의 협력을 위해 필수적이나, 이는 종종 불충분하며 회원국 간의 결속력도 다소 취약하다. 내재적 중심성의 부재는 외부 연계에 대한 의존으로 이어지기도 한다(Le Thu 2019;

---

3   세 가지 공통점이 있다: (1) 식민지배와 전쟁의 경험, (2) 국경의 취약성과 정치적 혼란에 대한 고질적인 우려, (3) 경제적 취약성, 국내 빈곤, 그리고 발전상의 과제(Davies, 2018 참고).

Muller 2018, 2019). 아세안은 이미 중국 · 일본 · 한국 · 호주 · 뉴질랜드 · 인도와 각각 별도의 자유무역협정을 체결하고 있으나, 안보 현안과 연계된 외교 채널은 거의 없는 실정이다(Goh 2016). 투자 확대 이외의 분야에서 외교적 성과를 창출하지 못하는 아세안의 한계는 내부 제도화의 부재에 크게 기인한다. 물론 중국의 대규모 부상 이전에도, 안보 및 외교적 배분에 대한 아세안의 강조는 국제적 기준에 비해 현저히 뒤처져 있었다. 요컨대, APT, ARF, 여타 장관급 회담, RCEP 등 아세안 기반의 제도와 무역에서의 틀은 중국에 대응하는 동남아시아의 유용한 수단이 되어 왔다(Ba & Kuik 2018; Goh 2007).

더 나아가 일대일로는 아세안 주도의 다자 지역주의에 대한 중국의 양자적 접근을 통해 아세안의 중심성을 약화시킬 수 있으며, 동남아시아에서 중국의 교역을 확대시켜 왔는데, 이는 중국의 경제적 영향력에 직면해야 하는 상황을 초래할 것이다. 인프라 확장이 중요하기는 하나, 아세안의 실질적 · 정치적 활동 범위는 중국에 비해 크지 않다(Gong 2018). 아세안은 남중국해 문제와 관련하여 외교적 · 안보적 활동을 수행하지 않으므로, 이 분쟁에 있어 다소 수동적인 입장을 취하고 있으며, 이는 여전히 개별 국가들의 문제로 남아 있다. 그러나 이 갈등에 관련된 국가들은 중국을 양자 관계의 파트너가 아닌 사실상의 적대국으로 인식하고 있으며(Le Thu 2019), 마닐라에서 개최된 제50차 아세안 외교장관 회의에서 자국 지도자들이 분쟁 해역에 대한 중국의 군사화에 대해 불만을 토로하였다(ASEAN 2017). 이러한 상황에도 불구하고, 아세안은 양자 FTA 체결을 통해 역내 경제권들과의 관계를 유지해 왔으며, 역내에서 중국의 무분별한 관여를 억제하기 위해 APT를 출범시켰다. 일본은 아세안의 중요한 파트너로서 전반적으로 중국과의 대립 노선을 추구하며, ARF에서 미국 및 EU와 함께 중국을 견제하기 위한 의식적인 노력을 기울여 왔다. 전반적으로 중국의 지리적·제도적 팽창에 대응하기는 쉽지 않다. 아울러 각 아세안 국가의 경제력이 취약하기 때문에, 자국 경제를 유지하기 위해서는 중국의 투자와 교역이 필수적이다.

아세안 국가들은 현재 여러 아세안 기구들 간의 연계성 부족을 극복하도록 압박을 받고 있다. 역내 체제의 연계성은 동아시아 지역주의의 동심원적 구조의 중심축인 아세안 플러스 시리즈(Muller 2020; Acharya 2014)를 통한 외교 활동 전반에 걸쳐 다변화되었다. 아세안은 제도화를 요구하지 않으므로, 각 국가는 외부 행위자에 대한 정치적 위험을 최소화하는 것과 같은 경제적 이익을 계속해서 추구하고 있다. 이들의 목표는 외국과의 외교와 무역에서 균형을 달성하는 것이다. 정치적으로, 인도가 협정의 일원이었다면 동남아시아에서 영향력을 확장하려는 중국의 의지를 견제할 수 있었을 것이다. RCEP는 APT와 아세안+6 간의 협정의 일부로서 아세안+6에 통합되어서는 안 된다. 이 맥락에서 APT는 제도화되고 입법화된 정례적 정상회의로서, 아세안보다 동북아시아 국가들에 더 큰 영향력을 발휘해야 한다. 그러나 아세안+1, RCEP, 아세안+6와 같은 여타 채널들은 외부 파트너들을 거의 구속하지 못한다. 체결된 파트너십으로 외부적 불확실성의 부담을 최소화하였다. 동남아시아 국가들의 경제적 역량은 낮으며, 이들은 외부 파트너들과의 자유무역 및 경제 협력에 집중하고 있다(Wilson 2015). 따라서 이 지역의 사회는 여타 협력국들과 제도화된 관계를 형성하고 있으며, 외부에 대한 의존도가 역내에서 상당히 심화되어 있다(Muller 2020). 이는 각국이 비대칭적인 관계에 놓여 있으며, 자원 조달과 관련된 집단들의 이해관계가 상호 얽혀 영향을 미치기 때문에 집단 내에서 다양한 타협이 이루어져야 함을 의미한다(Kuik 2018; Pfeffer & Salancik 2003; Yoshimatsu 2012). 동남아시아 국가들은 RCEP를 통한 제도적 리더십 차원에서 현안을 관리하면서 다양한 전술을 구사하고자 시도해 왔다(Yoshimatsu 2012). 그러나 역내 수많은 행위자들은 파트너십에 있어 아세안 중심성을 주장해 왔다(Muller 2019; Oba 2016; Wilson 2015). RCEP 제안이 아세안 중심성에 기반하였음에도 불구하고, 아세안 외부에 자리한 시장 역량이 전면에 부상하게 되었다(Fukuyama 2015). 결정적으로, 집합적 관점에서 아세안의 중심성과 결합된 역량은 여타 다자 기구들에 비해 취약하며, 이로 인한 외부 의존도는 심각한 수준이다(Muller 2020). 첫째, 동아시아와 인도-태평양 지역에서의 외교적 선택이 급격하게 변화하였으며 적절히 이루어지지 않았다. 둘째, 역내에서 중국의 목소리가 강화됨에 따라 미국의 패권이 도전받아야 하고 아세안 국가들이 각자 전략을 끊임없이 수정하고 있는 현 상황에서, 미중 간 전략경쟁과 중일 간에 야기될 대립과 협력 모두 면밀하게 검토되어야 한다(Le Thu 2019). 대표 기구 및 여타 채널의 부재 속에서, 아세안은 외부 참여자들의 간섭을 필연적으로 증폭시키는 구조적 취약점에 직면해 있다(ASEAN Secretariat 2018).

2. 회원국 간의 이질적 시각

넓은 관점에서 중국의 성장은 경제 발전을 촉진하는 데 활용되어야 한다. 따라서 아세안 설립의 제도화된 입장은 중국에 강력하게 편승하는 것이다. 반면, ARF에서 아세안은 제도화를 통해 강대국에 대한 과도한 의존을 균형있게 조율하고자 한다. 이러한 측면은 APT나 여타 협의체와 같이 완전히 제도화된 대화 메커니즘이 아니기 때문에 더 작은 역할을 수행하거나 덜 중요할 수 있으나, 중국을 부분적으로 견제하거나 역내 영향력을 축소하고자 한다(Goh 2007). 이는 다양한 강대국들과의 상호작용 가능성을 제공하나, 중국이 이미 동남아시아의 역내 강국으로서 예방적 조치를 유인하고 있기 때문에 더 이상의 진전은 이루어지지 않고 있다(Yuzawa 2006). 그러나 제도화되지 않은 접근 방식의 형태로, 아세안은 중국의 역내 접근에 우려를 표하는 다양한 목소리를 포괄하고 있다. 개별 국가들이 중국과의 정치적 갈등 및 영토 분쟁을 경험해 왔기 때문에, 경제적으로 중국을 중심으로 위치한 역내 전체가 중국의 팽창과 성장을 무조건적으로 긍정하기는 어렵다. 경제적 측면에서 양 시장은 양자적 시장 분점을 통해 연결되어 있으며, 중국을 통해 일방적인 계획을 역내에 제시하고(Smith 2021) 다자화된 자유무역협정을 추진하고 있다. RCEP와 일대일로는 성과 면에서 광범위하게 연계되어 있으며, 중국의 성장이 아세안의 미래에 큰 영향을 미칠 가능성이 높은 만큼, 동남아시아는 중국의 팽창을 효과적으로 활용해야 한다.

〈표 1.〉 동남아시아에서 중국과의 수자원 분쟁

	남중국해	메콩강
국가	베트남, 필리핀, 말레이시아, 브루나이	미얀마, 라오스, 태국, 캄보디아, 베트남

* 인도네시아와 싱가포르는 지리적으로 중국과 분리되어 있어, 수자원 분쟁에 직접적으로 연루되지 않는다.

인도차이나반도의 당사국들은 중국이 메콩강 상류에 건설한 대형 댐들로 인해 메콩강[4]을 따라 수자원 확보가 쉽지 않아졌다(Urban et al. 2018).[5] 해양 국가들은 인접 해역을 둘러싼 갈등이 지속되면서 중국과 해양적 · 정치적 갈등을 동시에 경험하고 있다. 표 1에서 확인할 수 있듯이, 중국과 수자원 분쟁을 겪지 않는 국가는 단 두 곳뿐이다. 싱가포르는 대륙의 끝에 위치

---

4 메콩강은 중국, 미얀마, 태국, 라오스, 캄보디아, 베트남의 7,000만 명에게 영향을 미치는 초국경 수자원 유역이다(Simpson, 2018).

5 Zhang & Li(2018) 참조. 이 책은 중국의 내륙 정치와 중국이 메콩강을 댐으로 막아온 방식을 논의한다. 또한 강을 둘러싼 지역 정치와 중국의 댐 건설 활동에 대한 각국의 개별적 대응에 관한 정보를 제공한다.

하며, 인도네시아는 중국의 해상 영향권으로부터 다소 멀리 떨어져 있다. 라오스와 미얀마는 중국과 비교적 우호적인 관계를 유지하고 있다. 베트남은 수자원 분쟁과 역사적 적대 관계 양쪽 모두에 연루된 유일한 국가이다. 역내 대부분의 이해관계자들은 중국과 다양한 수준의 관계를 맺고 있다. 중국에 대한 각국의 시각에서 보면, 중국에 외교적으로 우호적인 성향의 회원국도 있으며, 관계 설정을 상대적으로 주저하는 처지의 국가들조차 현안에 따라 다양한 목소리를 표출한다.[6] 이 모든 것은 수자원 외교와 상호 연관되어 있다. 그러나 일대일로 관련 국가들과 RCEP 참여국들은 아세안의 구조 내부에서 중국과 상당히 협력적인 관계를 유지하고 있다(Zhang & Li 2018). 이는 아세안이 EU와 같은 외교적 기구가 아닌 데서 비롯되는 불완전성의 결과이다. 아세안 회원국들의 역량 한계와 중국에 비해 작은 규모를 감안할 때, 중국에 대응하는데 단결이 핵심이며, 이에 실패하는 것은 동남아시아 발전의 주요 장애 요인이라 할 수 있다. 이 기구 내 대륙 국가들과 해양 경제권 간의 근본적으로 이질적인 시각은, 남중국해 문제가 아세안 내 중국의 관여와 직접적으로 관련되지 않는다는 점이다(Davies 2018). 싱가포르와 베트남 정부는 일당이 주도하는 체제이므로 정권 교체 가능성이 작으며, 이는 이들 국가의 중국 및 여타 국가들과의 관계에 반영되어 있다. 태국과 필리핀은 미국과 긴밀한 관계를 유지하면서 정부 성향에 따라 미국과 중국 사이에서 중간적 태도를 보인다. 태국·필리핀·말레이시아의 중국과의 복잡한 관계는 각국의 역내 역학 구도에서 비롯되며, 캄보디아·브루나이·라오스는

---

6 Chen(2018) 참조. 저자는 해상 실크로드 구상에 관한 각국의 입장을 지지국(캄보디아, 라오스, 말레이시아), 중간국 (12차 당대회 이후의 베트남, 두테르테 집권 하의 필리핀, 태국, 브루나이, 인도네시아, 미얀마, 싱가포르), 그리고 최소 지지국 (12차 당대회 이전의 베트남, 아키노 3세 집권 하의 필리핀)으로 분류하였다.

남중국해 분쟁을 제외하고 중국과 연대하기로 합의하였다(Le Thu 2019).

<표 2.> 분쟁에 기반한 중국에 대한 역내 국가들의 입장

국가	위험분산전략(Hedging)	세력균형전략(Balancing)	편승전략(Bandwagoning)
국가	베트남, 필리핀	태국, 인도네시아, 말레이시아, 싱가포르	브루나이, 캄보디아, 라오스, 미얀마

V. 결론

동남아시아는 중국이 역내 질서 확립과 더 큰 경제 성장 달성이라는 목표에 부합하는, 중국의 대전략에 있어 경제적 전망이 가장 큰 지역이다. 그 결과 동남아시아에서는 국가 간 온도 차이에 따라(Lavin 2019) 제도적 차원과 국가적 차원이라는 서로 다른 수준에서 경제 분야의 협력이 이루어지고 있다(Goh 2015). Goh(2007)는 동남아시아 국가들을 다소 무방비 상태의 군사적 균형과 복잡한 지역 정책을 지닌 존재로 묘사하였다. 이 지역에서 중요한 요인은 미군의 존재이다(Ba 2009; Graham 2013; Chen 2018). 따라서 중국의 부상은 동남아시아에게 동시에 위기이자 기회이다. Goh의 연구에서 지적된 바와 같이, 미국이 필리핀에만 주둔하고 있기 때문에 동남아시아 국가들이 미군을 균형 도구로 활용하기는 어렵다(Goh 2007; 2008, 2015).

이론적 관점에서 일대일로는 서방에 대한 중국의 우위를 목표로 하며, 아세안은 동남아시아의 하위 지역들을 결합하면서 중국에 편승하는 구조이다(Gong 2018). RCEP 체결은 중국과 동남아시아 간의 시장 연계를 강화하는 동시에, 미국의 간섭을 최소화하면서 중국이 경제적·정치적으로 시장을 주도할 수 있게 하였다. 한편 중국은 아세안을 사실상 친중 경제권으로 만들어, 중국 주도의 프로젝트를 토대로, 인도양으로 진출을 다변화할 수 있게 하였다. 아세안 국가들은 실제로 중국에 상이한 입장을 보이고 있으나, 보다 큰 구도에서 중국에 유리한 일부 계획들이 추진되고 있음은 분명해 보인다. RCEP는 중국에 있어 다양한 함의를 지니며, 중국이 시장 확장을 추구하는 공동의 거점으로 기능하고, 동남아시아의 지리경제적 요인의 산물이기도 하다. 이는 아세안의 취약성이 여러 분야에서 중국의 공세적 태도에 크게 영향을 받고 있음을 의미하며, 동남아시아의 집합체들은 더 많은 제도적 역량을 구축해야 한다(Le Thu 2019). 그러나 이들은 중국에 비해 현실적 역량과 물리적 규모의 부족으로 인해 어려움을 겪을 수밖에 없다. 따라서 아세안 국가들은 중국에 대한 이른바 "제도화된 편승과 국제적 균형"이라는 구도 속에서 여타 강국들에 의존하는 다양한 전략을 채택하는 선택을 하였다(Rüland 2011).

따라서 아세안의 조직적 제약은 기구의 긍정적 측면으로 해석될 수 있으나, 중국의 이해관계와 동남아시아의 입장 사이의 모순을 완전히 해소하지는 못하였다. 만약 아세안의 구조가 여타 기구들과 동일하였다면, 중국이 가입하기 쉽지 않았을 것이다. 엄밀히 말해 중국과 아세안 간의 미묘한 관계는 공개적으로 명문화된 합의가 아니라, 잠정적으로 봉합된 상태에 가깝기에 RCEP가 추진될 수 있었으며, 그 결과 비로소 중국의 계획이 결실을 맺었다. 베트남과 같이 중국에 적대적인 일부 국가들은 미국의 동맹국이 아니며, 중국이 역내 모든 국가를 자국 편으로 확보하지는 못하였으나 몇몇 주요 국가들이 중국에 의존하는 성향을 보임으로써 중국이 무역 질서를 구축할 수 있게 하였다. 마지막으로, 중국의 경우, 아세안이 미국과 공세적으로 연대하지 않는 한, 더욱 본격적인 다자화와 실질적인 제도화를 이행해야 한다. 본 연구는 중국과의 관계 및 수자원 분쟁에서의 안보 현안에 대한 개별 아세안 국가들의 상이한 견해와 관련하여, 아세안 내 지역화되고 제도화된 틀의 반응을 검토하였다. 아세안 내 중국과 개별 국가 간의 관계에 대해서는 더욱 상세하고 구체적인 연구가 별도로 필요하다. 기존에 제시된 문헌들로 각국의 중국에 대한 반응에 관한 여러 연구가 수행될 수 있다. 중국과 동남아시아에 대한 직접적인 연구는 아직 이루어지지 않았으므로, 향후 분석할 필요가 있다.

04

트럼프 2.0 시대의 미중관계
한반도에의 시사점*

김동수(국립부경대학교)

Ⅰ. 서론

2024년 11월 5일 치러진 미국 제47대 대통령 선거에서 공화당의 도널드 트럼프 후보가 당선되었다. 이로써 트럼프 대통령은 2017~2020년에 이어 두 번째 미국 대통령의 임기를 2025년 1월 20일 공식적으로 시작했다. 민주당의 갑작스런 대선 후보 변경, 트럼프 피격, 초접전 양상의 선거 레이스 등 전례를 찾아보기 힘들었을 정도로 치열했던 2024년 미국 대선은 트럼프 후보의 당선으로 막을 내렸다.

트럼프의 귀환은 미국뿐만 아니라 글로벌 전략환경 전반에 큰 변화를 가져올 것으로 예상되고 있다. 미국이 관여되어 있는 러시아-우크라이나 전쟁, 이스라엘-하마스 · 헤즈볼라 전쟁, 그리고 미 · 중 전략경쟁 등 다차원

---

* 이 글은 『통일과 평화』 17권 1호(2025)에 게재된 논문을 저자 동의하에 수록하였음.

의 국제분쟁이 질적인 전환 국면을 맞을 것이 확실시 된다. 또한 기후변화, 글로벌 테러리즘, 사이버안보 등 글로벌 비전통안보 이슈에 대한 대응에 있어서도 미국의 역할이 중요한 만큼 미국의 가시적인 정책변화를 가져올 수 있는 트럼프의 당선은 중요한 의미를 지니고 있다.

미중관계는 21세기 들어 미국 행정부의 대전략에 따라서 큰 변화를 거듭해 오고 있으며, 그에 따라서 글로벌 전략환경도 크게 요동치고 있다. 오바마 행정부 당시 미국은 세계무대에 부상하는 중국을 'G-2'의 파트너로 대우하면서 중국을 포용하고 미국이 건설한 자유주의 국제질서로 끌어들이고자 하였다. 그러나 이러한 기조는 트럼프 행정부의 출범과 함께 정반대로 변했다. 트럼프 1기 행정부에서는 중국의 부상에 대한 견제의 기조 속에서 미중 간의 본격적인 전략경쟁이 시작되었다. 무역전쟁에서 시작된 중국과의 전략 경쟁은 이후 기술전쟁으로 본격화되었고, 전방위적으로 확대되었다. 이러한 트럼프 행정부 1기에서의 대중국 정책과 전략경쟁은 바이든 행정부에서도 계속 이어져 왔다. 다만 바이든 행정부에서는 중국과의 전략경쟁을 미국 단독으로 추진하기보다는 미국의 전통적인 우방을 활용하여 가치동맹이라는 이름으로 중국을 견제하는 방식을 채택했다는 것이 다른 점일 뿐이다.

선거 기간 동안 그리고 당선 직후 트럼프 당선자는 바이든 행정부와는 차별되는 대외정책을 추진할 것을 분명히 하였다. 따라서 글로벌 정세의 중대 전환기에서 향후 트럼프 2기 행정부의 대응이 어떻게 전개될지 귀추가 주목되고 있다. 아울러서 트럼프의 대외정책 기조는 한반도의 평화와 안정에도 큰 영향을 미칠 전망이다. 한미동맹에 대한 도전과 북미대화 가능성 등 한반도의 안정과 관련된 여러 가지 사안에 대해서도 트럼프 당선자는 적지 않은 관심을 드러내고 있는 바, 트럼프 2기 행정부의 대중정책과 대동북아 정책을 한반도의 미래와 연관하여 살펴볼 필요가 있다.

본 논문은 이러한 맥락에서 트럼프 2기 행정부의 대중국 정책과 미중관계를 전망해 보고 그것이 한반도의 안정과 평화에 미칠 영향을 분석하는 것을 주 목적으로 하고 있다. 본 논문은 다음과 같은 순서로 이루어져 있다. 2장에서는 숨 가쁘게 전개되었던 2024 미국 대통령 선거과정과 결과를 되짚어 보고 트럼프의 승리 요인을 분석한다. 3장에서는 트럼프 1기 행정부의 대외 정책 기조와 대중국 정책을 살펴본다. 트럼프 1기 행정부에서의 미중관계는 트럼프 2기 행정부의 미중관계를 전망해볼 수 있는 시금석이 될 수 있기 때문에 특히 중요하다고 할 수 있다. 4장에서는 트럼프 2기 행정부의 대중국 정책과 미중관계를 전망해 보고 5장에서는 중국 시진핑 정부의 대미 정책을 전망해 본다. 그리고 마지막으로 6장 결론에서는 트럼프 2기 행정부에서의 미중관계가 한반도에 미칠 영향을 전망하고 우리의 대응전략을 논의한다.

II. 2024 미국 대선 과정과 결과

1. 치열했던 미국 대선 과정과 결과

민주당의 현역 대통령이었던 조 바이든 후보는 2023년 4월 25일 민주당 소속으로는 세 번째로 공식 출마 선언을 했다. 바이든 대통령을 제외하면 딘 필립스 연방 하원의원과 작가이자 정치인인 매리언 윌리엄슨이 경선에 참여하였으나 경선 과정에서 미미한 득표를 하면서 바이든 현 대통령이 무난하게 민주당의 대통령 후보로 결정되었다. 매리언 윌리엄슨은 2024년 2월 7일 대선 캠페인을 중단하면서 사퇴를 선언했고 딘 필립스 연방 하원의원은 2024년 3월 5일 슈퍼 화요일에 단 한 명의 대의원 확보에도 실패하자 사퇴를 선언하고 바이든 대통령에 대한 지지를 선언했다.

트럼프 전 대통령은 2022년 11월 15일 자신이 소유한 플로리다주 마러라고 리조트에서 2024년 대선 출마를 공식 선언했다. 이로써 트럼프 전 대통령은 2016년과 2020년에 이어 세 번째로 대권에 도전하게 되었다. 트럼프 전 대통령 외에 니키 헤일리 전 사우스캐롤라이나 주지사이자 전 유엔 대사는 3월 6일 사퇴를 선언했으며 5월 22일 트럼프 지지 의사를 밝혔다. 니키 헤일리 전 유엔대사가 사퇴를 선언하면서 트럼프는 무난하게 공화당 후보로 결정되었다. 이에 앞서 론 디샌티스 현 플로리다 주지사는 1월 21일 사퇴를 선언하고 트럼프 지지 의사를 밝힌 바 있다.

2024년 7월 15일 위스콘신주의 밀워키에서 열린 공화당 전당대회에서 트럼프는 JD 밴스를 부통령 후보로 지명했으며, 7월 18일 공화당의 대선 후보 지명을 수락하는 연설을 함으로써 공화당의 정식 대통령 후보가 되었다. 민주당의 경우에는 대선 후보 선출과정에서 많은 우여곡절이 있었다. 2024년 6월 27일 대통령 후보 토론에서 민주당의 바이든 후보는 트럼프 후보뿐만 아니라 당 안팎에서 심각한 혹평을 받은 후 7월 21일 끝내 재선 시도를 포기하고 민주당이 새로운 대통령 후보를 지명할 수 있도록 스스로 후보직을 내려 놓았다. 그는 현직 부통령 카멀라 해리스를 대통령 후보로 지지했고 곧 그녀는 민주당 후보로 출마한다고 발표했다. 8월 5일 일리노이주 시카고에서 열린 민주당 전당대회에서 해리스는 대의원 투표가 마감된 후 2024년 민주당 대통령 후보로 공식 지명되었다.

대선 레이스는 트럼프 후보의 피격 사건 때문에 한 차례 더 요동치게 되었다. 2014년 7월 13일 펜실베니아주 버틀러에서 유세 연설 중이던 트럼프 후보는 근처 건물 옥상에서 발생한 총격으로 귀 윗부분을 관통하는 부상을 입었던 것이다. 이 사건으로 청중 한 명이 사망하고 두 명이 부상을 입었으며, 총격범 토머스 매튜 크룩스라는 이름의 20세 청년은 현장에서 비밀경호국 저격수에 의해 사살되었다. 사건 이후 트럼프는 네거티브 공세를 자제하고 '국민통합'을 강조하는 선거 모드로 전환하게 된다.

양 당의 후보가 확정된 이후 두 후보는 석 달이 넘는 기간 동안 결과를 예측할 수 없는 치열한 선거 캠페인을 벌였다. 승패의 관건은 북부의 러스트 벨트인 펜실베니아주, 미시건주, 위스콘신주, 그리고 선벨트 지역인 남부의 노스캐롤라이나주, 조지아주, 서부의 애리조나주, 네바다주에서 어느 후보가 승리하는가에 달려 있다는 분석이 주를 이루었다. 11월 5일에 치러진 선거는 치열했던 선거 캠페인과는 달리 다소 싱겁게 트럼프 후보의 완승으로 막을 내렸다. 트럼프 후보가 312명의 선거인단을 확보한 반면, 해리스 후보는 226명의 선거인단을 확보하는 데 그쳤다. 득표율 기준으로 보아도 트럼프 후보가 50.2%를 득표함으로써 48.2%를 득표한 해리스 후보를 여유있게 눌렀다. 7개의 경합주에서 모두 트럼프 후보가 승리한 것은 선거 전 누구도 예상하지 못한 결과였다. 공화당은 대통령 선거뿐만 아니라 상원의원과 하원의원 선 거에서도 승리하여 의회도 장악하는 대약진을 이루었다. 이로써 미국은 행정부, 입법부, 사법부가 모두 보수 세력이 장악하는 초유의 사태에 직면해 있다. 트럼프 대통령의 행보가 더욱 탄력을 받을 수 있는 조건이 완성된 것이다.

2. 트럼프의 승리 요인 분석

트럼프는 7개 경합주를 석권했을 뿐만 아니라 2004년 대선 이후 최초로 총 득표수에서도 민주당에 승리했다. 주목할 만한 것은 도시와 농촌 같은 주거지 차이, 교육 수준 차이, 인종 구성 차이, 연령 차이를 가리지 않고 2020년 대선에 비해 트럼프 지지도가 크게 상승했다는 점이다. 특히 백인이 50% 미만인 290개 카운티들에서 무려 7% 가까운 지지율 상승이 발생했고 흑인 유권자들이 많은 지역에서도 트럼프가 선전했다는 점이 주목할 만하다. 라티노 유권자들 사이에서도 지지율 상승이 뚜렷했다.[1] 이러한 트럼프의 완승은 몇 가지 요인에서 찾을 수 있는데, 첫째, 바이든 행정부의 낮은 지지율과 높은 물가, 둘째, 여성 대통령에 대한 남성들의 거부감, 셋째, 트럼프와 해리스의 개인적인 역량 차이 등을 꼽을 수 있다.

첫째, 높은 물가와 바이든 행정부의 낮은 지지율이 중요한 변수가 되었다. 바이든 행정부 하에서의 높은 물가와 경제적 어려움은 트럼프의 경제 회복 공약에 대한 기대를 높였고 이것이 투표로 이어진 것으로 분석된다. 이런 투표 심리는 정권심판론에도 어느 정도 영향을 받은 것으로 해석할 수 있다.

〈표 1.〉 바이든 행정부의 지지율 추이

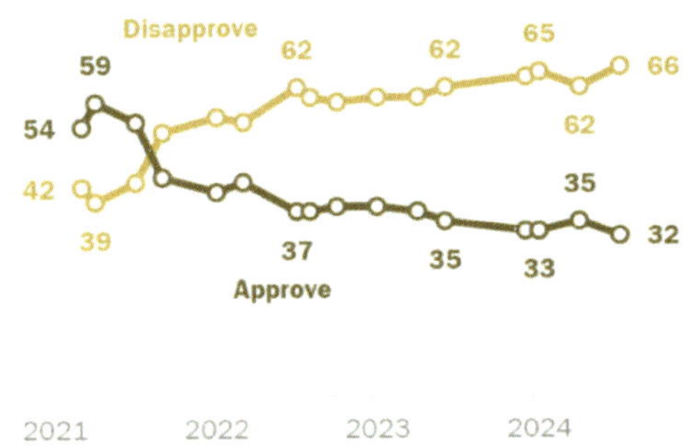

*출처: Pew Research Center, 「Biden's job approval, views of the Republican and Democratic parties」, 〈https://www.pewresearch.org/politics/2024/07/11/joe-bidens-job-approval-views-of-the-republican-and-de mocratic-parties/〉

---

1 서정건, 「2024년 미국 대선 결과 분석과 미국 외교 전망」, 아산정책연구원 이슈브리프(2024/11/3), 〈https://www.asaninst.org/contents/2024년-미국-대선-결과-분석과-미국-외교-전망〉.

둘째, 유색인종 유권자들 사이에서의 표심 변화도 이번 선거의 특징으로 꼽을 수 있다. 유색인종은 전통적으로 민주당의 지지층이었으나 이번 대선의 경우 유색인종, 특히 흑인 남성과 라틴계 유권자들 사이에서 표심의 변화가 트럼프에 대한 지지로 이어졌다. 이들의 투표행태는 흑인 여성 후보인 해리스에 대한 반감에도 어느 정도 영향을 받은 것으로 분석된다.

셋째, 공화당의 이민문제의 부각 vs. 민주당의 낙태문제의 부각이 큰 차이를 낳았다. 트럼프가 부각시킨 이민문제는 바이든 행정부에서의 이민정책에 대한 불만이 트럼프 지지층을 결집시키는 결과로 이어졌지만, 해리스가 부각시킨 낙태문제는 지지층 결집에 별 효과를 보지 못했다고 볼 수 있다. 실제로 "낙태가 합법화되어야 한다"고 생각하는 유권자 3명 중 1명은 트럼프 후보에게 표를 던진 것으로 나타났다.[2]

마지막으로 트럼프와 해리스의 개인적 역량 또는 이미지. 트럼프가 대통령 재직 중에 보여주었던 강한 존재감이 유권자들에게 강하게 어필했던 반면, 해리스가 부통령 재직 중에 보여주었던 역량은 그다지 두드러지지 못했던 점도 두 후보에 대한 선호도 차이를 가져온 원인이 되었다.

III. 트럼프 1기 행정부의 대외정책

1. 트럼프 1기 행정부의 대외정책 기조

제2차 세계대전 이후 미국의 대외정책은 한 마디로 '자유주의적 헤게모

---

2 『한국일보』(2024년 11월 8일), 「'낙태 합법화'지지 30%는 트럼프 투표. 해리스, 임신중지권 이슈화 실패」〈https://www.hankookilbo.com/News/Read/A2024110716410004244〉.

니' 전략에 기초해 있었다고 할 수 있다. 전 세계에 친미적인 자유주의적 질서를 건설하고자 노력하였고 상당한 성공을 거두었다고 할 수 있다. 안보 및 경제에 관한 다자기구 설립, 민주주의와 자본주의의 확산, 그리고 필요한 경우 막강한 군사력의 사용 등 다양한 수단을 동원하여 미국은 자국의 이익을 극대화하는 자유주의적 질서를 구축하는 데 성공했다. 그리고 냉전 종식 이후 미국 주도의 자유주의적 국제질서는 한층 더 강화되었다.

냉전 이후 미국의 각 행정부들은 '자유주의적 패권'이라는 이상을 조금씩 다른 방식으로 추구하였다. 클린턴 행정부는 자유민주주의의 확장과 구 공산권 국가들의 주류 세계질서로의 편입을 의미하는 '확장(enlargement)과 관여(engagement)'라는 이름의 전략 추구했으며, 부시 행정부의 '부시 독트린'은 군사적 방법에 경도된 측면이 없지 않으나 큰 틀에서 보았을 때 이것도 '자유주의적 패권'의 원칙에 부합하는 정책이었다. 오바마 행정부의 '오바바 독트린'은 부시 행정부의 과도한 팽창주의에 반향으로 절제(restraint)와 주의(caution)을 강조하였으나 전통적인 '실용적 국제주의'로 알려져있다.

트럼프 1기 행정부의 대외정책은 대외정책의 목표와 전략에 있어서 위에서 언급한 전임 대통령들과는 사뭇 다르다. 전통적인 워싱턴 정계의 주류 정치인들과는 달리 성공한 기업가 출신의 배경을 가진 트럼프는 대외정책의 노선에서도 그들과 다르다. 한 마디로 트럼프의 대외정책은 기존의 미국 대통령과 행정부에서 추구하였던 '자유주의적 패권'과 거리두기로 정의할 수 있다.[3]

기존의 전통적인 '자유주의적 패권'과 트럼프식의 '자유주의적 패권과 거리 두기' 전략은 다음과 같은 안보, 경제, 공동체의 세 가지 영역에서 비

---

3 Dongsoo Kim, "A Systematic Analysis of the Early Trump Foreign Policy: Implications for Northeast Asia and the Korean Peninsula" The Korean Journal of Security Affairs, vol. 23, no.1, pp.4~20.

교·분석 할 수 있다.[4] 안보의 영역에서는 포용(accomondation) vs. 지배(domination)의 대조적인 정책으로, 경제적 번영의 영역에서는 글로벌정책(globalism) vs. 소극적 고립주의정책(protectionism))의 대비로, 공동체의 영역에서는 세계주의자(cosmopolitanism) vs. 독립과 개인주의(isolationism)라는 대비되는 정책으로 분석할 수 있다.

첫째, 안보영역에서 트럼프 1기 행정부는 '포용(accomodation)'보다는 '지배(domination)'의 목표를 추구하고, 그것을 달성할 수 있는 수단으로서 '비강압적(non-coercive)' 방법보다는 '강압적(coercive)' 방법을 선호하였다. '힘을 통한 평화(Peace through Power)' 슬로건은 강압적 수단에 대한 선호를 보여주는 단적인 예라고 할 수 있다. 민주주의, 인권, 다자주의, 국제제도 등 국제관계의 자유주의 규범보다는 국력(power)과 같은 현실주의 원리를 선호한 정책도 이런 경향을 반영한 것이다.

둘째, 경제적 번영의 영역에 있어서 트럼프 1기 행정부는 글로벌 정책보다는 소극적 고립주의 정책 추구했다. 기존에 체결된 자유무역협정을 폐기 또는 수정하고 다자무역기구를 불신하는 등 보호무역과 고립주의 원칙을 선호한 것이다. 중국과의 무역전쟁 및 기술전쟁 등은 중국의 불공정한 무역 행태에 대한 보호무역과 고립주의에 기반한 미국의 적극적인 대응이라고 할 수 있다.

셋째, 공동체의 영역에서 '자유주의적 패권과 거리두기' 전략은 세계주의자의 가치보다는 독립과 개인주의의 가치를 더 중요하게 고려하고 다자주의보다는 일방주의적 방법을 더 선호한다. 트럼프 대통령은 현존하는 다자기구들이 제대로 기능하지 못하고 있으며 미국의 국익을 훼손하고 있다는

4　안보, 경제, 공동체의 세 가지 차원에서의 외교정책 분석프레임에 관해서는 William O. Chittick, American Foreign Policy (CQ Press, 2006)를 참조하시오.

인식을 피력했다. 그는 오바마 대통령 당시에 시작되었던 TPP에서 탈퇴하였고, NATO나 NAFTA, 심지어 UN 등 미국이 주도하여 설립한 다자기구에 대한 비난도 서슴지 않았다. 트럼프 대통령의 캠페인 구호였던 '미국을 다시 위대하게(Make America Great Again, MAGA)'는 이전 정부에서 추구했던 국제주의에 대한 반대와 '자유주의적 패권'의 폐기를 극명하게 보여주는 표현이라고 할 수 있다. '미국우선주의(America First)'는 미국과 미국의 국익 중심의 대외정책을 전면에 내세운 원칙으로서 민주주의, 인권, 개방, 관여 등 전통적인 미국의 이상이나 가치 대신에 현실적인 미국의 국가이익에 집중할 것을 천명한 것이다.

요약하면, 트럼프 1기 행정부의 대외정책은 전후 몇 십년 동안 미국이 견지해오던 '자유주의적 헤게모니'의 대전략과는 거리를 두고, '미국우선주의,' '힘을 통한 평화,' 고립주의 등을 중요한 원칙으로 삼았다. 이는 전 세계적, 포용적, 장기적, 정치적 이익보다는 개인적, 지배적, 단기적, 물질적 이익에 치우친 대외정책이라고 할 수 있다. 그러한 목표를 달성하기 위한 방법론으로는 다자주의보다는 일방주의, 비강압적 방법보다는 강압적 방법, 그리고 적극적 방법보다는 소극적 방법을 선호했던 것이다.

2. 트럼프 1기 행정부의 대중국 정책

미국의 중국에 대한 견제는 이미 오바마 행정부 시기부터 추진되었다. '아시아로의 회귀(Pivot to Asia)' 또는 '재균형(Rebalancing) 전략'이라는 이름으로 미국의 대외 전략의 중심을 기존의 대서양에서 태평양으로 옮긴 데는 중국의 부상은 견제하려는 목적이 있었다.[5] 미국이 대외전략의 초점을

---

5   Hillary Clinton, "America's Pacific Century" Foreign Policy, vol. 189, no. 1 (Nov. 2011), 〈https://

이라크, 아프가니스탄을 비롯한 중동지역에 맞추고 있던 2000년대에 미중 간 GDP 격차는 급격하게 축소되었다. 2010년 중국은 GDP 기준 세계 2위로 부상했고, 경제와 군사 양면에서 중국의 급속한 성장은 아시아·태평양 지역에서 중국의 영향력 확대로 이어졌다. 미국의 대중국 견제의 목표 실현을 위한 수단은 안보 측면에서는 동맹 및 파트너쉽, 즉 미일동맹, 한미동맹, 미일호 삼각협력, 한미일 삼각협력 등의 강화 등이 주를 이루었으며, 경제 측면에서는 환태평양경제동반자협정(TPP) 체결을 통한 미국 주도의 다자적 자유무역 질서 구축 등의 정책이 추진되었다.

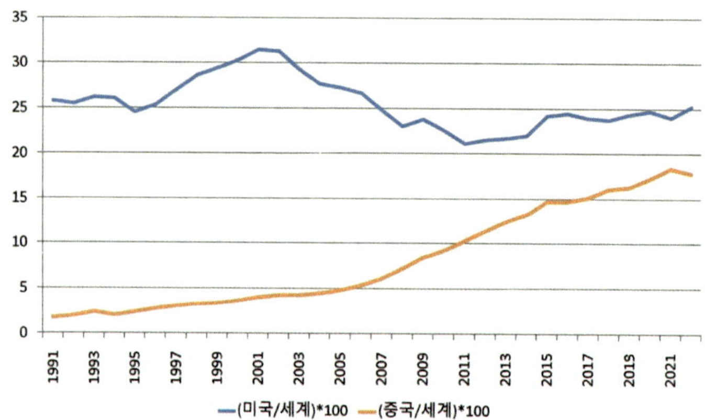

〈그림 2.〉 미국과 중국이 세계경제에서 차지하는 비율의 변화(GDP 기준)

*출처: 세계은행 자료(World Bank Development Indicators),
〈https://databank.worldbank.org/ source/world-development-indicator〉

　　오바마 행정부는 명시적으로 중국을 견제의 대상 혹은 도전자로 규정하는데 신중하면서, 경쟁과 협력이 병존하는 관계로 인식했다. 그러나 트럼프 행정부는 중국을 미국의 힘과 영향력, 이익에 대한 도전자이자 미국의 안

foreignpolicy.com/2011/10/11/americas-pacific-century/〉.

보와 번영을 침해하는 경쟁자로 규정했다. 트럼프 행정부는 국가안보전략 보고서(National Security Strategy)를 통해 중국을 "미국의 국익과 가치에 반하는 국제질서를 만들려는 수정주의 국가"로 규정하고,[6] 핵태세보고서 (Nuclear Posture Review),에서는 중국을 미국에 도전하는 '지역패권 추구 국가'로 인식하면서 "중국은 주변국가들을 억압하는 현상 타파국이며 역내 최대의 안보 위협국"으로 정의한 바 있다.[7]

트럼프 행정부는 중국을 견제하기 위해 구체적인 정책들을 실행에 옮겼다. 부문별로 살펴보면, 우선 안보전략의 측면에서 전임 오바마 행정부에서 시작되었던 재균형정책을 확장하고 인도-태평양 전략을 새롭게 추진했다. 인도양에서 태평양에 이르는 지역에서 중국의 영향력 확대를 차단하고 미국의 경제, 안보 이익을 보호, 증진하겠다는 목표 설정하고, 목표의 달성을 위해 공군 및 해군 전투기를 비롯한 군사력 투사능력 등의 준비태세 강화, 동맹 및 파트너 국가들과의 관계 강화, 지역 네트워크의 증진 등의 수단 동원했다. 다른 한편으로 미국-인도-호주-일본의 안보협력체, 즉 쿼드 (QUAD)를 활성화해 중국의 팽창을 견제하는 핵심 동맹으로 삼았다.

대만 문제는 전통적으로 미중관계를 진단해볼 수 있는 시금석이 되어왔다. 트럼프 행정부의 대대만 정책은 중국에 대한 견제 및 압박 정책의 연장선상에 있었으며, 양안관계의 안정 또는 대만의 안전 그 자체보다 대중국 견

---

6   The White House,「National Security Strategy of the United States of America」(December 2017), p.25 〈https://trumpwhitehouse.archives.gov/wp-content/uploads/2017/12/NSS-Final-12-18-2017-0905.pdf〉.

7   U.S. Department of Defense,「Nuclear Posture Review」(February 2018), p.30. 〈https://media.defense.gov/2018/Feb/02/2001872886/-1/-1/1/2018-NUCLEAR-POST URE-REVIEW-FINAL-REPORT.PDF〉; U.S. Department of Defense,「Indo-Pacific Strategy Report: Preparedness, Partnerships, and Promoting a Networked Region」(June 1, 2019), preface, 〈chrome-extension://efaidnbmnnnibpcajpcglclefindmkaj/https://media.defense.gov/2019/jul/01/2002152311/-1/-1/1/department-of-defense-in do-pacific-strategy-report-2019.pdf〉.

제 · 압박을 위한 카드로 대만정책을 활용했다고 볼 수 있다. 트럼프 행정부 하에서 미국-대만 관계 강화를 위해 여러 차례에 걸쳐 법안이 제정되었는데, 예를 들어, 2018년 3월 트럼프 대통령은 '대만여행법'에 서명했는데, 이 법안의 주된 내용은 미국 및 대만 고위 관료의 자유로운 상호 방문을 허용하는 것이었다. 이 법안 제정 이후 알렉스 웡(Alex Wong) 국무부 동아태 부차관보를 시작으로 키이스 크라크(Keith Krach) 국무부 경제 담당 차관 등 여러 고위 관료가 대만을 방문하였는데, 크라크 차관은 1979년 단교 이후 대만을 방문한 미국 국무부 최고위급 관료였다.[8] 2018년 4월 통과된 '2019 국방수권법'에는 미국-대만 군사협력 강화, 합동군사훈련 확대, 대만에 대한 무기 판매 및 대만의 방위능력 강화 지원 등의 내용이 포함되었고, 2020년 12월 '대만보증법'은 대만에 대한 무기 수출 정례화, 대만의 국제기구 참여 지지 등이 주된 내용으로 담겼다.[9] 트럼프 1기 행정부에서의 대대만 정책에서 특히 무기 수출 확대는 중국을 군사적으로 견제하면서, 동시에 대만과 양자관계에서 경제적 실익을 확대할 수 있는 방안이었다. 트럼프 행정부 임기 4년 동안 미국은 11차례에 걸쳐서 총 183억 달러 규모의 무기를 대만으로 수출한 것으로 파악된다. 전통적으로 미국의 대대만 정책은 '전략적 모호성'으로 정의할 수 있는데, 트럼프 1기 행정부의 대대만 정책은 전략적 모호성이라는 원칙은 유지하면서도 미국의 이익 실현에 더욱 초점이 맞추어져 있었다고 할 수 있다.

트럼프 1기 행정부에서의 대중국 견제 정책은 경제 분야에서 더욱 두드러

---

8 한용준, 「트럼프 행정부 시기 대만해협 이슈에 대한 중국의 위기관리 전략」 『중소연구』 제44권 4호 (2020/2021), pp.51~107.

9 강준영, 「중국-대만, 양안 무력 충돌 위기의 함의: 미국의 대만 지원 및 갈등 시나리오를 중심으로」 『한중 사회과학연구』 제20권 1호 (2022), pp.9~32.

졌다. 트럼프는 이른바 대중국 '무역전쟁'이라는 이름으로 중국 경제 압박에 나섰다. 2018년 3월 500억 달러 상당의 중국산 제품에 대한 고율 관세 부과 및 중국의 대미투자 제한에 대한 트럼프 대통령의 행정명령 서명을 시작으로 미국은 중국에 대해 여러 차례의 고관세 부과, 환율 조작국 지정 등의 조치를 취했다. 이에 대해 중국도 보복 관세 부과 등 맞대응에 적극 나섬에 따라, 양국 관계는 무역분쟁의 단계로 진입한 형국이 되었다. 2019년 12월 미중 간의 합의에 따라 중국은 2년간 2천억 달러 상당 미국 제품 또는 서비스를 구매하고 지적재산권 보호조치를 강화하며, 미국은 중국산 제품에 대한 고율의 관세를 보류하거나 축소하고 중국에 대한 환율조작국 지정을 해제하기로 약속하면서 미중 간의 무역전쟁은 일단락되었다.

그러나 여기서 끝이 아니었다. 트럼프 행정부의 대중국 견제는 기술 부문으로 확대되었다. 트럼프 행정부는 2018년 3월 중국의 이동통신장비 기업 ZTE가 이란 및 북한과 연루되었다는 이유로 모든 미국 기업들이 ZTE와 향후 7년간 거래를 하지 못하도록 행정명령을 내렸고, 2019년 5월 모든 미국 기업들의 '화웨이'향 부품 수출을 금지시켰으며, 2020년 5월에는 미국산 기술을 이용하여 반도체를 생산하는 모든 외국기업의 '화웨이'향 제품 및 기술 수출을 금지했다. 이처럼 화웨이, ZTE 등의 중국 첨단기술 기업에 제재가 집중된 이유는 5G 기술과 인공지능, 빅데이터 기술 등이 선도할 4차 산업혁명에서 중국의 추격을 차단하고 미국의 우위를 확고히 하기 위한 것이라고 볼 수 있다.

바이든 행정부에서는 트럼프 1기 행정부의 대중국 견제 정책 계승했다고 볼 수 있다. 바이든 행정부에서는 트럼프 1기 행정부와는 사뭇 다른 대외정책을 표방했지만 대중국 견제 정책만큼은 트럼프 행정부의 기조와 큰 차이가 없었다. 바이든 행정부에서도 중국과의 경쟁에서 승리하는 것이 가장 중요한 대외정책의 목표가 되었고, 그 목표를 달성하기 위하여 동맹을 활용하는 경제 · 안보 정책을 추진했던 것이다.

IV. 트럼프 2기 행정부의 대외정책 전망

1. 트럼프 2기 행정부의 대외정책 기조 전망

앞에서 서술한 것처럼, 대선 과정에서 '초접전'이라고 불릴 정도로 혼전을 거듭하던 판세와는 달리 트럼프는 해리스를 상대로 완승을 거두었다. 대통령 선거와 함께 치러진 의회 선거에서도 공화당은 상 · 하원 모두에서 다수당을 차지했으며, 결과적으로 공화당은 행정부와 의회를 모두 장악하게 되었다. 트럼프는 2기 집권기 동안 자신의 아젠다를 밀어부칠 수 있게 되었고, 사실상 트럼프의 독주를 견제할 제동장치는 없는 상황이 되었다고 할 수 있다.

트럼프 2기 행정부의 대외정책 기조는 1기 행정부의 대외정책의 연장이라고 볼 수 있으며, 나아가 더욱 강력한 미국우선주의와 보호무역 및 고립주의의 경향을 띨 것이라는 점을 예상해볼 수 있다. 바이든 행정부에서 추진했던 국제적 관여의 원칙과 동맹 네트워크는 트럼프 2기 행정부에서는 이를 미국 우선주의와 거래적 접근(transactional approach)이 대체할 가능성이 커졌다.

미국우선주의 외교의 핵심은 바이든 행정부 등 미국의 전통적인 글로벌 외교로부터의 탈피에서 출발한다. 미국의 국익에 직접 이익이 되지 않는 국제분쟁에 끝없이 개입하고 글로벌 제도를 국가이익보다 중요시하는 글로벌리즘에서 모든 외교의 근본적 동인을 미국의 국익으로 보는 것이 미국우선주의의 핵심이라고 볼 수 있다.

트럼프는 미국의 국익에 직접 도움이 되지 않는 해외 군사활동에 미국인들의 세금을 쓰지 않을 것이며 미국과 세계 사이의 불균형 구조를 시정하는 데 중점을 두겠다는 입장을 보이고 있다. 미국과 세계 사이의 불균형 구조란 경제·통상 분야에서는 막대한 미국의 적자를 말하는 것이며 군사·안보 분야에서의 불균형은 미국 동맹국들의 불충분한 안보 기여를 가리키는 것으로 요약할 수 있으며, 이런 거래적 접근은 적대국뿐만 아니라 동맹국에도 똑같이 적용되는데, 동맹에 관해서 트럼프는 이를 활용할 수 있는 안보자산이라기보다는 미국의 부담이라는 인식을 갖고 있다. 이런 거래적 접근방식은 바이든 행정부에서 추구했던 가치동맹과는 확연히 구별된다.

2. 트럼프 2기 행정부의 대중국 정책 전망

미국의 중국에 대한 견제는 이미 오바마 행정부 시절부터 시작되었지만 본격적으로 대중국 압박을 강화한 것은 트럼프 1기 행정부 때부터였다. 이런 맥락에서 트럼프 2기 행정부는 대중국 견제와 압박을 더욱 강화할 것으로 쉽게 예상할 수 있다. 바이든 행정부에서 중국에 대해서 협력(cooperation), 경쟁(compention), 그리고 대결(confrontation)이 혼합된 3c 정책을 추진했던 것에 비해 트럼프 2기 행정부에서는 1기 때보다 훨씬 더 강해지고 정교해진 대 중국 압박 정책이 추진될 것으로 전망된다. 중국을 협력과 경쟁의 대상이 아닌 반드시 이겨야 하는 적국으로 생각하는 인식의 전환이 정책의 바탕을 이루고 있다. 따라서 중국과의 대결을 국가안보 의제에서 가장 높은 우선순위로 끌어올릴 것이 확실하며 유럽에 대한 미국의 공약, 특히 우크라이나 방어에는 소극적으로 나올 가능성이 높다.

경제 전략의 측면에서 트럼프 2기 행정부는 중국에 대하여 바이든 행정부에서 추진했던 디리스킹(de-risking)에서 전략적 디커플링(de-coupling)으로 전환할 것으로 전망된다. 트럼프 1기 행정부에서 시작된 중국과의 디커플링 전략은 바이든 행정부에서 디리스킹으로 완화된 바 있다. 트럼프 당선인은 중국에서 수입된 모든 제품에 대하여 60%의 관세를 부과할 것을 공언하면서 중국과의 경제적 상호의존을 확실히 끊어내겠다는 의지를 보여주고 있다. 트럼프의 주요 경제 참모 중 한 사람인 라이트하이저는 전략적 디커플링이 미국기업과 소비자의 비용을 증가시키고, 동맹국에 압박을 줄 것이나 중국의 부상을 억제하고 미국의 제조업을 재건하는 데 필요한 조치라고 주장한다.[10] 나아가서 중국이 아마 보복할 방법을 찾을 것이나 미중 불균형이 심해 중국의 선택지가 제한적일 것이고, 보복하는 만큼 전략적 디커플링에 기여하게 될 것이라고 경고한다. 실제 정책 추진 과정에서 공언했던 60%의 관세는 어느 정도 줄어들 수 있지만, 공화당이 의회를 장악한 만큼 트럼프 2기 행정부는 중국과의 무역수지 불균형 해소를 위해 중국에 대한 최혜국 대우를 박탈하기 위한 법제화를 추진하고 고율의 관세 부과를 지렛대로 활용해 중국을 압박할 것으로 예상된다.

전방위적인 첨단기술 통제도 예상할 수 있다. 트럼프 2기 행정부는 바이든 정부와 같이 첨단기술을 미중경쟁의 승리의 핵심으로 인식하고, 중국에 대한 철저한 기술통제를 강조하고 있다. 바이든 행정부에서 추진했던 선별적 기술통제, 이른바 'small yard, high fence(좁은 마당, 높은 장벽)'은 트럼프 2기 행정부에서는 'large yard, high fence(큰 마당, 높은 장벽)'으로 그 범위가 급격히 확대될 가능성이 크다. 라이트하이저를 비롯한 대부분의 트럼

---

10 차정미, 「"Post-Election Order": 트럼프 2.0 시대, 미중관계와 국제질서의 미래」, 국회미래연구원, 국가미래전략 Insight, 101호(2024), 〈file:///C:/Users/user/Downloads/ 국가미래전략_Insight_Vol.101%20(4).pdf〉.

프 경제참모들은 대중국 기술이전 금지와 대중국 기술투자 규제를 전략적 디커플링의 핵심요소로 보고 있음. 즉, 미국 기술분야와 중국 기술분야 간의 세심한 단절이 필요하다는 것이다. 강력한 수출통제를 시행하여 드론과 같은 안보적 함의가 있는 중요한 이중용도 품목은 반드시 미국산이거나 동맹으로부터 수입해야 하며, 수입품에는 재료, 소프트웨어, 기술 등 모든 측면에서 중 국요소가 없어야 한다는 점을 강조하고 있다. 또한 우주, 바이오, 정보기술, 스마트제조, 첨단철도, 전기차, 신소재, 로봇, 인공지능 등 산업은 모두 경제 안보에 결정적이라는 점에서 미국기업이 중국의 제조업에 관여하는 일이 없도록 해야 한다는 점을 강조하고 있다.[11]

트럼프 2기의 대중국 정책은 경제안보에만 국한되는 것이 아니라 군사·안보 측면에서도 '최대 압박의 복귀(return of maximum pressure)'로 실행될 것으로 예상된다. 다른 어떤 지역보다도 동아시아에서 중국을 압박하기 위해서 전쟁자산을 포함한 전력을 재배치하고 동맹국들과 협력할 것을 예상할 수 있다. 예를 들어, 인도네시아, 필리핀, 베트남 등을 군사력 강화를 지원하여 남중국해에서 중국군과 대치하는 협력국들을 지원해야 한다는 입장이다. 트럼프의 군사·안보 참모들은 군사력 재배치와 함께 중국에 대비한 군사력 증강, 군사혁신을 강조하고 있는 바, 새로운 단계의 군비경쟁이 촉발될 수도 있다. 트럼프의 유력 참모 중 한 명인 맷 포틴저는 국방비를 냉전 시대 수준으로 증가시킬 것을 강조하며, 미국의 이익에 도움이 되지 않는 군축 논의에 반대한다.[12] 이렇듯 트럼프 2기의 국방전략은 중국과의 경쟁에 전력 집중을 극대화하면서 드론 등 첨단기술 전력과 핵무기 등 기존 전력을 동시에 강화하는 군사력 경쟁을 본격화할 것으로 예상할 수 있다.

---

11 차정미, 앞의 글.

12 Matt Pottinger and Mike Gallagher, "No Subsitute for Victory" Foreign Affairs (May/June 2024).

전통적으로 미국의 대대만 정책은 '전략적 모호성'의 기조에 있다. 즉, 중국의 '하나의 중국' 원칙을 공개적으로 지지하면서도 대만에 대한 무기 판매를 비롯한 군사적 지원을 계속함으로써 논리적으로 일관되지 않은 정책임을 부정하지 않으면서도 모호한 스탠스를 취한다는 것이다. 트럼프 2기 행정부에서의 대대만 정책도 이러한 기조에서 크게 벗어나지 않을 것으로 예상된다. 트럼프 1기 행정부와 유사하게 '하나의 중국' 정책을 일관되게 지지하는 모습보다는 중국과의 협상을 우선 순위에 두고 유연하게 접근할 것이다. 트럼프 당선인의 가장 중요한 목표는 원칙을 견지하는 것이 아니라 미국의 이익, 특히 경제적 이익을 극대화하는 것이기 때문이다. 트럼프 당선인은 대선 후보 시절 중국의 대만 침공시 대만에 군대를 보낼 것이냐는 질문에 분명한 답을 하지 않았다. 대신 "대만이 방어를 위해 우리에게 돈을 내야 한다"는 발언에는 대만 방어를 위한 구체적 조건은 밝히지 않은 채 대만 방어를 경제적 거래의 관점에서 보는 시각이 깔려 있다.

트럼프 당선인의 이런 발언과 행태를 볼 때, 트럼프 2기 행정부에서는 대만에 대한 '전략적 모호성' 전략이 유지될 가능성이 높다. 다만, 여기서 전략적 모호성의 목표는 양안관계의 안정 또는 대만 방어라기보다는 미국의 이익 극대화라는 목표에 맞춰질 것이다. 한편으로 중국과의 무역협상 카드로 대만정책이 다루어질 수 있으며, 다른 한편으로 대만과의 관계에서 대만 방어 여부, 방위비, 반도체 산업 보조금을 비롯한 정책이 협상의 대상이 될 수 있다는 것이다.

V. 트럼프 2기 중국의 대미 정책

1. 시진핑 정부의 대외정책 기조

2022년 20차 당 대회에서 가장 많이 등장한 키워드는 안보·안전과 전략, 위험 그리고 대만 및 도전이다. 국가안보와 사회안정에 관한 내용이 가장 중요하게 다루어지고, 전통안보 영역뿐만 아니라 비전통안보 영역으로까지 확대한 국가안보체계, 국가안보 능력의 강화 및 안보 거버넌스 수준의 제고 등을 강조하고 있다.[13]

'하나의 중국' 원칙은 전통적으로 중국의 대외정책에서 결코 타협할 수 없는 근본을 이루고 있음은 주지의 사실이다. 이런 맥락에서 대만 문제를 중국 정부는 항상 중요하게 다루어 왔는데, 특히 20차 당 대회에서는 대만 문제가 중요하게 다루어졌다. 19차 당 대회에서는 조국 통일의 추진을 언급한 것에 그쳤으나, 중화민족의 위대한 부응을 실현하기 위한 필연적 요소로 대만 통일을 제시하였고, 이번 당 대회 보고서에서는 "무력 사용을 포기하겠다는 약속을 절대 하지 않겠다"라고 밝히며 강경한 입장을 천명한 것이다. 대만 문제는 시징핑 정부가 강조해온 국가핵심 이익으로 미중 전략경쟁에서 가장 뜨거운 이슈가 될 수 있다.

2. 트럼프 2기 행정부 기간 중국의 대미 정책 전망

시진핑의 중국은 트럼프 2기 행정부 기간 미국의 글로벌 리더쉽이 약화

13　황태연, 「2024년 양회(兩會)를 통해 본 중국의 대외정책 방향과 한반도에 주는 시사점」, 통일연구원 온라인 시리즈 CO 24-22 (2024.3.14.), 〈chrome-extension:// efaidnbmnnnibpcajpcglclefind-mkaj/https://www.kinu.or.kr/main/module/report/do wnload.do?id=22250〉.

할 것으로 전망하고 중국의 글로벌 영향력 확대를 꾀할 것으로 전망된다. 트럼프의 '미국우선주의' 정책은 바이든 행정부가 다양한 다자협의체를 통해 추진했던 대중 포위망을 근본적으로 흔들고, 미국과 동맹들 간 안보 및 경제 협력에도 균열을 야기할 수 있다고 보고 있다. 이에 따라 중국은 국제사회에서 트럼프 2기 행정부의 '미국우선주의' 정책을 계기로 미국의 글로벌 리더쉽이 약화될 수 있다고 보고 자국의 글로벌 영향력 확대를 적극적으로 모색할 가능성이 크다. 글로벌 영향력을 확대하는 과정에서 중국은 특히 글로벌 사우스(Global South)와의 협력을 강화하려 할 것으로 전망된다. 중국은 미국과는 차별된 다양한 글로벌 담론을 제시하고 경제적 지원을 통해서 글로벌 사우스와의 협력을 강화해 온 바, 트럼프 2기에 미국과의 차별성을 더욱 강조하고 국제사회에서 중국에 우호적인 여론을 조성하려고 노력할 것으로 예상된다.[14]

중국은 트럼프 2기에 미국의 대만 관여 의지가 약화될 가능성에 주목하고 있다. 트럼프는 대선 기간 미국이 대만을 방어하겠다고 공개적으로 약속한 적이 없으며, 오히려 "우리 반도체 산업의 거의 100%를 가져갔다"면서 "대만은 미국에 방위를 내야 한다"고 발언한 한 바 있다. 따라서 트럼프 2기에 반도체 및 군사 지원 등의 문제에서 미국과 대만 간 이견과 갈등이 나타날 수 있다고 보고 있다. 실리를 추구하는 트럼프의 성향을 고려할 때 이것이 대만에 대한 무기 판매 확대로 이어질 수도 있지만, 미-대만 관계는 바이든 행정부 시기보다 약화될 것으로 중국은 보고 있다. 중국은 또한 대만 문제에 대한 미국의 관여가 줄어들면 대만 민진당 정부의 독립 의지도 약화될 것으로 보고 있다. 그런 점에서 중국은 대만에 대한 군사도발과 심리전

---

14 황태연, 앞의 글.

을 적극 추진 하며 대만 내 안보불안과 대미 불신을 확대하려 하는 한편, 국제 사회에서 대만 문제에 대한 여론전을 통해서 양안관계에서 우위를 확보하려 할 것으로 예상된다.

VI. 결론: 한반도에 대한 시사점

결론적으로 트럼프 2기 행정부에서는 중국에 대해서 1기 행정부 당시보다 훨씬 더 강한 견제와 압박이 취해질 가능성이 크다. 바이든 행정부에서처럼 중국을 협력과 경쟁, 그리고 대결을 선별적으로 취해야 할 대상이 아니라 철저하게 압박하고 견제해야 할 대상으로 간주할 것이다. 우선 경제 분야에서 중국과의 전략적 디커플링을 추진하고 첨단기술의 수출통제를 더욱 강화할 가능성이 크다. 군사력 강화를 위해서 대대적인 군비증강을 현실화하고, 중국 견제를 위해 동맹국들을 활용하는 방안도 구체화될 가능성도 있다. 대만 문제는 현실적인 이익의 관점에서 접근하되, 중국 견제를 위한 카드로 활용 할 것으로 예상된다.

중국은 미국과의 직접 대결은 피하면서도 자국의 핵심 이익을 지키기 위한 전략적 접근을 취할 것으로 예상된다. 미국의 글로벌 리더쉽이 약화될 것으로 예상하고 그 틈을 타 중국의 글로벌 영향력을 확대하기 위해서 노력할 것이다. 대만 문제는 중국의 핵심 이익으로 간주되는 이슈라는 점에서 강경하게 대응할 것으로 예상된다.

중국에 대한 군사적 압박과 견제를 위해서 트럼프 행정부는 동맹국들을 활용할 것으로 예상되는 바, 이에 대한 우리의 준비가 필요하다. 중국 견제를 목적으로 하는 아시아의 소다자, 집단안보 구상이 현실화될 것에 대비하는 우리의 현명한 대외정책 노선이 필요하다는 것이다. 호주, 일본, 유럽 등 우리와 비슷한 입장에 있는 국가들과 연대와 협력을 강화하고 공동전략을 모색할 필요성이 있다.

트럼프가 모든 중국산 제품에 대해서 60%의 관세를 부과하겠다고 공언한 것으로 미루어 볼 때 미국과 중국은 다시 한번 무역전쟁의 소용돌이 속으로 빠져들 가능성이 있다. 만약 중국산 제품에 대한 60%의 관세가 현실화된다면 이는 우리 경제에는 기회요인이 될 수도 있다. 반면 중국에 대한 수출통제가 강화될 경우 우리의 첨단산업에는 위협요인이 될 수도 있다. 이렇듯 미 중 관계의 악화는 우리에게 기회 요인과 위협 요인이 공존하는 상황이 될 수 있으므로 기회 요인을 극대화하고 위협 요인을 최소화할 수 있는 전략이 필요하다.

트럼프 1기 행정부 당시 미국은 북핵문제를 다룸에 있어서 중국을 활용하고자 하는 의도를 내비친 적이 있다. 사실상 핵보유국 지위를 확보한 북한과의 핵 군축을 포함한 양자 대화가 현실화될 경우 중국이 개입할 가능성이 있다. 미국이 북한의 핵보유국 지위를 인정하는 것을 우리로서는 받아들일 수 없기 때문에 이런 상황이 벌어지지 않도록 적극적으로 움직일 필요가 있다.

2부

환태평양 통상질서의 재편과 통합

05

글로벌 무역전쟁의 와중에서

포괄적·점진적 환태평양동반자협정(CPTPP)과
중국, 일본 그리고 미국[*]

마티외 아레스(Mathieu Arès), 셔브룩대학교
에리크 블랑제(Éric Boulanger), 퀘벡대학교

Ⅰ. 서론

2017년 1월 미국이 '환태평양동반자협정(Trans-Pacific Partnership, TPP)'에서 탈퇴하기로 결정하였음에도 불구하고 이른바 TPP의 '고아들', 즉 원협정에 참여하고 있던 나머지 11개국[1]은 협상을 포기하지 않았다. 이들 국가는 신속히 협상테이블에 복귀하였고 그로부터 1년 후 '포괄적 · 점진적 환태평양동반자협정(Comprehensive and Progressive Agreement for a Trans-

---

[*] 이 글은『Open Journal of Political Science』10권 1호(2020)에 게재된 논문을 저자 동의하에 번역하여 수록하였음.

1 11개국은 다음과 같다. 호주, 브루나이, 캐나다, 칠레, 일본, 말레이시아, 멕시코, 뉴질랜드, 페루, 싱가포르, 베트남.(영문국가명 순)

pacific Partnership, CPTPP)로 알려진 새로운 협정을 체결하기에 이르렀다. 이러한 '미국 탈퇴 이후(post-American)'의 TPP는 기존 협정의 대부분을 유지하고 있다. 다만 미국탈퇴로 인한 일부 회원국의 변화된 이해관계를 반영하고 향후 회원국의 확대와 미국의 재가입 가능성-현재로서는 매우 낮지만-을 고려하여 경미한 수정만이 이루어졌다.[2]

미국의 탈퇴를 트럼프[3]의 수많은 변덕스럽고 예측불가능한 행보 중 하나로 간주해서는 안된다. 이는 세계경제가 당면한 문제적인 궤적의 한 속성이며, 오늘날 생산과 교역에서의 경쟁력이 국가적 단위에만 한정되는 것이 아니라 글로벌한 차원에서 형성되고 평가되고 있다는 사실을 의도적으로 외면하려는 정치적 세력이 세계경제 내부에서 작용하고 있음을 시사한다. 더 나아가 이러한 세력들은 세계 무역의 규칙을 재정의하려는 시도를 통해 자국 경제의 경쟁력을 확보하도록 국가들을 압박하고 있다. 이들은 가치사슬과 생산·교역 네트워크의 지속적인 확장에 반대하는 한편 그 대신 경제적 역량의 재국가화(renationalize)를 추진하고 있다. 도널드 트럼프 대통령을 비롯한 이들은 높은 상호의존성으로 특징지어지는 글로벌 경제 속에서는 미국이 번영할 수 없다고 믿고 있다. 이러한 상황에 대처하기 위해 이들은 경쟁력의 수단을 '재국가화'하고 기존의 무역협정은 물론 향후 체결될 협정까지도 양자적 차원에서 재협상하고자 한다. 이는 단지 상당한 경제적 이익

---

2   TPP의 '고아들'은 2017년 7월 12일과 13일 일본 하코네에서 회동하여, 조약의 정신과 문언을 최대한 유지하기 위해 과도한 개정은 지양하면서 일부 조항을 '동결'하는 방식으로 해당 조약을 '유지'하기로 하였다. 이후 협상은 2017년 8월에 재개되었으며, 같은 해 11월 베트남 다낭에서 열린 아시아태평양경제협력체(APEC) 정상회의를 계기로 추가적인 협의가 이루어졌다. 협정은 2018년 2월 12일 최종적으로 타결되었고 2018년 3월 8일 칠레 산티아고에서 공식 서명되었다.

3   역자 주: 본 논문은 2019년에 발표된 것으로 본 논문의 트럼프 행정부는 트럼프 1기 행정부를 지칭한다.

을 확보하기 위한 목적뿐만 아니라, 트럼프의 인식[4]을 정확히 파악해 본다면, 미국의 경제적 문제의 근원으로 간주되는 다자주의와 상호의존성이 초래하는 혼란으로부터 벗어나 안정성을 확보하려는 시도로 이해할 수 있다.

미국이 CPTPP에 참여하지 않았을 뿐 아니라 향후에도 참여할 의사가 없으며 양자 무역협정을 선호하고 있다는 사실은 재국가화를 요구하는 이러한 세력들이 일시적인 경향에 그치지 않음을 보여준다. 또한 이들은 글로벌 무역전쟁으로 곧바로 나아갈 위험을 감수하면서까지 게임의 규칙을 변화시키고자 하고 있음을 시사한다. 트럼프 대통령은 자신과는 정반대의 입장을 취했던 오바마 전 대통령의 TPP에 대한 입장을 무시하고 있다. 오바마에게 이 협정은 미국이 자국의 무역 규칙과 원칙을 외부로 확산하고 점증하는 중국의 영향력 확대에 대응할 수 있는 '법적 전초기지'에 다름 아니었다. 오바마는 아시아 · 태평양 지역 경제들간의 높은 수준의 경제적 상호의존성과 연계성이 공정한 경쟁의 장(level playing field)을 요구한다고 보았다. 이는 쉽게 우회될 수 있는 비공식적 규범에 불과하지만, 중국이 이러한 공정한 경쟁의 원칙을 수용하지 않을 경우 중국 경제의 부상 자체가 위협받을 수 있다고 그는 판단하였다(Nathan, 2016). 이를 오바마 대통령은 월스트리트저널과의 인터뷰에서 분명히 밝혔는데, "만약 우리가 규칙을 정하지 않는다면 중국이 이 지역(아시아 · 태평양)의 규칙을 쓰게 될 것"이며, 미국의 기업과 농업은 "배제될 것"이라고 언급하였다(Seib, 2015). 이제는 널리 알려진 이 발언은 무역협정에 대한 우리의 논의, 세계경제질서의 현황, 그

4　예컨대 무역에 대한 근시안적인 중상주의적 인식 하에서 "트럼프의 무역자문진은 한 국가가 수출보다 수입을 많이 할 경우 경제성장이 저하된다고 결론짓는다." 그러나 이러한 인식은 글로벌가치사슬이 미국 경제에 제공하는 막대한 이익을 간과하고 있다. 이에 대해서는 Solis와 Urata(2018:115)를 참조하라.

리고 미국의 탈퇴 이후 일본이 처한 어렵고도 상당히 민감한 위치와 관련하여 두 가지 요소를 시사한다.

첫째, 무역협정은 이제 재화와 서비스의 자유화를 훨씬 넘어, 노동 표준에서 투자 보호 및 지식재산권(IPR)에 이르기까지 생산과 경쟁의 모든 요소를 포괄하는 주요한 경제적 파트너십으로 발전하였으며, 이는 높은 수준의 '규범성'을 갖춘 보편적 규칙 기반 경제질서를 요구한다. 따라서 2018년 7월 도쿄에서 일본과 유럽연합(EU) 간의 새로운 파트너십이 서명될 당시, 양측 지도자들이 자유민주주의나 인권과 같은 가치를 강조하고 이러한 규칙에 기초한 경제질서를 촉구한 것은 결코 우연이 아니다. 아울러 아베 신조 총리는 '공정하고 공평한' 자유주의 질서에 대한 자신의 책무를 선언하였다.[5]

둘째, 오바마의 발언은 중국의 직접적인 영향력 아래에서 '병존하는(parallel)' 국제질서가 출현할 가능성을 시사한다(Stuenkel, 2016). 비록 이것이 반드시 비자유주의적 질서를 의미하는 것은 아니지만(Boyle, 2016), 오늘날 중국이 관여하고 있는 재화와 서비스의 교역, 외국인 투자 또는 금융협력 등 몇 가지 영역만 예를 들어보더라도, 중국은 이제 '확산되기 어려운(not amenable to diffusion)'[6] 성격의 '독자적인' 규칙을 실행할 수 있는 상업적·금융적·기술적 역량과 적성을 보유하게 되었음을 알 수 있다(Heilmann et al., 2014; Solis, 2017). 올리버 슈튠켈(Oliver Stuenkel)이 상기시키듯이 이러한 규칙들은 교역 규모의 확대를 촉진한다는 점에서 자유주의적인 것으로 제시될 수 있다. 그러나 그것들은 중국이 대국으로서 추구하는 열망의 요

---

5 Kante, 2018

6 물론 이는 많은 무역협정에서 나타나는 일반적 현상이지만, 중국의 경우에는 그 함의가, 예컨대 양자FTA협상에서 민감산업에 대해 특정 규칙을 요구해 온 일본의 통상적 관행의 수준과는 차원이 다르다.

구에 맞추어 지속적으로 조정되고 있으며, 공정한 경쟁의 장을 형성하는 데 목적을 두고 있지는 않다. 따라서 중국은 예컨대 무역정책에서 취해온 조치들, 보다 구체적으로는 일대일로 구상(OBOR)이나 새로운 국제기구의 설립과 관련하여, 자국의 경제적 역량을 제약할 잠재력을 지닌 규칙·제도·기구 등에 반대하는 한편, 중국 기업에 명확한 이점을 제공하는 규칙·제도는 활용하고 나아가 적극적으로 확산하는 등 자국의 국익에 부합하는 일관된 태도를 보이고 있다. 이는 중국의 경제적 요구를 최우선으로 하고 그 파트너들의 요구를 차순위로 하여 구성된, 이른바 '선택형 병존적 질서(a parallel order à la carte)'로 명명할 수 있을 것이다. 미국의 행태는 이와 같은 병존적 질서의 매력을 더욱 부각시키며 특히 다자적이고 복합적인 경제적 파트너십보다 양자적이고 제한적인 협정을 더 유리한 선택지로 고려하는 국가들에게 그러하다. 게다가 민족주의와 포퓰리즘은 이러한 병존적 질서를 공고화한다. 이는 세계화가 (트럼프의 인식과는 달리) 주로 서구 국가들에게 유리하게 작용해 왔다고 인식되어 온 상황에서, 세계화 내부의 권력관계를 재조정하는 것으로 받아들여질 수 있기 때문이다. 그러나 이러한 재조정은 남반구와 북반구를 막론하고 주권의 약화, 환경 기준의 저하, 그리고 급속히 심화되는 불평등에 대한 두려움 속에서 광범위한 인구 집단을 결집시키는 한편, 세계경제 내에서 '분절과 분열의 힘'을 강화할 위험을 수반한다.

본 논문은 TPP 참여국들이 해당 협정을 유지하기로 결정한 이유를 분석한다. 이를 위해 먼저 현실주의와 기능주의라는 두 가지 지배적인 설명 모형을 검토한 뒤, 중견국들이 환태평양은 물론 글로벌 차원의 가치사슬에 통합되기 위해서는 강력한 법적·규범적 틀이 필요하다는 점을 강조하는 보완적 설명 모형을 제시하고자 한다. CPTPP 타결 과정에서 호주, 뉴질랜드, 베트남이 차지하는 중요성을 과소평가하지 않으면서도, 본 논문은 협상의 재개를 견인하고 CPTPP의 비준을 성사시키는데 기여한 일본의 특수한 리더십을 보다 상세히 검토하고자 한다. 본 논문의 일반적 논지는 일본이 아시아·태평양 지역에서 중국과 미국의 일방주의를 제약하고 미중 무역전쟁이 세계경제 성장에 미칠 수 있는 부정적 효과에 대응하기 위한 일정 수준의 적극성을 보이면서 자국의 통상정책을 규칙과 규범에 기반하여 다자화하고자 한다는 점이다.

II. 환태평양동반자협정(TPP): 두 가지 분석 모형

1. 현실주의적 관점

TPP를 이해하는데 초점을 둔 정치경제 분석의 상당 부분은 광범위한 현실주의적 관점 또는 안보·전략적 시각을 채택하고 있으며, 이는 미국과 중국 사이의 패권 경쟁을 부각시킨다[7]. 이러한 맥락에서 핵심적인 주장은 이 협정이, 몇 가지 예만 들더라도, 노동, 국유기업, 외국인 직접투자, 지식재산권, 환경 표준, 제약 산업 등에 적용되는 일련의 '상업적 황금률(commercial gold rules)'을 설정함으로써 중국이라는 도전자를 '봉쇄'하는 기능을 수행한다는 것이다. 실제로 앞서 지적했듯이, 오바마 대통령은 견고한 규칙기반 국제질서에 대한 자신의 선호를 결코 숨긴 적이 없었으며, TPP가 이러한 구상의 정당성을 강화하고 유지하는 역할을 수행한다는 점 또한 분명히 인

---

7 중국과 미국간의 패권 경쟁을 다룬 방대한 연구 문헌이 존재하며, 그 스펙트럼은 전쟁이 불가피하다는 관점에서부터 경제적 상호의존과 다극화에 도출되는 보다 미묘한 결과들을 강조하는 접근에 이르기까지 다양하다. 이에 대해서는 예컨대 Graham Allison(2015), David Shambaugh(2013), Amitav Acharya(2018) 등을 참조하라.

식하고 있었다. 오바마 행정부는 세계화로 인해 심화된 경쟁의 규칙을 수용하는 한편, 점차 경쟁적이면서도 불만을 표출하는 중국에 직면한 상황에서 아시아 지역에서 미국 기업들을 지원·육성하고자 하였다. 중국은 현재 태평양 지역 다수 국가들에게 있어 제1 또는 제2의 경제적 파트너로 자리매김하고 있다(Arès et al., 2016a). 트럼프 대통령의 TPP거부가 세계화의 경제적 규제를 둘러싸고 주요 세력간의 정치·법적 충돌이 존재한다는 사실을 숨기지는 못한다. 한편으로는 무역에 있어 강력한 법치주의와 엄격한 글로벌 자유주의적 규제를 옹호하는 진영으로서 미국, 일본, 유럽연합 그리고 본 논문이 제시하듯 캐나다와 같은 다수의 중견국들이 있으며, 다른 한편에는 세계적 번영에서 소외되었다거나 글로벌 경쟁에서 심각한 불리함을 겪고 있다고 느끼는 중국을 비롯한 러시아, 인도, 브라질 등 여타 개발도상국들이 자리하고 있다. 후자에 속하는 국가들의 지도자와 엘리트들은, 모호한 원칙을 중심으로 국가별 현안과 이해관계에 따라 유연하게 조정·적응될 수 있는 실용적 통합에 기반한 포스트-미국적(post-American) 세계질서를, 무역전쟁과 불안정한 세계경제에 직면한 상황에서 경제 발전과 성장을 촉진하는 동시에 자국 내 지배적 지위를 공고히 하는 보다 안전한 경로로 인식한다.

그러나 불과 수십 년 만에 세계 성장의 중심지로 자리매김한 아시아의 역동성에 주목할 필요가 있다. 아시아의 역동성은 국제노동분업을 심층적으로 변화시켰는데, 이 과정에서 중국은 중간재와 원자재의 수입을 통해 아시아 이웃 국가들과 완제품의 글로벌 수출 시장을 연결하는 가교로서의 독특한 역할을 수행해 왔다. 중국의 경제적 강국화는 공급망내 저기술 단계에 대한 거의 절대적인 통제를 기반으로 구축되어 왔다. 그러나 시진핑 집권하에서, 현대적이며 '중등 수준의 풍요로운 국가(즉 소강사회 小康社会)'

를 지향하는 '중국제조 2025(China 2025)' 비전에 따라 중국은 공급망의 상위 단계로 이동해왔으며, 이를 통해 오늘날 다수 국가가 직면하고 있는 '중진국 함정(middle-income trap)'에서 벗어나고자 하고 있다(Ding&Li, 2017).[8] 현재의 상황에서 볼 때, 세계화는 이러한 함정에서 벗어날 수 있는 출구를 제공하지 못하는 것으로 보이며, 다자주의 또한 선진국에만 이익을 가져다주는 무모한 추진으로 간주된다. 중국의 통상 및 경제정책과 각종 구상, 예컨대 일대일로, 아시아인프라투자은행 및 여타 기관 혹은 급속히 확대되는 해외직접투자 등은 이러한 목표를 달성하기 위해 추진되고 있으나, 그 방식은 경제적 교환에 있어 중상주의적 제로섬 게임을 조장하거나 또는 적어도 공공선을 대가로 가능한 한 최대의 상대적 이익을 추구하려는 성향을 띠고 있다.

트럼프 대통령은 기껏해야 양자주의로 회귀함으로써 기존의 작동 방식을 변화시키고 있으며, 그 과정에서 상호성의 원칙과 법치는 국가안보와 경제적 이익에 의해 대체되고 있다. 그는 이러한 방식을 통해 미국이 세계경제에서의 협상력을 강화하고 그 위상을 공고히 할 수 있을 것이라고 믿고 있는데, 그 위상은 다음의 세 가지 이유로 약화되었을 것이라고 본다. 첫째, TPP 또는 미국·유럽연합(EU) 간에 추진되던 무역협정과 같은 메가 경제적 파트너십 협정의 다자주의적 성격, 둘째, 북미자유무역협정(NAFTA)의 시대적 낙후성과 '불공정성', 그리고 마지막으로 체제를 악용하여 번영의 정당한 몫을 초과하는 이익을 취하는 이른바 '무임승차자(cheaters)' 국가들의 존재로서, 이는 물론 미국 노동자들의 희생을 대가로 이루어진 것이다.

따라서 이러한 세 가지 이유로 인해 트럼프 대통령은 2017년 1월 23일 미

---

8 전세계적으로 중진국 함정에서 벗어나는 데 성공한 국가는 극히 소수에 불과하다. 이들 국가는 대체로 아시아에 위치하며 가장 널리 알려진 사례로는 싱가포르, 대만 그리고 한국을 들 수 있다.

국을 TPP에서 탈퇴시켰고, 국가안보를 내세워 북미자유무역협정(NAFTA)을 강압적으로 재협상하였다. 이 과정에서 그는 미국 시장에 대한 접근을 이민 문제와 결부시키는 한편, 세계무역기구(WTO) 질서를 명백히 훼손하는 새로운 규칙들을 도입하였다. 나아가 모호하고 충분히 입증되지 않은 안보상의 우려를 근거로 다수 국가들에 대해 관세와 제재를 부과함으로써, 트럼프식 강압적 행태의 대상이 된 국가들과 양자협정을 협상할 수 있는 여지를 확보하였다. 트럼프의 행동이 전 세계적으로 경제적 긴장을 악화시켰다는 데에는 의심의 여지가 없다. 일부에서는 이로 인해 아시아에서 중국에게 사실상의 자유재량을 부여하고, 중국의 통상정책을 정당화하는 효과를 낳았다고 개탄해 왔다. 이러한 통상정책은 일대일로(OBOR) 구상에서 그 의미가 온전히 드러나는데, 그 초석은 법치에 기반한 규칙이 아니라 중국 공산당의 통치를 공고화하는 국내 정치적 전제들과 밀접하게 연계된 일련의 독자적 규칙과 제도에 놓여 있다. CPTPP 협상의 타결은 아시아 · 태평양 지역에서 중국이 추진해 온 자국의 패권적 시도에 대한 베이징의 열망을 일정 부분 식히는 효과를 낳았을 가능성이 있다. 이는 CPTPP가 중국의 경제적 영향력은 물론, 그에 수반되는 규칙과 제도의 확장을 상당한 정도로 제약할 잠재력을 지닌 협정으로 남아 있기 때문이다. 그러나 그 대가로, 이러한 상황은 미국의 쇠퇴에 대한 중국의 세계관을 오히려 강화한다. 이는 트럼프 대통령이 위협과 관세, 그리고 양자주의에 의존하는 방식으로 중국을 견제하려 했을 뿐, 오바마 행정부가 강조했던 공정한 경쟁의 장에 기반한 규칙과 그 이행, 그리고 다자주의를 통해 중국을 견제하려는 접근과 달리, TPP의 11개 회원국들을 자신과 함께 결집시키는 능력을 결여하고 있기 때문이다.

2. 기능주의적 설명

두 번째 분석 흐름은 글로벌 경쟁력에 대한 기술적 · 경영적 · 기능주의적 관점의 일부를 이룬다. 세계화 시대에 글로벌 기업과 해외직접투자의 필요성에 초점을 맞춘 이러한 분석들은 '비행기러기 이론'(Hatch, 2010)이나 이른바 영국 학파[9]의 연구와 연결된다. 영국 학파의 접근은 국가가 국가 경쟁력을 확보하기 위해 전략적 역할을 수행한다고 보지만, 설령 국가가 통상정책을 통해 자국 기업의 이해관계를 '대변'하더라도 국가는 여전히 자국 기업의 성장과 번영을 우선시하는 종속적 행위자로 남으며, 특히 지역 및 국제 경제협정에서 그러하다고 주장한다(Cox, 1992). 이러한 맥락에서 해외직접투자(FDI)는 전략적 성격을 띠게 된다. 즉, FDI는 진입장벽을 우회하고 시장과 기술에 대한 접근을 확보하는 한편, 기업 간 네트워크를 형성하고 전략적 제휴를 구축하는 데 기여한다. 이러한 이유로 FDI는 글로벌 기업의 경쟁력이 의존하는 가치사슬을 통제하고 활용하는 데 있어 핵심적 요소로 자리 잡았다.

이는 가치사슬을 따라 국가 간 위상 확보를 둘러싼 일종의 '경쟁'을 촉발한다. 유명한 '스마일 곡선(smile curve)'(그림 1)에 따르면, 보다 발전된 국가들은 연구개발, 금융, 유통과 같은 가치사슬의 상류 및 하류 단계, 즉 높은 부가가치를 창출하는 기능에 집중하는 경향이 있는 반면, 신흥국들은 가공, 제조, 조립 등을 포함한 중간 단계의 기능을 주로 수행하는 경우가 많다. 그러나 이러한 관점은 오도적일 수 있는데, 이는 과거 일본, 한국, 대만이 그러했듯이 국가가 부가가치 사다리를 따라 상향 이동하고자 기울여 온 노력을 충분히 포착하지 못하기 때문이다. 세계화 시대의 무역협정은 잠재적 시장

---

9 Stopford, Strange and Henley, 1991; Strange, 1996; Cox, 1992.

을 확대하고 규칙을 명확히 하며 해외직접투자(FDI)와 기술 이전을 촉진할 뿐만 아니라, 공정한 경쟁의 장의 기준을 설정하는 강력한 경쟁력의 원동력으로 인식되고 있다(OECD, 2013). TPP와 그 최신 버전인 CPTPP 역시 예외는 아니다. 이들 협정은 국가와 기업이 직면하는 규제의 기준을 훨씬 더 높은 수준으로 끌어올리고 있다.[10]

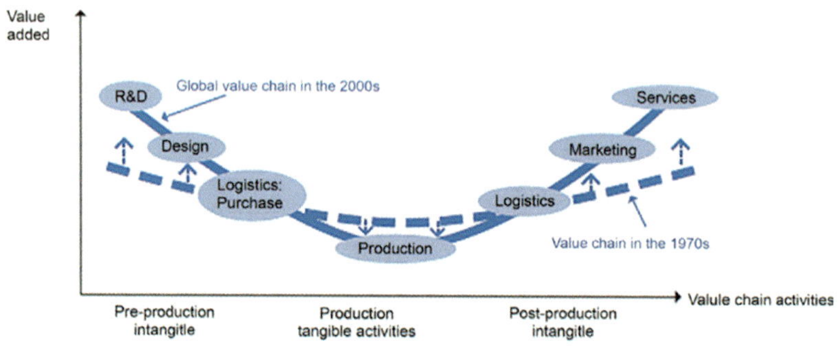

〈그림 1.〉 글로벌가치사슬에 따른 가치분포의 스마일곡선

(출처: 글로벌가치사슬의 해택을 누리는 상호연결된 경제, OECD, 2013)

CPTPP의 범위와 구조는 이러한 기능주의적 관점을 명확히 입증한다. 이는 이러한 유형의 첫 번째 사례로서 2017년 9월부터 발효된 캐나다-EU 포괄적 경제·무역협정(Canada-EU Comprehensive Economic and Trade Agreement, CETA)과 유사한 제3세대 무역협정에 속한다. 따라서 CPTPP는 관세인하, 시장접근, 지식재산권, 정부조달과 같은 '전통적' 쟁점들에 더하여 지속가능발전, 디지털경제, 노동과 같이 여러 분에 걸친(cross-cutting) 사안들에 별도의 장(章)을 할애함으로써 생산 조건에 강조를 통해 그 독창성을 이끌어 낸다(Deblock & Lebullenger, 2018). 그러나 무엇보다도

---

10 이는 CPTPP 협상에 참여했던 한 베트남 외교관이 베트남의 참여를 정당화하기 위해 제시한 논지이다. 저자들과의 면담, 하노이, 2018년 11월.

크리스티앙 드브록(Christian Deblock)과 기-필리프 웰스(Guy-Philippe Wells)에 따르면, CPTPP는 무역협정의 전통적 주안점이었던 단순한 통합을 훨씬 넘어, 상호운용성과 상호연결성을 목표로 하는 제도화된 규제 조화 메커니즘을 포함시킴으로써 또 하나의 복잡성의 층위를 추가한다(Deblock&Wells, 2018). CPTPP의 목표가 영토와 시장간의 탈분절화(de-compartmentalization)를 보장하는 데 있다면(관세품목의 95%는 궁극적으로 무관세화될 예정이다), 이 협정은 무엇보다도 가치사슬과 생산사슬 전반에 걸친 흐름을 한층 더 원활하게 하고 초민족적 기업 네트워크의 형성을 지향한다. 따라서 CPTPP를 비롯하여 보다 일반적인 제3세대 무역협정은 점점 더 세계화되고 상호연결된 경제의 요구에 부응하며 기업들이 추구하는 경쟁력이 글로벌한 차원에서 규정되는 것임을 인식하고 있다. 그 결과 지역간 차원에서 무역 규칙을 현대화하고 조화롭게 하려는 이러한 시도들은 잠재적으로 부정적인 민족적 차원의 이탈에 대응하는 안전장치를 형성할 뿐만 아니라, 글로벌한 차원의 새로운 협정 도출에 진전을 보이지 못하는 WTO의 실패와 무역쟁점에서 점차 드러나는 조직의 자기패쇄성에 대해서도 대비책을 제공한다.

이러한 분석들은 CPTPP와 이를 둘러싼 주요 쟁점을 설명하는데 효과적이다. 미중 무역 경쟁이라는 보다 큰 맥락에서 볼 때, 지나친 단순화의 위험을 감수하자면 CPTPP는 중국을 견제하기 위한 수단인 동시에 글로벌 기업의 이해관계를 증진하기 위한 수단이다. 이러한 두 가지 관점은 상호보완적이지만, 그럼에도 불구하고 CPTPP가 아시아·태평양 지역의 제도화와 다자화를 강화하는 도구이며 우회적으로는 중국 자체의 제도화와 다자화를 촉진하는 수단으로 이해될 수 있다는 점을 포착하지 못한다. 우선 아시아·태평양 지역의 경제 통합은 제도적 취약성으로 특징지어진다. 태평양 전역에 걸쳐 교역 흐름을 확대하고 자유화하는 데 실패해 온 APEC 포럼의 낮은 제도화 수준이 이를 잘 보여준다. 아시아·태평양(그리고 특히 동아시아)은 대체로 개방적 지역주의, 낮은 제도화와 취약한 법제화로 규정되어 왔다. 따라서 CPTPP는 자유주의적 다자주의, 자유무역, 법치 그리고 법적 제도에 기반한 무역규칙을 수립하려는 공통된 열망의 표현이다. 이러한 규칙들은 중국의 권력을 억제할 뿐만 아니라(그리고 도널드 트럼프의 대통령 당선 이후에는 미국의 양자주의 역시) 규칙 기반의 자유주의적 경제 질서를 창출할 수 있다. 공격적인 일방주의는 미국 통상정책에서 전혀 낯선 현상은 아니다. 그러나 통상 이는 WTO 상소기구의 틀내에서, 또는 경우에 따라서는 국내 법원이나 외교적 협의를 통해 이루어져 왔으며 그 결과 이러한 일방주의가 경제성장에 미치는 부정적 효과는 일정 부분 제한되어 왔다. 1980-90년대 일본과 미국 사이의 무역 분쟁은 이러한 상황을 대표적으로 보여주는 사례이다(Pekkanen, 2015). 그러나 오늘날 공격적인 일방주의는 세계경제에 혼란을 초래할 잠재력을 지닌 무역전쟁으로 변질되었다. 이러한 경향을 상쇄할 수 있는 CPTPP의 잠재력은 두 가지 이유에서 제한적이다. 첫째, 미국의 탈퇴 때문이다. 둘째, CPTPP는 명확하고 투명한 법적 틀 내에서만 경제적 경쟁을 완화할 수 있는데, 이러한 틀이 자리 잡는 데에는 상당한 시간이 필요하기 때문이다. CPTPP 역내에서, 그리고 CPTPP 비회원국과의 관계에서 국가들의 행태는 단기간에 급격히 변화할 수는 없다. CPTPP의 규칙과 그 '정신'을 수용하는 점진적 진전이 필연적인 것은 아니다. 이는 위기에 처한 자유주의 질서의 불확실성에 좌우될 것이다. 그러나 성공을 위해서는, 그리고 이것이 우리의 두 번째 논점인데, 중국을 봉쇄할 필요는 없다. 이러한 인식은 중국의 부상이 세계적 번영과 안보에 대한 위협임을 전제한다. 그에 반해 중국은 세계질서의 틀 내에서 동등한 파트너로서 제도화되고 다자화될 필요가 있다. 2001년 중국이 WTO에 가입할 당시의 약속은 현실화되지 않았다. 여타 국가들의 기대와 달리 중국은 자유주의 경제로 전환되지 않았다(Economy, 2018). 오히려 중국은 여전히 WTO에 대해 경계적인 태도를 유지하고 있으며, 중국이 WTO 체제 내 협상 과정에 적극적으로 참여하는 데 소극적인 이유는 예컨대 상소기구의 불리한 판정으로 인해 추가적인 양보를 해야할 경우 자국의 국내 경제구조에 손상될 수 있다는 우려에서 비롯된다. 중국은 WTO내에서 자국의 세계적 위상에 걸맞은 입장을 취하지 않고 있다(Jones, 2015).

Ⅲ. 변화하는 세계 질서 속에서의 CPTPP의 정당성

국제질서에서 서구의 지배는 역사적 일탈에 해당하며, 예외적이고 일시적인 현상에 불과하다. 안드레 군더 프랑크(Andre Gunder Frank, 1998)에 따르면 '장기지속(longue durée)'의 관점에서 세계경제는 5천 년에 걸쳐 항상 중국이 지배해왔다. 세계경제의 중심이 다시 중국으로 이동하고 있지만 그 결과가 서구의 쇠퇴를 의미하는지는 결코 분명하지 않다. 다만 우리는 이러한 변화와 함께 '병존적(parallel)' 국제질서의 확장이 진행되고 있다고 주장한다. 신흥국들은 세계경제가 중국을 중심으로 재편되도록 촉진하는 전략적 환경이 존재하고 있음을 인식하고 있다. 이는 기존의 자유주의 질서에 반대하는 것은 아니지만, 통합과 상호의존을 지향하는 유일한 원리로 이를 받아들이는 것은 거부한다. 이는 자유주의 질서가 일부 국가들에게 다른 국가들보다 영향력과 권력의 확장에 대해 위계적 제약을 부과하기 때문이다. 따라서 중국은 현재의 제도를 보완하는 것처럼 보이는 국제기구를 설립하는 방식을 선호한다. 이러한 기구들의 존재는 세계 경제 관계에 대한 중국의 영향력을 강화하는 동시에, 기존 질서에 대한 중국의 자율성 역시 확대한다. 중국의 통상정책은 비자유주의적 가치나 원칙과 연계되어 있을 수 있지만(Boyle, 2016), 그럼에도 불구하고 우리가 마주하고 있는 것은 민주주의 체제와 권위주의 체제라는 두 체제간의 충돌이 아니라 상호연결성과 상호의존성의 규칙을 둘러싼 투쟁이다.

베트남이나 말레이시아와 같은 CPTPP의 소규모 회원국들은 이러한 상황을 신속하게 인식하고 그에 따라 대응하였다. 이들 국가는 다자협정으로부터 얻을 수 있는 이익이 매우 크며, 특히 베트남의 경우 대규모 외국인 투자를 바탕으로 산업적 기반을 빠르게 확장하고 있다는 점에서 그러하다. TPP의 원래 판본은 바로 이러한 중국의 병존적 질서의 부상에 대한 대응이었으며, 최소한 중국이 아시아에서 패권적 성향을 지니고 있다는 점에 대한 깊은 인식을 반영한 것이었다. 이 협정은 아시아·태평양 지역에서 채택될 규칙에 대한 합의를 촉진하였다. 한편 미국의 TPP 탈퇴와 트럼프의 보호주의적 위협으로 인해 나머지 11개 참여국들은 미국이 자유주의적 국제질서의 옹호자로서의 역할은 물론 지역적 안정성을 보장하는 역할마저 포기하고 자국의 단기적인 경제적 이해관계에만 집중할까 우려하고 있다. 그러나 가치사슬을 통해 경제적 상호의존성이 심화되고 있다는 점에는 모두가 동의하지만, 21세기 세계경제를 관리할 규칙과 제도의 정당성은 아직 보편적으로 인정되고 있지 않다. 이는 특정한 규칙의 집합에 정당성을 부여할 수 있는 힘을 지닌 자비로운 패권국(benevolent hegemon)의 부재에 상당 부분 기인한다. 점증하는 각국 경제의 상호연결성과 상호의존성을 어떤 규칙과 제도가 관리할 것인지를 둘러싼 투쟁은 열려 있다. 특히 워싱턴이 스스로 설정해 온 규칙과 책임으로부터 벗어나고자 하며, 이를 통해 단기적인 경제적 이익을 확대하려는 데 적극적이기 때문에 더욱 그러하다. CPTPP는 이러한 투쟁 속에서 현재로서는 하나의 타협으로 보이는데, 이는 아시아·태평양 지역의 경제적 유대를 강화하기보다는 오히려 분절시킬 수도 있는 전략적 환경의 향후 전개에 달려 있다.

Ⅳ. 중국 및 아시아에 대한 미국 통상 정책의 전환

미국은 중국과 불신, 경제적·군사적 경쟁, 그리고 양국 모두에게 막대한 이익을 가져다준 매우 높은 수준의 경제적 통합이 결합된 복합적인 관계를 맺고 있다. 미국과 중국 양국 모두에게 있어, 각국의 미래와 관련하여 더 전략적이라고 간주할 수 있는 다른 어떤 양자 관계도 존재하지 않는다. 오바마 행정부 시기에 추진된 미국의 '아시아로의 전환(pivot to Asia)'은 이러한 양자 관계의 복합성 속에서 이해되어야 하며, 단순한 군사적 조치로 환원될 수 없다. 그 목표는 두 가지였다. 한편으로는 경제적·군사적으로 중국이라는 도전자를 억제하는 것이었고, 다른 한편으로는 이 관계에 투명성과 신뢰를 부여하기 위한 전략적 대화를 개시하는 것이었다(Clinton, 2011). TPP는 이러한 두 가지 목표를 모두 수행할 수 있는 결정적인 수단이었으며, 궁극적으로 중국이 2001년 세계무역기구(WTO)에 가입했을 때와 마찬가지로 TPP에 참여했더라면 이 정책은 성공했을 것이라고 상정해 볼 수 있다. 중국의 TPP 가입은 정부 개입으로 인해 발생한 '왜곡(distortions)'을 제거하기 위한 중대한 정책 개혁을 아마도 요구했을 것이다. 중중국이 WTO 가입 당시 부과되었던 것과 유사한 '차별적 가입 의정서(discriminatory accession protocol)'를 TPP 가입 과정에서도 직면했을지에 대해서는 결코 알 수 없다. WTO 가입 의정서에는 '전례 없는 수많은 시장 교란 방지 조항'이 포함되어 있었으며, 이는 오늘날까지도 중국 공산당(CCP) 내부 관료들로부터 강한 반감을 사고 있다. 2001년 WTO 가입 이후 15년이 지나면 시장경제 지위를 부여받게 된다는 약속은 중국 관료들로부터 경멸의 대상이 되어 온 이러한 조항들 가운데 하나였다(Jones, 2015). 2016년 오바마 대통령이 이를 부인한 사실이 상황을 아마도 더욱 악화시켰지만, 그에 대한 반대급부로 베이징이 TPP에 참여하도록 유도하는 매력적인 유인이 되기도 했다. 더 나아가 TPP는 시장경제지위를 보유하지 않은 베트남이 노동 분야를 비롯한 주요 개혁을 통해 해당 지위를 획득하는 '선례'를 제시할 수 있도록 설계되었다(Morrison, 2019). 이는 베트남이 '시장사회주의 경제(market socialist economy)'로 향하는 중국의 경로를 밀접하게 따라왔으며, 그 반대의 경우는 결코 아니었음을 고려할 때, 미국으로서는 대단히 이례적인 도박이었다.

따라서 미국의 TPP 탈퇴가 아시아 지역에 혼란을 초래한 것은 전혀 놀라운 일이 아니었다. 중국과의 무력 충돌 발생 시 아시아 동맹국을 방어하려는 미국의 의지에 대해 많은 역내 지도자들에게 의문을 남긴 트럼프 행정부의 발언들에 더해, 미국의 탈퇴는 오랫동안 바람직하다고 여겨졌던 역내 균형이 중국에 유리한 방향으로 기울었다는 인식을 더욱 강화하였다.

이러한 맥락에서 CPTPP의 비준은 분명한 전술적 요소를 지니고 있었다. 이는 회원국 구성 방식을 통해, 다시 말해 미국이 CPTPP에 재가입할 수 있는 가능성은 열어둔 채, 워싱턴을 정치적으로 고립시키는 효과를 낳는다. 처음에는 이러한 가설이 그다지 비현실적인 것으로 보이지 않았다. 왜냐하면 아시아·태평양 지역에서의 미국의 이해관계가 개방적이고 자유로운 지역 질서에 매우 깊이 뿌리내리고 있었기에 미국이 방관자로 남아 자신을 배제한 채 TPP가 '게임의 규칙'을 재편하는 과정을 지켜본다는 것은 비논리적이었기 때문이다. 2017년 다보스 포럼을 계기로 트럼프 대통령은 미국이 '개선된' TPP에 참여하는 데 관심이 있을 수 있다고 언급한 적이 있는가?[11] TPP 참여국들은 트럼프 행정부의 보호주의적 성향과 의문스러운 통상 관행에 맞서 각국 통상정책의 자율성을 보여주고 있었지만, 미국의 TPP 복귀 가능성에 대해서는 심각하게 오판하고 있었다. 트럼프 행정부는 제2차 세계대전 이후 미국의 통상정책을 이끌어 온 자유주의적 국제주의에 종지부를 찍었다. 트럼프가 중국과의 무역전쟁을 개시할 수 있었던 것은, 관세의 부과와 철폐가 선거적 고려가 아니라 다자주의 차원에서 상호성 · 신뢰 · 상호 이익에 기초해 다루어져야 한다는 오랜 인식을 워싱턴이 스스로 포기했기 때문이다. 워싱턴의 양자주의 선호는 적어도 트럼프 행정부 내부 인사들의 인식 속에서는 일정한 성과를 거둔 것으로 여겨졌다. 심지어 북미자유무역협정(NAFTA)의 재협상 과정에서도 워싱턴이 때로는 멕시코, 때로는 캐나다와 각각 개별적으로 협상하면서 양자주의적 성격이 가미되었다. 따라서 다음과 같은 질문이 남는다. 미국의 양자주의 선호에 직면한 상황에서, CPTPP 회원국들이 이 새로운 통상 규범 체계에 부여한 높은 가치는 통상정책에서 양자 협정을 지배적인 규범으로 만들려는 트럼프의 시도를 상쇄하기에 충분하지 않을 수도 있다.

V. 글로벌 가치사슬과 주변부 통합

CPTPP는 가치사슬과 생산 네트워크를 지향하도록 설계되어 있는데, 이

---

11 The Japan Times, 2018년 1월 27일

를 위해 역내 중간재, 부품 및 구성요소가 '무관세로 거래'될 수 있도록 함으로써 이들 물품의 교환을 촉진하는 '누적 원산지 규정(cumulative rule of origins)'을 채택하고 있다(Solis & Urata, 2018). 일본을 예외로 할 가능성을 감안하더라도, CPTPP 서명국들 가운데 미국, 독일, 중국과 같이 글로벌 가치사슬을 구조화하고 이를 지속적으로 뒷받침할 수 있는 '글로벌 생산 허브'를 자임할 만한 국가는 없다(World Bank, 2017). 그러나 이는 CPTPP 회원국들이 다양한 가치사슬에 충분히 참여하지 못한다거나, 혹은 국가 차원에서 특정 산업 부문은 물론 여러 산업 부문을 통제하지 못한다는 의미는 아니다. 오히려 그 반대에 가깝다. 표 1은 '한 국가의 총수출에 내재된 해외 부가가치의 비중'(즉, 후방 글로벌 가치사슬 통합 비율)과 '한 국가의 부가가치가 해외 파트너들의 수출용 생산에 활용되는 정도'(즉, '전방 참여 비율')를 측정한다. 따라서 CPTPP의 대부분의 서명국들은 정도의 차이는 있으나 가치사슬에 참여하고 있다. 그러나 규범적·규제적 거버넌스의 측면에서는 방어적인 입장에 놓여 있는 것으로 보인다. 대체로 이들 국가는 자국의 규칙에 따라 행동하는 '규칙 제정자(Rules Makers)'라기보다는, 거대 글로벌 허브들이 제시한 규칙을 수용해야 하는 '규칙 수용자(Rules Takers)'의 위치에 놓이게 된다. 그리고 적어도 당분간은, 우리가 강조해 왔듯이, 이들 국가는 중국의 변덕과 자국이익, 나아가서는 트럼프의 변덕과 이익을 반영하는 규범과 규칙보다는, 다자협정이나 세계무역기구(WTO)에서 확인되는 엄격한 법적 규칙을 선호한다.

〈표 3.〉 CPTPP회원국의 가치사슬 참여 비율(총수출 대비 %, 2011년)

국가	하류(후방 참여)	상류(전방 참여)
호주	14	30
브루나이	4	43
캐나다	23	19

국가	하류(후방 참여)	상류(전방 참여)
칠레	20	30
일본	15	33
말레이시아	40	20
멕시코	32	15
뉴질랜드	17	17
페루	–	–
싱가포르	42	20
베트남	36	16
미국	15	25
중국	32	16

출처: Charles Cadestin, Julien Gourdon, Przemyslaw Kowalski, "Participation in Global Value Chains in Latin America: Implications for Trade and Trade-Related Policy", OECD Trade Policy Papers, No. 192, OECD Publishing, Paris, 2016.

다만 이러한 점을 감안하더라도, 라틴아메리카 국가들은 북미나 아시아·태평양 지역에 비해 글로벌 가치사슬에 훨씬 덜 관여하고 있는 것으로 인식되고 있다(Blyde, 2014). 글로벌 가치사슬 모델이 가장 완전한 형태로 재현되는 곳은 아시아·태평양 지역이며, 실제로 ASEAN 국가들은 자국의 제조업을 일본, 한국, 대만·중국(China Taiwanese),[12] 유럽, 미국, 그리고 점차적으로는 중국의 가치사슬에 통합하는 데 있어 매우 효과적으로 대응해 왔다(De Backer & Miroudot, 2014). 특히 이들 국가는 중국에서의 조립을 위한 부품 및 구성요소 제조에 특화되어 있다(Mottet & Jetin, 2016). 북미자유무역협정(NAFTA)의 영향으로 북미는 이러한 양 극단의 중간 지점에 위치해 있다. 자동차, 에너지, 전자, 그리고 고도로 통합된 서비스 부문을 제외하면, 북미 경제를 네트워크화된 경제로 규정하기는 어렵다. 이는 통합이 미국 기업의 해외 자회사가 광범위하게 존재하는 구조에 기반하고

---

12 역자주: 대만 '국가'가 아니라 대만 자본·기업 네트워크가 중국 본토와 결합된 생산체계를 지칭한다.

있기 때문이며, 그 대표적인 사례가 멕시코의 재수출 부문, 즉 마킬라도라 (maquiladoras)이다(Arès et al., 2016b).

실제로 라틴아메리카 국가들은 이른바 '아시아의 공장', 더 정확히 말하면 중국과의 관계 속에서, 중심－주변부적 분업 패턴에 다시 직면하고 있는 것으로 보인다(Bernal-Meza, 2016). 특히 원자재 부문(광업, 농업, 에너지)에 대한 외국인직접투자(FDI)와 양자 차관의 대가로, 중국은 저가의 제조업 제품을 국내 시장에 대량으로 유입시키고 있으며, 이는 라틴아메리카 국가들로 하여금 탈산업화와 재(再) 1차 산업화의 위험에 직면하게 하고 있다. 제조업 부문에서 매우 높은 경쟁력을 보유한 아시아는, 원자재, 서비스, 그리고 엔지니어링 부문에서만 실질적인 시장 기회를 제공할 수 있을 것으로 보인다. 그러나 이들 국가는 중국의 무역 잠재력을 예리하게 인식하고 있으면서도, 베이징과 중국공산당의 영향권으로 편입되지 않으면서 어떻게 균형 잡힌 파트너십을 구축할 수 있을지를 고민하고 있다.

VI. 국제 무역 질서의 새로운 리더들

1. CPTPP에서의 일본: 미국과 함께, 혹은 미국 없이

워싱턴의 TPP 탈퇴 이후, 일본은 TPP-11을 적극적으로 추진하는 한편, ASEAN+6 역내포괄적경제동반자협정(RCEP) 틀 아래에서 유럽연합(EU) 및 여러 아시아 국가들과의 무역협정 협상을 계속해 나갔다. 백악관의 보호주의적 전환은, 일본이 추구해 온 무역 자유화 목표(자국의 대외무역 중 85.8%가 자유무역협정(FTA)에 의해 포괄되도록 하겠다는 목표)를 달성하려는 열망과, 견고하고 지속가능한 기반 위에서 국가의 경제적 번영을 회복하기 위해 세계화로의 통합을 지속하려는 노력을 약화시키지 않은 것으로 보인다(METI, 2018). 그 이후 일본과 유럽연합(EU)은 2018년 7월 자유무역협정(FTA)을 체결하였으며, 도쿄는 난항을 겪고 있으며 고도의 비공개성을 띤 RCEP 협상을 2019년 말까지 마무리지으려 하고 있다.[13] 일본은 한동안 무역정책 분야에서 새로운 리더로 부상해 왔는데, 이는 통상적으로 '반응적(reactive)' 성격을 띠어 온 일본의 외교정책을 고려할 때 예상 밖의 역할이라 할 수 있다. 그러나 지난 10여 년간 일본의 기업 및 통상 전략을 보다 면밀히 살펴본다면, 이는 결코 놀라운 일이 아니다. 우선 아시아와의 관계에 있어 일본의 외교정책은 항상 매우 혁신적이었으며, 일본은 지난 60여 년 동안 동아시아 국가들과의 관계의 성격을 '재구성(reinvent)'해 왔는데, 이는 이들 간의 관계를 특징지어 온 각종 도전과 위기에 대응하기 위한 것이었다(Chachavalpongpun, 2014). 그 과정마다 일본은 ASEAN 국가들과의 관계를 심화시키고 새로운 영역으로 확장해 왔으며, 세계화로 인해 촉발된 경제적 경쟁을 지역적 차원의 경제 통합을 규정하는 틀로 삼아, 이러한 통합 과정을 강화하기 위한 새로운 제도들을 창출해 왔다. CPTPP는 명백히 이러한 혁신의 과정에 포함되는 것으로 볼 수 있다(Boulanger, 2019).

둘째, 일본은 지난 10여 년 동안, 특히 2012년 아베 신조가 집권한 이후 중국의 권력을 '다자화'(국제 레짐과 국제기구를 통해)하고 '제도화'(규범과 규칙을 통해)하는 것, 혹은 더 나아가 중국의 패권적 의도를 억제하는 것을 목표로 하는 포괄적인 전략을 발전시켜 왔다. 이는 중국의 영향력 아래 출현하고 있는 병존적 질서로 인해 약화된 자유주의적 국제질서 안으로 중국을 편입시키기 위한 시도라 할 수 있다. 중국이 구축한 새로운 제도와 규

13 　역자 주: 역내포괄적경제동반자협정(RCEP)은 2020년 11월 타결되었고 2022년 1월 1일 정식 발효되었다.

칙들은 항상 자유주의 질서의 보편적 원칙과 부합하는 것은 아니며, 일본은 인구 감소와 경제적 역량의 정체로 이미 위태로워진 아시아 내 자국의 영향력이 이러한 차이로 인해 더욱 약화되는 것을 방지하고자 노력하고 있다(Boulanger, 2020년 출간 예정). 셋째, 일본은 외교정책에서 이른바 '방어적 자유주의(defensive liberalism)'(Lavina, 2015: 75쪽) 접근을 채택해 왔는데, 이는 일부 연구자들에 의해 '아베 독트린(Abe doctrine)'으로도 지칭된다(Hughes, 2018). 이 접근은 민주주의, 법치, 그리고 자유무역의 증진을 경제적 파트너십의 형태를 통한 아시아 지역(더 나아가서는 전반적인 세계화 과정)으로의 신자유주의적 통합 전략과 긴밀하게 결합시키는 특징을 지닌다. 아베 총리는 2013년 일본은 더 이상 후퇴할 여유가 없다고 언급하며 인구감소로 인해 아시아 · 태평양을 상품, 서비스, 그리고 투자가 자유롭게 이동하는 지역으로 만드는 것이 일본의 국가이익에 부합한다고 밝혔다[14]. 파트너십은 가치사슬을 강화해야 하며, 국가 경제들 간의 위계 속에서, 마루야마 마사오의 표현을 빌리자면 '경제 모형의 유사성'에 있어 일종의 평등의 형태가 존재해야 함을 보장해야 한다(Murayama, 1974). 반면 중국은 신중상주의적 권위주의 관행과 제도를 극복하는 데에는 관심이 없는 듯 보인다.

신자유주의 이론은 높은 수준의 상호의존성이 존재하더라도 갈등이 발생할 수 있음을 보여주며, 특히 사회적 정체성과 경제관계의 내부적 구성에서 중대한 차이가 존재할 경우 그러한 갈등이 나타날 수 있음을 시사한다(Moravcsik, 2008). 일본의 전략은 무역에 대한 개방과 자국 영토의 변형(제도적, 역자) 및 경제적 탈규제를 통해 이러한 차이들을 축소하는 데 있다. 사실상 일본은 아시아 파트너들, 특히 중국으로부터의 일정한 형태의 상

14　Kantei, 2013.

호성에 대한 기대 없이는 현대사에서의 '세 번째 개방(third opening)'에 성공할 수 없다. 따라서 도쿄의 방어적 자유주의는 중국이 자율성을 지나치게 확대하여, 독자적인 규칙을 자유롭게 구축할 수 있는 여지를 확보하고, 이를 토대로 병존적 질서에 대한 지배를 확립하며, 더 나아가 자유주의적 경제와 정치 제도로의 이행 없이도 중진국 함정을 벗어날 가능성을 차단하는 것을 목표로 한다.

2. 지속되는 경제통합과 방어적 자유주의

1990년대 후반, 특히 1997년 아시아 금융위기 이후 일본의 경제성장 전략은 동아시아 지역으로의 심층적 통합을 달성하는 것을 통해 주로 추진되었다. 이러한 전략은 1985년부터 1995년까지 엔화 가치가 지속적으로 상승한 이른바 엔고(endaka) 현상 등을 비롯한 여러 요인으로 인해 아시아 산업 생산 네트워크에 대규모로 투자해 온 일본 기업들의 요구와 모든 면에서 부합하였다. 이는 지역 통합에 기여했을 뿐만 아니라, 일본 기업들을 글로벌 시장에서 높은 경쟁력을 갖추게 한 수출 플랫폼의 구축으로도 이어졌다. 예컨대 일본 경제산업성(METI)의 관점에서 보면, 아시아와 일본의 경제는 하나의 '단일한 경제 실체(single economic entity)'를 형성하고 있었으며, 이는 말하자면 일종의 대륙경제로서 '아시아는 더 이상 해외가 아니다'라는 인식으로 표현되었다(Hatch, 2010:102). 1980~1990년대 내내 지속된 미·일 무역협상의 가혹성은 일본으로 하여금 자국의 신중상주의적 관행을 철폐하지는 않되(이러한 관행은 적어도 아시아 금융위기까지 수년간 유지되었다), 산업 생산을 미국(특히 자동차 산업)과 아시아로 이전함으로써 양자 간 긴장을 완화하도록 만들었다. 이러한 생산 이전은 결과적으로 미국의 전체 무역적자에서 일본이 차지하는 실제 비중을 은폐하는 효과를 낳았다. 이러한 통합 전략은 세계화의 부상과 함께, 특히 일본 열도를 심각하게 뒤흔든 아시아 금융위기를 거치면서 상대적으로 취약한 것으로 드러났다. 강한 신중상주의 모형에 의해 영향을 받아 지속되었던 이러한 아시아로의 통합은, 경제적 파트너십의 체결에 중점을 둔 자유무역 정책을 선호하는 방향으로 빠르게 이동하였다. 일본은 어느 정도 프리드리히 리스트(Friedrich List)에게서 영감을 받았는데, 그는 19세기에 위대한 경제 강국이라면 필연적으로 협소한 경제적 민족주의보다는 자유무역을 선호해야 한다고 주장했다(List, 1966 [1841]). 아시아 금융위기 이전까지 일본은, 아시아·태평양 지역을 경제적 기반 위에서 구조화하기 위한 수십 년에 걸친 외교적 노력의 결실인 아시아·태평양 경제협력체(Asia-Pacific Economic Cooperation, APEC)를 옹호하는 입장과, 선도적 경제 강국으로서의 위상에 상응하는 영향력을 행사할 수 있는 '아시아의 매력(appeal of Asia)' 사이에서 갈등하고 있었다. 세 가지 사건이 도쿄의 초점을 아시아·태평양에서 아시아로 영구적으로 전환시켰다. 첫째, 1990년대 후반 APEC과 그 무역자유화 및 원활화 프로그램의 실패, 둘째, 일본이 주도한 지역적 차원의 금융·통화 협력을 촉발한 아시아 금융위기, 그리고 셋째, 미얀마, 베트남, 라오스, 캄보디아의 ASEAN으로의 성공적 통합이다. 그리하여 일본은 자국의 미래 번영과 안보를 ASEAN+3과 ASEAN+6에 연계하기로 선택했다. TPP는 일본을 지역에 대한 APEC의 비전으로 되돌려놓는 것이 아니라, 새로운 구상인 '자유롭고 개방된 인도·태평양(Free and Open Indo-Pacific)'으로 이끈다. 다만 이는 확장된 동아시아에 대한 새로운 비전이라기보다는 하나의 전략에 가깝고, 그 안에서 중국의 새로운 경쟁이 이제 주요한 우려의 원천으로 부상하고 있다. 따라서 무역 자유화는 아시아·태평양과 인도·태평양 지역의 자유주의 질서를 경제적·안보적으로 위협하지 않는 맥락 하에서 추진되어야 한다.

일본은 2000년대 이후 포스트 발전주의의 관점에서 지역 경제 통합의 심화를 추구해 왔으며, 그 속에서 지역적 노동분업(regional division of labour, RDL)은 가치사슬의 활용을 최적화하기 위해 자유무역을 기반으로 구조화되어 있다.[15] 1990년대까지 지역적 노동분업(RDL)은 이른바 '비행기러기 이론'의 관점에서 이해되었으며, 이 관점에서 선도 기러기인 일본은 대규모 해외직접투자(FDI)와 기술 이전을 통해 ASEAN국가들의 경제 발전과 성장을 견인했다. 하위 대형에 네 마리의 새로운 '기러기'(미얀마, 라오스, 캄보디아, 베트남)가 편입되면서 이러한 '조화로운' 모형은 더욱 강화되었고, 이는 동남아시아에서 일본 기업들의 확장을 이론적으로 정당화하는 근거를 제공했다(Staples, 2008). 이 모형은 비행 대형의 선두가 교체되는 순환을 약속한 것이 아니라, V자 대형의 수평화를 약속했다. 이는 20세기 동안 일본이 서구 산업국들을 따라잡았던 것처럼, ASEAN 국가들이 일본을 추격할 수 있음을 상정할 수 있었기 때문이다(Staples, 2008). 만약 일본 경제산업성이 2000년대 초 공식적으로 비행기러기 모형을 포기했다면, 이는 오늘날 지역적 노동분업(RDL)이 가치사슬의 활용, 생산 공정의 분절화, 그리고 부품 및 구성요소 교역에 기초한 역내 경쟁력에 의존하고 있기 때문이다. 이러한 부품 및 구성요소 교역은 역내 교역의 약 60%를 차지하며, 이는 EU와 북미를 앞서는 세계 최고 수준이다(METI, 2018).[16] 일본은 여전히 이 대형의 선도국이지만, 아시아 국가들이 일본의 기술·설비·제품에 대해 지니는 일종의 '종속성(captivity)'을 활용해 형성되어 온 산업 생산상의 지배력은, 여러 ASEAN 경제권과 특히 중국의 기술적 진전에 따라 부가가치 측면에서 심각한 도전에 직면해 왔다(METI, 2018; Hatch, 2010). 비행기러기

---

15   동남아시아의 가치사슬에 대해서는 Mottet and Jetin(2016)을 참조하라.

16   또한 McNamara(2009), 57 – 59쪽을 참조하라.

모형이 시사하듯이, 일부 경제는 1인당 GDP 수준에서 일본에 도달하지 않더라도 특정 산업 부문에서는 비교적 빠르게 지배적 위치를 차지할 수 있다. 실제로 1990년대 초 방콕이나 쿠알라룸푸르가 일본의 경제적 영향력 하에서 말 그대로 '준(準)제국적 전초기지'였을 정도였지만(Hatch, 2010), 선도 기러기인 일본은 이제 '숨이 가빠진' 상태에 놓여 있을지도 모른다. 그럼에도 불구하고 일본은 중국의 권력이 다자화되고 제도화되며, 아시아 공장이 글로벌 시장에서 경쟁력을 유지하는 데 필수적인 일본과 ASEAN의 개방적 지역주의 규칙에 따라 행동하는 데 동의하기 전까지는, 중국이 이 생산 대형의 선두를 차지할 것이라고는 확신하지 않는 듯하다.

이러한 자유무역 정책으로의 전환은 보다 강력한 법적 기반 위에서 지역 통합의 과정을 지속하려는 데 그 목적이 있었다. 이는 첫째로, 앞서 언급했듯이 부품 및 구성요소의 교역에 부분적으로 기초한 새롭고 경쟁력이 크게 강화된 지역적 노동분업의 출현에 대응하고자 한 것이었다. 둘째로, 경제적 파트너십을 통해 특히 아시아에서 활동하는 일본 기업들을 세계화의 변덕성으로부터 보호하고자 한 것이었다. 셋째로, 세계화된 경쟁의 요구에 부합하도록 국내 경제 개혁을 조정하고자 한 것이었다. 일본은 점진적으로 신중상주의적 경제에서 자유화되고 탈규제된 경제로 이행하고 있었는데, 이 과정에서 경쟁력은 더 이상 엄격히 국가적 차원, 즉 해외 시장에서의 위상에 대한 고려 없이 국내 기업 간 경쟁만을 기준으로 하는 방식으로 측정되는 것이 아니라, 글로벌한 차원, 다시 말해 세계 시장에서 다른 기업들과 벌이는 경쟁이라는 관점에서 평가되기 시작했다.

많은 경우 일본 내에서는 높은 경쟁력을 지닌 기업들이 실제로는 글로벌 차원에서는 경쟁력이 훨씬 낮거나 아예 해외 시장에 진출하지 못한 상태에 있었는데, 이러한 상황은 '갈라파고스 증후군(Galapagos Syndrome)'이라는 용어로 명명되었다. 해당 기업들은 기술적으로는 고도화된 수준에 도달한 경제 부문에서 활동하고 있지만, 글로벌 시장과는 단절된 상태에 놓여 있다. 이동통신, 의료기기, 전자화폐 또는 각종 서비스 분야의 기업들을 포함한 이러한 기업들은 해외 시장에서 자리를 잡지 못하고 있는데, 이는 갈라파고스 제도에 서식하는 종들처럼 기술적 진화가 국제적 표준과 규범으로부터 고립된 상태에서 이루어졌기 때문이거나, 제공되는 제품이나 서비스가 일본 사회에 특화된 특성을 포함하고 있기 때문이다. 따라서 일본은 이러한 기업들이 국내 시장에만 머무르기보다는 세계화에 적응하도록 유도하기 위해, 자국 경제와 대외무역의 자유화와 탈규제를 동시에 추진하고 있다.[17]

일본은 중국이 보다 자유롭고 투명한 경제정책을 채택하지 않는 한, 자국의 새로운 자유주의적 국가 번영 모델이 성공할 것이라고는 상정하지 않는다. 신중상주의적 정책에 유리하게 공정한 경쟁의 장이 기울어지는 병존적 세계질서가 출현할 경우, 일본의 경제성장은 심각한 타격을 받을 것이다. 게다가 원자력 부문의 사실상 소멸로 인해 일본의 대외무역 의존도는 증가하게 되었다. 이러한 원자력 부문의 소멸은 일본으로 하여금 막대한 천연가스와 석유 수입 비용을 충당하기 위해 제조업 수출, 해외직접투자(FDI), 그리고 가치사슬 내 기술적 존재감을 대폭 확대하지 않을 수 없게 하였다. 2011년 후쿠시마 사고 이후 5년 만에 일본이 무역수지 흑자를 달성했다는 사실은, 일본의 통상 전략이 여전히 수출 증가와 밀접하게 연관되어 있음을 시사한다. 요컨대 일본은 오래전에 예견되었던 바와 같이, 세계 경제에 긴밀하게 통합되어 있으며 그 번영이 대외적 부(富)의 규모에 비례하는 자유주의적 '통상국가(trading state)'로 자리매김하게 되었다. 다자주의가 붕괴될

---

17   또한 Boulanger(2015), 49쪽을 참조하라.

경우, 순대외자산 3조 1천억 달러를 보유한 세계 최대의 채권국이라는 일본의 지위는 유지되기 어렵다.

원래의 형태에서 TPP는 이러한 전략의 논리적 연속선상에 있었으며, 이 전략은 그 어느 때보다도 중국의 다자화를 요구한다. 미국의 탈퇴는 일본에게 심각한 타격이었는데, 일본 정부는 TPP를 통해 중국의 경제적 권력을 규제적으로 견제하는 한편, 중국이 회원국으로 참여하고 있는 ASEAN+6 역내포괄적경제동반자협정(RCEP) 협상을 계속 추진하는 구상을 그리고 있었기 때문이다. TPP의 실패는 심각한 문제를 제기하였다. 한편으로 TPP는, ASEAN 국가들이 인식하고 있었듯이, 아시아를 더 높은 수준의 규범으로 이끌 수 있었을 것이다. 다른 한편으로는 중국이 새로운 TPP의 규칙과 규제에 스스로 적응하도록 유도하고, ASEAN 국가들을 잠재적인 병존적 질서로부터 멀어지게 할 수 있는 전망을 제시함으로써, 중국의 다자화와 제도화를 촉진할 수 있었을 것이다.

도쿄는 CPTPP가 미국으로 하여금 그릇되고 졸속적인 통상 외교, 특히 미·일 양자 통상협정을 요구해 온 데 따르는 비용을 인식하게 만들었어야 한다고 보았다. 미국의 TPP 탈퇴 이후, 일본 외교 당국은 다시 한 번 미국과의 새로운 통상 협상에 온 힘을 쏟을 분위기가 아니었으며, 그렇게 하는 것은 오히려 역효과를 낳을 것이라고 판단하였다. 양자 통상협정은 CPTPP가 창출해 온 긍정적 외부효과를 소거하는 한편, 다자주의와 자유주의적 세계 질서의 수호를 희생시키는 대가로 양자주의를 정당화하게 될 것이다. 일본이 미국과의 통상협정을 거부한 것은 일본을, 유럽연합(EU)과 함께, 다자주의의 마지막 옹호자로 부각시켰다. 그럼에도 불구하고 미국의 압박은 결국 도쿄를 협상 테이블로 이끌었는데, 이 과정에서 트럼프 대통령은 상호성과 법치의 원칙을 희생시키면서 국가안보와 경제적 이익을 내세운 연설을 통해 일본산 수출품에 대한 신규 관세 부과를 위협하였다.

따라서 일본의 통상 전략은 중대한 기로에 서 있다. 미국 협상가들의 강경하고 타협을 거부하는 태도는 일본으로 하여금 중국과의 관계를 재평가하도록 만들 가능성이 크다. 최근 중·일 관계의 완화, 그리고 어쩌면 '뜨거운 경제, 차가운 정치'라는 기존 인식의 종식은 도쿄로 하여금 중국과의 조율이 필요하다는 점을 인식하게 만들었다. 일본의 해외 시장이 점차 폐쇄되거나 경쟁으로 인해 상실될 위험에 처해 있다면, 왜 한 세기 동안 '자연시장(natural market)'으로 여겨져 온 곳으로 눈을 돌리지 않겠는가? 그리고 글로벌 통상 전쟁 속에서 일본과 중국 사이에 경제적 이해관계의 합치가 존재할 수 있다는 사실을 받아들이지 못할 이유가 무엇인가. 실제로 2019년 6월 오사카에서 개최된 G20 정상회의에서 시진핑과 아베 신조는, 세계화에 대한 자유주의 진영과 보수주의 진영 양측의 반발이 정치 체제들을 약화시키고 나아가 세계경제의 분절화를 초래할 수 있는 상황 속에서, 다자주의와 자유무역을 옹호하기 위한 공동 대응을 논의하였다(Yoshida & Osaki, 2019). 그러나 도쿄와 베이징 사이에 형성된 이러한 새로운 '우호 관계'에 대해서는 의문을 제기할 수 있다. 문제는 이러한 상황이 중국으로 하여금 현대사에서 최초의 비자유주의적 글로벌 패권국으로 부상할 수 있는 충분한 재량을 부여하고, 그 결과 자본주의와 권위주의 간의 긍정적 연계를 '다시 한번' 정당화하게 된다는 점이다. 이는 전 세계적으로, 심지어 일본에서조차 민주주의의 수많은 결함에 대한 정당한 해결책으로 권위주의가 점점 더 받아들여지고 있는 현실을 고려할 때, 바람직한 현상이 아니다(Foa & Mounk, 2017). 오히려 도쿄는 시진핑의 '중국몽(China Dream)'을 '수용'하기보다는, 미국 및 다른 자유민주주의 국가들과의 특권적 관계와 긴밀한 유대를 유지하는 쪽을 선택하였다. 따라서 2019년 6월 G20 정상회의를 한 달 앞두고 일본, 미국, 호주, 인도의 정부 당국자들이 방콕에서 회동하여, 현 상황을 점검하고 '자유롭고 개방된 인도 · 태평양(Free and Open Indo-Pacific)'에 대한 도쿄의 전략과 이를 진전시키기 위한 자신들의 '집단적 노력'을 함께 평가한 것은 결코 우연이 아니다. 이 전략은 중국의 독자적이며 비표준적인 통상정책에 대한 가장 최근의 대응이다. 나아가 이 전략은 역내에서 법치의 정착을 공고히 함으로써 베이징으로 하여금(아울러 이는 여타 아시아 국가들까지 포괄할 수 있는 우회적 계기이기도 하다) '최소한'의 투명성을 갖춘 국가 정책, 공통의 무역 및 투자 규칙, 인프라에 대한 공통 규제 기준을 채택하도록 유도하고, 민주적 규범으로부터의 이탈을 사전에 차단하며, 보복적 수입관세와 같이 정당화될 수 없는 경제적 수단의 사용을 회피하도록 하는 데 목적이 있다(Green, 2018). 이는 중대한 과업이지만 일본은 이를 지속적으로 추진하고 있다. 일본은 여전히 다자주의의 강력한 옹호자로서 자신을 국제사회에 제시하고 있으며, 민족주의와 포퓰리즘으로 동요하는 오늘날의 혼란스러운 세계에 안도감을 주고 있다.

VII. 결론: 과도기적 협정으로서의 CPTPP

CPTPP의 다수 참여국들, 특히 아시아 국가들에게 미국의 탈퇴는 해당 통상협정으로부터 기대되던 잠재적 이익의 급격한 감소를 의미했다. 다만 일본과 다른 CPTPP 참여국들의 목표가 향후 관철될지는 아직 불확실하다. 이러한 점을 염두에 둘 때, 현행의 제도적 구성 하에서 CPTPP는 과도기적 통상협정에 불과하다. 보다 구체적으로 말하자면, 이는 현재 진행 중인 RCEP 협상이나 기타 협상 틀 속에서, 중국으로 하여금 자국의 독자적 통상

정책보다 CPTPP의 규칙과 규범이 우위에 있음을 인정하도록 유도하기 위한 전술적 입장이다. 아울러 이는 워싱턴으로 하여금 가치사슬의 현실과, 오늘날의 다자주의가 국민 산업의 보호보다는 생산 역량의 공유에 더 가깝다는 사실을 직시하도록 함으로써, 보다 정교한 통상정책으로 회귀하게 만드는 추가적인 이점을 지닌다. 인도의 탈퇴 이후 2019년 11월 RCEP 회원국들이 도출한 잠정 합의에 CPTPP가 결정적인 영향을 미쳤는지는 아직 분명하지 않다. 그러나 중국이 미국과의 패권 대결에서 결정적인 한 국면을 승리로 이끌었다는 점은 분명하다. 즉, RCEP의 원칙과 규범은 전반적으로 CPTPP의 기준보다 낮은 수준에 머물러 있다. 그럼에도 불구하고 트럼프는 아시아에서 진행되고 있는 통상 규범의 진전을 인식하지 못한 채, 미국의 경쟁국뿐 아니라 동맹국에 대해서도 강경한 양자주의적 입장을 유지하는 것을 선호하는 것으로 보인다.

* 이해상충 : 저자들은 본 논문의 출판과 관련하여 어떠한 이해상충도 없음을 밝혀둔다.

06

포괄적 · 점진적 환태평양동반자협정(CPTPP)의 전략적 의미와 쟁점
경제적, 지정학적, 규범적 분석[*]

김호철(산업통상자원부)

Ⅰ. 서론

정부가 포괄적 · 점진적 환태평양동반자 협정(이하 'CPTPP')[1] 가입 신청을 위한 국내절차에 착수하였다. 정부는 지난 12월부터 여론 수렴과 사회적 논의를 진행했고, 금년 3월 25일 공청회를 시작으로 국내절차를 거쳐 가입 신청서 제출을 완료하겠다는 계획이다.[2]

---

[*] 이 글은 『국제법무연구』 통권 2호(2022)에 게재된 논문을 저자 동의하에 수록하였음.

[1] 정식명칭은 'Comprehensive and Progressive Agreement for Trans-Pacific Partnership'이며, 호주, 브루나이, 캐나다, 칠레, 일본, 말레이시아, 멕시코, 뉴질랜드, 페루, 싱가포르 등 아시아 · 태평양 지역 11개국이 참여한 자유무역협정이다. 국문명은 일반적으로 '포괄적 점진적 환태평양경제동반자협정'으로 번역하고 있으나 본고는 영문명을 그대로 반영하여 '경제'를 제외하기로 한다.

[2] 산업통상자원부 보도자료, "메가 FTA, 현장의 목소리를 듣는다", 2021.12.16.; "포괄적 · 점진적 환태평양동반자협정(CPTPP) 가입신청 관련 공청회 개최", 2022.3.25.

이에 따라 국내적으로 가입 타당성 여부를 둘러싼 찬반 논란이 거세지고 있다. 대다수 전문가들은 무역의존도가 높은 통상 국가로서 수출시장을 확보하고 새로운 통상질서 논의에 주도적으로 참여하며 미-중 갈등과 글로벌 공급망 재편 등에 대응하려면 CPTPP 가입이 전략적으로 시급하다는 의견인 반면,[3] 농축수산 업계는 우리나라가 이미 CPTPP 회원국들과 양자 FTA를 체결하고 있어 가입에 따른 뚜렷한 실익이 없고 추가 시장개방과 SPS 규범수용 등으로 인한 농축수산 분야 피해가 크다며 강하게 반대하고 있다.[4]

사실 정부는 2013년부터 환태평양동반자협정(TPP) 참여에 관심을 표명하고 검토를 진행해 왔다. 아직 가입 신청을 제출하지 않은 것은 회원국들과 개별적인 양자 FTA를 체결하면서 적절한 시기를 보아온 것으로 생각된다. 문재인 정부 들어서도 CPTPP에 대해 원 회원국이 아니라 '을'의 입장에 가입 협상을 해야 하므로, 11개 회원국들이 무엇을 요구하게 될지 사전에 파악하고, 그러한 요구사항이 우리가 감당할 수준인지 따져보면서, 서두르지 않고 우리 국익에 가장 적합한 시기와 방식으로 추진 한다는 입장을 보였다.[5] 그러다가 2020년 11월 미국 바이든 대통령이 당선되고 중국 시진

---

3 산업통상자원부 보도자료, "CPTPP 가입, 각계 전문가 의견 듣는다", 2021.12.28.; "통상교섭본부장, 포괄적·점진적 환태평양경제동반자협정(CPTPP) 전문가 간담회 개최", 2021.10.21.; 정인교, "한국 CPTPP 가입, 필요할 때", 한경비즈니스, 2021.10.27.; 최병일, "초읽기 들어간 한국의 CPTPP 참여", 한국경제, 2021.10.22.; 정철, "CPTPP의 역설과 한국의 선택", 파이낸셜뉴스, 2021.10.21.; 강문성, "CPTPP 가입 서둘러야 한다", 한국경제, 2021.10.20.

4 전국농민회총연맹 성명, "CPTPP 가입을 위한 대외여건 조성이란 명목으로 진행 중인 검역주권 포기 행위 를 중단하라! 자본의 이익보다 국민의 건강할 권리가 우선이다", 2021.9.28.; 한국종합농업단체협의회 성명, "먹거리 주권 위협, CPTPP 가입 당장 철회하라! - 250만 농업인 의견 무시, CPTPP 가입 추진 시 대대적인 투쟁에 나설 것", 2021.12.13.; 수협중앙회 보도자료, "전국 수산산업인, 정부의 일방적 CPTPP 가입 결정 방침에 강력 반발, 102만 수산산업인 결의로 반대 행동 돌입", 2022.1.19.; 농민신문, "두 달 남은 'CPTPP 가입 신청' 물밑 신경전 팽팽'", 2022.2.7.

5 이데일리, "김현종 "CPTPP 가입, 정무적 결정 안돼... 철저히 실익 따져야"", 2019.2.13.; 한국경제, "'한미 FTA 주역' 김현종은 왜 CPTPP에 반대했을까?", 이지훈의 통상리서치, 2022.1.5.

핑 주석이 CPTPP 적극 검토 의사를 밝히자 우리도 CPTPP 가입을 서둘러야 한다는 의견이 제기되었고, 2021년 1월부터 가입 적극 검토 입장을 밝히며 본격적인 대내외 준비에 다시 나선 상황이다.[6]

본고는 두 가지 목적에서 출발한다. 첫째 CPTPP가 가지는 의미와 성격을 어떻게 이해해야 하는지 정리해 보고자 한다. 이를 위해 CPTPP가 어떠한 전략적 배경에서 출범하였고 지금은 어떤 성격을 가지고 있는지, 우리의 가입이 지연된 본질적 이유는 무엇인지 지난 10여 년의 발전과정을 돌아보면서 짚어보고자 한다. 둘째 우리가 CPTPP 가입 신청을 왜 제출해야 하는지 밝히고자 한다. 가입을 추진하려면 국내적으로 충분한 설명과 공감대 형성이 필요하다. 반대 주장과 우려도 협상과정에 고려 되어야 한다. 그런데 지금은 찬반 주장이 각기 다른 관점에서 제기되고 오해와 갈등이 고조되고 있다. 그간 제기된 주장과 분석들을 경제적, 지정학적, 규범적 측면으로 구분하여 가입 추진의 타당성을 종합적으로 평가해 보고자 한다. 이를 토대로, 자 국우선주의 확산, 기술공급망 경쟁, 통상의 안보화 등에 대응하는 우리의 경제통상 안보 국가전략으로 CPTPP를 어떻게 활용할지 사견을 더해보고자 한다.

II. CPTPP의 전략적 이해

II 장에서는 CPTPP가 가지는 의미와 다양한 성격을 개괄하고, 기존 연구와 문헌을 바탕으로 TPP 태동부터 10여 년에 걸친 발전 과정을 시기별로

---

6 동아일보, "文대통령 "CPTPP 가입 전향적 검토"… 통상정책 재편 지시, 2020.12.8.; 연합뉴스, "통상전문가들 "CPTPP 등 새로운 통상질서에 적극 대응해야"", 2020.12.29.

구분하여 당시 상황과 주요국 전략을 살펴본 후에, 우리가 그간 가입 논의를 진전시키지 못했던 이유와 배경을 밝혀보고자 한다.

1. 논의 기초

CPTPP는 호주, 브루나이, 캐나다, 칠레, 일본, 말레이시아, 멕시코, 뉴질랜드, 페루, 싱가포르, 베트남 등 아시아 · 태평양 지역의 11개국이 체결한 자유무역 경제블록이다. 당초 미국을 포함한 12개국이 타결한 '환태평양동반자협정(TPP)'에서 유래하였고, 미국이 탈퇴한 11개국간 협정으로 출범하면서, 'TPP'에 'C'와 'P'를 추가하여 CPTPP로 명명하였다. '포괄적(Comprehensive)' 은 상품 · 서비스 시장개방과 함께 디지털 등 새로운 무역의제도 폭넓게 다루고 있다 는 의미이며, '점진적(Progressive)'은 기존 무역협정의 교역 비용절감 문제를 넘어 높은 수준의 노동 · 환경 기준 보호 등도 담았다는 의미로 이해된다.[7]

법적 형식은 참가국 간 교역과 관련한 관세 및 비관세장벽을 특혜적으로 완화하는 '자유무역협정(FTA: free trade agree-ment)'이며, WTO에 GATT 제24조 및 GATS 제5조에 따른 FTA로 통보하였다.[8] 일반적인 양자 FTA와 달리 복수 회원국이 경제블록을 형성하여 공동 행위규칙을 합의한 것이므로 '메가 FTA', '小다자주의' 등으로 불린다. 메가 FTA는 역내 통일된 원

---

7 국내적으로 'Progressive'를 회원국 간 다양한 개발수준을 감안했다는 의미로 이해하여 '점진적'이라고 번역하고 있으나, 뉴질랜드 측 설명에 따르면 노동 · 환경 기준 등 사회적 의제도 다루었다는 의미로 '혁신적' 이나 '진보적'에 가까운 것으로 보인다.

8 WTO CRTA, 'Notification of Regional Trade Agreement: Comprehensive and Progressive Agreement for Trans-Pacific Partnership', WT/REG305/N/1, 20 December 2018: "The CPTPP establishes a free trade area for trade in goods and services within the meaning of GATT 1994 Article XXIV and GATS Article V."

산지기준 적용으로 글로벌 공급망이 재 편되는 과정에서 역내 공조 대안으로 주목된다.

경제적 측면에서, CPTPP는 RCEP, USMCA, EU 등과 더불어 거대 규모 무역 블록 중 하나이다. 2020년 기준으로 CPTPP 11개국은 5.1억 명(세계 인구의 6.6%), 국내총생산(GDP) 10.7조 달러(세계 GDP의 12.7%), 교역규모 5.2조 달러(세계 교역의 15%)에 달한다.[9] 회원국 경제 수준은 싱가포르, 호주, 캐나다, 뉴질랜드, 일본 등 선진국과 말레이시아, 베트남 등 개도국을 폭넓게 아우르고 있다.[10] 우리나라의 對CPTPP 교역규모는 우리 전체 교역의 24%를 차지하고 있으며, 일본, 베트남, 호주 순으로 교역이 많다.[11] 따라서 CPTPP는 기본적으로 경제적 성격을 가지며, 가입 타당성 논쟁에서 경제적 영향이 중요한 고려사항이다.[12]

정책적 측면에서, CPTPP는 메가 FTA로서 통상정책인 동시에 경제안보

9 　CPTPP의 경제적 위상(2019년 기준, KIEP 집계)

경제권	인구	GDP	수출	수입	FDI(순유입)
CPTPP	6.6%	12.8%	14.6%	14.3%	33.4%
RCEP(인도 제외)	29.5%	29.4%	25.9%	24.9%	39.2%
USMCA	6.4%	27.8%	14.3%	17.3%	23.4%
EU27	5.8%	17.8%	31.0%	29.5%	20.8%

10 　CPTPP 회원국별 GDP(조불), 1인당GDP(천불), 교역액(십억불), 역내수출 비중(%)

	호주	브루나이	캐나다	칠레	일본	멕시코	말린	뉴질랜드	페루	싱가포르	베트남
GDP	1.68	0.016	2.19	0.35	5.38	1.37	0.41	0.27	0.23	0.39	0.4
1인당	51	27	43	13	40	8	10	41	6	59	2.7
수출액	286	9	409	76	622	401	243	26	45	371	265
역내비중	25.3	66.8	4.8	16.4	12.6	5.1	29.0	26.8	14.2	22.8	15.0

11 　우리나라의 대CPTPP 국가별 교역(십억불)

	호주	브루나이	캐나다	칠레	일본	멕시코	말린	뉴질랜드	페루	싱가포르	베트남
수출	7.89	0.07	5.56	1.21	28.42	10.92	8.84	1.39	0.74	12.76	48.17
수입	20.59	0.40	5.72	3.96	47.58	6.16	9.28	1.30	2.31	6.66	21.07

12 　송백훈, "CPTPP 확대가 한국의 교역에 미치는 효과 연구", 국제통상연구 26:4 (2021); 정재원, "TPP의 한국 산업별 영향 분석", KERI 정책연구 18-02 (2018); 조정란, "CPTPP 가입이 국내 자동차산업에 미치는 영향 연구", 무역학회지 45:1 (2020); 김바우, "CPTPP 제조업 분야의 상품양허 현황과 대응과제", 대한상의 제2차 CPTPP 통상포럼 발표자료 (2021.4); 문한필·조성주·이수환·염정완·김경호, "CPTPP 발효와 농업통상 분야 시사점", KREI 농정포커스 제174호 (2018) 등.

를 위한 국가전략의 성격을 가지며, 아태지역 통상질서를 놓고 각국이 경쟁과 연합의 대외전략을 펴왔다. 당초 TPP는 미국이 아태시장 변화에 전략적으로 개입하고 중국의 역내 영향력 확대를 견제하기 위한 정책수단으로 추진되었고, 자유롭고 공정한 무역질서 확산을 기치로 미국과 일본 두 경제대국간 전략적 연합의 상징이었다. CPTPP로 출범하면서 일본 아베노믹스 대외전략의 핵심이 되었으며, 작년 9월 중국이 CPTPP 가입신청을 제출하고 미국이 인도-태평양 경제프레임워크(IPEF) 추진을 제시한 이후에는 또 다른 국면을 맞고 있다. CPTPP는 역내 지정학적 변화와 각국의 대외전략을 반영하고 있으며, 그러한 관점의 전략적 연구와 주장이 제기된다.[13]

통상규범 측면에서 '21세기 무역협정'으로 표현된다. CPTPP는 총 30개 챕터에 걸쳐 상품무역뿐 아니라 원산지, 위생검역(SPS), 기술무역장벽(TBT), 서비스, 투자, 전자상거래, 국영기업, 지재권, 노동, 환경 등 다양한 분야를 포괄하고 있다. WTO DDA 협상 좌초로 다자규범이 글로벌 교역환경 변화에 뒤처졌고, 미국은 복수국 간 메가 FTA를 중심으로 전자상거래, 국영기업, 노동, 환경 등에서 진전된 규범을 도출하였다. CPTPP에 반영된 이들 新통상 규범은 향후 글로벌 통상질서의 유용한 방향성이 되는 동시에 국내 제도에의 영향이 논란이 되기도 한다. 따라서 CPTPP로 새롭게 도입되는 통상규범을 둘러싼 규범적 연구와 논의가 활발하게 이루어져 왔다.[14]

---

13 손열, "TPP의 국제정치경제", 국제정치논총 제56집1호 (2016); 이승주, "아베 정부와 전략적 다자주의의 부상", 국가전략 제26권2호 (2020); 최은미, "일본 TPP 추진의 정치경제: 일본의 국가정체성과 지역구상의 관점에서", 동아연구 제37권1호 (2018), Robert Blackwill and Jennifer Harris, War by Other Means: Geoeconomics and Statecraft, Belknap Press (2016) 등.

14 이재민 · 장창익, "TPP 협상과 수산보조금 문제의 재등장: '포괄적 금지조항'을 통한 보조금 협정 확대 적용", 통상법률 (2014.2); 이재민, "정당한 정부지원조치의 외연: TPP 국영기업 챕터 '예외조항' 실험과 WTO 보조금 협정에의 시사점", 국제법학회논총 제61권4호 (2016); 고준성 · 이헌희, 글로벌 신통상 규범의 법제이슈 연구, 글로벌법제전략 연구 19-17 (2019); 박노형 · 정명현, "디

위에서 보듯이, CPTPP는 경제적, 지정학적, 규범적 측면이 복잡하게 얽혀있고 각 기 다른 시각에서 다양한 주장이 가능한 사안이다. 우리 통상정책 검토에 있어서는 어느 한 측면으로 치중되지 않고 균형적인 시각에서 종합적으로 분석하고 평가하는 것이 중요하다.

2. 단계적 발전과정

가. TPP 태동

2000년대 들어, 동아시아 국가들은 국부 증진과 외교전략 차원에서 FTA 협상에 경쟁적으로 나섰고, 아세안+3 정상회의, 한 중일 정상회의 등을 통해 아태지역 경제통 합에 대해서도 다양한 구상과 논의가 본격화되고 있었다. 아세안 10개국은 2003년 AFTA를 출범시키면서 경제공동체 창설을 목표로 설정하였으며, 중국과 일본은 아세 안과의 FTA 체결을 모색하고 동아시아 경제통합 구상에서 주도권 경쟁을 벌였다. 미국은 동아시아 국가들의 배타적 경제통 합으로 자국의 역내 위상 약화와 중국의 부상을 우려하였으며, APEC 차원에서 보고르목표, FTAAP 등으로 진전 방안을 모색하고 있었다.[15]

이러한 추세에 발맞춰, 태평양 연안의 소규모 개방경제 국가들도 유사

지털통상과 국제법의 발전", 국제 법학회논총 제63권4호 (2018); 이재민, "디지털 교역과 통상규범", 국제경제법연구 제16권2호 (2018); Colin Picker, "The Coherent Fragmentation of International Economic Law: Lessons from the Transpacific Partnership Agreement", in Julien Chaisse et al., Paradigm Shift in International Economic Law Rule-Making: TPP as a New Model for Trade Agreement?, Springer (2017) 등.

15 John Ravenhill, "The 'new East Asian regionalism': A political domino effect", Review of International Political Economy 17-2 (2010); Richard Baldwin, "Asian Regionalism: Promises and Fitfalls" in Choong Young Ahn, Richard Baldwin and Inkyo Cheong, East Asian Regionalism — Feasibilities and Challenges, Springer (2005); 정인교, 아태지역 거대무역블록 추진에 대한 대응방안 연구, 외교통상부 용역보고 (2011).

입장국 규합에 나섰다. 싱가포르와 뉴질랜드가 2001년 P2(Pacific 2)에 합의하였고, 2005년에는 칠레와 브루나이가 합류하여 4개국간 P4(Pacific 4)를 타결하고 2006년에 정식 발효하였다. P4는 환태평양전략경제파트너십(TPSEP: Trans-Pacific Strategic Economic Partnership)으로 정식 명명하고, 상품 관세 철폐는 물론 서비스 교역, 정부조달, 경쟁 등 광범위한 분야에서 높은 수준의 자유화를 규정하였으며, 미타결 쟁점인 금융서비스와 투자챕터에 대해서는 2년 내 협상 개시를 명시하였다. 다만 이들 경제규모가 작아 국제적으로 크게 주목받지는 못하였다.

미국은 WTO 다자협상 진전에 우선순위를 두면서도, TPSEP의 금융서비스 및 투자 개방 진전에 관심을 가졌다. P4는 2008년 2월 금융서비스 및 투자 협상을 시작하면서 회원국 확대를 모색하였으며, 미국이 논의에 참여한데 이어, 호주, 페루, 베트남도 새로운 규범 작업에 동참하였다. 2008년 WTO DDA 협상의 7월 합의(July pack-age) 실패를 계기로 다자적 자유화 합의가 불가능함이 명확해지고 미국이 배제된 동아시아 경제통합 논의도 활발해지자 미국은 전략적 대안으로 TPSEP를 주목하기 시작했다. 이에 부시 행정부는 그해 9월 미 의회에 TPSEP에 참여하여 그룹을 확대하는 것이 아태지역 미국의 영향력 확장에 효과적인 대안이라고 표명하였다.[16]

2009년 오바마 정부로 교체되고 나서 기존 전략에 대한 재검토 과정이 있었으나 동일한 결론을 내고 11월 APEC 정상회의에서 TPP 추진 의사를 밝혔다.[17] 미국이 금융위기 극복을 위해 수출 확대를 통한 경제회복과 일자리

---

16 C. L. Lim, Deborah Elms and Patrick Low eds., The Trans-Pacific Partnership: A Quest for a 21st Century Trade Agreement, Cambridge University Press (2012); Sheryl Tibung, "A Primer on the Trans-Pacific Partnership Agreement" (2012).

17 President Barack Obama at Suntory Hall, Tokyo, November 14, 2019: "As an Asia-Pacific nation, the United States expects to be involved in the discussions that shape the future of this region and

창출이 필요한 상황에서 TPP 구상은 "아태지역 경제통합을 위한 강력한 수단"이며 "세계에서 가장 빠르게 성장하는 지역과 미국을 연결해주는 고리"라고 평가하였고, 중국의 부상에 대해 안보 아키텍처와 TPP 경제협력의 2가지 축으로 대응하려는 미국의 아시아 재균형 전략(pivot to Asia)과도 부합하였다.[18] 이에 따라 미 행정부는 12월 미 의회에 TPP 협상 개시를 공식 통보하였다. 당시 무역 촉진권한(TPA)이 2007년 만료된 이후 아직 갱신되지 않았지만 미 행정부는 TPA에 따른 절차를 진행하면서 최종 타결 전까지는 의회가 TPA 갱신을 통과시키도록 설득하고자 하였다.[19]

2010년 3월 호주 멜버른에서 8개국이 모여 제1차 TPP 협상을 개최하였다. 협상이 시작되자 미국은 P4 템플릿이 아니라 자국의 최근 FTA 모델인 한-미 FTA에 기초하여 포괄적이고 높은 수준의 무역협정 작업에 착수하였다. 그 해 10월 제3차 협상에서 말레이시아가 추가되고, 2012년에는 멕시코와 캐나다가 참여하면서 11개국으로 늘었다.

나. 일본 합류와 TPP 타결

일본의 전후 대외전략은 미국과의 군사 안보 협력을 기반으로 자국 경제 발전에 역량을 집중하는 요시다 독트린 기조를 이어 왔고, 역내 경제통합에 대해서도 미-일 협력 하에 느슨한 형태의 지역경제구상을 펼쳐왔다. 통상 분야에서도 미국과의 공조 아래 WTO 무역자유화를 옹호하였지만, 농수산

---

to participate fully in appropriate organizations as they are established and evolve."

18   Hillary Clinton, "America's Pacific Century", Foreign Policy (Oct 2011); Amitendu Palit, The Trans-Pacific Partnership, China and India: Economic and political implications, Routledge (2014).

19   Ian Fergusson et al., "The Trans-Pacific Partnership Negotiations and Issues for Congress", CRS Report for Congress (Aug 21, 2013).

업 민감성과 경직된 칸막이 이익정치로 인해 FTA 협상에는 공세적으로 나서 지못하는 모습을 보였다.[20]

2000년대 후반 한-미 FTA, 한-EU FTA 등이 타결되는 것을 지켜보면서 한국과의 FTA 경쟁에서 뒤처지고 있다는 위기감이 팽배했고, 미국 주도의 TPP 협상이 개시되 자 일본 경제단체 중심으로 TPP 참여 요구가 강하게 제기되었다. 2009년 54년 만에 정권을 잡은 민주당 내각은 대외정책 차별화를 시도하면서 신성장전략의 일환으로 FTA 전략에 관심을 가졌다. 2010년 10월 간 나오토 수상은 국회 연설에서 "TPP 교섭 참가를 검토"하겠다고 선언하고, 11월에는 '포괄적 EPA에 관한 기본방침'을 각의 결정으로 발표하여 거대경제권 FTA 정책 기조를 본격화하였다.[21]

하지만 2011년 일본 동북지역을 휩쓴 3.11 동일본대지진이 발생하고, TPP 찬반 논쟁은 대지진 이후 경제회복과 맞물려 가열되었다. TPP 참가를 통해 일본의 국제경쟁력을 높이고 경제체질을 개선하는 제3의 개국으로 삼아야 한다는 찬성 주장과 지진 피해로 어려워진 농수축산업에 심각한 타격과 실업 증가를 우려하는 반대 주장이 대립하였다. 2011년 9월 들어선 노다 요시히코 총리는 TPP 참여를 경제분야 최대 과제로 삼았고, 11월에 "TPP 참가를 목표로 관계국과의 협의를 개시"한다고 선언하고 APEC 정상회의 계기 미-일 정상회담에서 입장을 전달하였다.[22]

2012년 12월 자민당의 중의원 선거 승리로 정권이 교체되었다. 당초 아

---

20 김규판 외, 글로벌 통상환경 변화와 일본의 통상정책, KIEP 연구보고서 17-25 (2017); 윤덕민, "중국의 부상 과 일본의 대중전략", 전략연구 59 (2013); Ravenhill (2010), supra note 15; Baldwin (2011), supra note 15
21 김양희, "일본의 포괄적 EPA 기본방침에 대한 평가와 시사점 – 일본의 TPP 참가는 실현될 것인가", KIEP 오늘의 세계경제 10(28): 1-10.
22 김영근, "일본 민주당의 대외경제정책: 정권교체하의 변용과 지속", 일본연구논총 38 (2013).

베 총리는 중의원 선거 과정에서 농수산표 이탈을 우려하여 TPP 협상 참가에 반대 공약을 내 걸었지만, 자민당이 재집권에 성공한 이후에는 민주당의 정책기조를 이어받아 2013년 3월 TPP 협상 참가를 공식 선언하였다. 농업 분야가 일본 보수주의의 기원이자 정치적 성역으로 인식되어 왔음에도 불구하고, 아베 총리가 과감하게 TPP 참여를 결정한 것은 국내적으로 잃어버린 30년을 넘어 일본경제의 돌파구 마련이 절실하였고 대외적으로 미일동맹의 강화와 대중국 견제라는 지정학적 전략에 부합했기 때문이다. 특히 아베 총리는 영문 기고문에서 미국과의 TPP, EU와의 EPA 등을 일본 경제가 환태평양 중심축으로 도약하려는 '제2의 개항'이라고 표현하였다.[23] 일본이 통상전략에서 자국 이익에 따라 무역자유화 수준과 범위를 조정하려던 기존 방식에서 벗어나, 역내 통상질서 재편, 21세기 신규 범주도 등 전략적 요인을 보다 적극적으로 투사한 것으로, 전략적 다자주의로 평가하기도 한다.[24]

일본은 TPP 실무협상 막바지였던 2013년 7월 제18차 라운드부터 참여하였다.[25] 당시 TPP는 통합협정문안을 대부분 마무리하였으나, 상품 민감 품목 개방과 개별양허 여부, 원산지 누적 예외, 지재권 의약품 특허 보호규정, SPS 분쟁절차, 서비스투자 유보, 국영기업 챕터, 환경 챕터 등에서 첨예하게 대립하고 있었다. 일본 합류 이후 에는 미-일 양자적으로 일본의 5대 민감품 목(쌀, 유제품, 설탕, 밀, 쇠고기/돼지고기) 양허, 자동차 관세 및 원산지 등이 현안으로 제기되었다.[26]

---

23   Abe, Shinzo, "The Second Opening of Japan", Project Syndicate (Apr 21, 2014).

24   이승주 (2020), 전게 논문; 최은미 (2018), 전게 논문.

25   USTR, "Statement on the 18th Round of Trans-Pacific Partnership Negotiations in Kota Kinabalu, Malaysia."

26   Deborah Elms, "The Trans-Pacific Partnership negotiations: Some Outstanding Issues for the Final Stretch", Asian Journal of WTO and International Health Law and Policy 8:2 (2013); Deborah

2013년 하반기부터는 실무협상 라운드가 아닌 양자 협상과 TPP 각료회의 중심으로 최종 타결을 위한 작업에 돌입하였다. 미 의회도 2014년 1월 TPA 법안을 상원 재무위에 제출하였다. 4월 오바마 대통령 방일, 11월 APEC 정상회의 등에서도 TPP 협상이 핵심 현안이었다. 오바마 정부는 임기말 외교성과로 TPP 타결에 적극적이었고, 공화당이 중간선거 승리도 의회 주도권을 가지게 되자 TPA도 의회를 통과 하면서 TPP 협상에 힘이 실렸다. 12개국은 10월 각료회의에서 실질적 타결에 이어 2016년 2월 총 30개 챕터의 협정문에 서명 함으로써 세계 GDP 약 40%의 거대 경제 통합체 TPP 출범을 목전에 두었다.

다. 미국 탈퇴와 CPTPP 출범

오바마 정부는 임기 내 TPP 비준까지 마무리하고자 노력하였으나, 차기 대선 정국으로 들어서고 경합지역인 러스트벨트 중심으로 반무역정서가 확산되면서 의회 비준처리가 미루어졌다. 공화당 대선 후보 로 나선 트럼프는 캠페인 과정에서 러스트 벨트 표심을 얻기 위해 TPP를 "끔찍한 협상(horrible deal)"이라 평가하며 전면 재협상을 공약하였고 결국 대선에 승리한다. 2017년 1월 트럼프 대통령은 임기를 개시하자 자신의 약속대로 TPP 탈퇴 행정지침에 서명하고 기탁국에 탈퇴를 정식 통보하였다.

미국이 탈퇴하자 여타국들은 대응책을 논의하였다. 호주, 뉴질랜드, 칠레, 싱가포르 등은 11개국 TPP 추진을 주장한 반면, 캐나다, 멕시코 등은 미국 없이는 TPP가 의미 없다며 회의적 반응을 보였다. 이때 일본이 리더십을 발

Elms, "The Origin and Evolution of the Trans-Pacific Partnership Trade Negotiation", Asian Survey 56:6 (2016).

휘하여 호주, 뉴질랜드 등과 함께 미국 없이 TPP를 발효시키고 나서 미국의 복귀를 설득한다는 분위기를 이끈 것으로 알려져 있다. 일본의 아베 정 부는 미국의 탈퇴에도 불구하고 CPTPP 출범이 자국의 경제적, 지정학적 이익에 부 합한다고 보았다. 경제적 측면에서 11개국 경제통합으로도 이득이 되고 장기적으로 미국의 복귀도 기대하고 있어 아베노믹스 성공의 상징이었으며, 지정학적 측면에서 RCEP에 더해 보다 높은 수준의 CPTPP 경제블록을 통해 역내 경제통합 주도권을 확보하고 아베 정부의 외교 리더십을 보여줄 수 있겠다는 계산이었다.[27]

2017년 11월 APEC 정상회의 계기에 11개국은 각료회의 공동선언문을 통해 CPTPP 협상을 공식 출범시켰다. 기존 TPP의 상품양허는 수정 없이 그대로 유지하고 협정문 중 미국 관심 22개 조항만 적용 유예한다는 원칙을 정하고, 4차례의 수석대표회의를 거쳐, 2018년 1월 최종 합의하고, 3월 칠레에서 11개국이 CPTPP에 정식 서명하였다. 2018년 12월 30일 멕시코, 일본, 싱가포르, 뉴질랜드, 캐나다, 호주의 6개국 비준을 완료되자 CPTPP가 정식 발효하였다.[28] 2019년 1월 베트남, 2021년 9월 페루가 비준을 완료하여 현재 8개국에서 발효 중이다. 그 외, 칠레는 지하철 요금 인상으로 촉발된 시위 여파로 상원 비준이 중단되었으며, 말레이시아는 마하티르 총리의 유보적 입장으로 비준 여부가 불투명하고, 브루나이도 별다른 진전이 없다.

출범 이후, 2019년 1월 CPTPP 최고 의사결정기구로 장관급 위원회가 설

---

27 이승주 (2020), 전게 논문; 박철희, "국제정치이론으로 본 한일의 동아시아 전략: 유사성과 편차", 한국과 일본의 지역전략과 한일협력에 대한 함의, 서울대 한일관계세미나 발표자료, 2017.11월.
28 CPTPP 제3조 제1항에 따라 적어도 6개국 또는 적어도 협정 서명국 수의 50% 중 작은 수가 비준 완료를 서면으로 기탁국에 통지한 날로부터 60일이 경과한 시점부터 발효.

치되어 매년 1~2차례 회의를 통해 각료 성명과 각종 결정문을 채택하고 있다. 의장국은 일본, 멕시코, 일본, 싱가포르, 뉴질랜드 순으로 정했으며, 2022년은 싱가포르가 의장국이다. 이외에 회원국 수석대표 회의, 부대표 회의, 분과별 실무회의 등을 수시로 운영한다.

라. 회원국 신규가입

첫 가입 신청국은 영국이다. 영국은 2016년 브렉시트 국민투표 직후부터 EU 탈퇴에 대비하여 EU의 FTA를 영국과의 협정으로 대체하여 연속성을 확보함과 동시에 신규 FTA도 적극 나서는 것으로 방향을 잡았다. EU와의 기체결 FTA 승계 작업을 우선 마무리하고, 2018년 7월에 CPTPP 가입 검토 입장을 발표하고 8월부터 국내 의견수렴 절차를 개시하였다.[29] 2021년 2월 1일 영국이 CPTPP 신규가입 신청서를 기탁국에 정식 제출하였고, 6월 CPTPP 위원회에서 영국의 CPTPP 가입 협상을 위한 작업반 설치를 결정하여 협상이 개시되었다. 시장개방 협상은 마무리 단계에 있으며 2022년 말까지 최종 타결을 목표하고 있다.[30]

영국은 지리적으로 아태지역에 속해있지 않으나 브렉시트 결정 과정에서 보수당이 내세운 '글로벌 브리튼' 대외성과로서 CPTPP 가입이 유용하고 회원국 중 9개국과는 이미 FTA 체결 또는 막바지 협상 중에 있어 가입에 따른 추가적인 시장개방 부담이 크지 않다.[31] 또한 영국의 가입 검토 초

---

29   UK DIT, An Information pack for the Consultation relating to the UK potentially seeking accession to the CPTPP, August 2018.

30   UK IOE&IT, "UK takes another step closer to entry into CPTPP trade bloc ahead of trade minister's visit to Aisa", 18 February 2022.

31   UK DIT, UK Accession to CPTPP: The UK's Strategic Approach, April 2021.

기 단계부터 일본의 적극적인 지원이 있었다. 2018년 영국의 가입 검토 선언 직후 모테기 장관이 환영 의사를 표명하고 10월에는 아베 총리가 환영 입장을 발표하였다. 2020년 영국의 EU탈퇴 이후에는 일본 모테기 장관이 트러스 장관을 수차례 만나고 9월 CPTPP 11개국과의 다자협의를 주선하는 등 본격적으로 나섰다.

두 번째는 중국이다. 당초 중국은 TPP를 중국 봉쇄전략으로 인식하여 비판적이었으나, 2013년 6월 미-중 정상회담 이후부터는 다소 중립적 입장에서 검토해왔다. 왕이 외교부장은 "중국에게는 미국 주도의 TPP와 같은 무역협정 참여에도 길이 열려 있다"고 하였고, 2014년 보아오포럼에서 리커창 총리도 "중국은 TPP에 대해 열린 입장을 가지고 있다"고 하였다. 중국 학계는 더 나아가 TPP 참여가 경제적으로 도움이 된다는 연구결과를 제시하였다.[32] 2020년 11월 미국 대선에서 바이든 후보가 당선되고 RCEP이 최종 타결되자 시진핑 주석이 APEC 정상회의에서 CPTPP 가입도 긍정적으로 검토하겠다고 발언하였다.[33] 시 주석이 CPTPP를 직접 언급한 것은 처음이었고, 전문가들은 중국이 CPTPP의 시장개방 및 규범 수준을 맞추기 어렵다고 보고 있어, 실제 가입을 의도하기보다는 미국의 다자주의 참여를 압박하고 중국의 시장개방 의지를 홍보하려는 것으로 인식되었다. 시 주석 발언 이후 중국 상무부는 회원국들과 개별적으로 비공식 협의를 통해 가입 조건과 절차, 협정문 예외 적용 등에 대한 실무 검토를 진행하였고, 2021년 9월 16일 전격적으로 CPTPP 가입 신청서를 제출하였다. 중국이 비공식 협

---

32 2013년 10월 베이징대 국가발전연구원 연구결과: (중국의 TPP 불참 시) GDP 0.14% 감소, (중국의 TPP 참여 시) GDP 0.68% 증가.

33 시 주석 발언: "China welcomes the signing of the RCEP that forms the world's largest free trade area, and will favorably consider joining the CPTPP."

의를 진행해 오기는 했지만 회원국들에게 사전예고 없이 이루어진 갑작스러운 신청이었다.

과거 미국의 '중국 봉쇄' 전략이라고 반발하던 중국이 CPTPP 가입신청을 제출한 이유는 무엇일까? 바이든 정부가 동맹국과 연대하여 다방면에서 중국을 견제하는데 대응하여 고립을 피하기 위한 수단으로 CPTPP를 활용할 수 있고 국내적으로도 필요한 제도개혁 성과를 거둘 수 있기 때문으로 추정된다.[34] 미국이 아직 복귀하지 않은 상태에서 자국의 경제력을 토대로 유 리한 지위에서 협상이 가능하고, 노동, 국영기업, 디지털 등 까다로운 규범에서 의무면제를 얻어낼 수 있다는 계산도 있었을 것이다.[35] 당시 언론에서는 미국의 오커스 안보동맹 발표 직후라서 중국의 신청 제출이 다분히 정치적 메시지라는 의구심을 제기하기도 하였다.

중국의 가입협상 전망은 아직 불투명하다. 중국이 높은 수준의 CPTPP 규범을 그대로 수용하기 어렵고, 호주, 일본 등과 복잡한 외교적 갈등현안이 걸려있다. 더구나 USMCA에는 당사국이 비시장경제(사실상 중국 겨냥)와 FTA를 체결하는 경우 타당 당삭국이 협정을 종료할 수 있다는 조항이 포함되어 있어 캐나다와 멕시코가 중국의 CPTPP 가입을 동의하기 어렵다.[36]싱가포르가 제시한 대로 CPTPP의 높은 수준을 충족시킬 능력과 의지가 있는 국가의 가입 신청은 환영한다는 원칙에서 회원국 논의가 시도되겠지만 전체 회원국 동의를 확보하기는 만만치 않다.

세 번째는 대만이다. 중국의 가입신청 다음날인 2021년 9월 22일 대만

34 　정철, "CPTPP의 역설과 한국의 선택", 파이낸셜뉴스 서초포럼, 2021.10.21.

35 　CPTPP 회원국의 대중 교역의존도를 보면, 호주 33%, 칠레 28%, 페루 27%, 뉴질랜드 24%, 베트남 23%, 일본 21% 등 상당히 높은 편이다.

36 　김호철, "미국-멕시코-캐나다 협정(USMCA)의 新통상규범 검토", 통상법률 (2020.5).

도 가입신청을 제출하였다. 중국은 '하나의 중국' 원칙을 내세우며 대만의 외교관계 및 국제기구 참여를 막아왔고, 대만은 미국이 주도하는 TPP에 참여하여 돌파구를 마련하고자 하였다. 하지만 TPP 참여가 불발되고 중국의 반대로 RCEP에도 참여할 수 없었다. 역내 경제통합에서 소외될 우려가 점증하면서, 대만은 일본이 주도하는 CPTPP 참여에 상당한 공을 들여왔다.

대만의 CPTPP 가입은 단순히 경제적 득실을 넘어 미-일-대만 경제동맹을 구축하여 경제자주성에 대한 역내 지지를 확보하겠다는 안보적 의미를 가진다. 이를 위해, 대만 정부는 일본과 비공식 접촉을 오래전부터 진행하면서 물밑작업을 해왔고, 가입 신청 이후에는 지난 2월 일본 관심 현안인 식품 수입규제를 11년 만에 완화하는 성의를 보였다. 다만 일본의 지지 만으로 가입 진전이 가능한 것은 아니며, 대만의 가입 시도에 대해 중국이 강하게 반대하고 있 어, 향후 절차에서 적지 않은 진통이 예상된다.

현재 CPTPP 회원국들은 첫 가입신청국인 영국과의 협상에 집중하고 있으며 중국과 대만의 신청에 대해서는 아직 검토하지 않고 있다. 회원국 간 논의를 하더라도 컨센서스 의사결정구조상 어느 회원국도 반대하지 않아야 가입협상 작업반 설치가 가능하고, 회원국 내부에서 정치적 관계에 따라 중국과 대만의 가입에 대한 입장이 크게 엇갈리기 때문에 복잡한 사안이다. 회원국 이견이 있는 상태에서 섣불리 논의하기 어렵고 이들 가입이 당장 시급한 것도 아니라서 영국과의 가입협상을 마무리한 이후 본격적으로 검토할 것으로 전망된다.

3. 우리나라 가입 논의[37]

가. TPP 협상 당시

2009년 11월 오바마 대통령이 TPP 구상을 밝힐 당시 미국은 한국도 참여 대상으로 고려하고 있었다. 하지만 당시 미국 오바마 신정부가 부시 정부에서 서명한 한-미 FTA에 대해 자동차, 쇠고기 등 추가 협상이 필요하다고 제기해왔고, 우리나라는 광우병 촛불시위 여파와 한-미 FTA에 대한 국내 논란이 여전한 상황에서 미 측 요구에 대한 대응책 마련에 분주하던 시기였다. 미국은 오바마 대통령의 TPP 구상 실현을 위해 한국, 일본, 말레이시아 등 아시아 핵심 교역국들이 적극 참여해 주기를 바랐지만, 우리는 정치적으로 민감한 미국과의 협상범위를 최소화하고 조기 타결하여 한-미 FTA를 성공적으로 안착시키는 것이 급선무였던 것이다.[38]

2010년 12월 한-미 FTA 추가협상이 타결되고, 이에 당황한 일본은 미국과의 TPP 비공식 협의에 서둘러 나섰다.[39] 말레이시아 참여에 이어 일본, 멕시코 등과도 사전 협의가 시작되면서 판이 커지자 2011년 하반기 우리 정부도 참여 여부를 검토하였으나, 외교통상부는 한-EU FTA 번역 오류로 혼란을 겪던 상황이었고, 대선과 총선이 얼마 남지 않아 TPP 참여가 정치적으로 버거웠으며, 내부적으로 좀 더 기다려도 될 거라는 낙관론이 우세하여, TPP

37 　비공개 사항인 정부 내부의 고민과 대외협의 내용은 배제하였고, 공개된 문헌과 언론 보도를 중심으로 우리가 왜 여기까지 왔는지, 어떠한 전략적 판단이었는지 구성해 보았다.

38 　내일신문, '미 FTA, 한국 대신 환태평양에 주력', 2009.12.16.; 연합뉴스, '미, 한-일-말련, TPP 조기 동참시켜야', 2010.3.11.; 2019.12월 WITA 세미나에서 커크 USTR은 오바마 대통령이 제기한 TPP에 한국, 일본, 말레이시아 등 핵심 무역파트너가 참여하기를 희망한다고 밝혔고, 미 싱크탱크들도 동일한 의견을 보였다.

39 　연합뉴스, '일, 미국과 내달 TPP 협의', 2010.12.23.

참여보 다는 한-미 FTA 양국 비준의 조기 완료에 매진하였다.[40] 일본이 참여한 뒤로는 미국도 더 이상 우리 참여를 아쉬워하지 않았으며, 우리로서도 수년에 걸친 힘든 협상과 정치적 혼란을 겪으며 어렵게 봉합했던 한-미 합의결과를 TPP로 다시 펼치고 싶지 않았다. 우리는 미국, EU와의 FTA에 이어 중국과의 FTA로 눈을 돌리고 있었고, 2011년 12월 신임 본부장도 한-중 FTA 협상 개시에 역점을 두었다.[41]

2013년 3월 박근혜 대통령의 정부조직 개편으로 통상기능이 외교부에서 산업부로 이관되고, 장관급 통상교섭본부가 통상 차관보 조직으로 축소되었다. 외교부 국과장이 그대로 산업부에 2년간 파견되어 업무기조를 유지하였으며, 한-중 FTA 협상이 최대 현안이었다. TPP는 당시 일본 아베 총리의 참여 선언을 마지막으로 회원국 확대보다는 협상 타결을 위한 막바지 작업을 준비하고 있었다. 일부에서 2013년 조직개편으로 우리가 TPP 참여를 실기했다고 주장하는데, 필자가 보기엔 2010년부터 문이 열려있었으나 우리의 전략적 우선순위에서 낮았던 것이며 박근혜 정부 출범 이후에는 당시 대내외 정황상 이미 늦은 시점이었던 것으로 생각된다.

2013년 11월 우리 정부는 TPP 참여 관심을 공식 표명하고 회원국과의 예비 양자협의에 나섰으며, 2014년 2월에는 범부처 TPP 대책단을 설치하여 추진조직도 정비하였다. 하지만 그때까지도 우리는 참여 입장을 정하지 못한 상태였고 TPP는 각료 회의로 최종 타결을 시도하는 단계였기 때문에 우리가 참여하기에는 무리가 있었으며, 일본이 우리의 참여를 달가워하지

---

40   서울신문, "[실패에서 배운다 아차차!] 〈1〉 박재완 전 기재부 장관", 2016.1.17; 파이낸셜뉴스, "李대통령 "일본과 대만이 TPP 서둘러 하려하는데…"", 2011.11.17.: 이명박 대통령, "일본과 대만이 TPP를 서둘러 하려는데 우리는 어떻게 하려고 하는지 안타깝고 답답하다"고 하면서 "지금처럼 국내 경제가 어려울 때 한미 FTA가 살 길"이라고 말했다.

41   연합뉴스, "박태호 "한중 FTA로 글로벌 허브국가 완성"", 2012.1.29.

않았고 미국도 적극적으로 나서지 않은 것으로 알려져 있다.[42]

2015년 10월 TPP 협상이 타결되어 협정문이 공개되고, 2016년 들어 학계와 언론을 중심으로 우리가 세계 최대 경제블록에서 제외되면 안 된다는 지적이 강하게 제기되었다. 사실, 당시 오바마 대통령 임기 말 미 의회 비준이 가능할지 여부가 미지수였고, 우리가 원한다고 TPP에 참여 가능한 상황도 아니었다. 국내적으로도 한-중 FTA 비준 조건으로 정부가 합의한 농어촌 상생기금 이행 문제가 불거져 TPP 시장개방을 관철시킬 정치적 여력이 부족했다. 정부는 TPP 로드맵을 수립하겠다고 밝히고 국책연구기관을 통해 세부계획을 작업하였다.[43] 그러나 하반기 촛불 정국으로 혼란하고 미국 트럼프 당선으로 TPP 상황도 급변하면서 확정하지 못하였다.

나. CPTPP 출범 시기

2017년 트럼프 집권 초반, 국내는 탄핵 정국을 넘어 대선으로 넘어가고 있었으며, 정부는 TPP 대책단을 해체하고 당장 시급 한 현안인 한-미 FTA 폐기 압박 대응에 집중하였다. 2017년 5월 들어선 문재인 정부는 통상교섭본부를 부활시키고 7월 김현종 본부장을 임명하였다. 통상교섭본부는 시급한 현안이었던 트럼프 정부의 한-미 FTA 폐기를 막고 미국과의 압축적인

---

42 중앙선데이, "한국이 TPP에 가입 않는건 결코 득이 될 수 없을 것", 2016.2.21.: 웬디 커틀러 前 USTR부대표는 국내언론과의 인터뷰에서 "TPP가 이미 5년반 동안이나 논의돼 왔다는 사실을 잊어서는 안된다. 마지막 참여국인 일본, 캐나다, 멕시코 등 3개국도 4년차부터 협상에 참여했다. 현재 전체 회원국 사이에선 이제는 TPP 확대보다 협정을 마무리하는게 중요하다는 공감대가 있다. 협상 자체가 몹시 까다롭기 때문이다. 따라서 한국 가입 허용 여부는 미국 단독이 아닌 전체 회원국의 판단에 의해 결정되는 것이다", "한국은 일본이 들어오기 전에 가입을 권유받았는데도 참여하지 않았다. 한국이 선택한 상황 아닌가"라는 의견을 보였다.

43 한국경제, "[TPP 가입 속도내는 정부] 주형환 "TPP 로드맵 연내 수립"… 개방수준은 한미 FTA급", 2016.2.1.

협상을 거쳐 2018년 3월 개정협상을 신속하게 타결시켰다. 그러던 와중에, 일본 주도로 CPTPP 11개국간 협상이 2017년 11월 출범하여 2018년 1월 타결되고 3월 정식 서명하게 되었다.

CPTPP가 타결되자 우리 정부도 가입 여부를 논의하였다. 2018년 3월 김동연 부총리가 대외경제장관회의에서 "CPTPP 가입여부를 상반기 안에 결정"하겠다고 제시하고, 관계부처와 세부추진방안 준비에 착수하였다. 통상교섭본부는 4월 신통상전략을 발표하여 상반기까지 CPTPP 가입 여부에 대한 부처 간 합의를 도출하고 미국이 TPP에 복귀하는 경우 한국도 적시 가입하도록 공조하겠다는 방향을 제시하였다. 농식품부도 CPTPP 가입에 대비한 상품협상 전략과 규범 영향을 검토하기 위한 용역을 발주하였다.[44] 하지만 아직 CPTPP 회원국들이 신규가입 조건과 절차를 정하지 않아 우리의 가입 득실의 정확한 계산이 불가능했고 부처 간 합의 도출도 어려웠던 것으로 보인다.[45]

관계부처 간 협의과정은 부처별 관점에서 의견을 제시하기 때문에 국내 논쟁의 축소판이다. 일례로, 기재부는 미국이 없더라도 거시경제 효과와 경제구조 측면에서 높은 수준의 CPTPP 가입이 도움이 된다는 시각이고, 외교부는 자유무역 진영이 주도한 CPTPP에 우리도 동참해 국제신뢰를 확보하고 미국 복귀를 유도한다는 시각인 반면, 농식품부는 쌀, 고추, 마늘, 사과, 쇠고기 등 민감품목 추가 양허나 SPS 완화를 통한 수입 증가는 불가하다는 입장을 제기한다. 협상 주무부처인 산업부는 내주는 만큼 얻을 게 있

---

44   이데일리, "美관세폭탄, 아웃리치 총동원-CPTPP 가입 '투트랙' 대응 나선다", 2018.3.12.; 헤럴드경제, ""보호무역 파고 넘자" 정부, 이달 CPTPP 가입 결정 앞두고 준비작업 잰걸음... 美 동시 가입은 '글쎄'", 2018.6.7.

45   한국경제, "CPTPP 출범 7개월... 5년째 검토만 하는 정부", 2018.10.23.; 뉴시스, "김동연 부총리 "보호무역 심화에 CPTPP 가입 깊이 검토"", 2018.10.10.

는지 협상 실익과 전략을 고민한다. 우리가 이미 11개국 중 9개국과 FTA 를 체결했기 때문에 CPTPP로 인한 영향이 크지 않고, 우리만 가입을 서두르면 협상이 불리해지고 가입비용이 올라가므로, 가입조건이 명확해진 이후에 전략적으로 가입 여부와 시기를 결정해야 최선의 결과를 얻는다는 생각인 것이다.[46]

2019년 1월 CPTPP 위원회는 신규가입 절차와 조건을 결정하여 공개하였다.[47] 기존 회원국에 유리한 절차와 조건으로 설정되자, 2월 정부는 가입 여부를 전제하지 않고 상반기 중에 CPTPP 회원국과의 비공식 예비협의를 진행해 보고 그 결과를 토대로 다시 검토하기로 하였다.[48] 그런데 3월 법원의 강제징용 배상 판결 이후 한일 관계가 악화되었고 일본 언론에서 '한국의 CPTPP 가입을 막겠다'는 기사가 보도되고 일본 정부도 이를 부인하지 않으면서 가입 을 추진할 대외 여건도 쉽지 않게 되었다.[49]

다. 바이든 당선 이후

2020년 11월 바이든 후보가 당선으로 국 제공조 복원이 전망되고, 동아시아 역내 경제통합인 RCEP이 정식 서명되자, CPTPP가 다시 주목을 받게 되었다. 시진핑 중국 주석이 CPTPP 가입을 우호적으로 검토하겠다고 APEC 깜짝 선언을 내놓았고, 문재인 대통령도 12월 8일 무역의 날 축사에

---

46 이데일리, "김현종 "CPTPP 가입, 정무적 결정 안돼... 철저히 실익 따져야"", 2019.2.13.; 서울경제, "김현종 "CPTPP 가입 시 日 강제징용 배상 철회 요구할 수도"", 2019.2.13.

47 CPTPP, Decision by the Commission of the CPTPP regarding Accession Process of the CPTPP, CPTPP/ COM/2019/D002, 19 January 2019.

48 KBS, "홍남기 "CPTPP 가입전제 않고 비공식 예비협의 진행"", 2019.2.14.

49 서울경제, ""韓, CPTPP 가입 거부"... 日, 징용판결 보복하나", 2019.3.22.

서 CPTPP 가입을 계속 검토하겠다고 밝혔다.[50] 통상교섭본부도 미국 대선 이전부터 바이든 당선에 대비한 CPTPP 전략을 점검하였으며 12월에는 전문가 의견수렴과 관 계부처 협의에 나섰다.[51]

2021년 1월 문재인 대통령은 신년사에서 "CPTPP 가입도 적극 검토"하겠다고 표명한데 이어, 홍남기 부총리는 대외경제장관회의에서 "CPTPP 가입을 적극 검토하고 회원국들과 비공식 협의를 본격화"하고, 상반기 중 위생검역(SPS), 수산보조금, 디지털통상, 국영기업 등 4대 분야에서 제도 개선 방안도 마련하겠다고 발표하였다.[52] 정부의 가입 검토가 공식화되자 농축수산 단체들은 농수산업 분야의 막대한 피해가 예상된다면 즉각 중단을 촉구하고 규탄대회에 나서기 시작했다.[53] 당시 CPTPP 가입을 위한 대내외 여건은 대일 제조업 및 농수산분야 추가 개방에 대한 민감성, 한–미 FTA 플러스 규범 수용의 어려움, 불편한 한일관계 지속 등으로 여전히 걸림돌이 많았다. 하지만 미국이 아태지역 공조 복원을 위해 TPP2 또는 유사한 모델을 추진할 가능성을 감안하여 우리가 새로운 통상 질서 형성에 소외되거나 뒤처지지 않도록 미리 국내 제도를 개선하고 대외 협의도 준비할 필요가 있었다.[54]

미국의 TPP 복귀 여부를 우리의 CPTPP 전략에 어떻게 반영할지에 대해서는 다양한 견해가 있었다. 한쪽은 미국의 복귀를 기다리며 시간을 허비하

---

50 대한민국 정책브리핑, "문 대통령 "FTA 네트워크 더욱 넓혀야… CPTPP 가입 검토"", 2020.12.8.

51 동아일보, "문대통령 "CPTPP 가입 전향적 검토"… 통상정책 재편 지시", 2020.12.8.; 연합뉴스, "통상전문가들 "CPTPP 등 새로운 통상질서에 적극 대응해야"", 2020.12.29.

52 연합뉴스, "정부, CPTPP 참여 적극 검토… 가입대비 제도개선안 상반기 마련", 2021.1.11.

53 한국농업신문, "농업 희생 전제된 CPTPP 가입검토 즉각 중단", 2021.1.13.; 한국농촌경제신문, "농축산업 희생 강요하는 CPTPP 가입논의 즉각 중단하라", 2021.1.13.; 한국농정신문, "농민의 길, 문 대통령 'CPTPP 가입 검토' 발언에 "논의 중단하라"", 2021.1.20.

54 이데일리, "KDI "바이든 취임후 GVC 재편… CPTPP 가입으로 대응해야"", 2021.1.19.; 이데일리, "韓, 美보다 먼저 CPTPP 가입해야… 바이든 정부, 연말 재가입 검토", 2021.2.18.

다가 가입 기회를 놓치기보다는, 미국 동향과 무관하게 가입 협상에 우리가 먼저 나서야 한다고 주장한다. 미국이 없더라도 메가 FTA는 당연히 가야 할 길이라는 시각이다. 다른 한쪽은 미국이 없으면 CPTPP 가입 실익도 크지 않으니 굳이 서두르기보다는 대내외 준비를 진행하면서 시기를 보자고 주장한다. 현재 까다로운 가입조건과 절차가 제시된 만큼 무리하게 협상에 나서기보다는 미국이 짜는 새로운 판을 보자는 것이다. 한편, 미국 바이든 대통령은 후보 시절부터 중산층을 위한 일자리 창출과 경제 재건을 강조하였으며 취임 초기부터 TPP와 같은 시장개방을 수반하는 무역자유화 협정은 추진하지 않겠다는 입장을 분명히 하였다. TPA도 7월 만료됨에 따라 바이든 4년 임기 내 TPP 복귀는 더욱 어려워졌다. 통상 전략 측면에서, 신임 USTR은 노동자 중심 통상정책(worker-centric trade policy)과 대 중국 불공정무역 견제를 전면에 내세웠고, 바이든 대통령은 공급망과 기후변화를 강조하였다. 이에 따라, 미국이 새로운 인태통상전략으로 TPP 보다는 공정무역, 공급망, 디지털, 기후변화 등이 제시될 것으로 예상되었다.[55]

2021년 상반기에는 RCEP 발효를 추가로 반영하여 CPTPP 경제적 영향평가를 업데이트하고, 농업과 수산업 분야도 개별적으로 생산효과 피해규모를 산정하는 작업을 진행하였다. 통상교섭본부 중심으로 회원국과 비공식 협의를 진행하였으며, 관계 부처 공동으로 위생검역, 수산보조금, 디지털통상, 국영기업 등 4대 분야 제도개선 방안도 순차적으로 마련하였다.[56] 이러한 과정에서 부수적인 성과도 있었다. 뉴질랜드와의 비공식 협의에서, 뉴질랜드 측이 싱-뉴-칠 디지털협정(DEPA) 가입을 제안해왔다. 우리로서

---

55   서울신문, "바이든, 다자협력 우선 CPTPP 가입 안 할 것", 2021.1.21.

56   기획재정부 보도자료, "제221차 대외경제장관회의 개최", 2021.3.15.; "제223차 대외경제장관회의 개최", 2021.7.5.

는 디지털통상 전략의 외연을 확장하고 CPTPP 디지털 규범을 미리 수용하면서 국내 제도개선을 앞당기고 대미 아웃리치 공조에 참여할 좋은 기회가 되었다.

2021년 하반기 들어, 대내외 준비는 마무리되고 미국 동향도 윤곽이 잡혔으며 가입 득실은 별반 다를 것이 없었기 때문에, 정부가 가입 추진 여부와 일정을 결정할 시기가 되었다. 특히 9월에 중국과 대만이 전격 가입신청을 제출하면서 국내 분위기도 가입 신청 방향으로 흘렀다.[57] 정부는 대외경제장관회의, 대외경제안보전략회의, 통상추진위원회 등을 통해 부처 간 의견 조율에 들어갔고 당청과도 다양한 협의를 가졌다. 정부가 가입 추진 일정을 쉽게 내 놓지 못하자 언론에서 우리의 가입신청 결정이 임박했다는 추측보도를 내며 혼선도 있었다.[58] 그런데, 가입신청을 제출하려면 통상절차법상 협상 전 절차인 공청회, 협상계획 수립, 국회 보고를 거쳐야 하기 때문에, 당시 정부가 가입신청 여부를 결정하고 제출하는 단계가 아니었으며 그러한 국내절차를 언제 어떻게 진행할지가 쟁점이었다.

2021년 12월 정부는 임기 내 가입신청제출을 목표로 CPTPP 가입을 위한 '사회적 논의'를 개시하겠다고 발표하였다. 11월 총궐기대회 등 농수산단체 반발이 거세졌고 자칫 선거정국과 맞물려서 부정적 여론이 고착될 우려도 있었기 때문에 먼저 폭넓은 대화와 여론 수렴을 통해 사회적 공감대 형

---

57   조선비즈,"홍남기, 첫 대외경제 녹실회의 주재… 경제안보 CPTPP 논의", 2021.9.17.; 서울경제, "中 CPTPP 노크에… 韓 "美복귀 무산되나" 협정 가입 고민", 2021.9.17.; 헤럴드경제, "韓, CPTPP 가입 공식 선언 카운트다운?… 美도 복귀 가능성", 2021.9.20.; 조선일보, "중국이 신청해서?… 정부 "CPTPP 가입 결정 막바지"", 2021.10.20.

58   연합뉴스, "정부 이르면 이달말 CPTPP 가입여부 결정… 홍남기 "결정 막바지"", 2021.10.18.; 중앙일보, "CPTPP 가입 결정 다음달 초로 연기 "부처간 막판 조율"", 2021.10.22.; 조선일보, "속도전 할 것 같던 CPTPP 가입 신청 또 연기", 2021.11.1.

성에 노력한 이후에 공청회 등 절차를 개시한다는 것이다.[59]

이에 따라, 관계부처 합동 지역순회 간담회(부산, 인천, 춘천, 제주, 대전, 광주), 소관부처 주관 분야별 협의회, 각종 전문가 간담회 등 다양한 방식으로 의견수렴을 진행하였다.[60] 이 과정에서 농식품부 주관 협의회(1.12)가 농수산단체의 반대 기자회견 및 회의장 점거로 무산되고, 제주지역 현장간담회(1.17)가 화상으로 대체되는 등 정치적 반발에 부딪히기도 하였다. 3월 대선이 끝나자, 산업통상자원부는 가입 신청을 위한 국내절차로서, CPTPP 가입신청 공청회를 개시하였고[61] 4월 협상계획 대경장 의결을 거친 후 국회 보고를 남겨두고 있다.

4. 평가

CPTPP는 시장개방 통상협정을 넘어 지정학적 대외전략을 실현하는 핵심 수단으로 인식되어야 한다. 미국 오바마 대통령이 중국의 확장을 견제하는 아시아 재균형 전략으로 TPP를 시작하였고 일본 아베 총 리가 자국 경제 부활을 꿈꾸는 아베노믹스의 핵심 축으로 CPTPP를 완성하였다. 2005년 한-미 FTA 추진 당시 김현종 본부장이 '제2의 개항' 보고서를 들고 노무현 대통령을 설득했던 장면과 2014년 아베 총리가 오바마 방일을 앞두고

---

59   기획재정부 보도자료, "제226차 대외경제장관회의 개최", 2021.12.13.; "제3차 대외경제안보전략회의 개최", 2021.12.27.; 한국경제, "'농민 票心' 눈치만 보는 與… CPTPP 가입 시점은 오리무중", 2021.12.13.

60   산업통상자원부 보도자료. "메가 FTA, 현장의 목소리를 듣는다", 2021.12.16.; "CPTPP 가입, 각계 전문가 의견 듣는다", 2021.12.28.; "중소기업과 함께하는 메가 FTA 설명회, 대전 개최", 2022.1.27.; "산업부, 제6차 메가 FTA 간담회 광주 개최", 2022.2.11.

61   산업통상자원부 보도자료, "포괄적 · 점진적 환태평양동반자협정(CPTPP) 가입신청 관련 공청회 개최", 2022.3.25.

미국 언론에 '제2의 개항' 기고문을 게재하며 TPP를 내세운 장면이 묘하게 교차하는 건 우연이 아닐 것이다. 우리가 한-미 FTA로 일본과의 경쟁에서 앞섰지만 일본은 CPTPP 출범으로 반전을 이룬 것이다.

우리가 CPTPP에 가입하지 않은 것은 국내적 공감대가 형성되지 못하였기 때문이지만 가입을 추진할 정치적 리더십이 충분했는지도 돌아봐야 한다. 통상교섭본부가 외교부에서 산업부로 이관되면서 기회를 놓쳤다는 일부 주장은 맞지 않다. 외교통상부 시절 한-미 FTA 타결 이후 중국으로 눈을 돌렸고 산업부 이관 과정에서도 동일하였다. 더 중요한 부분은 노무현 정부는 한-미 FTA 추진으로 정치적 여력이 소진되었고, 이명박 정부는 미완의 과제였던 미국산 쇠고기 문제로 촛불시위를 겪으면서 TPP에 참여할 여력이 없었다는 점이다. 박근혜 정부 당시 TPP 참여가 이미 늦었고 한-중 FTA로 농수산 진영의 저항이 컸으며, 문재인 정부도 농수산 진영의 저항을 넘어서지 못하였다. 아베 총리가 협상을 직접 챙기고 국내 설득을 위해 정치적 리더십을 발휘했던 일본의 경우와는 차이가 있었다.

지금 우리는 어떠해야 하는가. 우리 세대의 선택과 전략을 미래 세대가 평가할 것이다. 하지만 CPTPP 가입 추진에 대한 국내 갈등이 여전하고 경제적 관점만으로는 뚜렷한 가입 명분을 제시하기도 쉽지 않은 것이 현실이다. 어느 때보다 경제, 통상, 안보를 아우르는 종합적 사고와 국론을 모아가는 정치적 리더십이 절실한 시점이다.[62]

---

62 필자의 양해 하에 본고 초안 일부가 다음 기사에 인용: 한국경제, "아.태의 부상과 CPTPP... 가입 시기 놓쳐 비용 높은 한국", 이지훈의 통상리서치, 2022.4.11.

Ⅲ. 가입 신청의 타당성 쟁점

Ⅲ장에서는 CPTPP 가입 신청의 타당성에 대해 살펴보고자 한다. 지난 8년간 가입을 검토하면서 상당한 논란이 되어왔고 다양한 관점에서 많은 연구가 있었다. 그럼에도 여전히 이견이 좁혀지지 않고 있는 것은 각기 다른 관점에서 바라보기 때문일 것이다. 먼저 가입절차와 조건을 살펴본 후, 경제적 득실, 지정학적 가치, 통상규범 영향 등 3가지 측면에서 논란이 되는 쟁점들을 종합해보고 가입 추진의 타당성을 설명해 보고자 한다.

1. 가입절차와 조건

가. 가입절차

CPTPP 위원회는 2019년 1월 가입절차규정[63]을 결정하여 발표하였다. 이에 따르면, 가입절차는 크게 4단계로 구분된다.

첫째, 가입신청 통보 단계이다. 가입 희망국(aspirant economy)은 자국의 참여 관심에 대해 모든 서명국들과 사전에 비공식 접촉(engage informally)을 하도록 권장되며, 기탁국에 신규가입 요청(accession request)을 공식 제출하면 기탁국이 이를 다른 서명국들에게 통보하는 방식이다. 사전 비공식 접촉은 의무사항이 아니며 가입의 진정성과 필요한 절차를 확인하는 수준에서 이루어진다. 각국별 사정에 따라 접촉 방식과 수준도 차이가 있다. 다만 사전 협의를 충실히 할수록 신청 이후 가입협상 개시가 빨라질 것이다.

둘째, 가입절차 개시(commence accession process) 단계이다. 가입희망국이 신규가입 요청서를 제출한 날로부터 합리적인 기간 내에 CPTPP 위원회

가 컨센서스로 가입절차 개시 여부를 결정하고 공표한다. 가입 희망국은 각 회원국의 질문 또는 관심현안에 대해 개별 협의를 가지도록 권장된다. 위원회는 가입절차 개시를 결정하는 경우 가입희망국과의 협상을 위한 작업반을 설치한다. 위원회가 가입절차 개시에 컨센서스를 이루지 못하더라도 가입희망국은 회 원국들과 협의를 지속하면서 위원회가 작업반 설치 여부를 결정할 수 있도록 하였다.

셋째, 가입작업반(accession working group) 단계이다. 작업반은 회원국 정부대표로 구성되며 의장은 컨센서스로 정한다. 위원회는 가입희망국 별로 개별 작업반을 설치할지 아니면 단일의 가입작업반으로 통합할지 정한다. 가입희망국은 첫 작업반 회의에서 CPTPP 규범에 합치하기 위한 국내적 노력과 추가적 제도개선 사항을 제시해야 하고, 첫 작업반 회의 후 30일 이내에 상품, 서비스, 금융, 투자, 일시입국, 정부조달, 국영기업 분야의 시장접근 양허제안서 와 비합치조치를 제출해야 한다. 가입희망국의 양허제안서가 회원국이 정한 가입조건 기준(benchmark)에 맞는다고 간주되면 회원국들도 자국의 시장개방 양허를 제출하고, 가입희망국은 가입작업반 또는 양자적으로 자국 양허에 대해 협상한다. 협상이 타결되면, 가입작업반은 해당국 가입조건에 대한 서면보고서를 컨센서스로 승인하여 위원회에 제출한다.

넷째, 위원회 승인(Commission's approval) 단계이다. 위원회는 작업반이 제출한 가입조건을 승인할지에 대해 컨센서스로 결정한다. 위원회가 가입조건을 승인하면, 가입희망국이 가입조건에 동의한다는 가입문서를 기탁국에 통보하도록 한다. 가입 희망국이 가입문서를 통보한 날 또는 모든 회원국이 국내절차 완료를 통보한 날 중 늦은 날로부터 60일이 지난 후에 회원국이 된다.

나. 가입조건 기준

상기 가입절차규정 제5항은 신규가입국의 가입조건 기준(benchmark)에 대해 아래와 같이 제시하고 있다.

> 5.1 Aspirant economies must:
>
> (a) demonstrate the means by which they will comply with all of the existing rules contained in the CPTPP; and
>
> (b) undertake to deliver the higheststandard of market access offers on goods, services, investment, financial services, government procurement, State-owned enterprises and temporary entry for business persons. These must deliver commercially-meaningful market access for each Party in a well-balanced outcome that strengthens the mutually-beneficial linkages among the aspirant economy and the Parties, while boosting trade, investment and economic growth, and promoting efficiency, competition and development.

우선 규범과 관련하여, CPTPP 협정문에 포함한 기존 규범 전체(all of the existing rules)를 수용하고 국내 제도를 합치시켜야 한다. 양자 통상협상에서는 서로 문안을 조율하여 규정하지만 기존 다자협정에 가입하는 것이므로 원 회원국이 정한 규범을 따라야 하는 것이다. 다만 WTO 가입협상 사례에 비추어볼 때, 모든 회원국이 합의 한다면, 개별국에 적용되는 가입 의정서를 통해 추가적인 의무나 권리를 규정하는 시나리오도 배제할 수 없다.

다음으로 양허 수준과 관련하여, CPTPP는 가입신청국에게 가장 높은 수준의 양허안(the highest standard of market access offer)을 제출하도록 요구하고 있다. 비교집단에 대해 명시된 바는 없으나, 해당국의 기체결 FTA 양허 중에 가장 높은 수준을 의미하는 것으로 이해되며, 우리의 경우 한-미

FTA 양허가 참고가 될 것이다. 하지만 이는 절대적 수치가 아니라 상대적 잣대이며 해당국이 협상의 이익균형과 납득할만한 사유를 들어 합리적인 범위에서 양 허안을 제시하고 회원국과의 협상을 시도하는 것이 일반적이다.

다. 협상 여건과 시나리오

가입절차에서 한 단계씩 넘어갈 때마다 컨센서스 의사결정을 요구하고 있기 때문에, 반대하는 회원국이 있으면 통과가 어렵고 가입요청국이 해당국을 직접 설득해야 하는 불리한 구조이다. 다시 말해서, 가입절차 개시 결정, 가입작업반 보고서 채택, 위원회 최종 승인 등 컨센서스가 필요한 단계에서 각종 양자현안이 제기될 가능성이 열려있다.

상품양허는 높은 수준을 지향하고 있으나, 미리 정해진 것이 아니고 가입협상을 거치면서 구체화된다고 봐야 한다. 가입 협상에서 회원국의 양허와 우리 기체결 FTA 사례가 참고기준이 될 것으로 보인다. 회원국 양허를 보면, 가장 낮은 일본의 양허 수준[64]과 가장 높은 싱가포르의 양허수준이 검토범위가 될 것이며, 우리의 기 체결 FTA 중에는 한-미 FTA 양허가 가장 높은 수준이므로 그보다 낮게 협상영역을 모색할 것으로 보인다.

한편, 중국과의 가입협상이 개시되는 경우 중국이 가입조건을 그대로 수용하기보다는 자국의 거대 경제규모를 내세워 상품 양허 민감성 반영 및 각종 규범상 예외를 요구할 것으로 예상된다. 이는 우리의 가입협상 여건에도 영향을 미칠 수 있으므로, CPTPP 회원국들이 어떤 관행을 쌓게 될지도 지켜봐야 할 것이다.

---

64 일본 상품 양허율: 품목수 기준 95.7%(농축수임 85.1%), 수입액 기준 97.6%(농축수임 83.9%).

2. 경제적 득실

CPTPP 가입의 타당성을 검토하는 데 있어, 경제적 득실 분석이 가장 첫 번째 잣대라고 할 수 있다. 찬성 진영에서는 관세 및 비관세 장벽 완화에 따라 우리 경제 및 수출에 긍정적 효과가 있다고 설명하는 반면, 반대 진영에서는 가입에 따른 혜택은 적고 농어민 피해는 한-미 FTA와 맞먹는다고 반박한다. 거시경제 효과, 산업 부문별 효과에 대한 기존 분석 결과를 소개하고, 반대진영 논리를 중심으로 반론해 보겠다.

가. 거시경제 효과

통상절차법 제9조는 통상협상을 개시하기 전에 경제적 타당성을 검토하도록 의무화하였고,[65] 정부는 국책연구기관인 대외경제정책연구원(이하 KIEP)에 거시경제효과 분석을 의뢰하는 것이 일반적이다. 그러면 KIEP는 일반균형분석(CGE) 모형을 통해 경제적 타당성 분석을 수행한다.[66]

지난해 KIEP가 수행한 CPTPP 경제효과 분석에 따르면, 우리나라가 CPTPP 가입시 실질 GDP는 0.33~0.35% 높아지고 소비자 후생은 30억 불

---

[65] 통상조약의 체결절차 및 이행에 관한 법률 제9조:
"① 산업통상자원부장관은 통상협상 개시 이전에 통상조약 체결의 경제적 타당성 등을 검토하여야 한다. (이하 생략)
② 산업통상자원부장관은 제1항에 따른 경제적 타당성 등의 검토를 관계 중앙행정기관의 장에게 요청하거나 정부출연연구기관을 포함한 관계 연구기관에 의뢰하여 실시할 수 있다. 이 경우 요청 또는 의뢰를 받은 관계 중앙행정기관 및 관계 연구기관의 장은 특별한 사유가 없으면 이에 따라야 한다."

[66] 김영귀 외, FTA의 경제적 효과추정 방법론 개선에 관한 연구, KIEP 연구보고서 13-05 (2013): KIEP가 사용하는 CGE 모형은 생산, 소비, 투자 등 경제 내부의 상호의존적인 개별 부문과 수출입 등 대외부문을 통합한 모형으로, 초기 균형 상태에서 특정 충격이 가해지면 새로운 균형 상태에 도달하게 되는데, 이때 균형 간의 주요 변수 수치 변화를 바탕으로 파급효과를 분석하는 방식이다.

증가할 것으로 전망되었다.[67] 그 외에도,국내 학계에서 CGE 모형을 이용하여 경제적 효과를 분석한 각종 연구에서도 결과 수치의 차이는 있지만 우리 경제에 혜택이 된다는 점은 일관된 평가이다.[68] 따라서 CPTPP 가입이 우리나라 경제 전반에 득이 된다는 부분은 반론의 여지가 없다고 본다.

나. 산업 부문별 효과

CPTPP는 상품 분야에서 품목수 기준 95~100% 수준의 자유화에 합의하였다. 국별 민감성은 최장 21년의 장기철폐, 부분 감축, 관세율할당(TRQ) 설정 등 방식으로 반영하였다. 회원국별 자유화 수준을 보면, 일본이 가장 낮은 95%, 베트남이 97.9%, 멕시코, 칠레, 페루, 캐나다, 말련, 호주가 99% 이상, 뉴질랜드, 브루나이, 싱가포르가 100% 양허하였다.[69]

(1) 공산품

공산품의 경우, 자유화 수준이 99.8%에 달하여, 전품목 관세 철폐를 원칙으로 극히 일부 품목에 대해서만 부분 감축 또는 예외를 허용하고 있다. 우리가 CPTPP에 참여할 경우, 멕시코, 베트남, 일본 등과의 시장개방 효과가 예상된다. 멕시코의 경우, 회원국 중 유일하게 우리가 FTA를 체결하지 못한 국가이며, 자동차(승용차 20%, 타이어 15%), 석유화학(합성수지 5%), 비철금속(알루미늄 15%), 기계류(보일러 15%), 전기전자(전동기 5%) 등에서

---

67   산업통상자원부 공청회 발표자료 (2022.3.25.).

68   정재원 (2018), 전게 논문; 이요셉, "CPTPP 타결 의미와 시사점", KITA통상리포트 (2018); 김대종, "TPP 가입이 한국경제에 미치는 파급효과 분석", 한국산업경제학회 2014년도 춘계국제학술발표대회 논문집 (2014).

69   KOTRA, CPTPP 발효에 따른 국가별 반응 및 영향, Global Market Report 18-039 (2018).

관세 철폐로 인한 우리의 수출 확대가 기대된다. 베트남의 경우, 기발효 FTA가 있지만 자동차 고관세(70% 이상) 등이 남아있다. 한편 일본의 경우에는 우리가 무역적자이고 RCEP 이상의 추가적인 시장개방 및 관세 철폐기간 단축에 따른 산업계 우려가 제기되고 있다. 우리가 RCEP에서는 대일본 수입액 기준 24% 가량의 품목에 대해 양허 제외하고 양허한 품목도 10년 이상에 걸쳐 관세를 철폐하기로 합의하여 당장 부담이 되는 수준이 아니었으나, CPTPP에서는 양허제외가 드물고 장기철폐도 최소화될 것으로 보인다.[70]

자동차 부문에 대해서는 신중한 분석이 요구된다. CGE 모형을 통한 이론적 분석에서는 단순 관세율만 보기 때문에 긍정적 효과가 크다고 분석된다. 그런데 정작 자동차 업계는 가입에 따른 실익이 없다며 유보적인 입장이다.[71] 캐나다, 호주, 페루, 칠레, 싱가포르, 브루나이 등은 기발효 FTA하에서 자동차 관세가 이미 철폐되었거나 무관세이다. 일본, 말레이시아, 멕시코, 베트남이 관세 철폐를 기대해 볼만한 국가인데, 일본에 대해서는 자동차 분야에서 일방적인 무역적자를 보이고 있으며, 말레이시아는 국민차 정책으로 시장개방을 유예했고, 멕시코와 베트남에 대해서는 각각 동남아와 북미 생산구조를 이미 갖추고 있어 실질적 효과가 크지 않다고 보기 때문이다.[72]

(2) 농축산물

농축산물의 경우 CPTPP 회원국의 평균 자유화 수준이 품목수 기준

---

70   김바우, "CPTPP 제조업 분야의 상품양허 현황과 대응과제", 대한상의 제2차 CPTPP 통상포럼 발표자료 (2021), www.korcham.net.

71   서울신문, "재계 "CPTPP, 긍정효과 기대… 車, 화학 등은 전략적 협상 필요"", 2021.12.13.; 한국산업연합 포럼 보도자료, "제18회 산업발전포럼, 제23회 자동차산업발전포럼 개최 – 규제와 규범위주 새로운 통상환 경에 효과적 대응해야", 2022.3.4.

72   조정란, "CPTPP 가입이 국내 자동차산업에 미치는 영향 연구", 무역학회지 45(1) (2020).

96.3%이고 즉시 철폐되는 품목 비중도 81.1%이다. 회원국별 관세철폐 자유화 수준을 보면, 호주, 뉴질랜드, 페루, 브루나이, 싱가포르 5개국은 100%이고, 베트남과 말레이시아 99%, 멕시코 95.6%, 캐나다 93.2%이며, 일본이 76.2%로 가장 낮다. 우리가 CPTPP 회원국과 체결한 양자 FTA에서 농축산물 자유화율 수준이 호주 88.2%, 캐나다 85.2%, 베트남 75.0%, 뉴질랜드 85.3%, 칠레 71.2%, 말레이시아 63.2% 등에 그치고 있음을 감안하면, CPTPP 가입협상 과정에서 추가 개 방 압박이 적지 않을 것으로 예상된다.[73]

일본의 농축산물 자유화율 수치에 대해서는 추가 설명이 필요하다. 2018 HS코드 기준으로 전체 1,915개 세번이며, 부분감축, TRQ, 양허제외 등을 제외하고 관세를 철폐하는 품목은 1,459개 세번으로 76.2% 이다. 1,915개 세번 중에 1,821개 세번은 단일양허로 기재하였지만, 8개 세번은 계절관세로 특정 기간을 구분하여 양허하였으며, 86개 세번은 용도, 규격, 대상국가 등에 따라 216개로 세번을 분리하여 양허 하였다. 216개 세번 중에 151개는 추가 개방하였으나 65개는 개방하지 않았다. 1,915개 세번 중에 CPTPP에서 어떤 형태로든 추가 개방한 품목을 계산하면 단일양허 1,633개, 계절관세 8개, 세번분리 86개를 합하여 90.2%(188개 제외)이고, 세번분리 품목을 216개로 계산하면 87.6%이다. 따라서 일본의 농축산물 관세철폐 비중으로 보면 전체의 76.2%이고, CPTPP로 추가 개방된 품목 비중으로 보면 90.2%이다.

우리나라의 對CPTPP 농축산물 수입은 약 130억 불로 전체의 1/4 수준이며, 호주, 캐나다, 베트남, 뉴질랜드, 칠레, 말레이시아 순으로 많다. 호주로부터 쇠고기, 사탕 수수당, 밀, 양고기, 보리를, 캐나다에서는 펄프, 원목, 돼

---

73   문한필 외, "CPTPP 발효와 농업통상 분야 시사점", KREI 농정포커스 제174호 (2018).

지고기, 유채유, 밀을, 뉴질랜드에서는 원목, 쇠고기, 치즈, 키위, 기타 축산 조제품을, 베트남에서는 톱밥, 합판, 칩, 커피, 기타 과실을, 칠레에서는 펄프, 포도, 돼지고기, 제재목, 포도주를 주로 수입한다. 따라서 CPTPP 가입협상 결과에 따라 이들 농업강국의 주요 수출품목에 대한 우리 관세가 추가로 철폐되는 경우 수입이 증가하고 국내 생산에의 영향이 예상된다.[74]

한편, 관세가 철폐되었다고 하더라도 위생검역(SPS) 조치로 인해 수입이 되지 않는 경우가 다수 있다. 특히 사과, 복숭아, 배, 단감, 자두 등 신선과일 대부분 품목은 기체결 FTA에서 개방했더라도 국내에 존재하지 않는 병해충을 근거로 주요 수출국을 수입금지지역으로 지정하고 있는 상황이다. CPTPP 가입협상 과정에서 또는 구획화 등 새로운 SPS 규범 도입으로 인해 회원국 요청 품목에 대한 SPS 절차가 빨라지거나 완화되면 추가적인 관세 철폐가 없이도 해당 품목의 수입이 확대될 여지가 있다. 이에 일부에서 이러한 SPS 효과도 경제영향 평가 및 피해규모 산정에 포함되어야 한다고 주장한다. 하지만, 이는 SPS 절차를 국제 기준에 맞춰 합리화하는 것이고 국내 제도 개선으로 보아야지, 관세가 이미 철폐된 품목에 SPS 조치를 관세 상당치로 환산하여 관세가 있다고 의제하고 경제적 피해를 주장하는 접근은 납득하기 어렵다.

(3) 수산물

수산물의 경우, CPTPP 회원국은 베트남 소금 TRQ, 일본 해초류 부분감축을 제외하고는 거의 100% 관세를 철폐하였다. 우리의 기체결 FTA상 수산물 양허가 호주, 뉴질랜드, 캐나다, 칠레, 페루와는 99~100% 수준이지만,

---

74 문한필, "CPTPP 농축산 분야 양허 대응과제", 대한상의 제3차 CPTPP 통상포럼 발표자료 (2021), www.korcham.net.

베트남 91.3%, 말레이시아 87.0%, 일본 47.9% 등에 머물고 있어 이들 국가와의 추가적인 시장개방 폭과 그로 인한 효과가 관건이다. 수산물은 해당 품목 수가 적고[75] 우리나라의 對CPTPP 수산물 교역규모가 수출 10억 불, 수입 15억 불 내외에 불과하다. 그러다 보니 CPTPP 가입에 따른 수산물 시장개방 영향을 별도로 분석한 체계적인 자료가 드물다. 다만 수출입 통계에 비추어 볼 때, 우리가 베트남, 말레이시아, 일본 등으로부터 새우, 오징어, 돔, 멍게, 명태, 가리비 등을 주로 수입하고 있기 때문에 이들 품목에서 추가 개방 효과를 예상해 볼 수 있다. 일본의 경우 우리와 수출입 규모가 비슷하지만, 우리 주력 수출품목인 김을 일본이 CPTPP 양허에서 제외했기 때문에 수세적으로 본다.

일부에서는 CPTPP 가입이 확정되면 면세유 등 수산보조금이 중단된다고 주장한다. 면세유는 WTO DDA 수산보조금 협상 과정에서 금지보조금 항목에 명시적으로 열거되어 논란이 되었고, CPTPP에서는 그러한 열거목록 없이 과잉어획상태에 있는 어족자원에 부정적 영향을 미치는 보조금을 금지한다는 포괄적인 접근을 취하고 있다.[76] 다시 말해서 CPTPP에서는 면세유 자체를 직접 금지하기보다는 자원관리를 어떻게 운영되는지에 따라 다르게 해석될 여지가 있지만, 오히려 WTO 다자협상에서 지속 문제 될 것이기 때문에 제도 개선을 중장기적으로 검토하는 것이 타당하다.

---

[75] 수산물은 HS코드상 어패류(03류), 해초류(12류 일부), 어패류 조제품(16류 일부), 기타 조제식료품(21류 일부)이 해당된다.

[76] 정명화, 안지은, "제11차 각료회의 이후 WTO 수산보조금 협상 동향과 전망: CPTPP와 USMCA의 수산보조금 비교 연구를 중심으로", 해양정책연구 35(2) (2020).

다. 신규가입 확대 영향

영국이 CPTPP 가입을 협상 중이고, 중국, 대만 등이 신규가입을 신청했으며, 미국의 복귀 여부도 관심의 대상이기 때문에, 경제적 타당성 논의 시 신규가입 확대에 따른 영향 문제도 종종 제기된다. 아직 이들 신규가입국의 가입협상이 타결되지 않았고 양허협상 결과도 나오지 않아 공식적으로 제시된 분석결과는 없고, 학계의 기존 연구를 중심으로 CPTPP 신규가입 확대의 경제적 영향을 가늠해 볼 수 있다.

일례로, 송백훈(2021)은 CPTPP에 영국, 중국, 대만이 참여하는 경우(시나리오 1-1), 영국, 중국, 대만, 미국, 한국이 참여하는 경우(시나리오 2-1), 여기에 콜롬비아, 태국, 필리핀, 인도네시아까지 참여하는 경우(시나리오 3-1)를 상정하고, 각각 중국이 제외될 경우(시나리오 1-2, 2-2, 3-2)를 추가한 6가지 시나리오에 대해 CGE 분석을 통해 우리 경제에 미치는 영향을 분석하였다. 그 결과, 우리가 참여하지 않은 시나리오 1의 경우, CPTPP가 영국, 중국, 대만으로 확대되면 우리 GDP가 0.04% 감소하는 부정적 영향이 있다. 우리가 참여하는 시나리오 2에서는 미국과 동시에 가입할 경우(시나리오 2-1) GDP가 0.23%로 가장 크게 증가하고 중국이 배제되면(시나리오 2-2) GDP 증가도 0.04% 증가로 줄어든다. 여타 관심국이 모두 참여하는 시나리오 3의 경우는 시나리오 2와 분석결과가 유사하다.[77]

상기 분석에서 도출되는 시사점은 다음과 같다. 첫째 우리가 CPTPP 참여를 미룬 채 다른 국가로 확대되는 경우 우리 경제가 뒤처질 수 있다. 우리가 조속히 가입신청을 제출해서 중국, 대만과 함께 검토되도록 해야 하는 이유이기도 하다. 둘째 우리가 미국과 동시에 CPTPP에 가입하는 것이 가

---

[77]　송백훈, "CPTPP 확대가 한국의 교역에 미치는 효과 연구", 국제통상연구 26:4 (2021).

장 바람직하다. 이는 다른 연구에서도 마찬가지이고, 국내 업계와 연구기관 모두 동일한 견해를 보인다. 셋째 중국이 가입하는 경우에도 우리가 참여하는 것이 경제적 이득이 되고 참여하지 않으면 손해이다.

라. 반대 논리에 대한 검토

(1) 경제적 혜택 부족

반대 진영은 CPTPP 가입에 따른 경제적 혜택이 충분히 입증되지 않았다고 주장한다. 정부가 제시한 'GDP 0.33%' 증가 수치는 상품 개방수준이 보다 낮고 국내 민감성도 덜했던 RCEP의 경제적 타당성 분석시 제시된 GDP 0.38~0.68% 성장, 소비자 후생 89~138억 불 증가에 비해서도 낮은 수준이기 때문이다.[78]

사견으로, 거시경제에의 긍정적 효과가 입증되면 충분한 것이지, 수치의 높고 낮음에 너무 의미를 둘 필요는 없다고 본다. 첫째 협상 개시 전 경제적 타당성 평가는 협상 시나리오를 가정하여 이득이 될지를 미리 가늠해보고 협상전략 수립 시 감안하려는 것이기 때문에 그 수치가 정확한 것은 아니고 우리가 어떻게 협상하는지에 따라 달라진다. 협상이 타결되면 그에 따른 경제적 영향평가와 피해산정을 하게 되며 그 수치가 유의미하다. 둘째 CGE 분석은 관세철폐 효과에 따른 정량적 분석에 의존하기 때문에 실제 체결국 간 교역 · 투자가 활발해지면서 가져올 긍정적 변화를 충분히 반영하지 못한다. 특히 다자간 경제블록인 메가 FTA의 경우 역내 단일 원산지 적용으로 기업의 공급망 변화와 수출부가 가치에 가져오는 효과가 중요하나, 현재

---

78 산업통상자원부 FTA 홈페이지, "RCEP의 경제적 타당성 평가 결과", www.fta.go.kr; 오수현 외, "역내포괄적경제동반자협정(RCEP) 잠정 타결: 의미와 시사점", KIEP 오늘의 세계경제, 2019.11.19.

모형에는 반영되지 못한다.[79] 셋째 KIEP 자체가 경제적 타당성 수치를 보수적으로 제시하는 경향이 있다. 2006년 한-미 FTA 출범 당시 KIEP가 거시경제효과 수치를 부풀렸다는 국회 및 언론의 집중 지적이 있었다.[80] 그 이후로는 관세철폐 효과 분석에 교역 현실을 반영하기 위한 조정을 최소화하여 결과치가 과소 추정되고 있다. 일례로 한-미 FTA 이행상황평가 보고서를 보면, 당초 양국간 관세율 차이로 인해 FTA 체결 시 대미 무역수지 적자가 발생 할 것으로 분석되었으나, 실제 교역은 발효 후 5년간 발효 전 대비 연평균 147억불의 순수출이 증가하였다.[81]

(2) 가입비용 과다

CPTPP에 가입하려면 규범을 전부 수용하고 한-미 FTA 수준 이상의 개방을 우리가 허용해야 하므로 득보다 실이 크다는 것이다.[82] 특히 우리가 CPTPP 회원국 중 멕시코, 일본을 제외하고는 양자 FTA를 체결했기 때문에 CPTPP는 실질적으로 한-일 FTA 체결을 의미하고, 아직 대일 경쟁이 열위인 중소 제조업과 소재부품장비 품목에서 수입 증가로 국내 생산기반이 취약해진다는 것이다. 또한 호주, 뉴질랜드, 캐나다 등 농업강국과 양자 FTA에서 우리 농축산물 개방 예외를 어렵게 확보하였는데, CPTPP 가입으로 우리가 크게 얻는 것도 없이 민감품목을 내어주어야 하고, 이러한 추가 개방에 따른 국내 생산 피해는 한-미 FTA와 맞먹는 엄청난 수준이라는 것이다.

---

79 최낙균 · 박순찬, 글로벌 가치사슬에서 수출부가가치의 결정요인 분석과 정책 시사점, KIEP 연구보고서 15-05 (2015); 한석호 외, 메가 FTA의 경제효과 분석 방법론 개선방향을 위한 기초연구, 경제인문사회연구회 협동연구총서 17-18-01 (2016).

80 프레시안, "KIEP 자료조작 논란, 그 거짓과 진실", 2006.4.28.

81 산업통상자원부 보도자료, "한미 FTA 발효 5년간 이행상황평가 결과", 2018.4.10.

82 서울경제, "김현종 "CPTPP 가입 시 日 강제징용 배상 철회 요구할 수도"", 2019.2.13.

CPTPP 가입으로 국가경제 전체적으로 혜택이 된다고 하더라도, 수입이 늘어 국내 생산이 재분배되는 과정에서 피해가 크다면 가입에 신중해야 한다는 것이다. 더구나 가입 협상이 신규가입국에게 불리한 구조이기 때문에 그러한 피해를 감수할만한 혜택이 가능할지 의문을 제기한다.

사견으로, CPTPP 가입이 우리에게 쉬운 협상은 아니며 제대로 협상하지 못하면 시장개방 부담이 적지 않을 것이라는 점에는 동의한다. 하지만 미리부터 최악의 결과를 염려하여 협상을 해보지도 않고 경제적 타당성이 없다고 예단하는 것은 바람직하지 않다고 본다. 가입협상에서 협상의 이익 균형을 보아가며 우리 산업의 기반인 소부장 품목, 식량주권을 위한 필수 농수산업에 대해서는 민감성을 제기하여 충분한 유연성을 확보하고, 그 결과를 가지고 나중에 국내적으로 가입 여부를 결정해도 늦지 않다.

(3) 중국 가입 영향

농축수산단체는 중국이 가입하면 중국산 저가 농산물의 수입으로 국내 농업이 붕괴된다고 주장한다. 특히 수산부문은 우리 어선이 중국과 동일한 어장에서 작업하고 있어 그 피해가 더욱 심할 것이라고 강조한다.

사견으로, 중국 가입에 대한 문제 제기는 지나친 기우라고 생각한다. 우선 중국 가입절차가 단시일 내 진전될 가능성이 낮다. 중국의 CPTPP 가입에 대해 정치적 민감성을 가진 회원국이 다수 있어 가입절차 개시에 대한 컨센서스 형성이 쉽지 않다. 가입 협상이 개시되더라도, 전문가들은 중국이 높은 수준의 시장개방과 규범을 그대로 수용하기 어려울 것으로 보고 있다. 또한 중국이 가입하고 한-중 양국이 CPTPP 양허 협상을 하게 되더라도 양자 FTA 이상의 추가적인 시장개방은 상호 주고받기이며 중국도 FTA 미개방 공산품 관세를 양허해야 하므로 대폭적인 변화는 쉽지 않다. 오히려 중국과의 상호 높은 수준 양허는 우리 경제 전반에 득이 된다.

3. 지정학적 전략

CPTPP 가입은 단순히 수출시장 확대를 넘어 역내 다자적 공조를 확보하고 새로운 통상질서 형성에 주도적으로 참여하는 전략적 가치가 있다. 미국, 일본, 중국 등도 지정학적 전략의 일환으로 메가 FTA를 추진해왔다. 하지만 이러한 전략적 가치가 다소 막연하고 설명이 어렵다 보니 거대담론으로 치부되는 경향이 있다. 자유무역 공조, 공급망 재편 대응, 新통상질서 대비로 나누어 전략적 가치를 풀어보고, 반대 진영 주장에 대해 반론해 보겠다.

가. 자유무역 공조와 경쟁

첫째, 글로벌 통상환경 불확실성이 지속 되는 상황에서 무역에 의존하는 개방형 통상국가인 우리가 나갈 방향은 메가 FTA를 통해 자유무역 원칙과 기조를 견지하면서 역내 공조를 형성하여 수출시장을 안정적으로 확보하는 것이다.[83]

지금 세계 경제는 무역 자유화와 비차별 원칙의 자유주의 국제질서 기반이 약해지고 자국 이익을 우선한 중상주의 사고에 기초한 전략적 보호무역 조치가 확산되는 혼란기에 있다. 글로벌 교역에서 미국의 주도적 지위가 흔들리고 중국의 굴기가 본격화되면서 미-중 패권경쟁 단계에 들어섰고, 미국이 무역불균형의 원인을 중국 국가자본주의와 불공정무역에서 찾으면서 대중국 견제에 초당적으로 나서고 있다. 이러한 국제 정세 혼란기에 우리는 '자

---

83 정인교, "신통상전략의 핵심, CPTPP 가입", 서울경제 정인교칼럼, 2018.4.10.

유 무역' 원칙과 가치를 확고히 하면서 주변국 공조를 통해 통상환경을 안정시켜야 한다. CPTPP는 '자유무역'이라는 동일한 가치를 공유하는 경제블록이므로, 우리에게도 원칙에 기초한 국제 공조로서 전략적 가치가 크다.

둘째, 각국은 외교안보 전략과 연계하여 치열한 통상 공조와 경쟁을 펼치고 있다. 주변 열강의 각축 양상을 보면서 누구를 선택할지 눈치 보는 수동적 자세에서 벗어나, 우리도 국가 대계와 동북아 안보를 고려한 지정학적 전략을 품고 능동적인 통상 외교에 나서야 한다.

오바마 행정부는 아시아 재균형 전략 (pivot to Asia)의 일환으로 TPP를 추진하였고, 아베 정부가 참여한 것은 중국의 부상에 맞서는 미-일 동맹 차원이었다. 일본은 미국의 탈퇴에도 보호주의 역풍이 거셀수록 자유무역 발판이 필요하다는 전략적 판단으로 CPTPP를 출범시켰고, 최근에는 영국의 가입을 적극 지원하면서 영-일 동맹의 부활을 준비하고 있다. EU도 개방된 전략적 자율성을 기치로 자국 경쟁력 확보 차원에서 인태 전략을 준비하고 있다. 개혁개방에 미온적인 중국마저 CPTPP 협상 테이블에 앉아 새로운 역내 통상질서에 관여하겠다고 전략적으로 나서고 있다.[84]

우리는 과거 2000년대 동시다발적 FTA 추진을 통해 글로벌 FTA 선도국으로 자리 매김한 바 있다. 우리 기업들이 특혜관세 혜택을 누리면서 글로벌 시장에서 유리하게 경쟁할 수 있었다. 그런데 지금은 RCEP과 CPTPP를 양손에 거머쥐고 미일 합의와 일-EU EPA마저 확보한 일본에 추월당한 양상이다. 한국과 일본의 FTA 발효국 GDP 비중을 보면, 2017년 한국 72%와 일본 21%에서 2022년에는 양국이 85%로 비슷해졌다. 동남아 진출 사례에서 보듯이 FTA 선점 경쟁에서 뒤처지고 시장지배적 지위가 고착되면

---

84   최병일, "초읽기 들어간 한국의 CPTPP 참여", 한국경제 다산칼럼, 2021.10.22.

우리 기업의 경쟁력에 부담이 되고 후발주자로서 신규 진입하는데 어려움이 따른다. 단기적 대안으로 FTA 미체결 국가와의 양자 협상을 서둘러 체결하여 경쟁력 부담을 최소화할 수는 있지만 그것만으로 상황을 근본적으로 역전 시키기 어렵다.

셋째, 중국과 대만의 가입신청으로 상황이 급변하고 있다. 정치적으로 민감한 양안관계가 대두되면서 CPTPP를 둘러싼 정치적 역학관계도 불투명한 상황이다. 이러한 변화의 시기가 우리에게 기회이다.[85] 한국은 무역규모가 크고 폭넓은 FTA 네트워크를 갖추고 있어 가장 적합한 CPTPP 후보국으로 간주되어 왔다. 회원국 입장에서도 전후 자유무역을 통한 성공신화를 쓰고 있는 한국의 참여는 CPTPP 위상을 높이는데 도움이 된다. 그럼에도 우리는 2013년 관심 표명 이후 비공식 협의에 머물면서 불리한 협상지위에 따른 과도한 가입비용을 우려하여 발걸음을 떼지 못하고 있다. 하지만 아직 기회는 있다. 우리가 가입신청을 조기에 제출해서 중국, 대만과 동일선상에서 가입협상이 검토될 수 있다면 상황이 다르다. 기존 회원국과 신규가입국의 경제규모가 역전되고 가입협상의 다이내믹이 달라질 것이며, 미국이 당초 TPP로 목표했던 아시아태평양 FTA (FTAAP) 구상으로 이어지는 모멘텀이 될 수 있을 것이다. 지금 이 시점에 우리의 전략적 선택이 동북아 경제 지형에 매우 중요한 셈이다. 역으로 우리가 지금 시기를 놓치고 중국과 대만의 가입 논의가 시작된다면 향후 여건은 훨씬 불리해질 것이다.

나. 역내 공급망 재편 대응

첫째, 다자는 단순히 양자 FTA의 합이 아니다. 점과 점을 연결하면 선이

85　강문성, "CPTPP 가입 서둘러야 한다", 한국경제 시론, 2021.10.20.

되지만, 여러 점을 연결하면 평면이 탄생한다. 선에서 평면으로 차원이 달라지고 역내 공급망을 통해 새로운 경제적 기회를 만들어내는 것이다.[86]

과거에는 기업이 효율성에 기반하여 공급망을 구축하고 정부는 무역투자 장벽을 완화하는데 초점을 두었으나, 지금은 기술 경쟁에 대비한 자국 내 생산역량 확충과 위기 상황에서 필수품목 공급망 복원력 확보가 중요한 화두가 되었고 이를 위한 정책적 개입이 노골적으로 이루어지고 있다. 이제 공급망은 기업 간 경쟁을 넘어 각국 경제안보와 통상전략의 핵심 사안이다. 메가 FTA는 역내 시장을 단일 원산지로 묶고 안정적 교역환경을 제공하기 때문에 기업의 공급망 재편에 중요한 고려요인이다. RCEP 원산지 규정에 도입된 원산지 자율증명, 단일 품목별 원산지기준, 재료 누적 등에 대해 수출기업의 행정 비용이 경감되고 역내 교역·투자가 확대될 것으로 기대된다. CPTPP의 경우에는 단일 원산지 기준과 함께 원산지 완전누적[87]을 인정하여 통합이 보다 진전되었고 중장기적으로 기업들의 역내 공급망 활용을 촉진할 것으로 예상된다. 일례로 미국이 USMCA에서 자동차용 철강에 대해 역내에서 제강을 거치토록 원산지 기준을 엄격하게 도입함에 따라, 한국에서 제강을 거쳐 현지에서 도금하던 국내 철강회사는 USMCA 원산지 충족을 위해 현지 제강공장 인수를 경영전략 차원에서 검토하고 있다.

둘째, 미-중 갈등, 코로나 팬데믹 이후 글로벌 통상지형이 세계가 아닌 지역 중심으로 빠르게 진화하고 있다. 우리가 닫힌 시각으로 경제적 손익을 따지며 시간을 허비하다가는 주변국의 공급망 연대 흐름에서 뒤처질 수 있다.

인도·태평양 지역에서 중국의 팽창 위협에 대응한 자유민주 진영의 다

---

86 최병일, "초읽기 들어간 한국의 CPTPP 참여", 한국경제 다산칼럼, 2021.10.22.

87 상품의 원산지 판정 시 해당 제품이 생산되기까지 역내에서 발생한 모든 부가가치와 생산공정을 누적하여 인정하는 방식을 말한다.

자 협의체가 빠르게 움직이고 있다. 미국·일본·호주·인도의 4자 협의체 인 쿼드(Quad)에 이어 미국·호주·영국의 안보동맹 오커스(AUKUS)가 출범하였다. 영국의 쿼드 참여와 일본의 오커스 참여도 관측된다. 일본 언 론이 "일본은 태평양에서, 영국은 대서양에서 각각 미국과 동맹 관계"라며 새로운 영일동맹이 향후 인태 지역에서 영미일 3국 동맹으로 발전할 것으 로 전망한 부분은 섬뜩하다.[88] 한편 대만은 일본과의 반도체 동맹을 강화하 면서 CPTPP 합류로 세계 흐름에 참여할 기회를 엿보고 있다. 반도체, 가 전 등 주력 산업이 우리와 겹치는 대만의 경제블록 참여와 중국을 견제하는 미국-일본-대만 공급망 연대의 완성은 우리 기업에게 적지 않은 부담이 될 것이다.[89] 공급망 불안, 통상의 안보화, 디지털 전환 등 패러다임 전환 시기 에 주변국이 모두 참여하거나 참여를 신청한 협상에서 계속 경기장 밖에서 방관하자는 주장은 설득력이 없다.[90]

다. 新통상질서 대비

첫째, 우리의 달라진 경제적 위상에 맞게 새로운 통상질서 형성에 주도 적으로 참여하면서 국익을 반영해야 한다. 이를 위해서는 높은 수준의 규 범을 가진 CPTPP 가입으로 우리 통상 수준을 질적으로 한 단계 발전시켜 야 한다.[91]

대표적인 분야가 디지털 통상이다. 각국은 유사한 입장을 주변국과 연 합하여 복수국 협정 방식으로 디지털 통상질서를 수립해가고 있다. 한-미

---

88 매일경제 2021.10.15.일자, "119년 만에 부활하는 영일동맹… 요동치는 동북아 정세."

89 김윤경, "한국의 CPTPP 가입: 쟁점과 전략", 동아시아재단 정책논쟁 (2021).

90 정철, "CPTPP의 역설과 한국의 선택", 파이낸셜뉴스 서초포럼 2021.10.21일자.

91 박태호, "CPTPP 가입 신청, 빠를수록 좋다", 중앙일보 중앙시평 2021.4.16일자.

FTA 플러스 수준의 디지털 통상규범이 TPP에서 제시된 후, CPTPP, US-MCA, 미-일 디지털협정, 싱-뉴-칠 DEPA 등을 거치면서 데이터 자유화를 넘어 인공지능, 디지털 표준, 인프라 등을 포함하는 형태로 빠르게 진화하고 있다. 그런데 우리는 아쉽게도 통상규범 수준이 아직 한-미 FTA를 벗어나지 못하고 있다. 다행히 작년 한-싱 DPA 타결에 이어 DEPA 가입도 협상 중에 있으나, 여기에 안주해서는 안 되고 CPTPP 가입을 징검다리로 하여 USMCA 수준 이상으로 디지털 통상 역량을 빠르게 갖춰야 한다.

둘째, 우리가 지금 선제적으로 CPTPP 회원국과의 공조에 나서는 것이 향후 미국이 주도할 글로벌 통상질서 재편 움직임에 대응하는데 유리하다. 역내 주변국들도 바이든 정부의 움직임을 기다리지 않고 CPTPP를 중심으로 연대하여 적극적인 대미 아웃리치를 펼치고 있다.

바이든 대통령은 '미국의 재건'을 슬로건으로 '미국 중산층을 위한 일자리 및 경제 회복'에 역점을 두고 있으며, 통상에서도 '노동자 중심 통상정책'을 강조하면서 시장개방을 수반하는 무역협정은 추진하지 않겠다는 입장을 분명히 하고 있다. 친무역 성향이었던 미국 민주당의 변화는 무역협정을 통한 시장개방이 상대적으로 열위에 있는 제조업 노동계층에 불평등 문제를 심화시켰고 이로 인해 정치적 지지 계층이 이탈하였다는 반성에서 비롯되었다. 따라서 미국이 TPP 복원에 나서기는 어려울 것이라는 전망이 우세하다. 그럼에도 불구, CPTPP가 시장개방뿐 아니라 노동, 환경 등을 포함한 선진적 21세기 통상규범을 담고 있어, 미국 싱크탱크 중심으로 TPP의 전략적 유용성이 지속적으로 제기되고 있고[92] 인태지역 우방국 공조를 만드는데 있어 지금으로선 무역협정을 대체할 만한 다른 구속력 있는 장치가

---

92   Jeffrey J. Schott, "Rebuild the Trans-Pacific Partnership back better", PIIE, November 30, 2020, https://www.piie.com.

마땅치 않은 상황이다. 또한 미국 정치의 분열상에도 불구하고 중국의 부상에 대해서는 초당적인 합의가 형성돼 있고, 인권, 환경, 노동기준을 부각시킨 대중국 무역공조를 도모하고 있다. 따라서 지금 당장은 아니더라도 미국이 어떠한 형태로든 TPP 플러스를 검토할 가능성이 언제든 열려있다는 것이 전문가 의견이다.[93]

라. 반대 논리에 대한 검토

(1) 일본과의 정치적 갈등

CPTPP 가입에는 일본의 동의가 필요하다. 일본은 후쿠시마 수산물 수입 제한조치 철폐를 강하게 요구하고 있고, 내년 4월 오염수 방출을 목표로 준비를 진행하고 있다. 이에 대해 우리가 아직 국민의 안전을 지키고 국가경제에 이로운 대응 방안을 내부적으로 합의하지 못한 상황에서, CPTPP 가입을 신청하면 일본의 입지만 높이고 우리 내부가 분열될 것이라는 우려이다.[94]

우리나라는 2013년 후쿠시마 주변 8개 현의 수산물에 대해 전면 수입금지 조치를 시행하였고, 2015년 일본이 동 조치를 WTO 분쟁으로 제소하였으나 상소기구에서 우리가 승소한 바 있다. 하지만 우리의 조치가 가장 엄격한 수준이고 패널 결정의 절차적 하자로 인해 상소기구에서 번복된 것이므로 일측의 추가적인 소송 제기는 열려있다. 더구나 지난 2월 히로카즈 관방장관은 한국 측에 일본산 수산물 수입규제 조기 철폐를 계속해서 강하게 요구하겠다고 밝힌 바 있고, 대만 정부는 지난 11년간 유지해온 일본 5개현 식품에 대한 전면 수입금지 조치를 조건부 수입 허용으로 완화하면서 일본

---

93   최병일, "한국, 다시 CPTPP 고민에 빠지다", 한국경제 다산칼럼, 2020.11.27.; 강문성, "CPTPP 참여 검토의 의미", 한경비즈니스 강문성의 경제 돋보기, 2021.1.22.

94   송기호, "일본에 TPP 가입 동의 구할 때 아니다", 경향신문 정동칼럼, 2022.1.26.

과의 우호적 협상 여건을 만들려 노력하고 있다. 따라서 CPTPP 가입 과정에서 일본의 현안 제기가 있을 것이라는 점은 부인할 수 없다.

이에 대해서는, 우리 정부가 CPTPP 가입과 일본산 수산물 수입규제 조치는 별개이고 후쿠시마 수산물 수입 허용 문제는 검역 관련 국제규범을 존중하면서 국민의 건강과 안정을 최우선으로 고려하여 대응한다는 방침을 명확하게 밝혔다.[95] 정부가 CPTPP 가입과 연계하지 않겠다고 분명한 입장을 정한 사항에 대해 아직 내부적인 입장이 정해지지 않았고 협상 과정에서 양보할 것이라고 미리 단정하여 가입 반대의 논거로 삼는 것은 적절치 않다.

사견으로, 그보다는 CPTPP 가입에 필요한 일본 정부의 동의를 어떻게 확보할 것인지가 핵심 관건이다. 일본을 제외한 CPTPP 회원국들 모두 한국의 가입을 반기는 분위기이고, 강제징용 판결 이전까지는 일본도 우리 가입에 우호적이었는바, 새정부 들어 한-일 관계에 대한 큰 그림을 구상하면서 매듭을 풀어가야 할 것으로 생각된다.

(2) FTA의 전략적 한계

거대시장이 아닌 우리가 FTA 방식으로 통상현안에 대응하는데 한계가 있고, 미국의 마음속에도 더 이상 FTA에 쓴 '자유무역'이 없는 시대이므로, CPTPP가 한국 통상의 중심이 될 수 없다는 주장이다. 더구나 미국 정부가 TPP 복귀가 아니라 중국을 배제하는 '인도태평양 경제 프레임워크 (이하 IPEF)'을 통해 완전히 새로운 통상질서를 도모하고 있다면서, 지금 시점에 CPTPP 가입은 미국이 새로 구상하는 IPEF에 대한 근본적 대응이 될 수 없으므로 통상전략을 수정해야 한다고 주장한다.[96]

95　연합뉴스, "日언론 "대만의 후쿠시마산 수입 허용, 韓·中 규제 철폐 기회"", 2022.2.12.

96　김양희, "RCEP, CPTPP, 인태경제프레임워크(IPEF)-지역질서의 분절화·진영화 우려와 대응과

바이든 대통령은 지난해 10월 동아시아 정상회의(EAS)에서 미국 주도의 '인도-태평양 경제프레임워크(IPEF)' 추진을 선언하였고, 11월에는 러만도 상무장관과 타이 무역대표가 일본, 말레이시아, 싱가포르, 한국을 순회 방문하여 아웃리치를 전개하였다. 미국 정부는 조만간 이니셔티브 출범을 준비 중에 있으며, 의회보고서(CRS)에 따르면 전통적인 무역협정 형태를 취하지 않을 것이며, "공정하고 회복력 있는 무역, 공급망 복원력, 인프라와 탈탄소화, 조세와 반부패"를 포함한 다양한 모듈로 구성될 것이라고 한다.[97]

사견으로, CPTPP와 IPEF가 '대체'가 아니라 서로 '보완' 관계로 발전해 나갈 여지가 크다고 본다. 둘 다 미국이 설계를 주도하였고, 지향하는 가치와 기본적인 접근에서 크게 다르지 않기 때문이다. 일례로 IPEF의 첫 번째 모듈인 '공정하고 회복력있는 무역'에는 CPTPP에 포함되고 USMCA에서 진전된 디지털, 환경, 노동, 국영기업 등 규범들이 기초가 될 것으로 예상된다. 더구나 IPEF 이니셔티브가 우방국에 아무런 당근 없이 미국이 원하는 규범을 강요만 하는 형태라고 한다면 성공을 장담하기 어렵다. 당장 바이든이 IPEF를 내세우고 있지만 아직은 초기 단계이고 CPTPP가 수명을 다해 역사의 유물로 사라지는 것은 더욱 아니다.

4. 통상규범 영향

우리는 한-미 FTA 발효 계기에 국내 제도 수준을 선진화하였으나, CPTPP는 한-미 FTA 보다 진전된 통상규범을 다수 포함하고 있고, 우리가 가입하려면 기존 협정문을 그대로 수용해야 하므로, 이들 새로운 규범이 국내 제

제, 외교안보연구원 IFANS Focus (2022.2.8.).

97 US Congressional Research Service, "Biden Administration Plans for an Indo-Pacific Economic Framework", Updated February 25, 2022.

도에 어떤 영향을 미치고 얼마나 부담은 있는지가 타당성 검토에서 논란이 되기도 한다. CPTPP 규범이 방대하고 기존 문헌에서 이미 자세히 다루고 있는바, 본고는 가입 타당성을 평가하는 차원에서 위생검역, 수산보조금, 국영 기업, 디지털 통상 등 4개 분야를 중심으로 국내적 영향을 간략히 짚어보고, 반대 주장의 논리와 반론을 살펴보기로 한다.

가. 위생검역(SPS)

CPTPP 제7장 위생검역 챕터는 18개 조항으로 구성되어 있으며, WTO SPS 협정, RCEP 및 기체결 FTA 수준을 넘어, 위생검역 절차가 본래의 취지와 다르게 비관세 장벽으로 작용하지 않도록 수입국에게 추가적인 의무를 부과하고 분쟁해결절차를 강화하였다.[98]

간략히 소개하면, 첫째 지역화에 '구획'이 추가되어, 지리행정구역에 따른 지역 단위에서 동일한 방역체계를 갖춘 농장, 가공공장까지 하나의 구획으로 인정범위를 보다 세분화하고, 수출국의 지역화 요청이 접수되면 수입국은 합리적 기간 내에 절차를 개시하고 수출국에 통보하는 등 절차적 의무를 구체화하였다.[99] 둘째 동등성 인정을 개별조치 차원에서 검역시스템 전반으로 확장하여 적용토록 하고, 수입국이 동등성 평가를 합리적 기간 내에 개시하고 수출국에게 결정 이유를 제공하는 등 절차적 의무를 강화하였다.[100] 셋째 위험분석 절차 관련, 수입국은 절차가 지연되지 않도록 노력하고 수출

---

98   문한필 외 (2018), 전게 논문; 최윤영 · 배정생, "최근 아태지역의 Mega FTA 추진과 대응과제: 포괄적 · 점진적 환태평양경제동반자협정(CPTPP)의 위생 및 검역 챕터를 중심으로", 전북대 법학연구 (2019).

99   CPTPP Article 7.7: Adaptation to Regional Conditions, Including Pest- or Disease- Free Areas and Areas of Low Pest or Disease Prevalence.

100   CPTPP Article 7.8: Equivalence.

국 요청 시 절차 진전 상황과 지연 사유를 알려주도록 하였다.[101] 넷째, SPS 조치와 관련하여 양자 협의를 통한 해결에 실패할 경우, 협력적 기술협의(CTC)를 도입하여 180일 내에 사안 해결을 논의하도록 하였고, 이를 통해서도 해결되지 않으면 분쟁해결절차에 회부하도록 하였다.[102]

우리나라는 신선과일 및 열매채소 품목에 대해 국내에 존재하지 않는 병해충이 없다고 인정되는 국가·지역 외에는 수입금지지역으로 지정하고 있다. 이로 인해 사과, 복숭아, 배, 단감, 자두 등은 신선상태로 수입되기 어려웠고 FTA 발효에도 불구하고 수입이 크게 늘지 않았다. 현재도 100여 개 동식물 품목에 대해 각국의 수입 허용 요청이 접수되어 국가별로 품목 우선순위에 따라 8단계에 걸친 위험분석절차를 수행하고 있지만, 인력과 인프라 부족으로 절차에 상당한 시일이 소요되어 빈번하게 통상현안으로 제기된다. CPTPP SPS 조항에 따라 검역당국이 조치의 신속한 통보, 위험분석 적기 완료, 조치의 타당성 증명, 협의 및 분쟁절차 대응을 수행하려면 위생검역 담당 조직 및 인력의 확충과 시설·설비 보강이 필요한 상황이다. 이에 정부는 정당한 검역주권을 확실하게 확보하는 한편 국제 기준에 부합하는 국내 SPS 인력, 인프라를 확충하고 관련 법령을 정비하겠다고 밝힌바 있다.[103]

나. 수산보조금

CPTPP 제20장 환경 챕터는 수산보조금 규율을 처음으로 반영하였다. 수산보조금 규율은 환경에 유해한 보조금을 금지하려는 취지에서 WTO DDA 협상의제로 논의되어 왔고 UN 지속가능개발목표에 의거하여 지금

---

101   CPTPP Article 7.9: Science and Risk Analysis.

102   CPTPP Article 7.17: Cooperative Technical Consultations; Article 7.18 Dispute Settlement.

103   기획재정부 보도자료, "제223차 대외경제장관회의 개최", 부총리 모두발언, 2021.7.5.

도 핵심 개혁과제이다. CPTPP는 WTO에서 진전된 규율을 간소한 형태로 반영하였다.[104]

간략히 소개하면, 첫째 과잉어획된 상태(overfished condition)의 어종에 대해 부정적 영향을 미치는(negatively affect) 수산보조금 지급이 금지된다. WTO 협상에서 면세유를 포함한 세부 금지목록 논의가 있었으나, CPTPP 에서는 그러한 목록 없이 포괄적인 금지 규정만 두었다. 이때 과잉어획 어종이란 어업 제한이 없을 시 최대지속가능생산량까지 회복되지 않을 정도로 자원량이 낮은 상태이거나 연안국 등이 과잉어획으로 판정한 경우를 말한다. 둘째 기국 또는 지역수산관리기구가 작성한 불법 · 비보고 · 비규제(IUU) 어업 목록에 등재된 선박에 대한 보조금 지급이 금지된다. 셋째 유류보조금에 대해서는 금지 대상에 포함되지 않더라도 가능한 범위에서 회원국에 통보하도록 규정하였다.[105]

우리나라 어업분야 직간접 지원 규모는 약 3조 원이고 특히 면세유가 7천억 원 내 외에 달한다. 이 중 면세유 금지 여부가 우리에게 가장 관건이다. WTO 협상에서 면세유가 금지보조금 중 하나로 지목되었으나, CPTPP에서는 명시적인 문구가 없어 금지 여부가 명확하지 않다. 효과적인 수산자원 관리 제도를 병행하여 과잉어획상태 및 부정적 영향을 해소하고 있다고 주장할 여지도 있다. 그럼에도 불구, 면세유가 지난 20년간 각종 통상협상에서 환경에 유해한 보조금으로 지목되어 왔고 한국이 협상의 흐름을 가로막고 있는 형국임을 감안할 때, 국제규범 추세에 맞추어 어업용면세유 지원을

---

104 이재민 · 장창익 (2014.2), 전게 논문; 정명화 · 안지은, "제11차 각료회의 이후 WTO 수산보조금 협상 동향과 전망: CPTPP와 USMCA의 수산보조금 비교 연구를 중심으로", 해양정책연구 35:2 (2020).

105 CPTPP Article 20.16 Marine Capture Fisheries, para.5 to para.11.

포함하여 수산보조금 전반을 합리적으로 개선해나갈 필요가 있다. 이에 정부는 과잉어획에 따른 부정적 영향을 최소화할 수 있도록 관련 제도를 정비 하고 총허용어획량 관리 등 수산자원 관리 시스템을 강화해 나가는 한편, 어선감축, 바다목장 조성 및 바다숲 확대 등 수산자원 회복사업도 병행해 나가겠다고 하였다.[106]

다. 국영기업

CPTPP 제17장 국영기업 챕터는 이 협정에서 최초로 도입된 새로운 규범으로, 국영기업이 정부와 민간의 경계선에서 WTO 규범을 우회하여 시장경쟁을 왜곡하는 행위를 규율하려는 것이다. TPP 협상 당시 미국은 중국의 국가자본주의 체제와 국영 기업 운영이 자유무역과 공정경쟁을 저해 하는 주된 원인으로 보고 국영기업에 대해 경쟁중립성 원칙에 입각한 규율 도입을 주장하였고 TPP 합의 결과가 CPTPP에 반영되었다.[107]

간략히 소개하면, 첫째 '국영기업' 범위를 상업적 활동에 주로 참여하는 기업으로 정부가 소유 또는 통제하는 경우로 구체화하였다. 둘째 국영기업이 상품과 서비스의 구매 및 판매 시 다른 회원국에게 비차별 대우를 부여하고, 상업적 고려에 따라 활동할 것을 규정하였다. '상업적 고려'는 민간 기업의 상업적 결정에 일반적으로 반영되는 제반 조건들을 의미한다. 셋째 국영 기업에의 비상업적 지원을 통한 상품 생산과 판매, 서비스 공급으로 다른 회원국에 부정적 효과나 피해를 초래하지 않도록 하였다. '비상업적 지원'은 정부나 국영기업이 국영기업을 대상으로 과도하거나 차별적인 지원

---

106 기획재정부 보도자료, "제221차 대외경제장관회의 개최", 부총리 모두발언, 2021.3.15.

107 이재민 (2016), 전게 논문; 고준성 · 이헌희 (2019), 전게서; US Department of State, State Capitalism and Competitive Neutrality (2 March 2012).

을 제공하는 경우를 말한다. 정부가 직간접적으로 국영기업에 지원하는 경우와 국영기업을 통해 지원하는 경우가 모두 포함된다.

우리나라 공공기관 중 금융, 에너지, 인프라, 레저 등 분야에서 일부만 국영기업 정의에 해당된다. 상업적 활동을 주된 목적이 아니거나 매출액 기준 미달 등 예외 사유로 대다수 공기업에는 적용되지 않는다. 우선 정부의 공공기관에 대한 채무상환보증, 손실보전 등을 비상업적 지원으로 볼 여지가 있으나, 경제위기 대응을 위한 일시적 조치로 운영된다면 예외로 허용된다. 다음으로 일부 공기업의 수의계약 관행이 특혜로 비춰질 소지가 있으나, 이에 대해서는 개별 사안별로 검토하고 판단해야 한다. 이에 정부는 적용대상 공공기관에 대해 정부보증, 손실보전 등 정부의 정책적 기능은 현행제도를 유지하고, 타국기업에 대한 차별 소지가 있는 수의계약 등 일부 사안은 관련규정을 개정하여 경쟁위반 요소를 해소해 나갈 계획이라고 밝혔다.[108]

라. 디지털 통상

CPTPP 제14장 전자상거래 챕터는 18개 조항으로 전자전송물 무세화, 디지털제품 비차별, 데이터 이동 자유화, 설비 현지화 요구 금지, 소스코드 공개요구 금지, 온라인 플랫폼 면책 등에 걸쳐 TPP 협상 당시 최신 규범들을 담았다. 다만 이후의 USMCA, 미-일 디지털협정, 싱-뉴-칠 DEPA 등을 통해 디지털 통상 규범이 계속 발전하고 있는 추세이다.[109]

108　기획재정부 보도자료, "제223차 대외경제장관회의 개최", 부총리 모두발언, 2021.7.5.

109　박노형 · 정명현 (2018), 전게 논문; 이재민, "디지털 교역과 통상규범", 국제경제법연구 16:2 (2018); 이승 주, "디지털 무역질서의 국제정치경제: 디지털 무역 전략의 차별화와 갈등 구도의 복합성", 한국동북아논총 25:2 (2020); Daniel Runde and Sundar Ramanujam, "Digital Governance: It Is Time for the United States to Lead Again", CSIS (Aug 2, 2021).

간략히 소개하면, 첫째 협정적용 대상의 사업 수행을 위한 경우 전자적 수단에 의한 개인정보 등의 국경 간 이전을 허용하도록 하였고,[110] 당사국 영역 내 컴퓨팅 설비의 사용 또는 설치 요구를 금지하였다.[111] 다만 금융서비스는 적용대상에서 배제되며, 정당한 공공정책목적 달성을 위한 예외규정을 두었다. 둘째 상대국 소프트웨어의 수입·유통·판매·사용의 조건으로 소프트웨어의 소스코드 이전·접근 요구를 금지하였다.[112] 상용 소프트웨어에 적용되며, 중요 기반시설에 사용되는 경우는 예외이다. 한-미 FTA에는 없었던 새로운 규정이다. 셋째 온라인 플랫폼 서비스에 의해 저장·처리·전송·배포 또는 공개된 정보와 관련한 피해에 대한 책임 결정 시 플랫폼 서비스 공급자 또는 이용자를 정보 콘텐츠 공급자로 간주하지 않도록 규정하였다.[113]

우리나라는 한-미 FTA를 통해 디지털 통상 규범을 국내 제도에 상당부분 반영하였고, CPTPP 규범도 적용범위, 예외규정 등을 감안할 때 전반적으로 수용에 문제가 없는 수준이다. 다만, 국내 개인정보보호 법제를 국제규율에 맞게 보다 명확화하고, USMCA 등에서 추가적으로 도입된 디지털 통상규범의 추세를 반영하여 선제적 인 검토작업이 필요하다. 이에 정부는 개인정보 국외이전 요건 보완 등 데이터 보호와 활용 간 균형 도모, 온라인 동영상 서비스(OTT), 온라인 플랫폼 등과 같은 뉴미디어 산업의 활성화 차원에서 접근하겠다고 밝혔다.[114]

---

110 CPTPP Article 14.11: Cross-Border Transfer of Information by Electronic Means.

111 CPTPP Article 14.13: Location of Computing Facilities.

112 CPTPP Article 14.17: Source Code.

113 CPTPP Article 18.82: Legal Remedies and Safe Harbours.

114 기획재정부 보도자료, "제221차 대외경제장관회의 개최", 부총리 모두발언, 2021.3.15.

마. 반대 논리에 대한 검토

(1) 규범 영향 평가 미흡

CPTPP 규범이 국민경제에 어떤 영향을 미칠지를 보려면 발효 10년 차를 맞이하는 한-미 FTA 규범에 대한 평가가 우선되어야 한다고 주장한다. 특히 한-미 FTA 투자자중재 회부권한 때문에 추진하지 못한 국내 공공정책이 무엇인지, 국민건강보험 약 값에 어떤 영향을 주었는지, 이행을 위해 개정한 84개 국내 법령이 어떤 효과를 가져왔는지 정부가 FTA 이행상황평가를 통해 객관적으로 밝혀야 한다는 것이다.[115]

우리나라는 한미 FTA 이행을 위해 상품 및 서비스 시장개방을 비롯하여 지재권, 공정거래, 행정절차 등에 걸쳐 총 84개 법령을 개정하여 국내 제도를 개선하였다. 주요 개정 법령에는 관세법, 세무사법, 외국법자문사법, 공인회계사법, 약사법, 우편법, 공정거래법, 저작권법, 특허법, 상표법, 행정절차법 등이 포함된다. 이러한 국내 법령 개정의 영향을 수치로 계량화하기는 어렵지만, 지식재산권 보호, 투명성 제고 등에서 글로벌 기준에 맞추어 국내 제도를 선진화한 성과가 있었고, 다자 및 양자 무대에서 교역 상대국들도 한국의 통상수준과 리더십을 높게 평가하고 있다. FTA 규범 영향 평가를 주장하는 것은 그로 인한 피해를 경제적 타당성 평가에 포함해야 한다는 취지로 보인다. 그러나 이는 대외 협상을 통한 국내 제도 변경이 우리 경제 체질을 개선하고 산업경쟁력을 높여 국민경제 전반에 도움이 된다는 보편적인 시각과는 괴리가 있다. 더구나 이미 국제적으로 USMCA, 미-일 디지털협정 등을 통해 선진 규범들이 활발하게 진전되는 상황에서 우리가 15년 전에 협상한 오래전 규범을 가지고 성과를 논하는 것이 무슨 의미인지 의문

---

115   송기호, "일본에 CPTPP 가입 동의 구할 때 아니다", 경향신문, 2022.1.26.

이다. 오히려 우리 제도가 국제적 동향에 뒤처지지 않도록 CPTPP를 넘어 USMCA 규범에 맞추어 국내 제도를 점검하는 자세가 요구된다.[116]

(2) 국영기업 해외진출 지장

CPTPP 국영기업 규율이 중국의 국영기업을 통한 시장질서 교란행위를 겨냥한 것이지만, 한국의 경우에도 정부가 50% 이상의 지분을 보유한 공기업이 많은 터라 취약하다는 지적이다. 예를 들어 정부 지원을 받은 광물자원공사가 해외 자원개발에 뛰어들거나 한국전력이 해외 원자력발전 수주에 나서면서 무역보험공사, 수출입은행 등 정책금융기관으로부터 우대금리 등 혜택을 받는다면 협정에 저촉될 소지가 높다는 것이다.[117]

국영기업 챕터가 CPTPP에서 처음 도입되고 강화되었지만, 국영기업 규율은 이미 GATT, WTO, OECD 등에서 경쟁중립 원칙하에 발전되어 왔고 우리 공기업도 그러한 국제적 원칙과 규율에 따라 운영된다. 일례로 수출입은행의 대출·보증이 OECD 수출신용협약을 준수하면서 민간금융기관과 유사한 조건에서 이루어지고 있고, 한전이 수은으로부터 해외사업 자금조달을 받을 때 시중금리 수준이 적용되기 때문에 비상업적 지원에 해당될 소지는 희박하다. 경제위기나 비상상황에서 공기업 채무상 환보증 등을 상정해 볼 수 있으나, 현행 예외규정으로도 상당부분 허용된다. 따라서 국영기업 챕터에 대한 국내적 우려는 다소 과장된 측면이 있다.

(3) 개인정보 보호와의 충돌

CPTPP는 개인정보를 포함한 데이터의 자유로운 국경 간 이동을 허용하

116 　김호철 (2020), 전게 논문.
117 　서울경제, "바이든 시대… 공기업 해외사업 참여 제동 걸린다", 2020.12.14.

도록 규정하고 있으나, 현행 개인정보보호법에 따르면 소비자의 개인정보를 국외로 옮길 때는 사전에 고지하고 동의를 받도록 하고 있어 상충될 소지가 크다는 지적이다. CPTPP가 '원칙적 허용, 예외적 제한'을 규정하는데 우리는 '원칙적 제한, 예외적 허용'으로 접근하고 있다는 것이다.[118]

개인정보 보호수준에 대해 미국과 EU가 입장 차이가 있다. 미국은 데이터 이동 자유화를 우선하여 개인정보 보호가 교역장벽으로 흐르지 않도록 규범화하고 있는 반면, EU는 '일반개인정보보호규칙(GDPR)'을 도입하여 개인정보 보호수준을 보다 강화하는 추세이다. 한편 중국은 인터넷 주권을 내세우며 폐쇄정책으로 독자시장을 육성하고 있다. 우리 법제가 EU GDPR 동등성 확보에 치우치다 보면 미국이 주도하는 데이터 이동 자유화와 충동할 여지는 분명히 있다. 하지만 국제적으로 서로 다른 접근을 조화시키려는 다자 및 복수국 간 협상이 진행 중에 있고, 시장이 협소한 우리로서는 개방된 디지털 시장에 방점을 두면서 새로운 규범 형성에 참여하는 것이 바람직하다. 이를 감안, CPTPP 가입이 회원국과의 공조 아래 개인정보 보호와의 균형을 찾아가고 국제규범 형성 과정에서 우리 목소리를 내는데 오히려 유용할 것으로 생각된다.

5. 평가

CPTPP 가입 추진의 타당성을 경제적, 지정학적, 규범적 측면으로 나누어 살펴보았다. 경제적 측면에서 시장개방을 통한 교역투자 확대가 국가경제 전반에 혜택이 된다는 점은 분명하다. 다만 대일 제조업 경쟁열위, 농축수산업 추가개방 부담에 대해서는 고려가 필요하다. 지정학적 측면에서 글로

118　서울경제, "갈길 바쁜 CPTPP 가입, '개인정보 이전 문제' 변수 되나", 2021.12.19.

벌 통상환경 불확실성과 역내 전략적 경쟁에 대응하려면 자유무역 가치를 공유하는 경제블록을 통한 국제공조가 반드시 필요하다. 규범적 측면에서도 우리가 CPTPP의 진전된 통상규범을 수용할 국내 역량이 충분하며 IPEF 등 새로운 경제질서 대응에도 도움이 된다고 판단된다.

한반도 주변 정세가 급변하고 있어 우리가 현실에 안주할 여유가 없다. 가입 신청을 하더라도 당장 가입하는 것이 아니라 가입조건에 대한 협상을 시작하는 것이며, 가입협상 과정에서 우리가 도저히 수용하기 어려운 불리한 조건이 제시되면 중단할 수 있다. 하지만 주변국이 개방과 자유무역 원칙을 지키려 국제공조를 형성해 나가는데 통상에 의존하는 우리가 공동 가치에 대한 공감대 없이 경제적 득실만 보면서 협상 자체를 회피한다면 달라진 국격에 맞지 않고 국제사회 신뢰도 받지 못할 것이다. 국내적으로 다소 진통이 따르더라도, 대외전략 차원에서 한 단계 올라서기 위해서는 과감한 결단과 신속한 행동에 나서는 것이 바람직하다.

가입협상이 매우 중요하고 상당히 어려운 대내외적 난관을 돌파해야 한다. 이를 성공적으로 이끌려면 고도의 전략적 판단과 정치적 리더십, 회원국과의 협상수행능력, 농축수산 피해분야와의 소통능력이 동시에 요구된다. 일본은 개방이 어려운 품목에 대해 세번을 쪼개어 상대국 관심사항에 한하여 개방하고 나머지는 양허 제외하여 국내를 설득하기도 했다. 우리도 주어진 조건을 수동적으로 받아들이는 자세로는 협상 타결이나 국내 수용이 불가능하고, 아주 좁은 합의가능영역을 정확하게 진단하고 창의적 해법을 동원하여 기회를 만들어가야 한다. 새 정부에서 통상조직이 그러한 국가적 소명과 역할을 감당하게 되기를 기대한다.

IV. 결론 및 시사점

지금까지 살펴본 CPTPP의 전략적 배경과 가입 타당성 검토를 토대로 다음과 같은 몇 가지 결론과 시사점을 제시해 볼 수 있다.

첫째 CPTPP는 단순히 무역자유화 협정이 아니라 경제통상안보 대외전략을 실행하는 핵심 수단으로 접근해야 한다. 미국이 중국의 확장을 견제한 아시아 재균형 전략의 일환으로 일본과 함께 역내 경제블록을 주도하였으며, 아베 총리는 동북아FTA 경쟁을 의식하여 제2의 개항을 내걸며 TPP 성공을 아베노믹스의 핵심 축으로 삼았다. 따라서 우리가 CPTPP를 검토하면서 양자 FTA에서 해왔듯이 경제적 영향평가, 농수산 피해대책 등 과거 시각과 접근에만 머문다면 메가 FTA의 성격과 전략적 가치를 놓치는 것이다. 가입 타당성을 논의할 때도 경제적 측면에 지나치게 의존하기보다는, 지정학적 전략과 규범적 영향을 종합적 시각에서 고려해야 한다.

둘째 우리가 CPTPP 가입신청을 추진할 타당성은 이미 충분하다. 가입국이라는 불리한 지위, 가장 높은 수준의 시장개방 요구, 기 합의된 규범의 전면 수용 등 협상여건이 녹록지 않은 것은 사실이지만, 최악의 시나리오를 예단하여 협상을 시도조차 해보지 않는 것은 적절치 않다. 오히려 개방을 통한 경제 전반의 혜택이 분명한데다 전략적 가치와 규범적 효과까지 고려하면 지금 가입을 신청하는 것이 타당함을 부인하기 어렵다고 생각된다. 따라서 국내적 타당성 논쟁은 이쯤에서 마무리하고 가입 협상 단계로 신속하게 넘어가서 지난해 가입 신청을 제출한 중국, 대만과 동일한 선상에서 검토되도록 하고 협상테이블에서 국익을 반영하는데 역량을 결집해야 한다. 농수산분야 先보완대책 요구에 대해서는 산술적 피해규모 계산에 따른 미시적 접근 보다는 장기 비전을 제시하고 개방을 설득하는 종합대책이 필요해 보인다.

셋째 가입협상에 대비한 전략적 사고와 실무적 준비가 시급하다. 영국에 이어 중국 또는 대만의 가입 절차가 진전된다면 CPTPP 협상 구도에도 적지 않은 변화가 예상된다. 우리로서는 다양한 시나리오를 상정하여 협상 목표와 전략을 마련하고 1차 작업반 회의에서 제출할 우리 최초 양허안 수준과 예외품목 선정부터 협상을 치밀하게 준비해야 한다. 국내에는 중국 가입에 따른 농축수산 피해 확대 우려에 집착하는 경향이 있으나, WTO 중국 가입 사례에서 보듯이 거대한 국가주도경제인 중국 가입에는 상당한 시간에 걸친 가입조건 조율이 필요하기 때문에 지금 단계에서 중국 가입을 전제한 검토가 필요하지 않다. 오히려 중국이 가입하는데 우리가 들어가 있지 있으면 진퇴양난에 처하고 나중에 더욱 불리한 조건을 감수해야 하므로 그러한 최악의 상황을 만들지 않는 것이 당장 필요한 전략이다.

넷째 RCEP, IPEF와 연계하여 CPTPP의 전략적 활용방안에 대해 폭넓게 고민해야 한다. 기존 정부가 제시해온 글로벌 FTA 허브국가 전략을 넘어 미중 패권경쟁 사이에서 경제안보와 통상실리를 구현하는 경제통상안보 新전략으로 탈바꿈해야 한다. 대외전략 측면에서 한-미-일 공조, 동북아 안정, 아태 경제통상 리더십 확보가 핵심이고, 내용적으로 시장개방을 넘어 공급망, 기술안보, 디지털통상, 탄소중립에 초점을 맞춰야 할 것이다. CPTPP는 시장개방 이상의 전략적 · 규범적 가치를 가지고 있으며, 그러한 차원에서 CPTPP와 IPEF는 별개가 아니라 궁극적 목표가 연결되어 있다. 이를 감안, 우리 통상전략도 양자 FTA 보다는, WTO 다자체제 개혁과 회복을 목표로 CPTPP, IPEF 등 小다자주의로의 과감한 전환이 필요하다. 이 과정에서 국내적으로 필요한 개방과 개혁에 대해서는 눈앞의 손익보다는 글로벌 흐름 관점에서 검토해야 한다.

다섯째 경제통상안보 국가전략을 실현해 나가는 데 있어 정치적 리더십과 그에 맞는 정책결정구조가 수반되어야 한다. 아베 총리는 통상협정을 직접 지휘하기 위해 총리 직속의 'TPP등 종합대책본부'를 설치하여 부처를 통솔하였고 TPP 협상 당시에는 TPP관계장관회의를 주재하면서 농수산부문 설득에 직접 나섰다. 우리의 경우에도 2000년대 중반 동시다발적 FTA 성공의 이면에는 노무현 대통령이 통상교섭본부장으로부터 직접 보고를 받고 의사결정을 내렸던 정치적 리더십이 있었으며, 한-미 FTA 출범 시에는 대통령이 직접 관계장관 회의를 주재하면서 미국이 요구한 현안에 대해 일일이 담당 장관과 토론했던 경험이 있다. CPTPP 가입의 경우도 국내 정치적 부담과 대외관계 함의가 적지 않은 현안이므로 그에 부합하는 리더십과 조직을 설계해야 한다.

환태평양 통상 질서의 재편과 중견국 연대의 규범축으로서의 CPTPP

중국·대만의 가입경쟁과 규범적 쟁점을 중심으로[*]

현민(국립부경대학교, BK교육연구단)

I. 서론: 글로벌 통상환경의 변화와 CPTPP의 위상

오늘날 글로벌 통상 질서는 효율성을 중시하던 세계화의 논리가 안보와 지경학적 고려를 우선시하는 '경제의 안보화' 경향으로 대체되면서 거대한 구조적 전환기를 맞이하고 있다(Arès & Boulanger, 2020; Solis, 2017). WTO 중심의 다자주의 체제가 '만장일치 원칙'의 한계와 분쟁 해결 기능의 마비로 인해 작동 불능 상태에 빠지자, 세계 각국은 통상 정책의 정체를 방지하기 위해 이른바 '자전거 이론'[1]에 기반한 새로운 돌파구를 모색해 왔다

---

* 이 글은 『Journal of Global and Area Studies』 10권 1호(2026)에 게재된 논문을 저자의 동의하에 수록하였음.

1 '자전거 이론'이란 다자간 무역 체제가 자전거처럼 끊임없이 새로운 자유화와 규범 제정을 지속해야만 보호무역주의로의 회귀를 막고 그 기능을 유지할 수 있다는 이론이다(Bergsten & Cline, 1982;

(Bertelsmann, 2018; Pomfret, 2024). 이러한 규범의 공백 속에서 부상한 '포괄적·점진적 환태평양경제동반자협정(CPTPP)'은 관세 철폐라는 전통적 의제를 넘어 국유기업 규제, 디지털 통상, 노동 및 환경 기준 등 'WTO-플러스'와 'WTO-엑스트라'를 포괄하는 21세기 신통상 규범에 있어 최고 규범 기준(Gold Standard)으로 확고히 자리매김하였다(Chow, 2023; Magnus, 2023).

CPTPP는 고정된 조약이 아니라, 협정문 제27조에 명시된 위원회 기능을 통해 시대적 변화에 능동적으로 대응하는 '살아있는 협정(Living Agreement)'으로서의 정체성을 지닌다(CPTPP Agreement, 2018; Bryant, 2025). 2024년 12월 영국의 공식 가입 완료는 이 협정이 태평양 연안을 넘어 대서양과 인도-태평양을 잇는 최초의 '교차 지역적 메가 FTA'로 진화했음을 알리는 신호탄이었다(Morita-Jaeger, 2023; Bryant, 2025). 나아가 2025년 11월 멜버른 위원회에서 도출된 '멜버른 컨센서스'2는 협정 발효 이후 최초의 '일반 이행검토'를 완료하고, '경제적 강압'에 대한 공동 대응 플랫폼 구축을 명문화함으로써 규범 기반 질서를 수호하려는 회원국들의 강력한 의지를 천명하였다(CPTPP Commission, 2025; Alschner, 2025).

이러한 규범적 고도화와 외연 확장의 흐름 속에서, 2021년 9월 잇따라 제출된 중국과 대만의 가입 신청은 CPTPP를 미·중 패권 경쟁과 양안 관계의 특수성이 정면으로 충돌하는 '지정학적 경합지'로 변모시켰다(deLisle, 2023). 중국은 2025년 개정된 대외무역법을 통해 서방의 제재에 대응하는

Bertelsmann, 2018).

2 '멜버른 컨센서스'는 본 연구가 2025년 11월 호주 멜버른 제9차 CPTPP 위원회에서 채택된 공동 각료 성명의 핵심 합의를 통칭하기 위해 사용하는 분석적 표현이다. 공식 문서상 명칭은 "Joint Ministerial Statement"이며, 협정 발효 후 최초의 일반 이행검토 승인과 경제적 강압에 대한 공동 대응 플랫폼 구축 등 협정의 고도화를 위한 핵심 합의를 담고 있다(CPTPP Commission, 2025). 구체적인 내용은 본문 제2장 2절 및 제5장에서 후술한다.

방어적 법적 기반을 강화하는 한편, 대외적으로는 글로벌 통상 규범 논의에 적극 참여하겠다는 이중적 전략을 구사하고 있다. 실제로 중국은 미국의 일방주의와 보호무역주의에 대조적으로 자신을 '자유무역의 수호자'이자 다자주의의 옹호자로 위치시키며 국제적 여론전을 펼치고 있다. 시진핑 주석은 2025년 10월 경주 APEC 정상회의 연설에서 "WTO를 핵심으로 하는 다자무역 시스템의 권위를 높이고 CPTPP 회원 확대 계기를 활용해야 한다"고 공개적으로 천명한 바 있다(신화통신, 2025). 그러나 국유기업에 대한 비상업적 지원(제17.6조) 및 데이터의 자유로운 이동(제14.11조) 등 핵심 조항과의 구조적 불합치 문제를 안고 있어, 이러한 수사와 실제 규범 수용 능력 간의 괴리는 여전히 크다(Magnus, 2023). 반면 대만은 글로벌 반도체 공급망에서의 독보적 지위와 높은 규범 수용성을 바탕으로 '준비된 파트너'로서의 차별화 전략을 구사하고 있으나, 중국이 경제적 영향력을 통해 회원국들을 압박하거나 '중국 우선' 선례를 요구하는 방식으로 가입 절차를 실질적으로 지연시키는 장벽에 직면해 있다(Lee, 2023; deLisle, 2023).

특히 최근 정립된 '오클랜드 원칙'[3]과 2025년 멜버른 위원회에서 확인된 '멀티 스피드'[4] 접근 방식은 신청 순서와 관계없이 규범 준비도가 높은 국가를 우선시하는 새로운 가입 아키텍처를 형성하고 있다(Alschner, 2025; CPTPP Commission, 2025). 이는 중국의 가입 시도에 대해 사실상의 '무

---

3 '오클랜드 원칙'은 2023년 뉴질랜드 오클랜드에서 열린 제7차 CPTPP 위원회에서 채택된 가입 절차의 기본 원칙으로, 가입 희망국은 ① 협정의 높은 기준(High Standards) 충족, ② 과거 무역 약속에 대한 성실한 이행 기록(Track Record) 입증, ③ 전 회원국의 만장일치 지지라는 세 가지 요건을 모두 충족해야 한다(DFAT, 2025). 구체적인 내용은 본문 제3장 4절에서 다룬다.

4 멀티 스피드(Multi-speed): 가입 신청 순서(기계적 순서)에 얽매이지 않고, 오클랜드 원칙을 충족하는 준비된 국가부터 우선적으로 심사하고 협상을 진행한다는 접근 방식이다. 2025년 멜버른 컨센서스를 통해 재확인되었으며, 준비도가 낮은 국가의 가입 절차를 지연시키는 전략적 도구로 활용된다(Alschner, 2025). 구체적인 내용은 본문 제3장 3절에서 다룬다.

기한 기술 검토'를 가능케 하는 기제로 작동한다(Alschner, 2025; CPTPP Commission, 2025). 나아가 이러한 가입 아키텍처는 미국의 일방주의와 중국의 규범 우회 전략 사이에서 중견국들이 자율적으로 규범 기반 질서를 수호하는 '제3의 길'의 제도적 토대를 형성하고 있음을 시사한다(Katada, 2023; Kohda & Hiraki, 2025). 여기서 중견국(middle power)이란 미국·중국과 같은 패권적 강대국과 구별되는 국가군으로, 물리적 국력(군사력·경제력)에 의한 분류보다는 다자주의 선호, 규범 구축, 연합외교를 통한 국제적 역할 수행이라는 행태적 특징으로 정의되며(Cooper, 1997), 이러한 행태적 정의에 따라 CPTPP를 주도한 일본, 호주, 캐나다, 뉴질랜드 등을 중견국으로 분류한다.[5] 이는 최근 미국의 일방주의와 규범 기반 질서의 위기 속에서 이들 중견 무역국들을 다자 통상 질서의 실질적 수호 세력으로 평가하는 일련의 논의와도 맥을 같이한다(Wolff, 2025; Froman, 2025; Posen, 2025). 한편 기존 연구들은 CPTPP를 주로 미·중 패권 경쟁의 구도 속에서 미국의 전략적 자산으로 분석하거나(Solis, 2017; Magnus, 2023), 개별 회원국의 가입 동기를 다루는 데 집중해 왔다(Katada, 2023; Lee, 2023). 반면 본 연구는 CPTPP를 중견국들이 강대국의 일방주의에 대항하여 자율적으로 구축한 '규범축'으로 개념화하고, 중국·대만의 가입 쟁점을 규범적·지경학적

---

5 Wolff(2025)는 싱가포르·뉴질랜드·호주·캐나다·일본·칠레 등을 다자 통상 질서의 실질적 수호 세력인 '국제 진보주의자들(international progressives)'로 명명하며, 이들이 디지털 협정 체결과 자유무역 규범 옹호 등 행동으로 식별되고 TPP와 WTO 창설의 지적 리더십을 제공한 국가들이기도 하다고 평가한다. Froman(2025)은 뜻을 같이하는 국가들의 복수의 연합(coalitions of the like-minded)이 새로운 통상 질서를 구축하는 핵심 경로가 될 것이라고 전망하며 CPTPP를 그 대표적 모델로 제시한다. Posen(2025)은 미국이 글로벌 경제 '보험자' 역할을 포기함으로써 일본·캐나다·호주 등이 상호 경제 연계를 강화하는 방향으로 이동하고 있음을 분석하며, 이러한 재편이 CPTPP 중심의 중견국 연대를 가속화할 것임을 시사한다. CPTPP 회원국들이 이 '국제 진보주의자' 그룹의 핵심을 이루고 있다는 점에서, 세 논자의 시각은 본 연구의 중견국 연대 개념과 직접적으로 조응한다.

차원에서 동시에 분석한다는 점에서 차별화된다.

이를 위해 본 연구는 2025~2026년의 최신 통상 지형을 바탕으로 CPTPP 협정문의 구체적 조항들과 가입 후보국들의 법적 정합성을 정밀하게 분석하고, 파편화되는 통상 질서 속에서 중견국 연대가 어떻게 진화하고 있는지를 실증적으로 규명함으로써 한국이 차세대 통상 질서 내에서 점유해야 할 전략적 위치에 대한 정책적 시사점을 도출하고자 한다. 이하 논문의 구성은 다음과 같다. 제2장에서는 미국 주도의 TPP가 일본 중심의 CPTPP로 재편되는 역사적 맥락과 협정의 규범적 특징을 고찰한다. 제3장에서는 중국과 대만이 가입을 신청하게 된 전략적 배경과 이에 대응하는 기존 회원국들의 가입 절차 운용 원칙을 분석한다. 이어 제4장에서는 국유기업, 디지털 통상, 노동 및 환경 등 가입 협상의 핵심이 될 규범적 쟁점들을 심층적으로 다룬다. 제5장에서는 CPTPP의 외연 확대와 중견국 연대의 전략적 가치를 전망하고, 마지막으로 제6장에서는 연구 결과를 요약하며 한국에 대한 정책적 제언을 제시한다.

II. CPTPP의 성립과 체제 변화의 역사적 맥락

1. 미국 주도 TPP에서 일본 중심의 CPTPP로의 재편과 중견국 연대의 부상

CPTPP의 등장은 제2차 세계대전 이후 글로벌 통상을 지탱해 온 다자주의 체제의 구조적 위기와 궤를 같이한다. 1995년 출범한 WTO는 '만장일치 원칙'의 한계와 도하개발어젠다(DDA) 협상의 좌초로 인해 규범 제정 기능을 상실해가고 있었다(Bertelsmann Stiftung, 2018). 이러한 규범의 공백 속에서 2006년 싱가포르, 뉴질랜드, 칠레, 브루나이 등 아시아·태평양 지역의 소규모 개방경제 4개국(P4)이 체결한 '환태평양전략경제동반자협정(TPSEP)'[6]은 높은 수준의 자유화를 지향하며 메가 FTA로 진화하는 결정적 전기를 마련하였다(Elms, 2016; 김호철, 2022).

이후 2009년 출범한 미국 오바마 행정부는 TPP를 '아시아로의 회귀(Pivot to Asia)' 전략의 경제적 핵심 축으로 규정하고 협상을 주도하기 시작했다. 당시 미국은 TPP를 단순한 시장 개방을 넘어, 국유기업, 디지털 통상, 지식재산권 등 21세기 신통상 의제를 포괄하는 최고 수준의 통상 규범으로 설계하였다(Chow, 2023). 이는 부상하는 중국이 아닌 미국이 21세기 세계 경제의 규칙을 써 내려가겠다는 의지의 표현이었으며, 높은 수준의 자유화 규범을 통해 중국을 포함한 역내 국가들이 미국 주도의 통상 질서에 수렴하도록 유도하는 이른바 '경쟁적 자유화' 전략의 성격을 강하게 띠고 있었다(Arès & Boulanger, 2020; 박상현, 2014; 박상현, 2020).

TPP 협상의 판도는 2013년 일본이 합류하면서 근본적인 전환점을 맞이했다. 2012년 재집권한 아베 신조 총리는 TPP 참여를 '제2의 개항(Second Opening of Japan)'이자 아베노믹스의 핵심인 구조 개혁의 동력으로 규정하고, 국내 농수산 단체와 자민당 내 보수파의 강력한 저항을 뚫고 협상 참여를 결단하였다(Abe, 2014; 김호철, 2022). 일본의 가세로 TPP는 전 세계 GDP의 약 40%를 차지하는 세계 최대 규모의 메가 FTA 중 하나로 확장되었으며, 이는 높은 수준의 자유화 규범을 통해 역내 통상 질서를 재편하는 동시에 미·일 동맹을 경제 영역으로 확장하여 중국을 견제하려는 전략적

6　환태평양전략경제동반자협정의 회원국은 브루나이, 칠레, 뉴질랜드, 싱가포르 4개국으로 태평양 연안 4개국을 지칭하는 P4로도 불린다. 이 협정은 이후 미국, 호주, 페루, 베트남 등이 참여하면서 TPP로 발전하였고 현재의 CPTPP의 모태가 되었다.

포석이기도 했다(Katada, 2023; Solis & Urata, 2018).

2015년 10월, 12개국은 협상을 타결하고 이듬해 2월 서명식까지 마쳤으나, 2017년 1월 도널드 트럼프 미국 대통령이 취임 직후 행정명령을 통해 TPP 탈퇴를 공식 선언하면서 협정은 좌초 위기에 직면했다. '미국 우선주의'를 내세운 트럼프 행정부는 다자간 무역 협정이 미국 제조업 일자리를 앗아간다고 주장하며 양자 협상 체제로의 전환을 선언했다(Solis, 2017; Arès & Boulanger, 2020; 박상현, 2020). 미국의 이탈은 세계 최대 시장인 미국 시장 접근권을 기대하고 고수준의 규범을 감내하려 했던 베트남, 말레이시아 등 개발도상국 회원국들에게 협정 유지의 동기를 상실케 하는 치명적인 타격이었다(Pomfret, 2024; 김호철, 2022).

미국발 리더십의 공백 속에서 일본은 호주, 뉴질랜드와 연대하여 '미국 없는 TPP'를 소생시키는 데 결정적인 역할을 수행하였다. 일본 정부는 미국의 복귀 가능성을 열어두면서도, 아시아-태평양 지역에서 자유무역 규범이 후퇴하고 중국 주도의 질서가 고착화되는 것을 막기 위해 'CPTPP(Comprehensive and Progressive Agreement for Trans-Pacific Partnership)'라는 새로운 틀을 주도하였다(Katada, 2023; Hoff, 2025). 이 과정에서 일본은 2017년 하코네 회의 등을 통해 회원국 간의 이견을 조율하며 고도의 외교적 리더십을 발휘하였다. 핵심 전략은 협정의 골격을 유지하되, 미국의 복귀를 유도하기 위해 지식재산권 및 투자 등 미국이 강력히 주장했던 22개 조항의 효력을 '동결'시키는 타협안이었다(Arès & Boulanger, 2020; 김호철, 2022). 이는 베트남 등 개도국 회원국들의 이탈을 방지하고 협정의 높은 규범적 수준(High Standards)을 유지하기 위한 '신의 한 수'로 평가받는다.

결국 2018년 3월 8일 칠레 산티아고에서 11개국이 CPTPP에 공식 서명함으로써, 일본은 국제 통상 무대에서 수동적인 '규범 수용자(Rule-taker)'

에서 벗어나 규범 기반 질서를 수호하는 능동적인 '규범 형성자(Rule-shaper)'이자 역내 통상 질서의 '게이트키퍼'로 그 위상을 확고히 했다(Katada, 2023; Solis, 2017). CPTPP의 출범은 강대국의 일방주의에 휘둘리지 않고 다자주의와 자유무역 가치를 수호하려는 중견국(Middle Power) 연대의 승리이자, 미ㆍ중 패권 경쟁 사이에서 독자적인 생존 공간을 확보하려는 새로운 '제3의 길' 모델을 제시한 것으로 평가된다(Kohda & Hiraki, 2025).[7]

미국의 탈퇴 이후 CPTPP가 중견국 주도로 재편될 수 있었던 것은 세 가지 구조적 조건이 맞물린 결과였다. 첫째, 일본ㆍ호주ㆍ캐나다 등은 미국 없이도 협정을 유지할 만한 상호 경제 의존 구조를 이미 형성하고 있었다. 둘째, 이들 국가는 다자주의와 규범 기반 질서에 대한 강한 제도적 선호를 공유하고 있었으며, 이는 단순한 이익 계산을 넘어 외교 정체성의 일부를 이루고 있었다(Cooper, 1997; Wolff, 2025). 셋째, 미국의 후퇴와 중국의 부상이 만들어낸 권력 공백이 중견국들에게 독자적 리더십을 발휘할 구조적 기회를 제공하였다(Posen, 2025; Arès & Boulanger, 2020). 이 세 조건의 결합이 일본의 외교적 결단을 가능하게 하고, 나머지 회원국들의 동조를 이끌어낸 동력이었다.

2. 규범적 특징과 유예 조항의 전략적 의미

가. 'WTO-플러스' 및 'WTO-엑스트라'로서의 포괄적 규범성

---

7 CPTPP의 공식 발효 이후 주요 전개 과정은 다음과 같다. 2019년 1월 베트남 발효를 시작으로 2021년 2월 영국의 가입 신청, 2021년 9월 중국과 대만의 가입 신청이 잇따랐다. 2024년 12월 영국의 공식 가입 완료를 통해 협정은 글로벌화되었으며, 2025년 11월 멜버른 위원회에서 '일반 이행검토'가 완료되었다(Reilly & Lee, 2023; CPTPP Commission, 2025). 2019년 이후 CPTPP의 구체적인 전개 과정과 주요 이정표는 본고 끝에 수록된 [부록: CPTPP 주요 추진 일지]를 참조하라.

CPTPP는 협정의 명칭인 '포괄적(Comprehensive)'과 '점진적(Progres-sive)'[8]이 시사하듯, 기존 다자 통상 체제의 범위를 넘어서는 광범위한 자유화와 규범적 진보를 지향한다. 우선 시장 접근 측면에서 CPTPP는 전체 품목의 약 99%에 달하는 관세 철폐를 목표로 하며, 이는 기존의 어떠한 메가 FTA보다도 높은 수준의 완전 자유화를 추구하는 최고 수준의 자유화 협정으로 평가받는다(Chow, 2023; 김호철, 2022).

규범적 측면에서 CPTPP는 WTO 규범을 심화시킨 'WTO-플러스' 영역과 WTO가 다루지 못한 새로운 의제를 포함한 'WTO-엑스트라' 영역을 모두 포괄한다(Chow, 2023). 협정문은 총 30개 장으로 구성되어 있으며, 전통적인 상품 무역 외에도 제14장(전자상거래), 제17장(국유기업), 제19장(노동), 제20장(환경) 등 21세기 신통상 의제를 망라하고 있다(CPTPP Agreement, 2018; 김호철, 2022). 특히 제17장 국유기업(SOE) 부분은 국유기업의 상업적 고려 의무(제17.4조)와 비상업적 지원 금지(제17.6조)를 명문화하여, 중국과 같은 국가자본주의 체제가 유발하는 시장 왜곡을 규율하려는 전략적 목적을 내포하고 있다(Magnus, 2023; Arès & Boulanger, 2020). 또한 제14장 전자상거래는 데이터의 국경 간 자유로운 이동(제14.11조)과 컴퓨팅 설비의 현지화 요구 금지(제14.13조)를 규정하여 디지털 보호주의를 배격하는 글로벌 디지털 통상 규범의 표준을 제시하였다(CPTPP Agreement, 2018; 김호철, 2022).

---

8   김호철(2022)에 따르면 국내적으로 'Progressive'는 회원국 간 다양한 개발 수준을 감안했다는 의미에서 '점진적'으로 번역되고 있으나, 뉴질랜드 측 설명을 근거로 노동·환경 기준 등 사회적 의제도 포괄한다는 점에서 '혁신적' 또는 '진보적'으로 번역하는 것이 원래의 취지에 더 부합한다고 주장한다.

나. 22개 유예 조항의 법적 구조와 전략적 함의

CPTPP의 가장 독창적인 법적 특징은 기존 TPP 협정문을 원칙적으로 승계하되, 미국의 탈퇴로 인한 협상 불균형을 해소하기 위해 22개 특정 조항의 효력을 '유예'시킨 점이다. 이는 CPTPP 협정문 제2조에 명시된 바와 같이, 당사국들이 합의하여 유예를 종료하기 전까지 해당 조항의 적용을 일시적으로 정지시키는 법적 장치이다(CPTPP Agreement, 2018). 이러한 '외과수술식' 접근은 협정의 전체 골격을 유지하면서도, 향후 미국의 복귀 시 재협상 없이 해당 조항들을 즉시 부활시킬 수 있는 '전략적 유연성'을 확보하기 위함이었다(Solis, 2017).

유예된 조항들은 주로 미국이 자국의 산업 이익을 관철시키기 위해 강력히 요구했던 지식재산권(제18장) 및 투자(제9장) 분야에 집중되어 있다. 구체적으로 살펴보면 다음과 같다.

- 지식재산권(Intellectual Property): 개발도상국 회원국들의 부담을 고려하여 가장 많은 조항이 유예되었다. 대표적으로 제18.50조(생물의약품 데이터 독점권 보호)와 제18.51조(생물학제제)는 신약 데이터의 보호 기간을 연장하려던 미국의 요구가 반영된 조항이었으나 효력이 정지되었다. 또한 저작권 보호 기간을 저작자 사후 70년으로 연장하는 제18.63조, 기술적 보호 조치(TPMs)를 무력화하는 행위를 금지하는 제18.68조 등이 모두 유예 목록에 포함되었다(CPTPP Agreement, 2018). 이는 베트남, 말레이시아 등 개도국들이 미국의 시장 접근 혜택 없이 고수준의 지재권 의무만을 부담하는 불균형을 완화하기 위한 조치였다(Lee, 2023; 김호철, 2022).

- 투자(Investment): 투자자-국가 분쟁해결(ISDS) 제도 자체는 유지되었으나, 그 적용 범위가 축소되었다. 제9.19조와 관련된 유예 사항은

‘투자 계약(investment agreement)’ 및 ‘투자 인가(investment authori-sation)’ 위반을 이유로 한 ISDS 제소를 제한함으로써, 외국인 투자자의 소송 남발로부터 개최국 정부의 규제 권한을 보호하려는 의도를 담고 있다(CPTPP Agreement, 2018; 김호철, 2022).

다. ‘살아있는 협정Living Agreement)’[9]과 규범의 진화

CPTPP는 고정된 조약이 아니라, 제27조에 근거하여 설치된 ‘위원회(Commission)’를 통해 규범을 지속적으로 업데이트하는 ‘살아있는 협정’으로서의 정체성을 갖는다(CPTPP Agreement, 2018; Bryant, 2025). 위원회는 협정의 이행을 감독하고, 신규 가입을 승인하며, 필요시 협정문을 개정할 권한을 보유한다.

실제로 2025년 11월 멜버른에서 개최된 제9차 위원회는 협정 발효 후 최초의 ‘일반 이행검토’를 완료하고, ‘멜버른 컨센서스’를 채택하였다(CPTPP Commission, 2025). 이 컨센서스를 통해 회원국들은 디지털 경제와 친환경 기술 등 변화된 통상 환경을 반영하여 규범을 현대화하기로 합의하였으며, 특히 ‘경제적 강압’ 및 ‘시장 왜곡 관행’에 공동 대응하기 위한 플랫폼을 구축하기로 결정하였다(Alschner, 2025; CPTPP Commission, 2025). 이는 CPTPP가 단순한 무역 자유화 기구를 넘어, 미 · 중 패권 경쟁 심화와 보호무역주의 확산 속에서 규범 기반 질서를 수호하는 중견국들의 전략적 연대

---

9 ‘살아있는 협정’은 CPTPP가 체결 시점에 고정된 정적인 조약이 아니라, 변화하는 글로벌 통상 환경과 기술 발전에 맞춰 규범을 지속적으로 업데이트하고 외연을 확장하는 동적인 협정임을 의미한다. 이는 CPTPP 협정문 제27조에 명시된 ‘위원회’의 권한에 기초하며, 그 핵심 기능은 주기적인 ‘일반 이행검토’를 통한 규범의 현대화와 신규 회원국 ‘가입’ 절차의 운용이다(CPTPP Commission, 2025; 김호철, 2022; Katada, 2023).

기구로 진화하고 있음을 시사한다(Kohda & Hiraki, 2025).

III. 중국과 대만의 가입 전략과 CPTPP 가입 메커니즘의 진화

1. 중국의 CPTPP 가입 전략과 2025년 대외무역법 개정의 함의

가. 미국 포위망 돌파와 '제도적 균형' 전략

중국이 2021년 9월 16일 CPTPP 가입 신청서를 기탁국인 뉴질랜드에 기습적으로 제출한 것은 단순한 무역 확대를 넘어선 고도의 지정학적 계산의 결과였다. 당시 시점은 미국, 영국, 호주의 안보 동맹인 '오커스(AUKUS)'가 발표된 직후였으며, 이는 미국 주도의 안보 포위망을 경제적 연대를 통해 무력화하려는 전략적 맞대응 성격을 띠고 있었다(Magnus, 2023; Reilly & Lee, 2023). 중국은 이미 RCEP 타결을 주도하며 아시아 역내 통상 질서의 기초를 닦았으나, 미국의 CPTPP 복귀 가능성을 사전에 차단하고 환태평양 지역의 경제 리더십을 확고히 하기 위해 CPTPP라는 더 높은 수준의 플랫폼 진입을 시도한 것이다(Magnus, 2023).

특히 최근 트럼프 2.0 시대의 도래와 함께 보호무역주의가 강화되는 흐름 속에서 일본이 아세안(ASEAN) 및 중견국들과 연대하여 미·중 양국의 영향력에서 독립적인 '제3의 길'을 모색하고 있다는 점은 중국에게 새로운 자극제가 되고 있다(Kohda & Hiraki, 2025). 일본은 이 전략의 일환으로 인도네시아, 한국 등의 CPTPP 가입을 독려하며 대중국 견제 라인을 구축하려 하고 있는데, 중국은 CPTPP 내부에 진입함으로써 이러한 '반중 연대'의 결속을 내부에서 와해시키고 자국의 이익을 투영할 수 있는 '내부자(Insider)' 지위를 확보하고자 한다(Kohda & Hiraki, 2025; Chow, 2023).

즉, 중국의 가입 신청은 기존 규범을 단순히 수용하는 '규범 수용자'가 아니라, 향후 글로벌 통상 규칙을 자국에 유리하게 재편하려는 전략적 포석이다 (Magnus, 2023).

그렇다면 구조적 불합치가 명백한 상황에서 중국은 왜 CPTPP 가입을 국가적 차원에서 지속 추진하는가? 이는 단순한 '정치적 슬로건'이 아니라 복합적인 전략적 계산에 기반한다. 우선 중국은 '예외 인정' 전략을 통해 국유기업·데이터 현지화 등 핵심 쟁점에서 자국 체제와의 불합치를 완화하려 시도할 것으로 예상된다. 실제로 중국 상무부는 2021년 가입 신청 이후 공식 성명에서 "CPTPP의 높은 기준을 충족하기 위한 적극적인 준비"를 천명하면서도, 구체적인 이행 계획보다는 원칙적 의지 표명에 머물고 있다 (中国商务部, 2021). 나아가 중국은 CPTPP 가입 신청 자체를 '자유무역 수호자'로서의 국제적 이미지 구축과 개발도상국 연대 강화의 외교적 수단으로 활용하고 있다. 시진핑 주석이 2025년 경주 APEC 연설에서 CPTPP 회원 확대를 공개적으로 지지한 것도 이러한 맥락에서 이해할 수 있다(신화통신, 2025). 결국 중국의 CPTPP 가입 전략은 실질적 가입 실현보다는, 신청 상태를 유지함으로써 얻는 외교적 레버리지와 대만 견제 효과, 그리고 국내 개혁 동력 확보라는 복합적 목적을 동시에 추구하는 '다목적 전략'으로 해석하는 것이 타당하다(Magnus, 2023; Chow, 2023).

나. '2025년 대외무역법(FTL)' 개정과 방어적 통상 법제의 구축

일각에서는 중국의 가입 신청이 대외적 전략과 함께 국내 경제 개혁의 외부적 동력으로도 기능할 수 있다는 분석이 제기된다. 과거 WTO 가입이 중국 경제의 1차 개방을 이끌었듯, CPTPP 가입 추진이 국유기업 개혁과 서비스 시장 개방을 위한 외부적 압력으로 작용할 수 있다는 것이다(Magnus,

2023). 다만 시진핑 체제 하에서 국유기업의 역할이 오히려 강화되고 있다는 점에서, 이러한 해석의 실현 가능성에는 상당한 의문이 남는다.

이러한 맥락에서 2025년 12월 개정된 '대외무역법'은 이중적 성격을 갖는다. 이번 개정은 미국의 제재와 서방의 규범 압박에 대응하는 방어적 법적 기반을 강화하는 한편, 대외적으로는 글로벌 통상 규범 논의에 적극적으로 참여하겠다는 의지를 법제화하였다(대외무역법, 2025; 법무법인 지평, 2025). 구체적으로 제33조는 무역 관련 지식재산권 협상을 국가가 주도하고 해외에서의 권리 보호를 위한 조기 경보 시스템을 구축한다는 '4대 기둥 전략'을 명문화하여, 하위 행정법규인 '대외 관련 지식재산권 분쟁 처리 규정'과 결합된 강력한 '폐쇄 루프' 방어 체계를 완성하였다(Ma, 2026).[10] 동시에 제10조는 상대국이 차별적 금지나 제한 조치를 취할 경우 이에 상응하는 조치를 취할 수 있는 '상호주의적 조치(Reciprocity Provision)'를 명시함으로써 서방 제재에 대항하는 '법적 방패'를 구축하였다(대외무역법, 2025). 그러면서도 제6조를 통해 "국제 고표준 경제무역 규칙(CPTPP 등)과의 능동적 연계"를 법적 의무로 규정함으로써, 대외적으로는 개방 의지를 과시하고 대내적으로는 안보 이익을 수호하는 이중적 법적 기반을 마련한 것으로 평가된다(대외무역법, 2025; 법무법인 지평, 2025).[11]

---

10 중국 로펌(AnJie Broad Law Firm)의 법률 정보 블로그(China Law Vision)에 게재된 Ma(2026)과 같은 글은 이번 개정이 단순한 법령 정비를 넘어 중국이 글로벌 통상 규칙의 수동적 수용자에서 능동적 형성자로 전환하겠다는 선언적 의미를 갖는다고 평가한다. 다만 이 글은 중국 법률 실무자의 시각을 반영한 것으로 해석상 유보가 필요하다.

11 중국 대외무역법 개정의 주요 내용과 정책적 함의에 대해서는 법무법인 지평(2025) 및 한국무역협회 베이징지부(2025) 참조.

2. 대만의 전략: 경제적 실익과 국제적 지위 확보의 이중 목표

가. 반도체 생태계의 고립 방지와 '경제 안보'

대만은 중국의 신청 불과 엿새 뒤인 2021년 9월 22일, '대만·펑후·진먼·마쭈 개별 관세 영역(TPKM, Separate Customs Territory of Taiwan, Penghu, Kinmen and Matsu)'의 명의로 가입을 신청하였다. 대만에게 CPTPP는 단순한 시장 확대를 넘어 국가 생존이 걸린 '경제 안보' 전략의 핵심 축이다(Lee, 2023; Goto, 2023). 대만은 TSMC를 필두로 전 세계 첨단 반도체 파운드리 시장에서 타국이 단기간에 대체하기 어려운 독보적 지위, 즉 '공급망 불가대체성'을 확보하고 있다. TSMC는 전 세계 첨단 반도체 생산량의 약 50%를 담당하며 미국 F-35 전투기용 칩까지 공급하는 등 그 전략적 가치는 민간 경제를 넘어 안보 영역에까지 미친다(Goto, 2023). 그러나 반도체 완제품에 대한 관세는 이미 WTO 정보기술협정(ITA)에 의해 대부분 철폐되어 있어 CPTPP 가입을 통한 직접적인 관세 절감 효과는 제한적이다(Lee, 2023).

그러나 대만 정부는 반도체 제조에 필수적인 화학물질, 장비, 패키징 테스트 등 전후방 산업 생태계가 일본, 동남아 등 CPTPP 회원국들과 긴밀히 얽혀 있다는 점에 주목한다(Lee, 2023; Chow, 2023). 한국 등 경쟁국들이 RCEP와 양자 FTA를 통해 공급망 네트워크를 확장하는 상황에서, 대만이 CPTPP에서 배제될 경우 소재·부품 조달 비용 상승과 공급망 고립으로 인해 산업 경쟁력이 잠식될 수 있다는 위기감이 작용하고 있다(Lee, 2023). 따라서 대만은 CPTPP 가입을 통해 일본의 소재·장비 기술과 대만의 제조 능력을 결합한 '기술 동맹'을 공고히 하고, 유사시 중국의 경제적 봉쇄를 무력화할 수 있는 다자간 공급망 보호막을 구축하고자 한다(Goto, 2023;

Reilly & Lee, 2023). 더욱이 대만은 GDP 대비 무역 비중이 100%를 초과하는 고도의 무역 의존 경제임에도 불구하고, WTO 가입 이후 지난 20여 년간 역내 지역경제통합(REI) 체제에서 사실상 배제되어 왔다(deLisle, 2023; Lee, 2023). CPTPP는 이러한 구조적 고립을 타개할 수 있는 사실상 유일한 다자 통상 경로라는 점에서, 대만에게 단순한 무역 협정 이상의 전략적 의미를 갖는다(Lee, 2023).

나. '준비된 파트너'[12]로서의 차별화와 국제적 지위 확보 전략

대만은 중국의 가입 신청이 자국의 가입을 지연시키거나 무산시키려는 '방해 공작'의 성격이 강하다고 판단하고 있다. 실제로 중국은 CPTPP에 가입하지 못하더라도 신청 상태를 유지하는 것만으로도 대만의 진입을 정치적으로 차단하는 효과를 누린다는 점에서, 대만의 선제적 가입이 갖는 전략적 의미는 더욱 크다(Schott, 2025). 이에 대만은 CPTPP의 높은 기준을 충족할 수 있는 '모범생' 이미지를 부각시켜 중국과 차별화하는 전략을 취하고 있다.

이러한 전략의 핵심은 가입 신청 이전부터 체계적으로 추진해 온 국내 법령 정비에 있다. 대만 행정원 무역협상실(OTN)은 CPTPP 규범과 국내 법령 간의 '규제 격차 분석(Gap Analysis)'을 완료하고, 특허법 · 저작권법 · 상표법 · 농약관리법 · 우편법 등 10개 이상의 핵심 법안을 2016년부터 2022

---

12 '준비된 파트너'는 대만 정부가 CPTPP 가입 자격을 대외적으로 홍보하는 데 공식적으로 사용하는 표현으로, 대만 외교부(MOFA)는 공식 성명에서 "대만은 CPTPP 가입을 위해 완전히 준비되어 있다"는 입장을 반복적으로 천명하고 있다. Lee(2023) 등 학술 문헌에서도 대만이 "CPTPP의 기준에 부합하는 의무를 이행할 완전한 준비와 역량을 갖추고 있다"고 평가한다(MOFA, 2023; Lee, 2023).

년에 걸쳐 순차적으로 개정하였다(Lee, 2023). 특히 특허 연계 제도 도입, 저작권 침해에 대한 검찰 직권 기소 근거 마련, 원양어업 규제 강화 등 지식 재산권과 환경 분야의 정비는 CPTPP가 요구하는 높은 규범 수준을 선제적으로 이행한 것으로 평가된다(Lee, 2023).

또한 2022년 2월에는 11년간 유지해 온 일본 후쿠시마 인근 5개 현 농수산물 수입 금지를 과학적 근거에 기반하여 해제함으로써, 국내 정치적 반발을 무릅쓰고 미국과 일본의 지지를 차례로 확보하였다(Goto, 2023; Reilly & Lee, 2023). '미·대만 21세기 무역 이니셔티브'를 통해 디지털 통상, 노동, 환경 등 CPTPP 선진 규범을 국내법에 선제적으로 이행한 것도 같은 맥락이다(Lee, 2023; Goto, 2023). 이를 통해 대만은 규범 준수 의지를 실질적 행동으로도 증명하였다. 이러한 전략적 적극성은 대만의 상대적으로 취약한 통상 환경에서 비롯된다. 대만의 FTA 커버리지는 2020년 기준 12.08%로 싱가포르(95%), 한국(73.6%), 중국(34%)에 비해 현저히 낮아, CPTPP가 사실상 유일한 다자 통상 체제 편입 경로이다(Lee, 2023). 대만 외교부(MOFA)는 해외 공관에 회원국 지지 확보를 공식 지시하고 반도체·ICT 산업을 통한 역내 공급망 기여를 핵심 논거로 제시하며, "대만은 완전히 준비되어 있다"는 입장을 공식 성명을 통해 반복적으로 천명하고 있다(MOFA, 2023; Schott, 2025).

이처럼 대만의 CPTPP 가입 추진은 경제적 동기보다 정치적 동기가 더 강하다(Goto, 2023). CPTPP는 WTO·APEC과 마찬가지로 국가 지위를 가입 요건으로 규정하지 않으며, 대만은 이미 '대만·펑후·진먼·마쭈 개별 관세 영역(TPKM)'의 명의로 WTO와 APEC에 참여하고 있다(Reilly & Lee, 2023). 따라서 CPTPP 가입은 중국이 지속적으로 잠식해 온 대만의 국제적 지위를 다자 경제 협정이라는 틀 안에서 실질적으로 공인받는 의미를 갖는다(Chow, 2023). 이는 중국이 가입하기 전에 먼저, 혹은 최소한 동시에 가입함으로써 '하나의 중국' 원칙의 장벽을 우회하고 국제 사회에서 대만의 실체적 지위를 굳히려는 외교적 승부수라 할 수 있다(deLisle, 2023; Reilly & Lee, 2023). 바로 이 지점에서 중국과 대만의 가입 신청을 둘러싼 양안 관계의 복잡한 역학이 본격적으로 부각된다.

3. 양안 관계의 특수성과 '가입 순서'의 지정학적 딜레마

가. '하나의 중국' 원칙의 장벽과 WTO '동시 가입' 모델의 적용 한계

중국과 대만의 가입 신청이 불과 엿새 간격으로 이루어졌다는 사실은 CPTPP가 단순한 무역 협정을 넘어 양안(Cross-Strait) 간의 치열한 외교 전장이 되었음을 시사한다. 중국은 '하나의 중국(One China)' 원칙을 내세워 대만의 공식적인 조약 체결이나 기구 가입을 원천 봉쇄하려는 전략을 고수하고 있다(deLisle, 2023). 이는 중국이 CPTPP 가입을 서두른 주된 동기 중 하나가 자신이 먼저 회원국 지위를 획득하여, 신규 회원국 가입에 대한 거부권(Veto)을 확보함으로써 대만의 진입을 영구히 차단하려는 '선점 효과(Preemption)'를 노린 것임을 방증한다(Magnus, 2023; Chow, 2023).

일각에서는 2001년 세계무역기구(WTO) 가입 당시처럼 중국과 대만이 시차를 두고 '동시 가입(Simultaneous Accession)'하는 모델을 해법으로 제시한다. 당시 중국이 먼저 가입하고, 대만이 '대만 · 펑후 · 진먼 · 마쭈 개별 관세 영역(TPKM)'이라는 명칭으로 뒤따라 가입하는 방식이 용인된 바 있다(Chow, 2023). 그러나 시진핑 체제 하의 중국은 과거보다 훨씬 강경한 대외 노선을 취하고 있어, 이러한 선례가 CPTPP에 그대로 적용되기는 어렵다는 비관론이 우세하다. WTO 가입 당시에는 미 · 중 관계가 협력적이었고 중국이 국제 사회 편입을 절실히 원했으나, 현재는 미·중 패권 경쟁이 심화된 상태이며 중국은 대만의 국제적 공간을 철저히 축소하려는 '압박 외교'를 펼치고 있기 때문이다(deLisle, 2023). 따라서 중국이 먼저 가입할 경우, 대만의 가입을 승인하지 않을 가능성이 농후하며, 이는 대만에게 실존적 위협으로 다가오고 있다.

나. 회원국들의 '게이트키퍼' 딜레마와 이중적 대응 전략

중국·대만의 가입 경쟁은 일본, 호주, 캐나다 등 기존 회원국들에게 심각한 전략적 딜레마를 안겨주고 있다. 경제적 측면에서 볼 때, 세계 2위 경제 대국이자 주요 회원국들의 최대 교역국인 중국의 가입은 CPTPP의 경제적 이익을 극대화할 수 있는 유인책이다. 반면, 규범적·안보적 측면에서는 민주주의와 시장 경제 가치를 공유하고 반도체 공급망의 핵심인 대만이 훨씬 적합한 파트너다(Katada, 2023; Goto, 2023). 특히 CPTPP의 실질적 리더인 일본은 '게이트키퍼'로서 가장 복잡한 셈법에 직면해 있다. 일본은 경제 안보 차원에서 대만의 가입을 지지하고 중국의 가입을 견제하고 싶어 하지만, 중국을 노골적으로 배제할 경우 발생할 경제적 보복과 외교적 마찰을 우려하지 않을 수 없다(Katada, 2023; Asia Financial, 2025).

이로 인해 회원국들은 어느 한쪽의 손을 들어주기보다는 가입 절차의 기술적 기준을 엄격히 적용한다는 명분을 내세워 정치적 결정을 유보하거나 지연시키는 '전략적 모호성'을 유지할 가능성이 높다. 실제로 2025년 멜버른 컨센서스를 통해 확인된 '멀티 스피드' 접근은 이러한 딜레마를 우회하기 위한 고육지책으로 중국과 대만의 가입 문제를 직접 다루기보다는 우루과이, 코스타리카 등 덜 민감한 국가들의 가입을 우선 진행함으로써 시간을 벌고 있다는 평가를 받는다(Alschner, 2025). 이는 CPTPP가 양안 관계의 파고 속에서 규범적 원칙과 지정학적 현실 사이의 균형을 잡기 위해 고심하고 있음을 보여준다.

4. 가입의 절차적 장벽: '오클랜드 원칙'과 가입 심사의 이원화

가. '오클랜드 원칙'의 3대 요건과 영국의 선례가 주는 함의

CPTPP 가입 절차는 외형상 신청서를 기탁국(뉴질랜드)에 제출하는 것으로 시작되지만, 실질적인 협상 개시는 협정문 제30.4조(Accession)에 따라 기존 회원국 전원의 '만장일치 합의'가 있어야만 가입작업반(Accession Working Group)이 설치되는 매우 까다로운 법적 구조를 띠고 있다(CPTPP Agreement, 2018). 이러한 절차적 문턱을 구체화하고 가입 심사의 객관성을 담보하기 위해, 회원국들은 2023년 오클랜드 위원회에서 이른바 '오클랜드 원칙'을 정립하였는데, 이는 2025년 11월 멜버른 위원회에서 재확인됨에 따라 향후 모든 가입 희망국에게 적용되는 절대적인 가이드라인으로 자리 잡았다(CPTPP Commission, 2025; Alschner, 2025).

오클랜드 원칙은 가입 후보국이 통과해야 할 세 가지 핵심 요건을 규정한다. 첫째, 협정의 '높은 수준'의 규범을 예외 없이 완전히 이행할 능력과 의지를 입증해야 한다. 둘째, 과거 국제 무역 약속에 대한 '성실한 이행 기록(Track Record)'을 증명해야 한다. 셋째, 기존 회원국 전체의 '정치적 컨센서스'를 확보해야 한다(Alschner, 2025; DFAT, 2025).

이 중 두 번째 요건인 '성실한 이행 기록'은 중국에게 치명적인 아킬레스건으로 작용하고 있다. 중국은 2001년 WTO 가입 당시 약속했던 시장 경제로의 전환이 미흡하다는 비판을 받고 있을 뿐만 아니라, 호주산 와인에 대한 보복 관세나 일본산 수산물 수입 금지 조치와 같이 무역을 정치적 무기로 활용하는 '경제적 강압' 행태를 반복해 왔다(Hopewell, 2023). 또한 2025년 대두된 '차이나 쇼크 2.0(China Shock 2.0)'으로 불리는 중국발 과잉 생산과 밀어내기 수출은 회원국들에게 중국이 공정한 무역 규칙을 준수할 것이라는 신뢰를 근본적으로 훼손하고 있다(OECD, 2025; Alschner, 2025).

반면, 2023년 완료된 영국의 가입 과정은 이 원칙이 단순한 선언이 아님을 보여주는 중요한 선례가 되었다. 영국은 기존 EU 규제와의 정합성 문제에도 불구하고 위생검역 등 민감 분야에서 CPTPP의 높은 기준을 전면 수용함으로써, 향후 가입국들에게 '예외 없는 규범 준수'라는 강력한 벤치마크를 설정하였다(Morita-Jaeger, 2023; Katada, 2023). 이는 중국이 자국의 거대 시장을 레버리지로 삼아 국유기업이나 데이터 규범 등에서 예외를 인정받으려 할 경우, '영국 모델'과의 형평성을 근거로 이를 차단할 수 있는 강력한 '규범적 방파제'로 작용할 전망이다.

나. 멀티 스피드 접근과 중국 · 대만 가입의 차별적 관리

오클랜드 원칙의 엄격한 적용은 가입 심사의 속도를 차별화하는 '멀티 스피드' 접근으로 구체화되고 있다. 2025년 11월 멜버른 컨센서스를 통해 공식화된 이 전략은 가입 신청 순서(기계적 순서)에 얽매이지 않고, 오클랜드 원칙을 충족하는 준비된 국가를 우선 심사하겠다는 회원국들의 의지를 보여준다(Alschner, 2025; CPTPP Commission, 2025). 이에 따라 규범 준수 역량이 검증된 코스타리카(가입작업반 설치)와 우루과이(협상 개시)는 신속하게 절차를 밟고 있는 반면, 중국과 대만의 가입 절차는 사실상 '무기한 기술 검토' 단계에 머물러 있는 가입 심사의 '이원화' 현상이 뚜렷해지고 있다(Hoff, 2025; Alschner, 2025).

중국의 경우, 일본이 보유한 사실상의 '거부권과 회원국 간 만장일치 원칙이 결합되어 가입작업반 설치 자체가 봉쇄된 상태다. 일본은 자국 수산물 금수 조치 등을 이유로 중국의 '규범 준수 의지'에 강한 의문을 제기하며 합의 형성을 주도적으로 차단하고 있다(Katada, 2023). 또한 미국-멕시코-캐나다 협정(USMCA) 제32.10조에 포함된 이른바 '독소 조항(Poison Pill)'은 캐나다와 멕시코가 '비시장국가(중국)'와 FTA를 체결할 경우 미국이 협정을 종료할 수 있도록 규정하고 있어, 이들 국가가 중국의 가입에 동의하는 것을 구조적으로 불가능하게 만든다(Chow, 2023; Hopewell,2023). 결과적으로 CPTPP 참여국들은 '멀티 스피드' 전략을 통해 중국의 가입을 기술적·절차적으로 지연시키면서도 대화의 문은 닫지 않는 고도의 '지연 전략'을 구사하고 있다(Alschner, 2025).

IV. CPTPP 핵심 규범과 중국 가입의 구조적 불합치 분석

1. 국유기업(SOE) 및 보조금: '경쟁 중립성'과 '국가 자본주의'의 충돌

가. 상업적 고려 의무와 비상업적 지원 금지: 규범의 구조와 적용 범위

CPTPP 제17장(국유기업 및 지정 독점)은 기존 WTO 보조금 협정의 한계를 보완하고, 국가 자본주의가 초래하는 시장 왜곡을 규율하기 위해 설계된 협정 내에서 가장 높은 수준의 진입 장벽으로 평가받는다(김호철, 2022; Magnus, 2023). 이 조항은 국유기업이 정부의 특혜를 등에 업고 민간 기업과 불공정하게 경쟁하는 것을 막기 위한 '경쟁 중립성' 원칙을 협정 사상 최초로 포괄적인 법적 의무로 격상시켰다(Arès & Boulanger, 2020).

우선, 제17.4조(비차별 대우 및 상업적 고려)는 국유기업이 상품이나 서비스의 구매 및 판매를 결정할 때, 오직 가격, 품질, 가용성, 시장성 등 '상업

적 고려'에 의해서만 판단을 내려야 한다고 명시하고 있다(CPTPP Agreement, 2018). 이는 국유기업이 정부의 정치적 목적이나 산업 정책의 도구로 활용되는 것을 차단하고, 민간 기업과 동등한 조건에서 시장 논리에 따라 행동할 것을 강제하는 조항이다. 그러나 이러한 규범은 "국유경제, 즉 사회주의 전민소유제 경제는 국민경제의 주도적 역량"이라고 명시한 중국 헌법 제7조 및 중국 공산당의 국유기업에 대한 영도 원칙과 구조적으로 충돌한다(김호철, 2022; Magnus, 2023). 중국의 국유기업은 단순한 시장 행위자가 아니라 국가의 전략적 목표를 수행하는 정책 수단으로 기능하고 있어, CPTPP가 요구하는 상업적 고려 의무를 충족하기 어려운 태생적 한계를 안고 있다.

더욱 강력한 쟁점은 제17.6조(비상업적 지원 금지)에 규정된 보조금 규율의 엄격성이다. CPTPP는 국유기업에 제공되는 '비상업적 지원'이 다른 회원국의 이익에 부정적 효과(Adverse Effects)를 주거나 국내 산업에 피해를 입히는 것을 금지한다(CPTPP Agreement, 2018). 여기서 비상업적 지원이란 정부가 국유기업에 제공하는 직접적인 자금 이전을 넘어, 상업적 조건보다 유리한 대출, 채무 보증, 그리고 민간 투자자의 관행과 일치하지 않는 지분 투자 등을 포괄적으로 포함한다(CPTPP Agreement, 2018). 이는 중국 정부가 국유 은행을 통해 전략 산업에 저리 융자를 제공하거나, 국유기업의 손실을 보전해 주는 관행을 정면으로 겨냥하고 있다(김호철, 2022). 특히 WTO 보조금 협정이 수출 보조금 위주로 규율하는 것과 달리, CPTPP는 서비스 분야와 해외 투자에 대한 보조금까지 포괄하여 규제 범위를 획기적으로 확장시켰다(김호철, 2022).

결국 CPTPP의 국유기업 규범은 중국이 '차이나 쇼크 2.0'으로 불리는 과잉 생산과 밀어내기 수출을 지속할 수 있게 하는 제도적 기반인 '국가 주도 보조금 체제'를 해체하거나 근본적으로 수정할 것을 요구하고 있다(김호철,

2022; Hopewell, 2023). 중국은 국유기업을 '중국제조 2025'와 같은 산업 고도화 전략의 핵심 이행 수단으로 활용하고 있어, CPTPP 제17장이 요구하는 '정부와 시장의 명확한 분리'는 중국의 현행 통치 체제를 유지한 채로는 수용 불가능한 '구조적 불합치'를 내포하고 있다(Hufbauer et al., 2020; Magnus, 2023).

나. 투명성 의무와 중국식 '국가 발전 이익'의 괴리

국유기업 규범의 이행을 담보하는 핵심 기제는 '투명성'이다. CPTPP 제17.10조는 각 회원국이 자국의 국유기업 목록을 공개하고, 상대국이 요청할 경우 국유기업의 소유 구조, 의결권, 임원 정보, 연례 재무보고서, 그리고 비상업적 지원의 구체적 내용(지원 방식, 금액, 법적 근거 등)을 서면으로 제공할 것을 의무화하고 있다(CPTPP Agreement, 2018; 김호철, 2022). 이는 국유기업의 '블랙박스' 경영을 타파하고 정부 지원의 규모와 성격을 국제적으로 감시하기 위한 장치이다.

그러나 중국의 최근 입법 동향은 이러한 투명성 요구와 정반대 방향으로 나아가고 있다. 2025년 12월 개정된 「중화인민공화국 대외무역법」은 제1조에서 입법 목적으로 "국가의 주권, 안전, 발전 이익의 수호"를 명시하고, 제18조 및 제19조를 통해 국가 안보와 발전 이익을 이유로 수출입을 제한하거나 금지할 수 있는 포괄적인 권한을 정부에 부여하였다(중화인민공화국 대외무역법, 2025). 특히 '발전 이익'이라는 개념의 법제화는 자국 산업 보호와 경제 성장을 안보와 동등한 가치로 격상시킨 것으로, 국유기업에 대한 정보 공개나 보조금 내역 제공이 국가의 발전 이익을 저해한다고 판단될 경우 이를 거부하거나 제한할 수 있는 국내법적 근거로 작용할 가능성이 크다(법무법인 지평, 2025).

또한, 개정 대외무역법 제33조는 대외무역과 관련된 지식재산권 보호 및 이에 대한 대외 협상을 명시하고 있는데, 이는 중국 기업의 해외 이익을 보호하기 위한 방어적 성격이 강하다(Ma, 2026). 중국은 국유기업의 세부적인 재정 정보나 정부의 지원 내역을 '국가 기밀' 또는 '상업 기밀'로 분류하여 공개를 거부하는 경향이 강하며, 이는 CPTPP 가입 협상 과정에서 필수적인 '데이터의 신뢰성' 문제를 야기할 것이다(Chow, 2023). 결국 중국이 대외무역법 개정을 통해 '능동적 경제 안보' 체제를 구축하고 자국 중심의 무역 질서를 강화하려는 움직임은, 투명성과 공정 경쟁을 핵심 가치로 하는 CPTPP의 규범적 지향점과 근본적인 괴리를 드러내고 있다(법무법인 지평, 2025; Alschner, 2025).

2. 디지털 통상: '데이터 자유 이동'과 '디지털 주권'의 대립

가. 데이터 국경 간 이동 보장과 중국의 '디지털 주권' 충돌

CPTPP 제14장(전자상거래)은 디지털 경제의 핵심 자원인 데이터의 자유로운 흐름을 보장하기 위해 기존의 무역 협정보다 진일보한 '높은 수준'의 규범을 확립하였다. 특히 제14.11조(전자적 수단에 의한 정보의 국경 간 이전)는 비즈니스 수행을 위해 필요한 경우 국경 간 데이터 이동을 허용해야 함을 의무화하고 있으며, 제14.13조(컴퓨팅 설비의 위치)는 비즈니스의 조건으로 자국 영토 내에 컴퓨팅 설비(서버)를 사용하거나 설치할 것을 요구하는 '데이터 현지화' 조치를 금지한다(CPTPP Agreement, 2018). 이는 디지털 보호주의를 배격하고 개방적인 디지털 생태계를 조성하려는 CPTPP의 핵심 가치를 반영한다.

그러나 이러한 규범은 중국이 견지하고 있는 '사이버 주권' 또는 '데이터 주권' 개념과 정면으로 충돌한다. 중국은 「네트워크안전법」, 「데이터보안법」, 「개인정보보호법」 등 이른바 '데이터 3법'을 통해 국가 안보와 공공 이익을 이유로 데이터의 국경 간 이전을 엄격히 통제하고 있다(Magnus, 2023). 중국은 핵심정보인프라 운영자나 일정 규모 이상의 데이터를 처리하는 기업에 대해 데이터를 중국 내에 저장하도록 강제하고, 국경 간 이전 시 당국의 보안 평가를 거치도록 규정하고 있어 CPTPP의 데이터 이동 자유화 및 서버 현지화 금지 원칙과 양립하기 어려운 구조적 간극을 보인다(김호철, 2022).

물론 CPTPP 제14.11조와 제14.13조도 '정당한 공공 정책 목적(Legitimate Public Policy Objective)'을 위한 예외를 인정하고 있다. 그러나 해당 조치는 자의적이거나 부당한 차별을 구성해서는 안 되며, 달성하려는 목적에 필요한 수준을 넘어서는 무역 제한을 가해서는 안 된다는 엄격한 요건을 부과한다(CPTPP Agreement, 2018). 반면, 중국의 법제는 안보의 개념을 광범위하게 해석하여 데이터 통제 권한을 국가에 집중시키고 있어, CPTPP가 허용하는 예외의 범위를 넘어설 가능성이 매우 높다. 최근 중국은 상하이 린강(Lin-gang) 신편구 등 시범 구역을 통해 데이터 이동 규제를 완화하려는 실험을 시도하고 있으나(Shanghai Municipal Government, 2025), 이것이 국가 전체의 법적 의무로 확산되기에는 여전히 체제적 제약이 존재한다.

나. 소스코드 보호 의무와 중국의 기술 규제 관행

CPTPP 제14.17조(소스코드)는 상대국 기업의 소프트웨어 수입, 유통, 판매 또는 사용의 조건으로 소스코드의 이전이나 접근을 요구하는 것을 금지한다. 이는 기업의 핵심 영업비밀인 소스코드에 대한 보호를 강화하고, 기술 이전을 강요하는 불공정 관행을 차단하기 위한 규정이다(CPTPP

Agreement, 2018; Alschner, 2025). 이 조항은 대용량 소프트웨어에 한정되며 중요 기반시설에 사용되는 소프트웨어는 예외로 하지만, 디지털 통상 규범 중 가장 강력한 기술 보호 장치 중 하나로 평가받는다.

이 규범은 중국이 시장 접근을 대가로 외국 기업에 기술 이전을 압박하거나, 보안 심사를 명목으로 소스코드 공개를 요구해 온 관행을 직접적으로 겨냥하고 있다(김호철, 2022). 중국은 '자주적 혁신' 정책과 '중국제조 2025' 전략을 추진하면서 외국 기술의 소화 및 흡수를 강조해 왔으며, 최근 개정된「대외무역법」제19조는 국가 안보를 이유로 기술의 수출입을 제한하거나 필요한 조치를 취할 수 있는 권한을 명시하고 있다(중화인민공화국 대외무역법, 2025). 이는 당국이 보안 인증이나 국가 안보 심사를 통해 외국 기업의 소스코드나 암호화 알고리즘에 접근할 수 있는 법적 근거로 활용될 수 있어 CPTPP의 소스코드 보호 의무와 충돌할 소지가 크다(Magnus, 2023).

또한, 2025년 개정 대외무역법 제33조는 지식재산권 보호를 위한 국제 교류와 대외 협상을 강조하면서도, 외국의 차별적 조치에 대한 '상응 조치'와 리스크 대응 능력을 강화하도록 규정하고 있다(법무법인 지평, 2025). 이는 중국이 CPTPP의 높은 기술 보호 기준을 수용하기보다는, 자국의 기술 안보를 방어하고 서방의 기술 통제에 맞서기 위한 독자적인 법적 방패를 구축하고 있음을 시사한다. 결과적으로 중국의 이러한 기술 규제 장벽과 국가 주도의 기술 통제권 확보 시도는 CPTPP가 지향하는 자유롭고 공정한 디지털 무역 환경 조성과 근본적인 마찰을 빚고 있다.

3. 노동 및 환경: 가치 기반 통상 규범과 중국의 이행 한계

가. ILO 핵심 협약 준수와 중국의 노동 체제 간 구조적 충돌

CPTPP 제19장(노동)은 무역 협정이 노동 기준을 약화시키는 수단으로 악용되는 것을 방지하고, 높은 수준의 노동권을 보장하기 위해 국제노동기구(ILO)의 기본 원칙을 의무화하고 있다. 특히 제19.3조(노동권)는 각 당사국이 '결사의 자유 및 단체교섭권의 실질적 인정', '모든 형태의 강제 노동 철폐', '아동 노동의 효과적 폐지', '고용 및 직업 차별 철폐' 등 1998년 ILO 선언에 명시된 권리를 법과 관행에서 채택하고 유지할 것을 규정한다(CPTPP Agreement, 2018). 이는 단순한 선언적 규정이 아니라, 위반 시 분쟁해결절차(제28장)를 통해 무역 보복 조치까지 당할 수 있는 구속력 있는 의무이다(Hopewell, 2023).

이러한 규범은 중국의 노동 현실 및 법적 구조와 심각한 마찰을 빚고 있다. 첫째, '결사의 자유'와 관련하여 중국은 중화전국총공회라는 단일 노조 체제를 법적으로 강제하고 있으며, 독립적인 노동조합의 결성을 허용하지 않는다(Magnus, 2023). 이는 공산당의 지도를 받는 관변 단체 이외의 노조 활동을 불법시하는 것으로, 노동자가 자유롭게 단체를 결성하고 교섭할 권리를 보장해야 하는 CPTPP 규범과 구조적으로 충돌한다.

둘째, '강제 노동 철폐' 의무는 중국의 가장 민감한 아킬레스건이다. 신장 위구르 자치구 등에서 제기되는 강제 노동 의혹은 미국을 비롯한 서방 국가들이 중국의 가입을 반대하는 주요 명분이 되고 있다(Hopewell, 2023). CPTPP 제19.6조는 강제 노동에 의해 생산된 상품의 수입을 억제할 것을 당사국에 권고하고 있으며, 이는 글로벌 공급망에서 중국산 제품을 배제하는 근거로 작용할 수 있다(CPTPP Agreement, 2018). 중국은 최근 노동 관련 법제를 정비하고 있으나, 법적 권리의 보장보다는 당의 통제와 사회 안정을 우선시하는 기조가 여전하여, CPTPP가 요구하는 국제적 수준의 노동권 보장을 단기간에 충족하기는 어려울 것으로 평가된다(Magnus, 2023).

나. 수산보조금 규제와 중국의 원양어업 정책의 마찰

CPTPP 제20장(환경)은 무역과 환경의 상호 지지를 목표로 하며, 특히 해양 생태계 보호를 위한 구체적이고 구속력 있는 의무를 부과한다는 점에서 기존 무역 협정과 차별화된다. 핵심 쟁점은 제20.16조(해양 어획 어업)에 규정된 수산보조금 금지 조항이다. 이 조항은 '과잉 어획' 상태에 있는 어족 자원에 부정적 영향을 미치는 보조금과, '불법 · 비보고 · 비규제(IUU: Illegal, Unreported and Unregulated) 어업'에 관여된 선박에 제공되는 보조금을 금지한다(CPTPP Agreement, 2018; 김호철, 2022). 또한 각 당사국은 자국이 지급하는 수산보조금의 내역을 투명하게 통보해야 할 의무를 진다.

이는 세계 최대의 수산물 생산국이자 원양 어업국인 중국에 상당한 부담으로 작용한다. 중국은 연료비 보조금 등을 통해 원양 어업 선단을 대규모로 육성해 왔으며, 이는 전 세계적인 과잉 어획과 어족 자원 고갈의 주요 원인으로 지목받아 왔다(Hopewell, 2023). WTO 차원에서도 수산보조금 협상이 진행 중이나, CPTPP는 이미 포괄적인 금지 원칙을 협정문에 명문화하고 있어 중국의 현행 보조금 정책과 즉각적인 충돌을 야기한다. 특히 중국 어선들의 IUU 어업 활동에 대한 국제적 비판이 고조되는 상황에서, CPTPP 가입은 중국 정부가 자국 어선단에 대한 통제를 획기적으로 강화하고 보조금 지급을 중단해야 함을 의미한다.

중국은 개발도상국 지위를 활용하여 보조금 감축의 유예를 주장할 가능성이 있으나, 이미 베트남과 같은 개도국 회원국들도 높은 수준의 환경 의무를 수락한 선례가 있어 중국에만 예외를 허용하기는 어려운 구조다(Hopewell, 2023). 결국 중국이 CPTPP의 환경 규범을 수용하기 위해서는 '국가 주도형 원양 어업 육성 정책'의 근본적인 수정이 불가피하며, 이는 식량 안보와 해양 주권 강화를 내세우는 중국의 전략적 목표와 상충하는 딜레마를 형성하고 있다.

4. 지식재산권 · 위생검역: 높은 보호 기준과 중국의 선택적 이행

가. 지식재산권 보호의 '최고규범 기준(Gold Standard)'과 중국의 방어적 법제 대응

CPTPP 제18장(지식재산권)은 신약 데이터 독점권 보호, 저작권 기간 연장, 영업비밀 침해에 대한 형사 처벌 강화 등을 포괄하는 21세기 통상 규범의 최고 수준의 지식재산권 기준으로 평가받는다(CPTPP Agreement, 2018; 김호철, 2022). 비록 미국의 탈퇴로 일부 조항이 유예되었으나, 여전히 WTO TRIPS를 상회하는 높은 수준의 보호를 의무화하고 있어, 중국의 느슨한 지재권 보호 관행과 기술 탈취 문제에 대한 구조적 개혁을 요구하는 핵심 진입 장벽으로 작용한다.

이에 대응하여 중국은 2025년 12월 개정된 대외무역법(FTL) 제33조를 통해 무역 관련 지식재산권에 대한 보호 체계를 강화하는 동시에, 외국의 차별적 조치에 대응하는 방어적 법적 기반을 강화하였다(법무법인 지평, 2025). 특히 개정법 제10조는 자국 기업이 해외에서 부당한 처우를 받았다고 판단될 경우 '상응하는 조치'를 취할 수 있음을 명시하여, 서방의 제재에 맞설 수 있는 '법적 방패'를 구축하였다(대외무역법, 2025;법무법인 지평, 2026). 이는 CPTPP가 지향하는 개방적이고 투명한 IP 질서와 마찰을 빚을 가능성이 높으며, 기존 회원국들은 중국의 이러한 입법이 가입을 위한 규범 수용이라기보다는 대외 협상력을 높이기 위한 방어적 전략이라고 평가하고 있다.

나. 위생검역(SPS) 규범의 남용과 '경제적 강압'에 대한 대응기제

CPTPP 제7장(위생검역)은 검역 조치가 과학적 원칙에 기반해야 하며(제7.9조), 불필요한 무역 장벽으로 작용해서는 안 된다는 점을 명시하고 있다(CPTPP Agreement, 2018). 이 분야에서 대만은 2022년 후쿠시마산 식품 수입 규제를 과학적 근거에 맞춰 해제함으로써 규범 준수 의지를 증명한 반면(Goto, 2023), 중국은 외교적 갈등 시마다 상대국 농수산물 수입을 자의적으로 금지하는 행태를 반복해 왔다. 최근 일본의 오염수 방류 문제와 관련하여 과학적 검증 결과와 무관하게 일본산 수산물 수입을 전면 금지한 사례나, 호주산 와인 및 랍스터에 대한 제재는 SPS 규범을 정치적 무기로 악용하는 대표적인 '경제적 강압' 사례로 지목된다(Hopewell, 2023).

이러한 행태는 오클랜드 원칙 중 하나인 '성실한 이행 기록' 요건을 정면으로 위반하는 것으로, 중국의 가입 진정성에 대한 회원국들의 불신을 심화시키고 있다. 이에 대응하여 CPTPP 회원국들은 2025년 11월 제9차 위원회(멜버른)에서 경제적 강압이 협정의 높은 기준과 양립할 수 없음을 천명하고, 이에 공동 대응하기 위한 플랫폼을 구축하기로 합의하였다(CPTPP Commission, 2025; Alschner, 2025). 멜버른 공동성명은 무역 의존도를 무기화하여 상대국의 주권적 결정을 침해하려는 행위를 규범 위반으로 규정하고 피해국 간 공조를 제도화했다는 점에서, 사실상 중국을 겨냥한 강력한 경고 메시지이자 가입을 가로막는 제도적 봉쇄 장치로 해석된다.

V. CPTPP의 외연확대와 글로벌 통상 플랫폼으로의 진화

1. 환태평양 통상 질서의 변천: 대중국 편입 전략에서 전략적 경쟁으로

가. TPP와 규칙 기반 질서의 설계: 대중국 편입 전략의 전개와 표류

21세기 초반 환태평양 지역의 통상 질서는 미국이 주도하는 다자적 자유화 논리와 지정학적 이해관계가 교차하는 복합적 구도로 전개되기 시작했다. 오바마 행정부가 추진한 TPP는 무엇보다 높은 수준의 다자 자유무역협정을 통해 미국의 금융·서비스 산업의 시장 접근을 확대하고 미국 주도의 통상 규범을 역내 표준으로 정착시키려는 '경쟁적 자유화' 전략의 성격이 강하였다(Arès & Boulanger, 2020; Solis, 2017). 오바마 대통령이 "우리가 규칙을 쓰지 않으면 중국이 쓸 것"이라고 언급한 것도, 중국을 직접 배제하려는 의도라기보다는 중국을 포함한 역내 국가들이 미국 주도의 높은 수준의 규범에 수렴하도록 유도하려는 '다자주의적 규칙 강제' 전략의 맥락으로 이해하는 것이 적절하다(Arès & Boulanger, 2020; 박상현, 2020). TPP는 국유기업 규율, 노동 및 환경 기준, 지식재산권 보호 등 중국의 국가자본주의 모델로서는 수용하기 어려운 높은 규범을 도입함으로써, 중국이 이 질서에 순응하지 않을 경우 스스로 고립되는 구조를 만들어내는 레버리지로 기능하였다(Magnus, 2023; Reilly & Lee, 2023).

그러나 2017년 트럼프 행정부의 출범과 전격적인 TPP 탈퇴는 이러한 미국의 전략적 구상에 치명적인 타격을 입혔다. 트럼프 대통령은 다자주의 무역 협정이 미국의 제조업 일자리를 앗아갔다는 '미국 우선주의'에 기반하여 양자주의와 관세 장벽을 선호하였고, 이는 결과적으로 아시아 지역에서 미국의 경제적 리더십 공백을 초래하여 중국에게 전략적 기회의 창을 열어주는 결과를 낳았다(Pomfret, 2023; Chow, 2023; 박상현, 2020; 박상현, 2021). 비록 일본의 주도로 CPTPP가 회생하였으나, 거대한 소비 시장인 미국이 부재한 상황에서 CPTPP가 미국 주도의 높은 수준의 규범 질서를 유지하는 플랫폼으로서 당초의 기능을 온전히 수행할 수 있을지에 대한 회의

론이 지속적으로 제기되어 왔다(Magnus, 2023; Katada, 2023).

나. IPEF와 '시장 접근 없는' 경제 연대의 한계

바이든 행정부는 트럼프의 고립주의에서는 벗어났으나, 국내 정치적 이유로 인해 TPP(또는 CPTPP) 복귀라는 선택지를 배제하였다. 대신 2022년 5월, '인도-태평양 경제 프레임워크(IPEF)'를 출범시켰다. 이는 바이든 행정부가 TPP와는 다른 새로운 프레임, 즉 공급망 안보와 유사입장국 연대를 전면에 내세운 '경제안보' 논리를 본격적으로 가동한 것으로, 오바마 시기의 자유화 전략과는 질적으로 구별되는 전환점이었다(Luck & Gray, 2025; Pomfret, 2023). IPEF는 전통적인 자유무역협정과 달리 관세 철폐나 시장 접근을 제공하지 않는 대신, 공급망 회복력, 청정경제, 공정 경제(조세·반부패) 등 4대 기둥을 중심으로 한 규범적 협력에 초점을 맞추었다(Luck & Gray, 2025; Katada, 2023).

특히 IPEF의 공급망 협정은 위기 시 회원국 간의 물자 조달을 공조하는 '위기 대응 네트워크'와 노동 권리 자문기구를 설치하는 등 중국 의존도를 낮추고 유사 입장국 간의 연대를 강화하는 데 목적을 두었다(Economy & Hart, 2025; Luck & Gray, 2025). 그러나 시장 개방이라는 경제적 인센티브가 결여된 IPEF는 아세안(ASEAN) 국가들과 같은 개발도상국들에게 중국 시장을 대체할 만한 매력을 제공하지 못한다는 구조적 한계를 안고 있다. 이는 미국이 안보 논리를 앞세워 동맹국들에게 비용을 전가하고 있다는 비판과 함께, IPEF가 정권 교체 시 지속 가능할지에 대한 불확실성을 증폭시키는 요인이 되었다(Pomfret, 2023; Chow, 2023).

한편 미국은 USMCA 제32.10조의 이른바 '독소 조항'을 통해 CPTPP 회원국인 캐나다와 멕시코가 중국의 가입에 동의하지 못하도록 하는 간접적 거부권을 행사하고 있는데, 이는 트럼프 1기에 설계되어 정권을 초월하여 작동하는 구조적 견제 장치이다(Chow, 2023; deLisle, 2023).

다. 트럼프 2.0시대의 도래와 중국의 전략적 대응

2025년 트럼프 2기 행정부의 출범은 환태평양 통상 질서에 또 다른 격변을 예고하고 있다. 트럼프 행정부는 '상호주의'를 앞세워 보편적 관세 부과를 천명하고, 기존의 다자간 무역 규범을 무력화하는 양자적 거래를 선호함으로써 IPEF와 같은 느슨한 협력체마저 위협하고 있다(Froman, 2025; Kohda & Hiraki, 2025). 이러한 미국의 급격한 보호무역주의 회귀는 중국뿐만 아니라, '차이나 플러스 원' 전략에 따라 공급망을 다변화했던 베트남, 태국 등 아시아 국가들에게도 관세 압박과 불확실성을 가중시키며 기존 공급망 질서를 근본적으로 흔들고 있다(Luck & Gray, 2025).

미국의 통상 전략이 표류하는 사이, 중국은 이미 확보한 지역 내 영향력을 바탕으로 미국의 압박을 상쇄하려는 '제도적 균형' 전략을 구사해 왔다. 중국은 2022년 발효된 RCEP을 통해 아세안 및 호주, 뉴질랜드와의 원산지 규정을 통합함으로써 중국 중심의 공급망을 제도화하는 데 성공하였으며, 오커스(AUKUS) 출범 직후 단행한 CPTPP 가입 신청을 통해 미국의 안보 포위망을 경제적 수단으로 돌파하려 시도했다(Magnus, 2023). 특히 중국은 미국의 '미국 우선주의'와 대조적으로 자신을 '자유무역의 수호자'이자 다자주의의 옹호자로 위치시키며, 미국의 보호무역 조치에 반감을 가진 국가들을 우군으로 확보하려는 고도의 여론전을 펼치고 있다(Magnus, 2023; Economy & Hart, 2025; 차창훈, 2024).

최근 중국의 대응은 이러한 제도적 참여를 넘어, 미국의 제재에 정면으로 맞설 수 있는 정교한 국내 법적 기반을 구축하는 단계로 진화했다. 중국은

2025년 12월 '대외무역법'을 전면 개정하여 미국의 제재에 대응하는 방어적 법적 기반을 강화하는 한편, 국제 통상 규범과의 연계 의지를 법제화하였다(대외무역법, 2025; 법무법인 지평, 2025). 특히 '국가 발전 이익'을 안보의 핵심 개념으로 격상시켜 자국 산업 보호를 위한 무역 제한 조치를 정당화할 법적 근거를 마련하였다는 점에서, 단순한 법령 정비를 넘는 전략적 함의를 갖는다.

결과적으로 환태평양 경제 안보 프레임워크는 미국의 일방주의적 압박(트럼프 2.0), 중국의 법적 반격과 시장 통합 시도(RCEP, CPTPP 가입 신청, 대외무역법 개정), 그리고 일본 중심의 CPTPP(규범 수호)라는 삼각 파도 속에서 복잡하게 분화하고 있다. 이러한 질서의 파편화는 미·중 양국 모두에게 '완전한 배제'도 '완전한 통합'도 아닌 불확실한 전략적 경쟁 상태를 강요하고 있다(Froman, 2025; Katada, 2023;박상현, 2021).

2. 영국의 가입과 글로벌 통상 플랫폼으로서의 규범적 선례

가. '아시아-태평양'을 넘어선 최초의 '글로벌' 통상 플랫폼 구축

2021년 2월 1일 영국의 가입 신청으로 시작된 일련의 협상 과정은 2024년 12월 영국의 공식 가입이 완료됨으로써, CPTPP가 지리적으로 태평양 연안에 국한된 지역 협정에서 대서양과 인도-태평양을 연결하는 최초의 '글로벌 통상 플랫폼'으로 진화하는 역사적 분기점이 되었다(Bryant, 2025; Kane, 2023). 영국은 CPTPP의 창설 멤버가 아닌 최초의 신규 가입국이자 유럽 국가로서, 브렉시트(Brexit) 이후 '글로벌 브리튼(Global Britain)' 전략의 일환으로 역동적인 아시아 시장과의 연계를 강화하고 다자무역 체제의 규칙 수호자로서의 위상을 재정립하고자 하였다(Morita-Jaeger, 2023; Department for Business & Trade, 2025).

경제적 측면에서 영국의 가입으로 CPTPP 회원국 전체의 GDP는 약 3조 달러 이상 확대되어 협정의 전체 규모가 세계 경제의 약 15% 수준에 달하게 되었으며, 일본에 이어 두 번째로 큰 경제 대국이 합류함으로써 시장 매력도를 획기적으로 제고하였다(Kane, 2023; Chow, 2023). 특히 서비스 산업에 강점을 가진 영국은 상품 무역 중심의 기존 아시아 통상 구조에 금융, 법률, 디지털 서비스 등 고부가가치 서비스 교역의 활력을 불어넣을 것으로 기대되며, 이는 2030년까지 전 세계 중산층 소비의 65%를 차지할 것으로 예상되는 아시아-태평양 지역의 잠재력과 결합하여 시너지 효과를 창출할 전망이다(Chow, 2023; Department for Business & Trade, 2025).

지정학적 측면에서 영국의 참여는 미국이 부재한 상황에서 규칙 기반 질서를 수호하고 역내 통상 규범의 공신력을 유지하려는 일본, 호주 등 기존 주도국에게 강력한 우군을 제공하는 의미를 갖는다. 영국은 '파이브 아이즈(Five Eyes)' 정보 동맹의 일원이자 오커스(AUKUS)의 핵심 축으로서, 경제와 안보가 융합되는 최근의 통상 환경에서 CPTPP의 전략적 위상을 제고하는 데 기여하고 있다(Katada, 2023; Reilly & Lee, 2023; Alschner, 2025). 이는 CPTPP가 단순한 관세 철폐 기구를 넘어, 가치를 공유하는 국가들 간의 전략적 연대 플랫폼으로 기능하고 있음을 방증한다.

나. '영국 모델'의 확립과 중국 가입에 대한 규범적 방파제

영국의 가입 과정은 향후 중국과 대만 등 후발 주자들에게 적용될 가입 심사의 기준과 절차, 즉 '규범적 선례'를 확립했다는 점에서 그 중요성이 지대하다(Katada, 2023; Pomfret, 2023). 일본을 비롯한 기존 회원국들은 영국의 가입 협상을 통해 CPTPP의 높은 수준을 타협 없이 준수해야 한다는 원칙을 재확인하였다. 영국은 기존 EU 규제와의 정합성 문제에도 불구하고

CPTPP의 위생검역(SPS), 지식재산권, 디지털 통상 규범을 전면 수용함으로써, 가입을 희망하는 국가는 예외 없는 규범 준수 의지를 증명해야 한다는 '벤치마크'를 설정하였다(Katada, 2023; Chow, 2023).

이러한 '영국 모델'의 확립은 중국의 가입 전략에 상당한 제약 요인으로 작용한다. 중국은 자국의 거대한 시장 규모를 레버리지로 삼아 국유기업 보조금이나 데이터 현지화 등 민감한 분야에서 광범위한 예외를 인정받으려 시도할 가능성이 높으나, 영국의 선례는 이러한 '규범 희석' 시도를 차단하는 강력한 논거가 된다(Magnus, 2023; Alschner, 2025). 일본과 호주 등은 영국에게 적용된 엄격한 잣대를 중국에게도 동일하게, 혹은 더 엄격하게 적용할 것을 예고하고 있으며, 이는 중국이 현행 체제를 유지한 채로는 가입 문턱을 넘기 어렵게 만드는 '규범적 방파제' 역할을 하고 있다(Katada, 2023; Alschner, 2025).

반면, 대만에게는 영국의 가입이 긍정적인 신호로 작용한다. 영국은 대만과 공식적인 외교 관계는 없으나, 민주주의와 시장 경제 가치를 공유하며 반도체 등 첨단 기술 분야에서 협력을 강화하고 있다(Lee, 2023; Goto, 2023). 영국이 CPTPP 내부에서 의사결정권을 행사하게 됨에 따라, 대만의 가입을 지지하는 목소리가 힘을 얻을 가능성이 커졌으며, 이는 중국의 방해 공작을 상쇄하고 대만의 가입 명분을 강화하는 내부 동력으로 작용할 것이다(Reilly & Lee, 2023; deLisle, 2023). 결국 영국의 가입은 CPTPP를 '글로벌 규범의 표준'으로 격상시킴으로써, 중국의 수정주의적 통상 질서 확산을 억제하고 대만과 같은 규범 준수 국가들에게 기회의 창을 열어주는 전략적 효과를 낳고 있다.

3. 기존 회원국의 전략적 셈법과 '게이트키퍼'의 딜레마

가. 일본의 전략: 규범 수호와 대중국 레버리지의 균형

일본에게 CPTPP는 단순한 무역 협정이 아니라, 아시아-태평양 지역에서 규칙 기반 통상 질서를 수호하고 미·중 양국의 일방주의를 견제하기 위한 핵심적인 지경학적 수단이다(Katada, 2023; Arès & Boulanger, 2020). 일본은 미국의 탈퇴 이후 CPTPP를 주도적으로 타결시키며 규범 수호자로서의 리더십을 확보하였고, 현재는 가입 심사의 실질적인 게이트키퍼 역할을 수행하고 있다. 그러나 일본이 직면한 딜레마는 규범의 엄격성과 외교적 관계 사이의 균형이다. 규범적 측면에서 일본은 중국의 국유기업 보조금, 지식 재산권 침해, 경제적 강압 조치(예: 일본산 수산물 수입 금지)가 CPTPP의 높은 기준에 미달한다고 판단하며, 중국의 가입이 협정의 질적 일관성을 훼손할 것을 우려한다(Katada, 2023).

특히 2025년 11월 멜버른 위원회에서 합의된 경제적 강압 대응 플랫폼은 일본이 주도하여 중국의 행태를 견제하기 위해 마련한 장치로 해석된다(Alschner, 2025). 따라서 일본은 성실한 이행 기록과 만장일치 원칙을 활용하여 중국의 가입 절차 개시를 기술적으로 지연시키는 전략을 취하고 있다. 반면 대만에 대해서는 환영하는 입장이지만, 중국의 보복 가능성과 양안 관계의 특수성을 고려하여 공식적인 지지 표명에는 신중을 기하고 있다(Goto, 2023). 일본은 대만의 가입이 반도체 공급망 강화 등 경제 안보에 유리하다는 점을 인식하고 있으나, 대만의 가입을 먼저 승인할 경우 발생할 중국과의 외교적 마찰을 피하기 위해 전략적 모호성을 유지하며 호주, 캐나다 등과 보조를 맞추는 방식을 택하고 있다(Katada, 2023; Lee, 2023).

나. 캐나다와 호주의 입장: 무역 다변화와 안보 공조의 교차점

캐나다와 호주는 미국과 함께 파이브 아이즈 정보 동맹의 일원이자 중국의 경제적 강압을 직접 경험한 국가들로서, 일본과 유사한 전략적 입장을 취하고 있다. 2024년 CPTPP 의장국이었던 캐나다는 중국의 자의적 무역 조치에 대한 우려를 표명하며, 가입 희망국이 과거의 무역 약속을 얼마나 성실히 이행했는지를 검증하는 오클랜드 원칙의 엄격한 적용을 강조해 왔다(Hopewell, 2023). 또한 USMCA의 당사국인 캐나다는 비시장국가(중국)와 FTA를 체결할 경우 미국이 협정을 종료할 수 있다는 조항의 제약을 받고 있어, 중국의 가입에 동의하기 어려운 구조적 한계를 안고 있다(Chow, 2023).

호주 역시 중국의 보복 관세로 인해 와인, 석탄 등 주력 수출품이 타격을 입은 바 있어, 중국의 가입에 대해 매우 비판적이다(Pomfret, 2023; Magnus, 2023). 호주는 2025년 멜버른 컨센서스를 주도하며 국유기업 규범 강화와 강압적 무역 행위 금지를 의제화함으로써 중국 가입의 문턱을 높이는 데 기여하였다(CPTPP Commission, 2025). 그러나 동시에 호주와 캐나다는 중국과의 거대한 무역 규모를 무시할 수 없기 때문에, 중국을 완전히 배제하기보다는 가입 협상이라는 틀 안에 묶어두고 규범 준수를 압박하는 레버리지로 활용하려는 실리적 접근도 병행하고 있다(Magnus, 2023; Hopewell, 2023).

다. 동남아 회원국의 시각: 경제적 실익과 미 · 중 사이의 헤징 전략

싱가포르, 말레이시아, 베트남 등 동남아 회원국들은 경제적 실익을 중시하며 상대적으로 중국의 가입에 유연한 태도를 보인다. 특히 말레이시아와 베트남은 중국과의 공급망 연계가 깊고 RCEP을 통해 이미 중국과 협력하고 있어, 중국의 CPTPP 참여가 가져올 시장 확대 효과를 기대한다(Lee, 2023; Arès & Boulanger, 2020). 이들은 CPTPP의 높은 규범이 자국의 개혁을 촉진하는 수단이 될 수 있다고 보지만, 중국 가입 문제에 있어서는 미·중 갈등의 최전선에 서는 것을 꺼리며 명확한 찬반 입장을 유보하는 헤징 전략을 구사한다(Stromseth, 2019; Lee, 2023).

하지만 대만의 가입에 대해서는 하나의 중국 원칙을 의식하여 소극적인 입장을 취하는 경우가 많다(Lee, 2023). 이는 CPTPP 내부에서도 기존 선진국 클럽(일본, 호주, 캐나다)과 개도국 그룹 간에 가입 우선순위에 대한 미묘한 입장 차이가 존재함을 시사하며, 이러한 내부 균열은 향후 중국과 대만의 가입 문제를 둘러싼 합의 도출 과정에서 중요한 변수로 작용할 것이다.

라. 소결: 강대국 패권 경쟁과 중견국 주도 모델의 부상

환태평양 지역의 통상 질서는 과거 미국이 설계하고 주도하던 단일 패권적 구조에서 벗어나, 안보와 경제 논리가 복잡하게 얽힌 다층적 분절화 단계로 진입하였다. 제5장의 논의를 종합해 볼 때, 현재의 통상 지형은 시장 접근을 배제한 채 공급망 안보에 치중하는 미국의 IPEF와, 낮은 수준의 규범으로 시장 통합을 우선시하는 중국 주도의 RCEP, 그리고 이들 사이에서 고수준의 규범과 시장 개방을 동시에 추구하는 CPTPP라는 삼각 축으로 재편되고 있다(Kohda & Hiraki, 2025; Katada, 2023).

미국의 TPP 이탈은 아시아-태평양 지역에서 리더십의 공백을 초래하였으나, 이는 역설적으로 일본, 호주, 캐나다 등 중견국들이 자율적인 연대를 통해 규범 기반 질서를 수호하는 계기가 되었다(Arès & Boulanger, 2020). 중국은 RCEP 발효와 일대일로를 통해 영향력을 확대하고 2021년 CPTPP 가입을 전격 신청함으로써 미국의 포위망을 뚫으려 시도했으나, 이는 오히려 기존 회원국들의 결속을 강화하고 가입 장벽을 높이는 결과를 낳았다(Magnus, 2023; Reilly & Lee, 2023). 특히 2024년 12월 완료된 영국의 가입은 CPTPP가 아시아라는 지리적 한계를 넘어 글로벌 통상 플랫폼으로 진화했음을 알리는 신호탄이자, 향후 중국과 대만의 가입 심사에 적용될 엄격한 '규범적 선례'를 확립했다는 점에서 전략적 함의가 크다(Bryant, 2025; Chow, 2023).

기존 회원국들은 중국의 거대한 시장이 주는 경제적 유인과 중국의 수정주의적 행태가 초래할 규범 훼손 사이에서 '게이트키퍼'로서의 딜레마를 겪고 있다(Katada, 2023). 그러나 이들은 2025년 11월 멜버른 컨센서스를 통해 이러한 딜레마를 정면으로 돌파할 제도적 장치를 마련하였다. 회원국들은 '경제적 강압'에 대한 공동 대응 플랫폼을 구축하여 중국의 보복 조치를 견제하는 한편, 가입 절차에 있어 '멀티 스피드' 접근 방식을 공식화함으로써 규범 준수 의지가 확인된 국가와 그렇지 못한 국가를 차별화하는 이원화 전략을 채택하였다(Alschner, 2025; CPTPP Commission, 2025). 이는 CPTPP가 외연 확장을 추구하되, 협정의 핵심 가치인 '하이 스탠더드'를 훼손하지 않는 범위 내에서만 허용하겠다는 강력한 의지의 표명이다.

결론적으로 CPTPP는 미·중 패권 경쟁의 압박 속에서도 높은 수준의 규범 준수와 시장 개방을 동시에 추구하는 중견국 주도의 '제3의 길'을 제시하고 있으며, 이러한 진화는 한국을 비롯한 중견 통상국가들에게 단순한 선택이 아닌 전략적 필수 과제임을 시사한다.

VI. 결론: 환태평양 질서의 파편화와 중견국 연대 플랫폼으로서의 CPTPP

본 연구는 미·중 패권 경쟁의 심화와 글로벌 보호무역주의의 확산이라는 구조적 변동 속에서, CPTPP가 갖는 규범적·지정학적 함의를 분석하였다. 연구 결과, CPTPP는 단순한 무역 자유화 협정을 넘어 21세기 신통상 의제인 디지털 전환, 국유기업 개혁, 노동 및 환경 기준을 강제하는 '규범적 중심축'으로 진화했음을 확인하였다. 특히 미국이 이탈한 리더십의 공백을 일본, 호주, 캐나다 등 중견국들이 메우며 형성한 연대는, 강대국의 일방주의적 압박이나 경제적 강압에 휘둘리지 않고 규범에 기반한 통상 질서를 수호하는 '제3의 길'을 제시하고 있다(Kohda & Hiraki, 2025; Alschner, 2025).

중국의 가입 신청은 이러한 규범적 축에 대한 도전이자 미국의 포위망을 뚫기 위한 제도적 균형 전략의 일환이었으나, 국유기업 보조금과 경제적 강압 행태 등 구조적 요인으로 인해 가입이 난망한 상태다. 이에 대응하여 기존 회원국들이 2025년 멜버른 컨센서스를 통해 제도화한 '멀티 스피드' 접근법은 규범 준수 의지가 확인된 국가를 우선시함으로써, 협정의 규범적 순도를 유지하고 중국의 우회적 진입을 차단하는 효과적인 방어 기제로 작동하고 있다(CPTPP Commission, 2025; Alschner, 2025).

이러한 분석을 바탕으로 한국의 통상 전략에 대한 시사점을 도출하면 다음과 같다.

첫째, '멀티 스피드' 가입 구조가 만들어낸 전략적 창(窓)을 활용해야 한다. 한국은 국유기업 비중, 데이터 이동 규제, 노동·환경 기준 등 CPTPP 4대 규범 분야에서 중국에 비해 월등히 높은 규범 수용성을 보유하고 있어, 중국의 가입이 장기 표류하는 현 국면에서 선제적으로 가입 협상에 착수할 경우 '우선 트랙' 국가로 분류될 가능성이 높다. 가입이 늦어질수록 한국은 이미 내부자가 된 국가들이 설계한 규범을 일방적으로 수용해야 하는 '규범 수용자'로 전락할 위험이 커진다(Alschner, 2025; CPTPP Commission, 2025).

둘째, CPTPP 핵심 규범을 '외부 충격'이 아닌 '제도 개혁의 로드맵'으로 내재화해야 한다. 국유기업 투명성, 데이터 거버넌스, 플랫폼 독과점 규제 등 CPTPP가 요구하는 규범들은 한국 경제가 '차이나 쇼크 2.0' 시대에 대응하기 위해 필요한 구조 개혁의 방향과 일치한다. 가입 협상 과정을 국내 정치적 저항을 최소화하면서 구조 개혁을 추진할 수 있는 외부적 동력으로 활용해야 한다(정지현 외, 2025; 김호철, 2022).

셋째, CPTPP 내 '게이트키퍼 연대'에 능동적으로 참여하여 중국·대만 가입 문제의 공동 관리자로 부상해야 한다. 한국은 중국과의 긴밀한 무역 관계를 유지하면서도 규범 기반 질서를 지지하는 독특한 위치에 있어, 강경한 게이트키퍼(일본·호주)와 유연한 동남아 그룹 사이에서 중재자 역할을 수행하고 대만 문제에 있어서도 규범적 원칙에 입각한 일관된 입장을 견지하는 신뢰할 수 있는 파트너로 자리매김해야 한다(Katada, 2023; Lee, 2023).

보다 넓은 시각에서 볼 때, CPTPP는 단순한 무역 협정의 차원을 넘어 21세기 중견국 외교의 새로운 패러다임을 제시하는 플랫폼으로서의 의미를 갖는다. 미국의 일방주의와 중국의 경제적 강압이 동시에 작동하는 구조적 압박 속에서, 일본·호주·캐나다·뉴질랜드 등 중견국들은 CPTPP라는 규범적 틀을 공유함으로써 개별 국가로는 감당하기 어려운 강대국의 압력에 집합적으로 대응하는 연대 메커니즘을 구축하였다(Cooper, 1997; Kohda & Hiraki, 2025). 이는 물리적 국력이 아닌 규범 구축과 다자주의적 연합이라는 중견국 외교의 본질적 강점이 실제로 작동하고 있음을 보여주는 사례이다.

전망의 측면에서 본 연구는 하나의 논쟁적 테제를 제기한다. 트럼프 1.0의 탈퇴, 바이든의 IPEF 우회, 트럼프 2.0의 관세 전쟁으로 이어지는 궤적은 미국의 복귀가 정권 교체의 문제가 아니라 구조적으로 봉쇄된 경로임을 시사한다(Solis, 2017; Pomfret, 2024). 이러한 현실은 역설적으로 CPTPP가 '미국의 복귀를 기다리는 협정'에서 '미국 없이도 작동하는 중견국 주도의 규범 플랫폼'으로 정체성을 전환해야 함을 의미한다. 미국 없는 CPTPP가 세계 최대 소비시장 접근권을 제공하지 못한다는 한계는 분명하지만, 영국 가입으로 세계 경제의 15%를 포괄하는 협정이 코스타리카·인도네시아·한국 등으로 외연을 확장할 경우, 중견국들의 '자율적 경제운동장'으로 진화할 현실적 가능성을 갖는다(Posen, 2025; Alschner, 2025).

결론적으로 2025년 이후의 통상 환경에서 CPTPP는 한국에게 단순한 시장 확대의 수단이 아니라 중견국 연대의 핵심 플랫폼에 참여하는 전략적 선택이다. 한국은 CPTPP 가입을 통해 통상 영토를 확장하는 것을 넘어, 파편화되는 글로벌 질서 속에서 규범 기반 질서의 능동적 설계자로서 국가 생존을 담보하고 중견국 외교의 지평을 넓히는 전략적 교두보를 마련해야 할 것이다.

부록 : CPTPP 관련 주요 일지[13]

연도	주요 사건 및 내용
2005	브루나이 · 칠레 · 뉴질랜드 · 싱가포르 4개국이 포괄적 무역협정 P4 체결(Trans-Pacific Strategic Economic Partnership). 이를 기반으로 이후 협정 확대 논의 시작
2008	미국 부시 행정부, P4 확대 협상 참여 의사 표명. 이어 오바마 행정부도 이를 계승하여 아시아 · 태평양 지역 다자 FTA 구상을 추진
2010-2013	기존 P4에 미국 · 호주 · 페루 · 베트남 등이 새로 참여하여 TPP 협상 공식 개시 (총 9개국으로 확대). 이후 말레이시아(2010년), 캐나다 · 멕시코(2012년), 일본(2013년) 등이 순차 참여하여 협상국 12개국으로 증가.
2015	10월 미국 · 일본 등을 포함한 12개국 TPP 협상 타결(애틀랜타)
2016	2월 4일 뉴질랜드 오클랜드에서 12개국 공식 협정 서명. TPP 발효를 위해 각국 비준 절차 진행되었으나, 미국 대선 과정에서 거센 반대 직면. 미국 양당 대선 후보까지 협정 재검토를 표방하며 TPP 국내 비준이 불투명해짐.
2017	1월 트럼프 대통령 취임 직후 미국의 TPP 탈퇴 선언 — 미국 무역대표부(USTR)를 통해 TPP 비준 포기 의사 공식 통보. **TPP 협정문은 전체 협상국 GDP의 85% 이상을 차지하는 최소 6개국의 비준을 발효 요건으로 규정**하고 있었으나, 전체의 약 60%를 차지하는 미국의 이탈로 이 요건을 충족할 수 없게 되어 TPP는 사실상 좌초
2017	(미국 제외) 나머지 11개국, APEC 계기 등 다각 논의를 거쳐 TPP 재가동 모색. 일본 주도로 협정 조항 일부를 동결하는 조정에 합의하고, 미국 없이도 협정을 발효시키기로 결정.
2018	3월 8일 칠레 산티아고에서 11개국이 새 협정인 CPTPP(포괄적 · 점진적 환태평양경제동반자협정) 서명. 당초 TPP에서 미국이 요구했던 일부 조항은 발효 시까지 효력 정지하는 형태로 수정. 같은해 10월까지 6개국이 신속히 비준을 마쳐, 2018년 12월 30일 CPTPP 발효 개시.
2019	1월 베트남 등 추가 비준국에 CPTPP 효력 발효. 같은 해 1월 도쿄에서 CPTPP 제1차 각료회의 개최 (협정 이행 및 추가 회원 가입 논의 개시).
2020	세계적 팬데믹 속에도 CPTPP 3차 각료회의(8월) 등 화상 회의로 협정 이행 지속. 회원국들은 코로나19 위기 대응 및 역내 경제회복을 위한 협력 도모
2021	1월 미국 바이든 행정부 출범 (TPP 복귀 논의는 없었음). 2월 1일 영국, EU 탈퇴 후 최초로 비(非)원 회원국 지위에서 CPTPP 가입 공식 신청. 6월 CPTPP 위원회에서 영국 가입 협상 개시를 만장일치 승인. **9월 16일 중국, 9월 22일 대만이 잇달아 CPTPP 가입 신청 제출.** 같은 달 페루도 협정 발효 완료
2021-2022	에콰도르(2021.12), 코스타리카(2022.8), 우루과이(2022.12) 등 중남미 국가들도 CPTPP 가입 신청서 제출. 협정 참여에 대한 역외 국가들의 관심이 본격화됨.
2022	11월 말 말레이시아, 7번째로 협정 비준 완료. 12월 30일 기준 9개 회원국에 CPTPP 발효.
2023	2월 칠레, 7월 브루나이가 비준을 마쳐 원협정 11개국 모두 국내 비준 절차 완료. 5월 우크라이나 가입 신청서 제출. 3월 31일 영국과 CPTPP 기존 회원국 간 가입 협상 타결 발표. **7월 16일 뉴질랜드 오클랜드에서 영국의 CPTPP 가입 협정 서명,(오클랜드 원칙도 부각됨)**

---

13 캐나다 정부 홈페이지(Comprehansive and Progressive Agreement for Trans-Pacific Partnership(CPPTPP)(2023)의 view the timeline 및 본문과 참고문헌에 제시된 자료를 참고로 하여 저자가 작성한 표임.

연도	주요 사건 및 내용
2024	2024년 5월 영국내 비준 절차 완료. 2024년 12월 15일 영국 공식적으로 정식 회원국 지위 획득. 9월 19일 인도네시아가 CPTPP 가입 공식 신청서 제출. 인도네시아 대통령 당선인까지 지지 입장을 밝히며 역내 최대 동남아 경제국의 참여 의지 표명. 이로써 CPTPP는 미주, 유럽(영국), 아시아에 걸친 광범위한 무역블록으로 부상.
2025	영국까지 포함한 12개국으로 CPTPP 운영. - 11월 멜버른 컨센서스 : 제9차 위원회 결과 '일반 이행검토 완료', '경제적 강압' 대응 플랫폼 구축 합의 - 12월 중국 대외무역법 개정 - 코스타리카 우루과이 등 '오클랜드 원칙'을 충족하는 국가의 가입 절차 우선 진행 중국·대만을 비롯해 에콰도르, 우크라이나 등 다수 국가의 가입 신청이 계류 중이며, 태국·필리핀·대한민국 등도 관심 표명 단계 . 미국은 여전히 불참 상태이며 트럼프 행정부2기에서 불확실성 더욱 증대

 격동의 환태평양: 국가의 상쟁과 지역의 통합 그리고 초국적 연계성

3부

환태평양 연계성과 글로벌 가치사슬

08

글로벌 가치사슬과 지역간 연결[*]

이준구(한양대학교)

Ⅰ. 서론

글로벌 가치사슬(global value chain, GVC)은 오늘날 세계 경제의 복잡한 연결성과 상호작용을 대표적으로 보여준다(WTO and IDE-JETRO 2011; Ponte, Gereffi, and Raj-Reichert 2019). 이는 지리적으로 멀리 떨어진 생산 기지와 최종 시장, 노동자와 소비자, 그리고 다국적 기업의 본국과 진출국을 하나로 잇는다. 원거리 무역과 조달이 역사적으로 전례 없는 일은 아니지만, 오늘날의 글로벌 수준의 가치사슬은 기업 내외부의 다양한 방식의 조정 및 거버넌스를 통해 유례없이 빠르고 밀도 높은 연결성을 보여준다는 점에서 차이가 있다. 글로벌 가치사슬은 지리적·조직적 경계를 넘나드는 생

---

[*] 3부 제1장은 *Journal of Global and Area Studies* 제6권 3호(2022)에 실린 "Global Value Chains and Regional Connection: Asia's Shifting Inter- and Intra-regional Trade Linkages"에 새로운 서론과 맺음말을 더하여 번역한 것임. 본 논문의 영어판은 Chang, Kyung-Sup 외 (편), *Asianization of Asia* (Routledge, 2024) 2장에, Ⅱ절과 Ⅲ절은 신범식 외, 『메가아시아 형성과 동학』 (진인진, 2023) 7장에 각각 수록되어 있음.

산과 소비의 통합 시스템으로 작동하고 있으며, 과거와 비교할 수 없을 정도로 세분화된 국제 분업을 가능케 하고 있다. 글로벌 가치사슬의 부상은 무역 및 투자 장벽의 완화뿐만 아니라 운송, 물류, 정보통신기술의 비약적 발전에 힘입어 가속화되었다. 이에 리처드 볼드윈(Richard Baldwin)은 글로벌 가치사슬이 오늘날 세계 경제를 정의하고 있다고 강조하며, "산업 경쟁력의 지형은 이제 점점 더 국경이 아니라 국제적인 생산네트워크의 외연에 의해 정의되고 있다"라고 주장한다(2018, p. 6).

지난 수십 년간 지속된 이러한 글로벌 가치사슬의 부상은 세계 경제의 주축으로 등장한 아시아의 부상을 빼놓고 설명할 수 없다. 역사적으로 특히 동아시아의 산업 발전은 글로벌 가치사슬의 확장과 깊게 맞물려 왔다(Gereffi and Wyman 1990; Borrus 1997; Borrus, Ernst, and Haggard 2000). 전후 세계 경제에서 동아시아는 서구 다국적 기업, 특히 북미와 서유럽의 구매기업과 유통업체들이 주도하는 가치사슬에 점진적으로 통합되었다. 일본의 전후 경제 부흥은 이들 시장에 대한 제조업 수출을 통해 촉진되었고, 이른바 '아시아의 네 마리 용'으로 불리는 한국, 대만, 홍콩, 싱가포르는 1970년대부터 저비용 제품을 조달하려는 서구 구매기업의 요구에 부응하면서 산업 생산과 수출을 급신장시켰다(Gereffi 1999; Hamilton, Senauer, and Petrovic 2011). 동아시아 신흥공업경제국(newly industrializing economies, NIEs)이 주도한 수출기반 산업화는 이후 다른 아시아 개발도상국들의 벤치마킹 모델이 되었고, 중국은 이 과정에서 세계 최대의 제조 수출국으로 부상하며 지난 20년간 글로벌 가치사슬에서 핵심적인 역할을 해 왔다(Gereffi, Bamber, and Fernandez-Stark 2022).

아시아가 글로벌 가치사슬에 점진적으로 통합되고 세계 여타 지역과의 연결성을 확장하는 과정은 아시아 경제권 내의 역내 연결성 강화와 시기적으로 일치했다. 아시아 내에서 국제적 교역, 투자 및 아웃소싱이 증대되면서 아시아 국가들은 점점 지역과 글로벌 수준 모두에서 생산과 소비를 연계하는 가치사슬에 참여하게 되었으며, 이는 산업 발전을 촉진하고 아시아 내 지역화(regionalization)의 토대를 마련했다(Katzenstein and Shiraishi 2006). 1980년대 들어 일본의 대(對)아시아 해외 투자가 급증하면서 국경 간 상업 및 무역을 통한 유대가 긴밀해졌다(Edgington and Hayter 2000). 일본 다국적 기업의 아시아 내 지역적 확장에 이어, 동아시아 신흥 공업국 기업들 또한 내적으로 생산 비용 상승, 외적으로 무역장벽에 직면하자 더 저렴한 비용의 여타 아시아 지역으로 생산 기지를 이전하기 시작했다(Bonacich et al. 1994; Hoesel 1999). 아시아 다국적 기업들의 이러한 지역적 확장은 서구 구매기업과의 연결 고리를 아시아 개발도상국으로 더욱 깊숙이 파고들게끔 하는 결과를 가져왔으며, 이 과정에서 지역적 차원의 가치사슬을 더 넓은 차원의 가치사슬과, 그리고 서구 구매기업과 아시아 개발도상국의 소규모 공급업체 사이를 잇는 가교 역할을 하게 되었다(Gereffi 1999). 이러한 역내와 역외 가치사슬의 결합은 글로벌 생산의 중심지로서 아시아의 부상을 더욱 촉진하였다.

생산 기지이자 시장으로서 글로벌 가치사슬 내 아시아의 위상은 2000년대 후반 글로벌 금융위기 이후 더욱 공고해졌다. 공급망은 아시아, 특히 중국으로 집중되었으며, 이는 여러 산업에서 지역적 수준의 조밀한 공급 거점을 형성하는 결과를 낳았다(Cattaneo, Gereffi, and Staritz 2010; Lee and Gereffi 2013). 더 많은 생산 기능이 아시아에서 수행됨에 따라 글로벌 가치사슬 내 아시아 기업들의 역할도 커졌다. 이들은 본국을 넘어 공간적인 활동 영역을 넓혔으며, 연구개발(R&D)과 같은 자본·기술 집약적이고 부가가치가 높은 활동으로 기능적 영역을 확장했다(Appelbaum 2008; Azmeh and

Nadvi 2014).[1] 동시에 아시아는 '세계의 시장'이 되었다. 중국을 비롯한 신흥 시장 경제가 부상하는 한편, 금융위기 이후 선진 서구 경제의 소비자 수요가 침체되면서 아시아는 세계 경제의 필수적인 시장 수요처가 되었고, 많은 서구 기업의 성공을 좌우하는 핵심 시장이 되었다. 일례로 애플의 경우, 2015년 전체 매출의 25%를 중화권에 의존했는데, 이는 2010년의 4%에서 크게 증가한 수치이다.[2]

이러한 전개 양상은 글로벌 가치사슬 시대의 산업 발전을 지역 내/간 연결, 나아가 아시아의 '아시아화(Asianization)'라는 관점에서 재고하게 한다. 글로벌 가치사슬 참여와 역내 연결성 확대를 통한 아시아의 산업 발전은 "아시아가 내부적으로 연계되는 방식의 질적 변화"를 가져왔으며(Chang 2014, p. 338), '사회로서의 아시아(Asia-as-a-society)' 내부의 "탈국가적/초국가적 프로세스, 구조 및 행위"를 부각한다(p. 337). 아시아 국가들은 "이웃 국가를 무역 상대이자 투자 기회의 제공자, 그리고 경쟁자"로 인식하기 시작했으며(Funabashi 1993, p. 79), 아시아 외부의 국가와 기업들 또한 아시아를 세계와 연결된 개방적인 생산·소비 통합 시스템의 일원으로 바라보기 시작했다. 글로벌 가치사슬이 유발한 산업 발전의 이러한 아시아화는 아시아 전체의 경쟁력 상승에 핵심적 토대를 제공하고, 세계 경제에서 아시아의 영향력 확대는 다시금 역내 연결성과 상호작용을 촉진하면서 아시아화를 더욱 심화시킨다.

이러한 맥락에서 본 장은 우선 글로벌 가치사슬 관점에서 세계 경제와 그

---

1 반도체 및 첨단 디스플레이 분야의 삼성전자과 LG디스플레이와 같은 첨단기술 공급업체나, 유원공업(Yue Yuen), 폭스콘(Foxconn)과 같이 나이키나 애플 등 글로벌 브랜드를 위해 제품을 제조하는 대형 초국적 1차 공급업체가 대표적인 예이다.

2 https://www.statista.com/chart/13246/apple-china-revenue/ (2020년 2월 18일).

내부의 지역적 연결성을 어떻게 이해할 것인지 살펴본다. 이러한 논의를 바탕으로 역외 및 역내 연결성의 측면에서 글로벌 가치사슬의 구조를 분석하기 위한 개념적 틀을 제안한다. 구체적으로 아시아에 초점을 맞추어, 글로벌 가치사슬이 중심적인 역할을 하는 대표적인 부문인 섬유의류와 전자 산업의 국제 무역 네트워크를 분석함으로써 아시아가 가진 지역적 연결성을 살펴보고, 산업별, 제품별 역외 및 역내 연결성의 다양성과 시간 흐름에 따른 변화를 탐구한다. 이를 통해 본 장은 아시아 내외에서 글로벌 가치사슬을 통해 이루어진 산업 발전의 새로운 양상을 보여주고, 팬데믹 이후 글로벌 가치사슬을 둘러싼 불확실성 속에서 그 함의를 논의하고자 한다.

II. 글로벌 가치사슬로 본 세계 경제: 연결의 관점

1. 세계 경제의 변화와 글로벌 가치사슬

오늘날 글로벌 가치사슬은 세계 경제를 특징짓는 주요한 요소의 하나로 받아들여지고 있다(OECD, 2013). 높은 수준의 지역간, 조직간 생산활동의 분절(fragmentation)과 분산(dispersion), 글로벌 선도기업에 의한 초국적 수준에서의 통합은 글로벌 가치사슬의 핵심 특징이며, 이는 국민국가와 같은 전통적 경계의 역할을 상대적으로 약화시키고 글로벌 경제를 가로지르는 공간적, 조직적 연결의 중요성을 환기시킨다. 그리하여, 볼드윈은 "현재 산업경쟁력의 지형을 나타내는 것은 국제적인 생산 네트워크지 실제 국경이 아니다"(Baldwin, 2018: 6)라고 주장한다.

가치사슬을 통한 글로벌 연결성은 제 2차 세계대전 이후 세계 경제 내 통합도의 지속적 증가, 국제 무역과 해외직접투자(FDI: foreign direct investment)의 증가에 따른 지역간, 국가간 상호의존성의 증대가 가져온 산물이다(Dicken, 2011). 전통적으로 북미와 서유럽을 중심으로 이루어지던 해외직접투자는 전후 점차 개발도상국, 특히 아시아와 라틴아메리카에 대한 투자로 확장되었다. 동시에, 전통적 국제분업구조 — 원료 공급처이자 시장으로서 주변부(개발도상국)과 제조업 중심의 산업화된 핵심부(선진국) — 는 선진국 기업들이 개발도상국에 대한 제조업 투자와 역외하청(offshore outsourcing)을 늘리면서 소위 '신국제분업 구조'(new international division of labor)라는 형태로 변모하였고(Fröbel et al., 1980), 오늘날 글로벌 가치사슬로 대표되는 초국적 생산체계의 기반이 되었다.

이러한 변화는 한편으로 관세 인하를 비롯한 무역장벽의 해소와 더불어 컨테이너 혁명 등을 통한 물류비용의 감소 등 무역비용이 전반적으로 하락한데 힘입었다. 이에 더해 1990년대 이후 인터넷을 비롯한 정보통신기술의 비약적 발전은 원격통신 비용을 급속하게 낮추고 시공간적 압축을 통해 지리적 연결성을 크게 향상시켰다. 볼드윈(Baldwin, 2018)은 이를 생산지와 소비지 간의 '제 2차 분리'(second unbundling)라고 칭하였는데, 18–19세기의 제 1차 분리가 주로 무역비용의 하락에 기댔다면 통신비용의 하락은 시장과 기업활동의 공간을 비약적으로 확장함으로써 글로벌화의 새 단계를 가능케 했다는 것이다.

이런 점에서 보면, 글로벌 가치사슬이 갖는 특징은 단순히 무역과 FDI의 확대나 가치사슬 기능(예, 연구개발, 생산, 판매)의 지리적, 조직적 분절과 이동에 그치지 않는다. 변화의 핵심은 저개발국으로 이전된 생산기능이 여전히 선진국에서 수행되는 연구개발(R&D), 정보시스템, 경영관리 및 통제 시스템과 긴밀히 결합하고 통합된 형태의 글로벌 생산체계가 되었다는 점이다. 따라서, 의류 생산과 소비의 주기를 가속화시킨 패스트패션(fast fashion), 자동차 산업에서 보편화된 적시(just-in-time)생산, 표준화된 인터페이스를 활용한 전자산업에서의 모듈식(modular) 생산방식은 모두 신속하고 유연한 지역간, 기업간 조정활동을 통해 분절된 가치사슬 기능들과 생산의 하위체계들을 실시간에 가깝게 통합함으로써 생산지과 소비지, 공급기업과 구매기업을 긴밀하게 연결하고 하나의 동조화된 체계로 구성하는 글로벌 가치사슬의 특징과 그를 통해 이뤄진 변화를 잘 보여준다.

2. 글로벌 가치사슬을 통해 본 세계 경제

가치사슬은 하나의 제품이나 서비스를 고안, 생산, 유통, 소비, 폐기하는 전 과정을 지칭하며, 가치사슬적 접근은 이 과정을 부가가치를 창출, 획득, 분배하기 위해 여러 주체들이 수행하는 활동의 연쇄(chains of activities)로 본다(Gereffi et al., 2019). 지역과 국가의 경계를 가로지르는 기업 활동과 거래를 가치사슬이나 유사한 개념을 통해 연구하고자 하는 흐름은 1980년대 중반부터 여러 분야에서 일제히 등장하였다(Friedland, 1984; Porter, 1985; Raikes et al., 2000). 그 가운데 오늘날 글로벌 가치사슬의 개념과 관련성이 가장 높은 것은 글로벌 상품사슬(global commodity chains) 논의인데, 이는 세계체계론(world-systems theory)의 관점에서 단일한 상품의 생산과 교역의 흐름을 중심으로 자본주의 체계의 공간적 확장과 수축의 장기-역사적 추세를 분석하려는 시도였다(Hopkins et al., 1986; 1994).

세계 경제 내 거시적 연결성에 대한 이러한 관심은 1990년대 들면서 발전연구(development studies)를 통해 더욱 활발해진다. 1960년대 이후 동아시아의 급성장에 관심을 가진 일군의 학자들은 세계체계 내의 핵심(core)과 주변(periphery)라는 양극화된 구조에서 반주변(semi-periphery)의 부상에 주목하였고, 신국제분업과 같은 새로운 양상의 생산체계가 각국의 경제 및 산업 발 전에 미치는 영향을 분석하였다. 이들은 동아시아의 성장은 이들 지역의 기업들이 특정 산업에서 중심적인 역할을 하는 다국적 '선도기업'(lead firm)의 상품사슬에 하청공급업체로 참여하고, 그 안에서 더 많은 부가가치를 획득할 수 있는 활동으로 '고도화'(upgrading)함으로써 가능했다고 주장하였다. 이러한 주장은 글로벌 수준의 생산-교역체계와 지역과 국가 수준의 발전 간의 관계에서 다국적기업의 가치사슬과 공급업체의 고도화가 가진 역할에 주목하는 계기가 되었다(Martin, 1990; Appelbaum et al., 1994).

2000년대 들면서 글로벌 가치사슬 논의는 보다 체계화되는 동시에, 여러 형태로 분화되었다(Bair, 2005; Lee, 2010; Ponte et al., 2019).[3] 동시에 글로벌 금융위기 이후 여러 국제기구들이 이를 수용하면서 오늘날 세계 경제의 변화를 이해하는 핵심어로 받아들여졌다(OECD et al., 2014). 이러한 확장과 분화에도 불구하고, 글로벌 가치사슬 분석은 여전히 핵심적으로 해외직접투자와 역외 하청을 통한 생산활동의 조직적 분절과 분절된 과업의 지리적 분산이라는 렌즈를 통해 세계 경제의 조직적, 지리적 구조와 그 변동을 밝히고, 이에 참여하는 다국적기업을 비롯한 주요 행위자들 간의 관계, 특히 거버넌스 구조(governance structure)가 가지는 경제, 사회적 결과를 규명하는데 초점을 맞추고 있다.

글로벌 가치사슬 분석은 구체적으로 다음 네가지 차원에 주목한다(〈그림 1〉): 1) 투입-산출구조; 2) 지리적 분포; 3) 거버넌스; 4) 제도적 차원. 투입-산출구조가 생산에서 소비에 이르는 활동(예, 제품 고안, 연구개발, 생산, 유

---

3   사회학과 정치경제학을 중심으로 형성된 '글로벌 상품사슬', 경제지리학을 주류로 하는 '글로벌 생산네트워크'(GPN: global production network), 경영학 등에서 널리 사용되는 글로벌 공급망(GSC: global supply chain) 등의 개념들은 강조점의 차이에도 불구하고 위와 같은 현상을 공히 지칭한다는 점에서 연결의 관점에서 세계 경제를 보는 유사한 시각들로 묶을 수 있다.

통, 마케팅)의 연쇄를 분석하는 것이라면, 지리적 차원은 이러한 활동들이 공간적으로 각각 어디에 분포하는지를 분석하는 것이다.

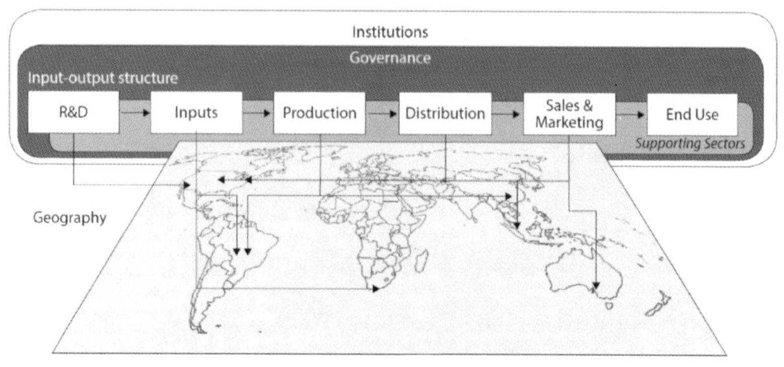

〈그림 1.〉 글로벌가치사슬의 차원

출처: 저자.

거버넌스 구조는 지리적, 조직적으로 분절된 이러한 활동을 조정, 통합하기 위해 언제, 누가, 어디서, 무엇을 생산할 것인가에 관한 사항을 누가 어떻게 결정하고 지시, 실행하는가에 관한 것이다. 예를 들면, 의류와 같이 비교적 단순한 투입-산출구조를 가진 제품이 있는 반면, 반도체, 휴대전화와 같은 첨단 정보통신기기들은 훨씬 복잡한 가치사슬로 구성되어 있다. 지리적으로 가치사슬은 여러 대륙이나 국가에 흩어져 있을 수도 있고, 특정 지역이나 국가에 집중되기도 한다. 거버넌스 차원에서 보면, 한 기업이 가치사슬의 거의 대부분을 수직적으로 통합해서 위계적으로 통제할 수도 있고, 다수의 기업들이 가치사슬 상의 서로 다른 위치에서 서로 다른 활동을 수행하고 산출물은 가격에 기반한 시장 거래(arms' length transaction)를 통해 교환하는 관계를 가질 수도 있다. 이러한 특징은 산업과 제 품에 따라, 동일 산업, 제품군 안에서도 가치사슬을 관할하는 선도기업의 전략에 따라 다르게 나타나는데, 이는 각 가치사슬의 특성과 차이를 이해하는데 중요한 요소이다(Gereffi et al., 2005). 끝으로, 다양한 국내외 제도적 장치들이 이러한 가치사슬의 구조와 행위자들의 전략적 선택에 영향을 미친다. 일례로, 지난 수십년 간 무역과 투자장벽이 전반적으로 완화되면서 해외 투자와 하청이 활발해지고 그 결과 가치사슬의 지리적, 조직적 분산이 촉진되었다. 반면 최근 미-중 무역전쟁과 공급망 단절은 생산의 본국 이전(reshoring)을 가속화시켜 가치사슬을 공간적으로 축소시킬 수 있다(Gereffi et al., 2021).

이와 같은 차원들에 대한 분석을 통해 글로벌 가치사슬 연구는 하나의 제품이나 서비스에 초점을 맞춰서 글로벌 경제 내에서 여러 기업과 국가, 지역이 기능적으로 연결되고 상호작용하는 거시적 구조를 보여준다. 또한, 전통적 국제분업, 즉 국가 수준에서 산업간 최종재의 교역(예, 스페인 와인과 영국 면화) 형태를 넘어, FDI, 역외하청은 물론 산업내(intra-industry) 교역(예, 한국이 반도체를 수출하고 중국으로부터 스마트폰을 수입)이나 본사와 해외 지사 간의 기업 내(intra-firm) 교역 등 오늘날 글로벌 경제에서 흔히 발견되는 활동들을 통해 구성되는 새로운 국제적 연결망에 주목한다. 글로벌 가치사슬의 관점에서 보면, 세계 경제는 초국적 선도기업과 이들이 조직하는 국경으로 가로지르는 생산활동에 편입된 많은 크고 작은 기업들의 복잡한 관계망에 다름 아니며, 이러한 관계망은 서로 멀리 떨어진 생산지와 소비지, 노동자와 소비자, 다국적 기업의 모국(home country)과 진출국(host country)을 연결한다.

이러한 새로운 연결망은 전에는 가능하지 않았던 경제, 사회적 기회와 도전을 제공한다. 한편으로, 선진국 소비자들은 역외 하청 덕분에 저렴하고 다양한 제품을, 저개발국 노동자들은 새로운 고용 기회를 제공받을 수 있다. 동시에 역외하청은 한 나라나 지역의 일자리를 다른 곳으로 옮김으로써 한쪽에서는 실업을 만들어 낸다. 양질의 일자리(decent job)나 노동자 권리에 관심없는 해외투자기업은 저임, 장시간 노동만을 산출할 수 있고, 느슨한 환경규제를 노린 해외투자자는 저개발국의 환경을 파괴하는 결과를 가져올 수 있다. 해외투자에 목마른 저개발국들은 '바닥을 향한 경주'(race to the bottom)을 통해 경쟁적으로 이러한 투자기업들을 유치하려 함으로써 자국의 상황을 오히려 악화시킬 수 있다. 이러한 문제점에 대한 인식이 높아지면서 글로벌 가치 사슬에 대한 최근의 관심은 경제산업적 발전과 고도화를 넘어서 노동조건 개선과 노동권 보장을 중심으로 한 '사회 고도화'(social upgrading), 환경보호와 기후위기 대응을 중심으로 한 '환경 고도화'(environmental upgrading)로 확장되고 있다(Barrientos et al., 2011; De Marchi et al., 2013). 더불어, 이러한 노동, 환경 문제를 둘러싸고 비정부 기구(NGO: Non Governmental Organization) 등 사회운동단체들이 선도기업과 공급업체들을 압박하는 경우가 빈번해 지면서 기업과 정부를 넘어 시민사회 행위자가 가치사슬에 미치는 영향도 새로이 주목받고 있다(Vogel, 2005).

3. 연결의 메커니즘으로서 글로벌 가치사슬

글로벌 가치사슬은 가치창출 활동의 지리적, 조직적 연결을 통해 멀리 떨어진 곳의 생산자와 소비자를 연결하지만, 이는 역사적으로 새로운 것은 아니다. 무역은 늘 생산과 소비의 연결 — 공장에서 시장까지, 농장에서 식탁까지 — 을 가져왔고, 국제 분업은 양상의 차이에도 불구하고 이러한 연결의 기제로서 역할을 해왔다. 지리상 발견 이후 세계 경제는 이미 지리적으로 글로벌한 수준이었다는 주장(Hopkins et al., 1994)을 감안한다면 연결의 거리와 범위도 완전히 새로운 수준이라고 할 수 없다.

오늘날 글로벌 가치사슬이 가진 새로운 지점은 연결의 속도와 밀도, 그것을 가능케하는 조직내, 조직간 거버넌스에 있다. 가치사슬의 한 편에서의 변화가 실시간으로 다른 편에 전달되고 다량의 정보 전달을 통해 가치사슬의 각 부분이 신속하게 동조화(synchronization)됨으로써 지리적, 조직적 분산에도 불구하고 가치사슬이 하나로 연결된 생산-소비 체계로서 작동한다. 그 결과 오늘날의 국제 교역은 상품이 아니라 과업을 주고 받는('trade in task') 다고 할 정도로 가치사슬 참여자들은 전에 비해 훨씬 세밀한 수준의 분업과 협업을 할 수 있게 되었고, 인터넷을 비롯한 각종 기술의 발전으로 일의 내용 또한 상황 변화에 따라 유연하게 조정할 수 있게 되었다.[4]

이 과정에서 글로벌 가치사슬은 단순히 상품과 서비스 뿐만 아니라 다양한 자원을 공간적으로 이동시키고 이를 통해 서로 다른 지역과 행위자를 연결시킨다. 예를 들어, 해외로 생산공정이 이전하면 많은 경우 FDI 형태로 자본의 이동을 가져오고, 현지에서 구하기 힘든 원자재나 중간재는 본국이나 제3국에서 조달하게 되면서 투자는 새로운 교역의 흐름을 촉발한다.[5] 생산의 해외 이전은 대부분 진출국의 노동력과 본국의 연구개발, 마케팅 역량 등을 결합하려는 시도이지만, 이 과정에서 정보와 지식과 같은 무형자산도 서로 연결된다(WIPO, 2017). 지식과 기술은 설계도, 기술사양, 부품, 장비의 형태로 공급되고 현지 노동자가 가진 숙련이나 노하우와 결합된다. 해외투자기업들이 기술이전에 항상 적극적인 것은 아니지만, 가치사슬 상의 구매-공급 관계를 통한 학습과 혁신은 저개발국 공급업체의 역량 고도

---

4 일례로 대표적인 패스트패션 브랜드인 스페인의 자라(ZARA)의 한국 매장에서 특정 색상의 제품의 재고가 빠르게 소진되고 있을 때 이 정보는 가치사슬의 상류와 중류에 위치하는 원거리의 원자재 공급업체, 자체 생산공장, 물류창고로 실시간으로 제공되고 기업들은 이를 반영해서 생산과 물류에 관한 흐름과 의사결정을 변경시킴으로써 시장 수요와 생산량, 원자재의 공급을 실시간으로 동조화시킨다.

5 예를 들면, 한국 전자기업들의 베트남 투자가 증가하면서 동시에 베트남에 대한 각종 부품 등 중간재의 수출이 빠르게 증가하였고 동시에 베트남에서 생산된 완제품의 수입이 증가하였다(Lee et al., 2018).

화에 주요한 역할을 한다(Schmitz et al., 2000; Pietrobelli et al., 2011). 이와 같이, 글로벌 가치사슬은 생산 공정이나 제품은 물론, 노동과 기술, 정보와 지식의 초국적 분절과 분업을 내포하는 동시에, 선도기업은 분절, 분산된 요소들을 초국적 수준에서 가치사슬로 통합함으로써 새로운 형태의 글로벌 연결성을 창출한다.

나아가, 글로벌 가치사슬은 기업 활동의 범위를 넘어서는 영역들에서도 새로운 연결성을 만들어 낸다. 우선, 사람들의 연결과 이동이다. 글로벌 가치사슬로의 편입은 글로벌 경제에 연결되는 다수의 노동자와 공동체를 창출한다. 방글라데시는 서구 의류브랜드를 위한 주문생산을 통해 중국을 뒤따르는 세계적인 의류 수출국으로 부상했는데, 이 과정을 통해 농촌에서 이주한 다수의 젊은 여성노동자가 의류가치사슬을 통해 해외의 소비자를 연결되었다. 중국 연해로 이주한 농민공들의 경험은 중국 경제의 대외개방, 외자기업의 투자 증가에 따라 중국 경제가 글로벌 가치사슬에 편입되는 역사적 과정과 따로 생각할 수 없다. 그들에게 주어진 노동의 종류나 노동조건은 많은 부분 이들을 고용한 기업들이 글로벌 가치사슬 내에서 차지한 지위, 글로벌 선도기업과 맺는 관계에 의해 영향을 받는다(Chan et al., 2010).

가치사슬의 지리적 확장은 또한 많은 이들의 다양한 이동을 수반한다. 한국과 대만의 전후 경제발전 초기의 경험은 서구 구매업체의 가치사슬에 편입되는 과정에서 해외에서 온 귀환자(returnee)들의 역할을 보여준다. 이들은 해외에서 맺은 사회적 관계나 시장과 기술에 대한 앞선 이해를 활용하여 공급 업체를 창업하거나 현지업체와 외국업체 간의 다리 역할을 하여 산업의 초석을 다졌다(Hamilton et al., 2011). 한국 기업들의 해외 진출의 결과로 해외 지사나 공장에 파견되는 주재원들과 장기 출장자들이 늘어났다. 실제로 중국과 베트남 등에 공장을 둔 전자기업들은 3-4년간 해외에 머무는 주재원뿐만 아니라, 3-6개월 단위로 기술 지원을 위한 다수의 파견자, 출장 자들을 수시로 파견한다. 또한 주재원과 별개로 현지에서 한국인을 직접 채용하기도 하는데, 임기 후 본사로 귀환하는 주재원들에 비해 이들 현지채용인(소위 '현채인')들은 현지 사회에 보다 깊이 배태됨으로써 기업과 진출국을 연결하는 또다른 종류의 연결고리가 된다.[6] 인력의 이동은 비단 노동자개인에 한정되지 않는다. 주재원 가족들의 집단 거주촌은 진출국 내 '작은 한국'으로서 현지인들에게는 한국 사회를 경험할 수 있는 공간이자 한국 사회와 생활세계가 이식된 공간이기도 하다(김판수, 2017). 동남아시아에 있는 한국 의류수출업체에서 일하는 다수의 한국인이나 중국동포 출신 관리자들은 업체들이 공장을 괌, 사이판에서 중국으로 다시 베트남, 인도네시아, 캄보디아 등지로 옮김에 따라 가족과 함께 이들 나라로 연쇄 이주했는데, 이들의 이주 패턴은 아시아 내 수출지향 의류산업의 역사적 이동과 닮아 있다.[7] 이렇듯 글로벌 가치사슬이 창출하는 연결의 도관과 이를 통한 사람들의 이동은 서로 다른 사회를 연결하고 작업장을 넘어서 공간적으로 사회적으로 가치사슬을 통한 연결을 확장시킨다.

또 하나의 주목할 측면은 가치사슬을 통한 규범과 제도의 연결과 흐름이다. 앞서 지적했듯이 제도는 글로벌 가치사슬을 구성하는 주요한 차원 가운데 하나이다. 대표적으로, 정부의 각종 정책(예, 투자, 외환, 교육 및 혁신)은 해외직접 투자나 중간재 교역, 역외 하청을 촉진시킬 수도, 억제할 수도 있다(Horner et al., 2019). 각종 관세우대 혜택이나 양자간, 다자간 자유무역 협정은 일반적으로 글로벌 가치사슬의 확장에 기여하는 것은 물론, 투자나 교역의 흐름에 직접적으로 영향을 미침으로써 가치사슬의 공간적 배치에

---

6 중국, 베트남 진출 한국 전자산업 다국적기업들에 대한 저자의 인터뷰에 기반(2018-19년).
7 베트남, 인도네시아 진출 한국 의류공급업체들에 대한 저자의 인터뷰에 기반(2018-19년).

영향을 미칠 수 있다(Curran et al., 2015). 국가나 지역 간의 제도적 차이나 격차는 기업의 생산이전이나 역외 하청에 영향을 미치는데, 기업들은 노동이나 환경에 대한 규제가 약한 곳으로 이동하거나 해외투자기업에 대한 지원 혜택이 큰 곳으로 이동할 수 있다.

나아가 글로벌 가치사슬은 규범과 제도의 전파를 위한 도관이 될 수 있다. 대표적으로 지난 십여년간 글로벌 가치사슬에서의 열악한 노동조건에 대한 잇따른 사회적 문제 제기와 이에 대한 기업과 시민사회의 대응은 글로벌 가치사슬이 창출하는 제도의 연결과 흐름을 잘 보여준다. 2010년대 초 아이폰을 비롯한 애플(Apple)사 제품의 생산을 맡고 있는 대만계 전문위탁생산 기업 폭스콘(Foxconn)의 중국 공장에서 일어난 노동자들의 연쇄 자살사태와 천명이 넘는 봉제 노동자들의 목숨을 앗아간 2013년 방글라데시 라나플라자(Rana Plaza)의 붕괴는 글로벌 가치사슬에 편입된 저개발국 공급업체의 노동 환경이 가진 취약함을 적나라하게 드러냈고 전세계적인 우려와 공분을 낳았다. 비난의 화살은 대부분 애플, 월마트, H&M 등 원청업체인 글로벌 브랜드에게로 향했고, 이에 대응하여 이들 선도기업들은 자체적인 행동강령(codes of conduct)을 제정하였고, 이를 공급망 참여의 필수조건으로 하는 동시에 위반시 공급망에서 퇴출하는 방식으로 노동조건을 개선코자 하였다. 이러한 사적 노동기준(private labor standards)은 효과성과 한계에 대한 꾸준한 문제제기에 불구하고 이후 글로벌 가치사슬에서 노동조건 개선을 위한 주요 수단으로 부상하였다(Locke, 2013; Kuruvilla, 2021). 제도의 연결과 흐름이라는 관점에서 보면, 이는 구매기업과 소비시장에서 요구하는 노동규범이 가치사슬을 통해 공급업체와 생산지로 전파 또는 강제되는 과정이라고 할 수 있다.

동시에, 글로벌 가치사슬은 경합과 충돌, 갈등이 벌어지는 공간일 수 있다. 실제로 선도기업들의 사적노동기준 준수 요구는 소위 '글로벌' 기준이나 서구식 가치에 대한 공급업체나 사업자들의 저항(소위 '기업의 사회적 책임 [CSR: Corporate Social Responsibility] 제국주의')이나 회피를 수반하기도 하고, 규범 설정의 일방성에 대한 문제제기와 동시에 보다 참여적인 과정으로의 변화에 대한 요구가 나타나기도 한다(Khan et al., 2011). 비슷한 예로 해외 진출기업들이 본사 정책이나 규정을 해외 지사에 적용하는 경우도 있다. 기업에 따라서는 본사의 정책을 전세계적으로 표준적인 형태로 적용하기도 하고, 반대로 각 지역의 특성이나 상황을 반영해서 이를 현지화 하고자 하기도 한다. 이 과정을 통해 한 나라에서 통용되는 기업의 규범이 다른 나라로 옮겨 가기도 하고 혼합되기도 한다(Sparrow et al., 2016). 한국 기업의 경험은 서구 다국적기업과 차이가 있는데, 본사 정책이 일반적으로 정당성을 충분히 갖고 있지 않다 보니 모국이나 진출국의 규범대신 제3의 글로벌 표준을 채택하는 경우도 있고 경우에 따라서는 규범적 정당성에 대한 지사 직원들의 저항에 직면하기도 한다(Chung et al., 2020).

　결론적으로, 글로벌 가치사슬은 자본이나 노동력 뿐만 아니라, 기술, 노동, 지식, 정보 등 다양한 유무형의 자원을 국가, 지역, 기업의 경계를 넘어 연결시키는 도관(channel)으로서 역할을 한다. 중추적 역할을 하는 다국적 선도 기업은 자신의 조직을 국제적으로 확장할 뿐만 아니라 하청, 합작 등 기업간 관계를 통해 생산체계를 자신의 조직 너머로 연장시킨다. 이렇게 형성된 기업간 관계망은 선도기업의 거버넌스 구조를 통해 글로벌 경제를 지탱하는 하나의 거대한 체계로 통합된다(Dicken, 2011). 글로벌 가치사슬은 경제적 거래의 거버넌스뿐 아니라 기술표준, 노동기준, 정부정책 등 여러 제도들에 기반하고 있으며 때로 협력하고 때로 경합하는 여러 공적, 사적, 사회적 행위자들로 구성된 초국적, 초지역적 '조직장'(organizational field)이

라고 할 수 있다. 이렇게 '확장된 가치사슬'(extended value chains)과 그것
이 만들어내는 새로운 유형의 지역적 연결성 이야말로 메가아시아 연구의
주요한 주제가 될 것이다.

II. 글로벌 가치사슬, 지역화, 지역적 연결의 차원들

1. 글로벌가치사슬과 지역화

글로벌 가치사슬 논의가 생산-소비체계의 지리적 분산과 통합을 다루고
있음에도 불구하고, 아시아와 같은 거시 지역(macro-region 또는 world-re-
gion)이나 지역화(regionalization)와 관련한 개념화나 이론화 작업은 그리
많지 않았다. 상대적으로 이러한 주제에 관심이 많은 경제지리학 전통에서
나온 글로벌 생산 네트워크(GPN) 논의에서도 영토성(territoriality)은 중요
한 차원으로 간주된다(Coe et al., 2015). 대표적 이론가 가운데 한 명인 닐
코(Neil Coe)는 "글로벌이 조직의 딱히 규정하기 힘든(elusive) 규모를 지칭
한다면, 국가적(the national) 규모는 많은 논의에서 지나치게 강조되었다.
오히려 글로벌 생산네트워크 안에서 활동이 조직되고 조정되는 과정에서
중요한 차원은 거시지역적(macro-re- gional) 규모이다"(Coe, 2021: 57)라
고 하여 지역의 현실적 중요성을 강조하고 있다. 하지만, 분권화된 생산체계
가 글로벌 체계의 하위체계로서 지역의 역할이나 위상, 지역화에 미치는 영
향에 대한 본격적 논의는 여전히 미흡하다.

관련해서 한 가지 주목할 것은 글로벌 가치사슬에서 '글로벌'이 두 가
지 사전적 의미를 모두 지칭한다는 것이다. 하나는 말 그대로 '전세계
적'(worldwide)이라는 뜻의 지리적 규모를 지칭한다면, 다른 하나는 '포괄

적'(comprehensive), '전체적'(overall)을 뜻한다(Lee, 2010). 초기 이론가들이 두 의미를 모두 포괄하는 방식으로 글로벌이라는 단어를 사용했지만, 이후 글로벌화(globalization)에 대한 관심에서 글로벌 가치사슬 개념에 접근한 연구자들은 대체로 전자의 의미에 관심을 집중했다.[8] 전자의 관점에서 보면, 모든 가치사슬은 전세계적이거나 또는 우리의 관심 대상이 그런 속성을 가진 가치사슬이라고 한다면, 후자의 관점에서 보면 글로벌 가치사슬의 지리적 규모가 늘 전세계적일 필요가 없다. 어떤 것은 일국적이거나 더 좁게 국지적(local)일수도, 어떤 것은 지역적(regional) 또는 소지역적, 어떤 것은 말 그대로 전세계적(global)일 수 있다.

언뜻 사소한 차이로 보이지만, 이 구분은 글로벌 가치사슬의 향방에 대한 최근의 논의와 관련해서 의미가 있다. 최근 미-중 무역전쟁, 코로나 팬데믹 등으로 인해 글로벌 가치사슬의 단절에 대한 우려가 높아지고 있고, 많은 정부와 기업들이 과다하게 분산된 가치사슬이나 그 가운데 핵심적인 기능을 다른 나라에 의존하는 것이 국가안보나 공급망의 안정성에 위협이 될 수 있음을 깨닫고 있다. 이에 따라, 많은 이들이 전세계적으로 전개된 가치사슬은 향후 퇴조할 것이고 많은 가치사슬들이 대체로 지역적 범위에 한정된 '지역적 가치 사슬'(regional value chains)로 대체될 것이라고 전망하고 있고, 그런 맥락에서 일각에서는 글로벌 가치사슬의 '종언'이 거론되기도 한다(Chor, 2019). 하지만 글로벌과 지역적 가치사슬의 이러한 대조는 마치 지금까지의 모든 가치사슬은 글로벌하거나 초지역적(trans-regional) 성격

---

8 이 차이는 마이클 포터(Michael Porter)나 경영학 분야에서 하나의 조직에 초점을 맞춰서 가치사슬을 해당 조직으로의 투입(공급)과 해당 조직으로부터 산출(수요) 차원으로 분석하는 방식과 구별된다. 네트워크 개념을 이용해서 비교하자면, 이러한 접근이 '자기중심네트워크'(ego-centric network)이라면, 글로벌 가치사슬은 기본적으로 '전체네트워크'(whole network)을 의미한다.

이었고 지역적 차원의 것은 없거나 미미했던 것처럼 읽힐 수 있다. 하지만 앞서 닐 코의 지적처럼 현실적으로 많은 가치사슬은 이전부터 대체로 지역적 규모인 경우가 많았다. 이런 점에서 글로벌의 두 번째 의미에 대한 이해가 중요하다. 글로벌 가치사슬이 개념적으로 다양한 지리적 차원의 가치사슬을 모두 포괄할 수 있다면, 작금의 변화를 가치사슬의 단순한 규모 축소보다는 서로 다른 규모의 가치사슬들 — 일국, 지역, 글로벌 수준의 가치사슬 — 이 병존하면서 상호 작용하고 나아가 공진화하는, 또는 세계 경제상의 새로운 연결의 배열과 구성(configuration of connection)로 변모해 가는 과정으로서 이해할 수 있기 때문이다.

이러한 관점에서 보면, 오늘날 지역화와 지역적 연결을 창출하는 주요 기제로서 가치사슬의 역할은 여러 가지 차원에서 찾아볼 수 있다. 우선, 다국적기업의 확장과 축소가 특정 지역 내의 무역, 투자, 생산 입지에 영향을 미침으로써 지역화를 촉진 또는 억제할 수 있다. 역사적으로 보면, 1980년대 이후 일본 기업의 대아시아 진출, 1990년대 이후 한국, 대만 기업들의 지역내 확장, 근래 중국, 인도 기업들의 다국적화는 다양한 방식으로 모두 역내 지역 간의 경제적 교류와 연결망을 확장 시켰다(Borrus et al., 2000). 이는 다른 지역에서도 마찬가지여서, 사하라이남 아프리카에서도 지난 십 수년간 남아공 기업들의 역내 진출은 이들을 지역 가치사슬의 선도기업으로 부상시키는데 역할을 하였고 지역내 연결성을 확대하였다(Barrientos et al., 2016). 특히 주목할 변화는 대다수 다국적기업이 서구에서 출현한 과거와 달리 지난 2, 30년 동안 많은 다국적 기업들이 아시아, 남미, 아프리카 등 신흥시장으로부터 나타났다는 것이다(Ramamurti et al., 2009). 이들 소위 '신흥시장 다국적기업'(emerging market multinational enterprises)들은 대체로 자국내에서의 성공을 바탕으로 경제, 사회, 문화, 지리적 근접성이 높은 인근 국가—특히 같은 신흥시장이나 소위 '글로벌 남부(Global South)'—로 시장, 생산시설, 공급망을 확장함으로써 빠르게 성장하였는데 이 과정에서 자연스럽게 지역내 연결성을 높이는 역할을 하고 있다.

하지만, 지역화를 추동하는 가치사슬 행위자들을 역내 다국적기업으로 한정하는 것은 지역 안과 밖의 역동적인 상호작용을 놓치는 결과를 낳는다. 지역가치사슬이 글로벌 가치사슬에 내포되어 있다고 보면, 지역내 연결성은 역외(extra-regional) 기업의 가치사슬을 통해서도 높아질 수 있다. 대표적인 경우가 전자산업에서 애플과 폭스콘의 사례이다.[9] 2007년 아이폰의 등장 이후 애플은 전세계 전자산업에서 핵심적인 선도기업의 역할을 해 왔다. 특히 애플은 의류산업에서 나이키가 그랬듯이 '공장 없는 제조업체'(factoryless manufa-cturer)로서 폭스콘과 같은 위탁생산전문기업에게 생산을 전적으로 맡긴다. 애플은 또한 일본, 한국 등지의 다수 부품업체를 공급망에 통합함으로써 동아시아 지역에 축적된 부품 개발 및 생산 역량을 한편으로 자사의 디자인, 브랜드, 기술개발 역량과, 다른 한편으로 미국을 비롯한 글로벌 시장과 연결시켰다. 실제로 지난 십 수년간 애플이 거둔 성공은 아시아를 기반으로 한 견고한 공급망 없이 불가능했다. 동시에 그러한 성공은 아시아에 위치한 다수의 애플 공급업체들의 동반 성장으로 이어졌다.[10] 그 가운데 전자제품 위탁생산에서 선 두에 있는 폭스콘, 페가트론(Pegatron)과 같은 대만 기업들은 애플과 같은 브랜드 기업과의 긴밀한 협력을 통해 오늘날 다국적 대형 1차공급업체로 부상하였다. 특히, 애플의 핵

9　관련된 자세한 논의는 Lee et al.(2018) 5장 참조.

10　'애플이 초래하는 경기침체'(recession)이라는 표현이 있을 정도로 애플의 시장 성과는 특히 대만을 중심으로 다수의 동아시아 기업들의 성과나 시장가치에 즉각적인 영향을 미쳤다(Cheng et al., 2016).

심 파트너인 폭스콘은 일찍이 자신이 가진 역내 자원 — 대표적으로 중국에 진출해서 대규모 공장을 설립, 운영할 수 있는 역량 — 을 바탕으로 애플의 가치사슬에서 위상을 강화하고 동시에 이 관계를 역내 입지를 강화하는데 활용함으로써 결과적으로 많은 선도기업들에게 핵심적 공급업체로서 자리 잡았다(Azmeh et al., 2014).[11]

　　역내외 기업들 간의 협력뿐만 아니라 점증하는 경쟁도 지역 수준 가치사슬의 확장을 가져온다. 신흥시장 다국적기업이나 지역내 선도기업의 부상은 글로벌 기업들에게 도전을 제공한다. 이에 따라 이들도 점차 일률적인 글로벌 전략 대신 세분화된 지역 차원에서 조직과 자원을 전개하고 지역에 따른 다각화된 전략을 실행하고 있다. 다국적 기업의 대표적인전략지향인 글로벌 표준화(global standardization)와 현지대응(local responsiveness) 사이에서 적절한 균형을 찾고자 하는 시도라고 할 수 있다. 대표적인 사례가 자동차인데, 글로벌 완성차 및 부품 생산기업들은 지역 중심의 생산판매망을 통해 해당 지역내 소비에 대응한다. 예를 들어, 현대자동차는 유럽 시장은 동유럽에서, 북미 시장은 미국 현지 공장에서 대응하는 방식을 취하고 있고, 대다수 동반진출기업들도 이들 공장에 인접하여 위치함으로써 일종의 지역 클러스터를 구성한다(김철식·오중산, 2017). 역내 기업들 또한 역외 기업들과의 경쟁에서 살아남기 위한 하나의 방편으로 역내 공급망 구축, 진출 시

11　대형 1차공급업체(first-tier supplier)의 등장도 지역화에 중요한 영향을 미친다. 의류산업에서 홍콩의 리앤펑(Li & Fung), '신발산업의 폭스콘'이라고 대만의 유원공업(Yue Yuen) 등이 대표적이고, 한국에서도 영원무역, 세아상역 같은 다국적 의류수출업체나, 반도체, 디스플레이 등을 공급하는 주요 전자부품 공급업체들이 이에 속한다(Kwon et al., 2021). 이들은 구매업체와의 긴밀한 거래관계, 광범위한 범위의 가치사슬을 포괄하는 다각화된 역량, 다국적 조직 운영 경험을 바탕으로 오늘날 글로벌 가치사슬의 중요한 행위자(Raj-Reichert, 2019)이자, 지역내 주요한 다국적 기업으로서 지역적 연결을 창출하고 있다.

장 확대 등을 통해 지역 기반 구축과 규모의 경제를 추구한다.

이런 점에서, 지역가치사슬은 전세계적 수준과 일국적 수준을 연결하는 중간지대로서, 역내외 기업들이 협력하고 경쟁하는 '조직장'으로서 글로벌 수준의 연결성과 상호작용하며 지역적 연결을 촉진하는 역할을 한다고 할 수 있다. 가치사슬을 통한 이러한 지역적 연결성의 증대는 제도적 차원의 지역화, 즉 지역주의(regionalism)와 상호 작용한다. 역내는 물론 지역을 가로질러 만들어지는 양자간, 다자간 무역 및 투자협정이 지역 수준 가치사슬의 확장에 중요한 역할을 한다면, 반대로 역내외 기업들의 지역 수준에서의 사업 확장은 정부들로 하여금 이 같은 제도 기반의 확장에 힘쓰도록 하는데 동력이 된다.

2. 글로벌 가치사슬과 지역 연결성의 여러 차원들

글로벌 가치사슬의 구조를 지역적 수준에서 봤을 때, 연결의 형태는 크게 지역간(inter-regional) 연결성과 지역내(intra-regional) 연결성으로 크게 나눠 볼 수 있고, 연결 정도의 상대적인 높고 낮음에 따라 〈그림 2.〉에서 보듯이 네 가지 상이한 경우를 상정할 수 있다.

우선, 두 측면 모두에서 정도가 낮은 일국적 생산체계는 지역 간의 가치사슬을 통한 연결성이 낮을 뿐만 아니라 각 지역 내에서 가치사슬도 국가별로 한정된 경우라고 할 수 있다. 해외직접투자와 역외 하청, 중간재의 교역 등에 따라 가치사슬이 국제적으로 확장되면서 서로 다른 세가지 유형의 지역간 내 연결성이 출현할 수 있다. 먼저, 지역내 연결성은 높지만 지역 간에는 연결성이 낮은 경우를 '지역완결'형이라고 할 수 있다. 대표적으로, 자동차 산업에서는 많은 경우 지역 내 소비되는 제품들이 정치적 압력, 정부 규제, 물류 비용 등의 이유로 해당 소비 지역 내에서 현지 생산되는 경우

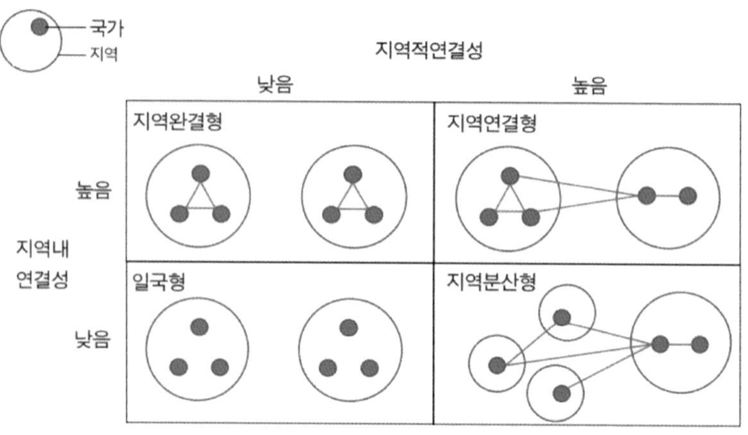

〈그림 2.〉 글로벌가치사슬과 지역연결성의 여러 차원

출처: 저자.

가 높고, 중간재도 마찬가지로 그 지역에서 조달되는 경우가 많다. 이 경우 지역간 연결성은 낮지만 지역내 연결성은 높은 지역완결적 형태에 가깝다 (Sturgeon et al., 2008; Pavlínek, 2015)

반대로 지역간 연결성은 높지만 각 지역 안에서 국가 간의 연결성은 낮은 '지역분산'형이다. 전통적으로 의류산업의 글로벌 가치사슬은 서구 구매기업들이 아시아, 중남미 등 여러 지역과 나라에 분산된 공급업체들에게 역외하청을 줌으로써 제품을 생산해 왔다(Bonacich et al., 1994). 그런 점에서 전통적인 의류산업의 글로벌 가치사슬은 지역분산적였다고 할 수 있다. 다만 근래 들어와서는 아시아를 중심으로 공급망이 지역적으로 집중되고 역내 자유무역 협정의 증가에 따라 원자재의 역내 이동이 늘면서 지역 내 분업구조가 발달하였는데, 이에 따라 지역내 연결성과 상호의존도 증가하고 있다(Frederick et al., 2011).

끝으로, 지역연결적 형태는 지역간, 지역내 연결성이 매우 높은, 조밀한 지역적 연결구조를 가진 유형이다. 이러한 구조는 많은 부분 오늘날 동아시아를 중심으로 형성된 전자 산업의 사례와 유사하다. 한국, 중국, 일본, 대만 등을 중심으로, 지역적으로 형성된 조밀한 기업간 네트워크가 글로벌 생산을 위한 공급 기반을 형성하고, 동시에 이것이 가치사슬의 상류로는 인텔, 퀄컴, 구글과 같은 서구의 첨단기술 기업과 연결되고, 하류로는 애플과 같은 글로벌 브랜드를 통해 북미와 유럽, 나아가 세계 시장으로 연결된다. 이를 통해 지역간 연결성과 지역내 연결성은 상호보완적으로 작동한다(Sturgeon et al., 2011; Grimes et al., 2016).

이렇게 보면, 글로벌 가치사슬이 산업의 조직적, 운영적 로직에서 중심적인 역할을 하는 대표적인 3개 산업, 즉 의류, 자동차, 전자 산업에서도 지역간/내 연결성의 양상이 상이하게 나타나며, 의류 산업의 사례에서 보듯이 시간의 변화에 따라 한 산업 내에서도 지배적인 상호 의존의 양상이 변모할 수 있음을 알 수 있다. 또한 한 산업 내에서도 선도기업들은 자신의 전략에 따라 상이한 지역적 연결성을 가진 가치사슬을 운영한다. 실제로, 필자의 최근 연구(Lee et al., 2021)에 따르면, 스마트폰 산업의 주요한 선도기업인 삼성전자, 애플, 화웨이, 구글의 대표 모델에 들어가는 핵심 부품들의 공급처를 분석한 결과, 동아시아 업체에 대한 전반적 의존에도 불구하고 모국이나 모지역(home-region) 공급업체에 대한 의존 정도는 업체에 따라 상이한 것으로 나타났다.

IV. 국제무역흐름을 통해 본 아시아의 지역적 연결성

본 절에서는 국제 무역 데이터를 사용하여 오늘날 아시아가 가진 역내·외 연결성을 분석한다. 구체적으로 산업 및 제품별, 시기별 차이에 주목함으로써 아시아의 지역적 연결성이 가진 다양성과 시간적 변화를 다룬다.

분석에는 가장 광범위한 국제 무역 데이터베이스 중 하나인 UN 컴트레이드(UN Comtrade)의 자료를 활용하였으며, 대상 자료는 2007년부터 2020년까지 연 단위 양자 간 무역 통계 자료이다.[12] 글로벌 가치사슬이 무역과 생산을 조직하는 주요한 논리로 작동한다는 의미에서 글로벌 가치사슬 집약적인 두 산업을 분석 대상으로 하였다. 하나는 상대적으로 노동 집약적이고 기술 수준이 낮은 섬유의류 산업이며, 다른 하나는 저렴한 노동력이 여전히 생산 입지 선정에 중요한 역할을 하지만 보다 기술과 자본 집약적인 전자 산업이다.

글로벌 가치사슬의 서로 다른 지점(node) 사이의 구별되면서도 연계된 동학을 파악하기 위해, 분석에서는 제품을 중간재와 완제품으로 구분하였다. 섬유의류 산업에서 섬유는 중간재로, 의류는 완제품으로 간주하고, 각각 표준국제무역분류(SITC) 코드 65번("섬유사, 직물, 제품 및 관련 제품")와 코드 84번("의류 및 의류 부속품")을 사용하여 구분하였다. 전자 산업은 제품군이 광범위하다는 점을 고려하여 오늘날 디지털 전환에 결정적이며 미-중 무역 갈등의 초점이 되는 반도체(중간재)와 휴대전화(최종재)라는 두 제품 범주를 선택하였다. 제품 수준의 세분화된 분석을 위해 또 다른 제품 분류 체계인 HS(Harmonized System) 코드를 사용하였으며, 이는 〈표 1〉에 정리되어 있다.

12　http://comtrade.un.org/.

〈표 1〉 반도체와 휴대전화: Harmonized System(HS) 코드 기반 분류

제품군	구분	HS 코드(6자리)	제품 설명
반도체	최종재	8542.31	Electronic integrated circuits, processors & controllers, whether/not combined with memories, converters, logic circuits, amplifiers, clock & timing circuits,/other circuits
		8542.32	Electronic integrated circuits, memories
		8542.33	Electronic integrated circuits, amplifiers
		8542.39	Other electronic integrated circuits, other than amplifiers/memories/processors & controllers
	중간재 (부품 및 장비)	8542.90	Parts of electronic integrated circuits
		8486.20	Machines & apparatus for the manufacture of semiconductor devices/of electronic integrated circuits
휴대전화	최종재	8517.12	Telephones for cellular networks/for other wireless networks, other than line telephone sets with cordless handsets
		8525.20	Transmission app. for radio-telephony/radio-telegraphy/radio-broadcasting/television, incorporating reception apparatus.
	중간재 (부품)	8517.70	Parts of telephone sets, incl. telephones for cellular networks/for other wireless networks; other apparatus for the transmission/reception of voice, images/other data, incl. apparatus for communication in a wired/wireless network

출처: UN Comtrade

　

무역 네트워크 분석은 두 가지 방식으로 수행되었다. 첫째, 지역간(inter-regional) 무역 네트워크를 통해 아시아와 다른 지역 간의 무역 관계를 살펴본다. 본 분석에서 '아시아'는 세계은행(World Bank) 분류에 따라 동아시아·태평양(EAP) 및 남아시아(SA) 지역의 국가와 영토를 포함한다.[13] 둘째, 지역내(intra-regional) 무역 네트워크 분석을 통해 아시아 경제권 내부의 무역 패턴을 조사한다. 양자 간 무역액(미 달러화 명목 가치)은 해당 제품의 수입국이 보고한 수치를 사용하였으며, 이는 일반적으로 수출국이 보고한

---

13 세계은행 국가 및 대출 그룹 분류 참조.

수치보다 정확하고 신뢰할 수 있다고 간주된다(Escaith 2011). 분석에는 해당 기간 동안 각 제품 범주에서 수입 실적을 한 번 이상 보고한 모든 국가와 영토가 포함되었다. 아래 서술에서 섬유 및 의류 가치사슬은 지리적으로 더 넓게 퍼져 있는 특성을 고려하여 지역간 네트워크 차원에 집중하였고, 전자산업은 생산과 교역이 아시아에 고도로 집중되어 있으므로 아시아 역내 무역 네트워크를 중점적으로 살펴보았다.[14]

1. 섬유의류산업

섬유의류 산업은 많은 개발도상국에서 수출 주도형 산업화 초기 단계에 핵심적인 역할을 했다(Bonacich et al. 1994). 오늘날 상당한 양의 의류 제품이 중국, 방글라데시, 베트남 등 개발도상국에서 생산되어 수출된다. 의류 제조는 노동집약적인 경향이 있어 개발도상국에 집중되는 반면, 섬유는 가치사슬 내에서 보다 자본집약적인 성격을 갖고 있다(Lopez-Acevedo and Robertson 2012).

역사적으로 아시아는 구매자 주도형(buyer-driven) 가치사슬을 통해 서구 소비자 시장으로 향하는 글로벌 의류 생산의 중심지였다(Appelbaum, Smith, and Christerson 1994; Gereffi 1999). 서구의 브랜드 제조사와 대형 유통업체들은 초기에는 일본, 한국, 대만, 홍콩의 공급업체에, 이후에는 중국, 인도네시아, 베트남 등의 공급업체에 의류 생산을 위탁하였다. 앞선 신흥 공업국들은 이후 섬유나 관련 장비를 생산하는 고부가가치 영역으로 이동하였고, 노동집약적인 의류 생산은 인건비가 더 낮은 국가로 이전되었다. 아시아 내부의 이러한 순차적인 산업 고도화 동학은 결과적으로 역내 분업

---

14   상세 분석 결과는 요청 시 제공 가능함.

구조를 형성했다.

글로벌 섬유의류 생산에서 아시아의 중심성은 〈그림 2〉에서 보듯 여전히 강력하다. 의류 부문에서 동아시아는 세계 최고의 수출 지역으로 확고히 자리 잡고 있다. 유럽·중앙아시아(ECA, 이하 유럽) 및 북미(NA) 지역에 대한 동아시아의 수출은 2007년 전 세계 의류 수출 총액의 각각 17%와 16%를 차지했다. 2020년에도 이 비중은 각각 18%와 14%로 거의 변하지 않았다. 동아시아의 역내 무역 또한 세계 총액의 상당 부분(각각 15%, 13%)을 차지하며, 이는 아시아의 소비 시장으로서의 역할도 시사한다. 남아시아는 최근 몇 년간 가장 눈에 띄는 성장을 보였는데, 대유럽 수출 비중이 2007년 5%에서 2020년 9%로 급증했다. 이는 이 지역의 두 주요 의류 수출국인 방

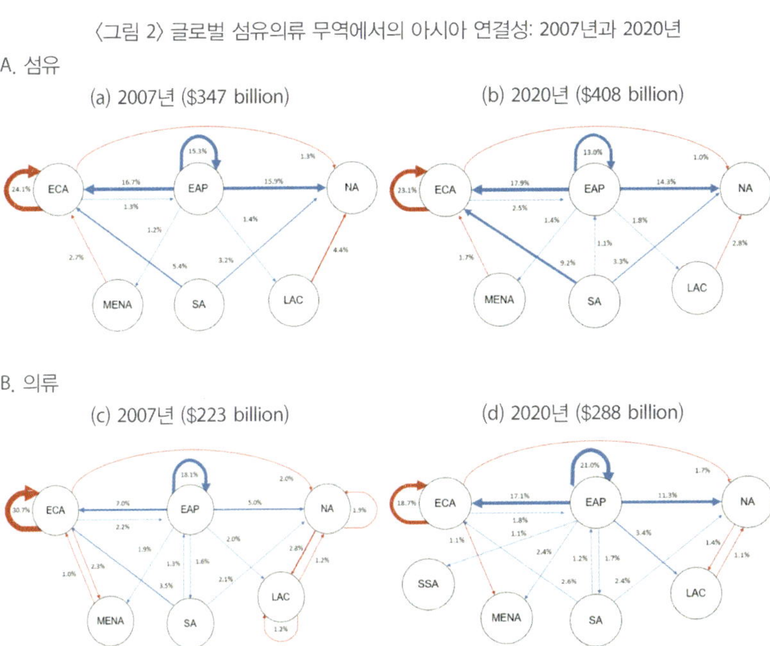

〈그림 2〉 글로벌 섬유의류 무역에서의 아시아 연결성: 2007년과 2020년

주) 복잡함을 줄이고자 화살표는 세계 전체 교역액의 1% 이상을 차지하는 경우에만 표시. 아시아와 다른 지역의 무역 흐름을 구분하기 위해 각각 파란색과 빨간색으로 구별해서 표시.

출처: 저자가 UN Comtrade 자료 분석

글라데시와 인도의 역할이 확대되었음을 의미한다. 아시아 성장의 이면에는 중남미(LAC)를 포함한 미주 역내 무역이 차지하는 비중과 중동·북아프리카(MENA) 지역의 대유럽 수출 비중이 감소했다는 사실이 있다. 이는 아시아의 원거리 지역 연결성이 근거리 조달(near-shoring)을 희생시키며 확장되었음을 보여준다.

한편, 섬유 부문에서 동아시아는 선도적인 수출국 지위를 공고히 했다. 아시아 역내 무역은 2020년 전 세계 섬유 수출의 21%에 달하며 여전히 가장 큰 비중을 유지하고 있다. 동시에, 2007~2020년 사이 북미와 유럽에 대한 아시아의 수출 비중은 각각 5%에서 11%, 7%에서 17%로 증가했다. 주목할 만한 결과는 두 지역 모두에서 역내 무역 비중이 감소했으며, 특히 유럽에서 그 경향이 두드러졌다는 점이다. 2007년 유럽 역내 무역은 전 세계 총액의 31%를 차지했으나 2020년에는 19%로 급감했다. 이는 유럽 역내 무역이 동아시아로부터의 수입으로 대체되었을 가능성을 시사하며, 글로벌 가치사슬의 상류(upstream) 부문에서 동아시아의 역할이 확장되고 있음을 보여준다.[15] 나아가 섬유 무역에서 아시아 역내 비중이 18%에서 21%로 상승한 것은 아시아 국가들의 의류 수출이 인접국으로부터의 중간재 조달(예, 중국)에 점점 더 의존하고 있음을 나타낸다. 이러한 추세는 섬유의류 분야에서 지역적으로 연결된 형태의 글로벌 가치사슬 관계가 중요해지고 있음을 잘 보여준다.

〈그림 3〉은 섬유의류 부문 주요 아시아 수출국들의 교역 대상 지역을 보여준다. 섬유 부문에서 중국은 세계 수출의 47%, 아시아 수출의 68%를 차지하는 세계 최고의 수출국이다. 중국은 이 가치사슬의 상류 부문으로 빠르

---

15 아시아 섬유 기업들의 성장과 고도화 외에도, 해외 직접 투자(FDI)를 통한 유럽 섬유 업체들의 아시아 진출 확대가 이러한 변화의 또 다른 요인일 수 있다.

게 고도화하였고, 수출 대상국 또한 비록 유럽, 아시아, 북미가 대부분을 차지하지만 비교적 전 세계에 고르게 분포되어 있다. 특히 2014-20년 사이 중국의 대유럽 수출이 크게 확대되었다. 인도는 세계 시장 점유율이 9%에서 6%로 하락하며 중국보다 훨씬 작은 비중을 보였다. 2014-20년 기간 동안 인도의 최대 섬유 수출 대상국은 유럽에서 북미로 바뀌었는데, 이는 유럽 시장에서 중국의 확장에 영향을 받은 것으로 보인다. 한편, 베트남의 세계 섬유 무역 내 점유율이 1%에서 5%로 상승하며 입지가 크게 강화되었는데, 이는 주로 다른 아시아 국가들로의 수출에 기인한다.

의류 부문에서 아시아의 선도적인 수출국은 중국, 방글라데시, 베트남이다. 이 부문 세계 최대 수출국인 중국은 2020년 아시아 전체 수출의 47%를 차지했다. 그러나 금융위기 이후 중국의 지배력은 약화되는 추세이다. 이는 빠르게 성장하는 내수 시장에 대응하는 한편, 의류 수출의 거점이었던 연안 지역의 생산 비용 상승에 따라 저비용 국가로 생산 기지가 이전되었기 때문이다. 이러한 점유율 하락은 아시아나 북미에서보다 유럽에서 상대적으로 완만하게 나타났다. 중국에 이어 두 번째로 큰 의류 수출국(유럽연합 제외)인 방글라데시는 2020년 아시아 수출의 13%(2008년 6% 대비 상승)를 차지하며, 글로벌 의류 무역 내 남아시아의 지위 향상과 대유럽 연결성 확대에 크게 기여했다(〈그림 2b〉 참조). 방글라데시의 아시아 시장 연결성은 수출액 중 역내 비중이 현저히 낮다는 점에서도 알 수 있듯 상대적으로 약하다. 마지막으로, 베트남 또한 의류 수출에서 급격한 증가세를 보였다. 베트남의 성장은 주로 북미 시장과의 연결성에 기반하고 있지만, 방글라데시와 달리 역내 수출에도 활발히 참여하고 있다는 점이 특징이다.

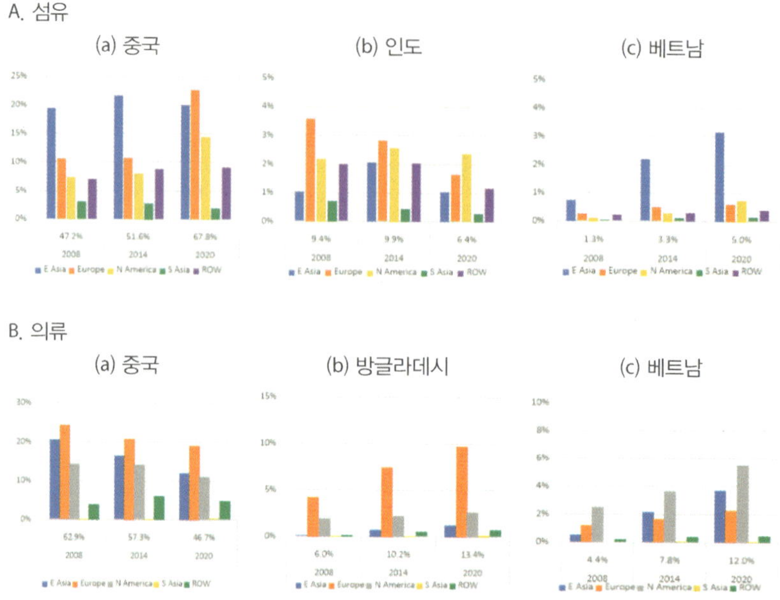

출처: 저자가 UN Comtrade 자료 분석

2. 전자산업: 휴대전화와 반도체

전자산업은 대표적인 첨단기술산업으로서, 일반적으로 높은 연구개발 능력과 자본투자를 특징으로 한다. 특히 오늘날 4차산업혁명과 디지털 전환의 중요한 기반을 제공한다는 점에서 중요성을 더하고 있다. 아시아는 전통적으로 글로벌 전자산업에서 중요한 역할을 해왔고, 지난 십 수년간 일본, 한국, 중국, 대만을 중심으로 두텁게 형성된 소재 및 부품 공급 기반과 중국을 중심으로 한 대규모 생산 역량이 결합하면서 반도체, 디스플레이, 스마트폰 등 고부가가치 제품의 공급망이 이 지역에 집중되었다. 최근에는 중국을 대체 또는 보완하는 생산지로서 베트남, 인도가 빠르게 수출지향 전자산업의 기반을 구축해 가고 있어서 지역 내 가치사슬 구조의 변화가 예고

된다. 본 분석에서는 휴대전화와 반도체를 대상으로 지역 수준에서 국제교역 추세를 살펴본다.

우선, 휴대전화는 다양한 정보통신 서비스의 핵심 게이트웨이로서 디지털 전환에서 점점 더 중요한 역할을 하고 있다. 역사적으로 1990년대까지는 북미와 서유럽이 휴대전화 개발과 생산을 주도했다. 그러나 한국 기업(삼성)과 중국 기업(샤오미, 오포, 비보)들이 시장에 진입하고 자신들의 역할을 고도화하면서 제조 주도권은 동아시아로 넘어왔다(Lee and Lim 2018). 동시에 애플은 아이폰을 출시하며 산업을 혁신했다. 글로벌 가치사슬 관점에서 볼 때, 대만의 두 주요 전자제품 제조 서비스(EMS) 업체인 폭스콘(Foxconn) 및 페가트론(Pegatron)과의 파트너십에 기반한 애플의 위탁생산 모델은 휴대전화가 개발되고 생산되는 방식과 장소를 근본적으로 바꾸어 놓았다. 현재 애플은 스마트폰을 설계하지만, 실제 생산은 대부분 중국 본토와 다른 아시아 지역에 집중된 이들 위탁 업체에서 생산된다(Grimes and Sun 2016). 나아가 동아시아는 고성능 반도체부터 범용 부품과 소자에 이르기까지 조밀한 전자 산업의 공급 기반을 발전시켰으며, 일본, 한국, 대만, 그리고 점점 더 비중이 커지는 중국의 전문 공급업체들 덕분에 많은 전자 기기가 사실상 "메이드 인 아시아(Made in Asia)"로 생산되고 있다(Lee and Lim 2018).

2020년 전 세계 스마트폰 수출에서 아시아가 차지하는 비중은 완제품과 중간재 부문에서 각각 88%와 91%에 달했다. 이는 2008년의 63%와 64%에서 금융위기 이후 급격히 증가한 수치이다. 수입 측면에서 보면, 2020년 전 세계 휴대전화 생산에 사용되는 부품 및 소자의 81%가 아시아에서 조달되었다. 이러한 추세는 휴대전화 중간재의 수출입 모두에서 아시아가 누리는 압도적 지위를 보여준다. 반면, 아시아의 완제품 스마트폰 수입 비중은 세계 총액의 31%에 불과하며, 유럽(33%)과 북미(21%)가 수입의 과반을 차지하고 있다.

〈그림 4〉는 휴대전화의 완제품 및 중간재 각각에서 아시아 역내 무역 네트워크를 보여준다. 2008년 무역 네트워크를 보면 아시아 내에 여러 휴대전화 수출 허브가 존재했음을 알 수 있다[A-(a)]. 중국이 아시아 역내 완제품 수출 흐름의 절반 이상을 차지했고 수출 대상국도 지역 전역에 퍼져 있었지만, 한국, 말레이시아, 싱가포르 또한 인접국으로 상당한 양의 휴대전화를 수출했다. 이들 국가가 주로 중국으로 수출했다는 점은 당시 중국이 완제품 휴대전화 공급을 인접 국가들에 의존하고 있었음을 시사한다. 그러나 이러한 다극 구조는 2020년에 이르러 중국이 아시아 역내 휴대전화 무역 흐름의 84%를 독점하며 크게 변모했다[A-(b)]. 금융위기 이후 전자제품 제조의 지리적·조직적 집중화 과정에서 한국과 싱가포르의 휴대전화 생산시설이 점차 중국으로 이전됨에 따라, 이들 국가는 이제 중국과의 무역 관계에서 수입국의 위치에 놓이게 되었다(Lee and Gereffi 2013).

중국의 부상은 중간재 분석에서도 명확히 드러난다. 2007년에 중국은 많은 스마트폰 부품과 소자를 수출하는 동시에 한국, 일본, 대만으로부터 상당량의 중간재를 수입했다[B-(c)]. 2020년에도 중국은 여전히 수입을 지속하고 있지만, 이들 선진 아시아 경제권에 대한 의존도는 눈에 띄게 약화되었다[B-(d)]. 대신 중국은 인도, 싱가포르, 그리고 특히 베트남으로 수출 대상을 확대했다.

이러한 부품 무역 네트워크에서 베트남의 부상은 놀라운 수준이다. 베트남과 한국 사이의 양방향적 무역 흐름은 두 나라 사이 긴밀한 생산 네트워크의 존재를 잘 보여준다. 실제로 삼성과 같은 한국 기업의 스마트폰은 한국, 중국 등지에서 수입된 중간재를 바탕으로 베트남에서 더 많이 생산되고

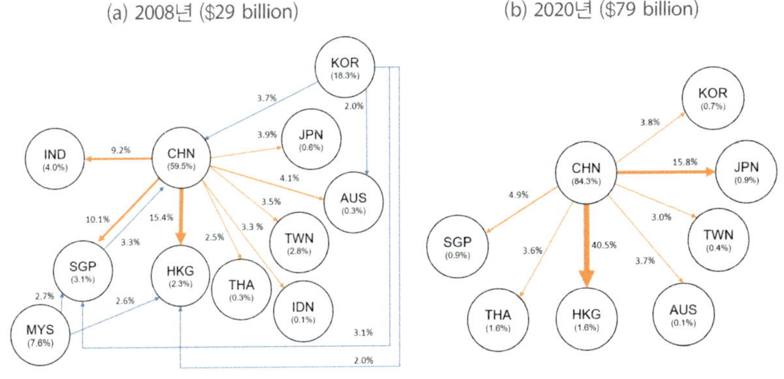

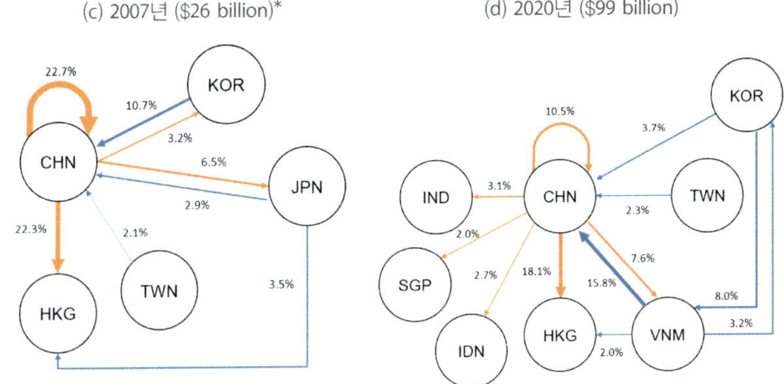

주) 가용한 자료의 문제로 중간재 교역망 분석은 2008년이 아니라 2007년 자료를 이용. 복잡함을 줄이고자 아시아 역내 총 교역액의 2% 이상을 차지하는 경우만 화살표로 표시. 중국의 수출(재수출 포함)은 오렌지색, 나머지는 파란색으로 표시하여 구분.

출처: 저자가 UN Comtrade 자료를 분석

있다(Lee and Jung 2015). 동시에, 베트남의 대중국 중간재 수출은 2016-20년 사이 아시아 역내 무역의 3%에서 16%로 급증했으며, 현재 두 나라의 무역 연결성은 이 부문 아시아 내 최대 규모(전체 무역 흐름의 23%)를 차지한다. 이러한 변화는 휴대전화와 같은 첨단기술 가치사슬에서 아시아 역내 연결성이 지닌 고도의 역동성을 입증한다.

　휴대전화 생산에서 중요한 역할을 차지하는 반도체는 기술적으로 진보된 정교한 제품이다. 전기차의 사례에서 보듯 다양한 산업의 제품들이 점점 더 스마트화되고 인터넷으로 연결됨에 따라, 반도체는 전자 산업을 넘어 광범위한 제품에 사용되고 있다. 각종 반도체 수요가 급증하면서 최근의 공급 부족 사태는 많은 산업에 심각한 지연과 혼란을 초래하기도 했다.

　1970년대 이후 일본, 대만, 한국은 애플리케이션 및 통신 프로세서부터 메모리 칩에 이르기까지 다양한 반도체 유형에서 생산 역량을 확장해 왔다. 다수 서구 기업이 반도체 가치사슬에서 설계 부문에 집중하며 이른바 '팹리스(fabless)' 기업으로 전환함에 따라, 아시아 기업들은 가치 사슬의 중류(mid-stream), 즉 직접 설계, 생산하거나(한국의 삼성전자와 SK하이닉스) 설계 기업의 사양에 맞춰 대량 생산하는(세계 최대 파운드리 업체인 대만의 TSMC) 분야에 특화되었다. 이러한 반도체 생산의 동아시아 집중은 개인용 컴퓨터에서 스마트폰에 이르기까지 광범위한 전자산업 가치사슬의 하류(downstream) 지점이자 주요 반도체 수요처인 전자제품 생산의 중심지가 아시아로 이동하면서 더욱 가속화되었다. 글로벌 시장을 겨냥한 전자 제품을 위해 더 많은 반도체가 아시아에서 생산, 거래되며, 추가 가공 및 최종 생산을 위해 소비되고 있다(Grimes and Du 2020).

　반도체 글로벌 가치사슬의 이러한 특성은 무역 네트워크 분석을 통해 확인된다(〈표 2〉 참조). 2020년 전 세계 반도체 완제품 수출의 87%가 아시아에서 이루어졌으며, 이는 2008년의 79% 보다 상승한 수치이다. 동시에 아시아는 반도체 완제품 수입의 87%를 차지하고 있어 대부분의 반도체가 아시아에서 생산되고 소비됨을 알 수 있다. 아시아가 반도체 생산의 대부분을 담당하고 있다는 점을 고려하면, 이 지역이 부품, 소재 및 장비의 최대 수입국인 것은 놀라운 일이 아니다. 2020년 동아시아는 전 세계 수입의

90%(2008년 87% 대비 상승)를 차지했으며, 이 중 상당 부분은 유럽과 북미(두 지역 합쳐서 세계 수출의 40% 공급)뿐만 아니라 인접한 아시아 국가(59%)로부터 유입되었다. 이러한 패턴은 반도체 관련 부품 및 장비 무역이 일본, 싱가포르 등으로부터의 역내 연결과 미국, 네덜란드 등으로부터의 역외 연결이 혼합된 양상을 띠며, 한국, 대만, 중국이 그 흐름의 최종 목적지임을 보여준다.

〈표 2〉 전 세계 반도체 무역에서 아시아의 비중

	2008	2010	2012	2014	2016	2018	2020
최종재							
아시아의 수출	79%	81%	80%	83%	82%	87%	87%
아시아의 수입	77%	81%	82%	83%	84%	85%	87%
부품, 소재 및 장비							
아시아의 수출	48%	47%	54%	53%	55%	58%	59%
아시아의 수입	87%	89%	85%	85%	89%	88%	90%

출처: 저자가 UN Comtrade 자료를 분석

끝으로, 〈그림 5〉는 반도체 완제품의 아시아 역내 무역 네트워크 진화 과정을 보여준다. 2008년에는 대만, 한국, 일본, 말레이시아가 주요 수출국이었고 중국은 수입국 입장이었다. 2020년에도 중국은 일본, 말레이시아와의 무역에서 여전히 수입 쪽에 머물러 있지만 중국은 한국과 대만으로 반도체 제품을 수출하기 시작했다. 하지만, 이들 두 무역 파트너에 대한 의존 수준은 유지되거나 오히려 증가했다. 대만의 대중국 수출은 2020년 아시아 역내 반도체 무역의 17%를 차지하여 2008년의 12%에서 상승했다. 한-중 연결성이 전체 지역 무역에서 차지하는 비중은 동일한 수준(9.6%)을 유지했지만, 2008-20년 사이 전체 무역 가치가 2,370억 달러에서 7,150억 달러로 세 배나 급증했음을 고려할 때 실제 무역액은 대폭 증가한 것이다.

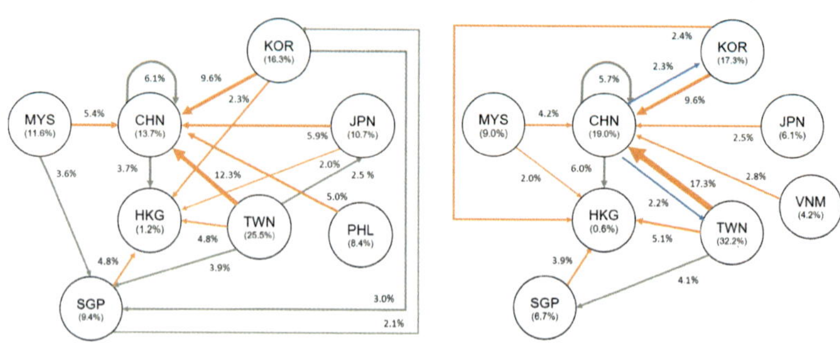

출처: 저자가 UN Comtrade 자료를 분석

V. 맺음말

본 장에서는 지리적 분산, 조직적 분절, 그리고 글로벌 선도기업에 의한 긴밀한 조정과 통합을 특징으로 하는 글로벌 가치사슬이 국제 무역, 해외 투자 및 생산 네트워크 배치를 통해 지역간 연결성을 형성하는 데 핵심적인 역할을 한다는 점을 강조하였다. 구체적으로, 역내 다국적 기업의 지리적 확장과 글로벌 및 지역 차원의 가치사슬을 통한 역외 다국적 기업 과의 상호작용은 자본, 노동, 기술 등 자원의 지역적 흐름이 공간적, 조직적으로 구성되고 재편되는 방식에 큰 영향을 미친다. 본 장에서는 지역적 연결성의 관점에서 글로벌 가치사슬의 여러 양상을 구분하기 위한 분석적 틀을 제안하였다. 지역적 연결성의 두 가지 차원, 즉 지역간 및 지역내 연결 모드를 결합해 살펴봄으로써 글로벌 가치사슬 내 지역적 연결성의 다양성을 강조하였다. 글로벌 및 지역적 차원의 가치사슬이 역내외에서 구조화되는 방식에 따라 글로벌 가치사슬의 구성이 산업이나 제품군뿐만 아니라 중간재와 완제품 사이에서도 다르게 나타날 수 있음을 보여주었다.

섬유의류 산업에서는 주요 생산 및 수출 지역으로서 아시아의 부상을 뚜렷하게 확인할 수 있다. 아시아 내부 교역이 세계 교역량의 상당 부분을 차지하고 있으며, 북미와 유럽이라는 두 주요 시장에 대한 수출을 통해 형성된 아시아의 외적 연결성은 글로벌 금융위기 이후 더욱 강화되었다. 이는 위기 이후 글로벌 가치사슬이 아시아로 집중되었다는 기존 문헌의 논의를 뒷받침한다(Cattaneo, Gereffi, and Staritz 2010). 또한 본 분석은 이렇게 강화된 역외 유대가 여타 지역들 간의 연결성에 영향을 미쳤음을 보여주는데, 같은 기간 유럽 국가 간이나 북미-라틴 아메리카 간의 연결성 약화가 이를 방증한다. 한편, 주요 아시아 수출국에 대한 분석은 국가 수준에서 지역적 연결성의 다양성을 조명한다. 중국은 섬유와 의류 모두에서 다양한 역내 · 외 연결성을 보유하고 있다. 인도와 방글라데시는 유럽 시장과 훨씬 강한 연결성을 가진 반면, 베트남은 전반적으로 북미와의 유대가 더 강하며 의류 부문에서는 다른 아시아 국가들과도 긴밀히 연결되어 있다. 이처럼 아시아는 세계 다른 지역과 연결되어 있으나, 그 연결의 성격은 동일한 산업이나 제품 가치사슬 내에서도 국가별로 차이를 보인다.

전자 산업에 대한 분석 역시 주요 생산 및 수출 거점으로서 아시아의 중심성과 더불어, 중국이 역내 인접국들과 갖는 무역 관계의 변화를 확인시켜 준다. 전 세계 스마트폰과 반도체 수출의 대부분은 아시아 경제권이 차지하고 있다. 스마트폰 분야에서 수입국의 처지였던 중국은 이제 완제품 및 중간재 두 범주 모두에서 주요 수출국으로 빠르게 자리매김했으며, 아시아 내 연계 범위도 확장되었다. 반도체 분야에서는 아시아 내에서 전자제품 생산을 위한 제조, 무역, 소비가 늘어남에 따라 역내 연결성이 더욱 강화되었다.

이러한 연구 결과는 글로벌 가치사슬 내 아시아의 중심성 뿐만 아니라, 지역적 연결성의 다양성 및 역동성을 동시에 보여준다. 아시아는 견고하고 조밀한 공급 기반과 글로벌 수요에 대응하는 대규모 제조 거점을 제공함으로써 글로벌 가치사슬에서 중추적 역할을 해 왔고, 이는 아시아 전체의 경쟁력을 향상시켰다. 동시에, 이러한 변화는 다른 지역들의 글로벌 가치사슬 편입 전략과 상호작용한 결과이기도 하다. 미국 기업들은 R&D, 브랜딩, 판매 및 마케팅에 특화하는 한편, 나머지 생산 공정을 담당하는 아시아의 위탁 제조사들과 긴밀히 협력했다. 호주나 브라질과 같은 자원 부국들은 중국 및 기타 아시아 국가들에 광물을 공급하는 핵심 공급원으로서 가치사슬 내 입지를 강화했다. 이는 글로벌 가치사슬을 통해 '아시아화된(Asianized) 세계 경제' 속에서 지역 간 분업 구조를 재편하고 있음을 보여준다. 나아가, 본 연구 결과는 아시아화된 글로벌 가치사슬의 다양한 측면과 지역적 연결의 다양성을 보여준다. 아시아가 섬유의류 분야의 세계적 수출 지역임에도 불구하고, 중국, 인도, 베트남이라는 세 선도 수출국은 아시아 내외의 수입국과의 연결 방식에서 각기 다른 양상을 보인다. 전자 산업에서는 동일 그룹 내에서도 제품별, 또는 중간재와 완제품 간 역내 연결의 복잡성이 드러난다. 또한, 중국의 산업 고도화에 따른 인접국과의 관계 변화, 한국과 베트남 간 새로운 연결 고리는 지역 분업 구조의 역동적 성격을 보여준다.[16]

한 가지 짚고 넘어가야 할 것은 연결이 반드시 협력이나 소위 '공평한 경기장'(level playing field)을 가져오는 것은 아니라는 점이다. 글로벌 가치사슬의 구조는 기본적으로 교역의 조건과 상대자, 이들 간의 가치 배분을 정함에 있어서 각 행위자들이 가진 서로 다른 힘(power)을 전제로 한다. 선도기업과 공급업체 간의 권력 불균형과 이를 바꾸고자 하는 공급업체의

---

16 전자 산업 내 아시아 생산네트워크에서 중국의 위상 변화에 대해서는 Lee(2022)를 참조.

고도화 시도는 가치사슬의 구조와 동학을 이해하는데 있어서 핵심적이다(Dallas et al., 2019). 또한 가치사슬 편입의 결과는 늘 경제적 고도화로 귀결되지 않는다. 적지 않은 기업들이 가치사슬 내 지위나 가치 획득의 하락(downgrading)을 감수하게 되며, 이는 비단 경제적 측면뿐만 아니라, 사회적 측면(예, 노동조건의 악화), 환경-생태적인 측면(예, 환경 파괴)에서도 나타날 수 있다. 이런 점에서 글로벌 가치사슬 관점은 기업간, 국가간, 지역간 연결이 가져오는 권력의 비대칭성, 이해관계의 대립에도 주목함으로써 지역간 연결 속에서 내포된 위계와 그 속에서의 갈등과 불평등의 차원들에 주목하게끔 한다.

　최근 글로벌 가치사슬은 무역 전쟁, 코로나19 팬데믹, 러시아의 우크라이나 침공 등으로 인해 상당한 불확실성에 직면해 있다. 이러한 일련의 사태들은 원자재 부족부터 소비 시장의 수요 붕괴에 이르기까지 가치사슬 전반에 걸쳐 일대 혼란을 야기해 왔다. 물론 글로벌 가치사슬은 2010년대 초반부터 확장세가 주춤하기 시작한 것이 사실이다(Lee 2016; Miroudot and Nordström 2019), 하지만 최근 강한 역풍을 맞이하면서 세계화는 보다 갑작스럽게 후퇴 국면에 접어든 것으로 보인다. 글로벌 가치사슬을 매개로 한 연결성은 이제 경제성장과 산업발전을 위한 '자산'이 아니라 국가 안보와 공공 안전을 위협할 수 있는 '부채'로 간주되고 있고, 많은 이들이 '탈세계화(de-globalization)'와 글로벌 가치사슬의 종말, 또는 본국으로의 리쇼어링(reshoring), 시장 가까운 지역으로의 니어쇼어링(near-shoring), 동맹국들을 연결하는 '프렌드쇼어링(friend-shoring)' 등을 통해 보다 지역 완결형 가치사슬로의 축소될 것이라는 전망을 내놓고 있다(Gereffi, Lim, and Lee 2021).

　이러한 변화의 여파는 그 어느 지역보다 글로벌 가치사슬에서 중심적 역할을 해 온 아시아에 절실하게 다가온다. 앞서 언급했듯이, 아시아의 부상은 글로벌 가치사슬의 확장과 긴밀하게 연계되어 있었다. 따라서 글로벌 가치사슬의 미래에 관한 질문은 아시아 내외에서 글로벌 가치사슬을 통한 형성되어 온 '아시아화된 산업화'의 미래와도 직결된다. 아시아 내부적으로 보면, 한 가지 가능성은 미국 주도와 중국 주도의 사슬로 양분되는 것이다. 이러한 블록 체제와 미-중 경쟁이 구체적으로 어떤 결과를 가져올 지는 가치사슬이 진영에 따라 완전히 분리되느냐, 아니면 정치적으로 덜 민감한 노드나 부문에서 느슨한 연결 상태를 유지하느냐에 따라 달라질 것이다. 하지만 그 어떤 경우에도 이는 지난 수십 년간 아시아에서 형성된 조밀한 역내 유대와 아시아화의 진전에 상당한 타격이 될 것이다. 다른 가능성은 보다 지역화된 형태의 가치사슬의 출현이다. 디지털화 및 친환경적 가치사슬로의 전환에 직면하여 가치사슬은 더 짧아지고 시장에 더 가까운 곳에 자리 잡을 가능성이 높다 (UNCTAD 2020). 만약 중국이 미-중 갈등 속에서도 미국에 필적할 만한 시장으로서 아시아 기업들을 수용하며 다른 아시아 국가들과의 관계를 유지할 수 있다면 중국을 중심으로 한 지역적 가치사슬 시나리오는 설득력을 얻는다. 하지만 중국을 글로벌 가치사슬에서 고립시키고 아시아 기업들의 미국 투자를 끌어내려는 미국의 정책적 노력이 성과를 나타낸다면 이 시나리오로 가는 길은 좁아질 수밖에 없다(The White House 2021).

어떠한 방향이든 글로벌 가치사슬은 향후 10년 동안 대대적으로 재구성될 것이며, 이에 기반한 지역적 연결성 또한 재편의 영향을 받게 될 것이다. 다만 본 장에서 강조하는 점은 지역적 연결의 양상이 모두 동일한 방향으로 변화하지는 않으리라는 것이다. 산업별 특성, 정치적 민감도, 역사적 유산, 선도기업과 공급업체의 전략적 행동 등에 따라 그 변화도 서로 다른 방향으로 전개될 수 있으며, 그 결과 지역적 연결성과 아시아화의 경로를 각기 다른 방식으로 재구조화할 것이다. 향후 연구는 글로벌 가치사슬을 통한 역내·외 연결의 구체적인 패턴과 이를 형성하기 위해 아시아 내외의 국가, 정부, 기업, 노동자들이 내리는 다양한 선택과 그 상호작용을 분석함으로써 더욱 풍성해질 것이다.

09

CPTPP에 따른 ASEAN 무역구조의 변화와 글로벌 가치사슬 참여[*]

김건휘(가톨릭대학교), 현민(국립부경대학교 BK교육연구단)

I. 서론

최근의 연구들은 회원국 간 무역 원활화를 목표로 하는 메가 지역 무역 협정의 역할에 주목하고 있다. 자유무역협정(FTA)과 같은 양자 무역협정이 개별 국가 간 무역 관계에 초점을 두는 반면, 메가 지역 무역협정은 관세 인하와 같은 특혜적 조치를 통해 다수의 경제권이 참여하는 광역적 무역 질서를 형성한다는 점에서 차별성을 지닌다. 특히 포괄적·점진적 환태평양경제동반자협정(CPTPP)은 아시아·태평양 지역을 중심으로 전개된 지역 무역협정의 중요한 전환점으로 평가된다. 기존 환태평양경제동반자협정(TPP)의 후속 협정인 CPTPP는 세계에서 가장 규모가 크고 역동적인 시장을 포함한 다양한 경제권을 포괄하는 제도적으로 견고한 무역협정으로 자

---

[*] 이 글은 『Journal of Global and Area Studies』 9권 2호(2025)에 게재된 논문을 저자 동의하에 번역하여 수록하였음.

리매김하였다.

그러나 CPTPP의 경제적 효과에 대해서는 여전히 논쟁의 여지가 존재한다. 이 협정은 기존의 무역 역학을 재편할 수 있는 제도적 변화를 수반하며, 회원국들로 하여금 보다 높은 수준의 거버넌스와 시장 관행에 적응하도록 요구한다. CPTPP의 경제적 효과는 과거 국제무역 기반의 경제통합 성과와 유사한 측면을 지닐 수 있으나, 원산지 규정과 같은 복잡한 제도적 절차와 다수의 FTA 및 지역무역협정(RTA)의 중첩으로 발생하는 이른바 '엉킨 국수그릇 효과(noodle bowl effects)'는 무역 관계의 효율성을 저하시킬 가능성도 내포한다. 이러한 중첩 구조는 국가와 기업이 복잡한 규정과 방대한 관세 정보를 개별적으로 확인하도록 만들며, 이는 정보 비대칭을 심화시키고 국제무역을 제약하는 요인으로 작용할 수 있다(Ji et al., 2018; Kawai and Wignaraja, 2009). 더욱이 미국의 탈퇴는 CPTPP의 경제적 파급효과에 대한 불확실성을 한층 증폭시키는 요인으로 지적된다.

한편 ASEAN의 입장에서 CPTPP는 향후 수십 년간 역내 경제의 발전 경로에 중대한 영향을 미칠 기회이자 도전으로 작용할 수 있다. 경제통합과 협력의 경험을 축적해온 ASEAN은 무역 자유화, 규제 정합성, 시장 접근성 확대를 핵심으로 하는 CPTPP의 제도적 틀로부터 상당한 혜택을 누릴 잠재력을 지닌다. 세계무역기구(WTO)는 지역무역협정(RTA)을 자유무역협정(FTA)을 포함한 다양한 특혜무역협정을 포괄하는 개념으로 사용한다(Urata, 2002). 관세 인하를 주요 목적으로 다수의 FTA와 지역무역협정이 체결되어 왔으며, 이는 국가 간 교역 확대를 제도적으로 뒷받침해왔다. 나아가 지역무역협정은 규모의 경제 확대, 기술 이전 촉진, 외국인직접투자(FDI) 유입 증대에 기여하는 것으로 알려져 있다(Plummer et al., 2010). 이러한 점에서 지역무역협정은 다양한 경제 주체의 후생에 영향을 미치는 핵심적인 제도적 장치라 할 수 있다.

이러한 배경하에서 본 연구는 CPTPP가 ASEAN 회원국의 수출입에 미치는 영향을 실증적으로 분석하고자 한다. 이를 위해 먼저 CPTPP가 존재하지 않았을 경우를 가정한 ASEAN 경제의 수출입 추정 경로를 구축하고, 이를 CPTPP의 효과가 반영된 실제 무역 통계와 비교함으로써 협정의 순효과를 식별한다. 구체적으로는 축약형 방정식에서 도출된 계수의 적합값을 활용하여 CPTPP 유무에 따른 국제무역 흐름을 비교·분석한다. 본 연구의 분석 기간은 2000년부터 2021년까지이며, 이에 따라 호주, 캐나다, 일본, 멕시코, 뉴질랜드, 싱가포르 및 베트남을 CPTPP 회원국 표본에 포함하였다. 이는 회원국별 CPTPP의 체결 및 발효 시점을 반영한 것이다. CPTPP는 2018년 12월 30일 호주, 캐나다, 일본, 멕시코, 뉴질랜드 및 싱가포르에 대해 발효되었으며, 동시에 1차 관세 인하 조치가 시행되었다. 이어 2019년 1월 14일에는 베트남에 대해 발효되었다. 페루, 말레이시아, 칠레, 브루나이 및 영국은 2021년 9월 이후 발효 절차를 완료하였다.

여기에 더하여 본 연구는 CPTPP가 ASEAN 회원국에 미친 영향을 보다 면밀히 파악하기 위해 교역 상대국 집단을 구분하여 다각적인 실증분석을 수행한다. 이를 통해 CPTPP 발효 이후 ASEAN 무역의 전환 과정을 체계적으로 규명하고자 한다. 이러한 분석을 위해 무역창출(trade creation)과 무역전환(trade diversion)의 개념을 분석 틀에 포함하였다. Viner(1950)에 따르면 회원국 간 관세 인하는 비효율적인 국내 생산을 보다 효율적인 역내 생산으로 대체함으로써 무역창출 효과를 유발할 수 있으며, 동시에 보다 효율적인 역외 생산자를 대체하여 상대적으로 생산성이 낮은 역내 국가로 수입이 전환되는 무역전환 효과를 초래할 수도 있다. 따라서 메가 지역 자유무역협정의 효과는 일률적으로 긍정적이라고 단정하기 어렵다. 이러한 이론적 틀을 바탕으로 한 실증분석 결과, CPTPP 회원 여부와 관계없이 대부분의 ASEAN 국가에서 무역전환 효과는 제한적으로 나타난 반면, 무역창출 효과는 통계적으로 유의하게 확인되었다. 또한 CPTPP 회원국의 경우 글로벌 가치사슬(Global Value Chains, GVCs)에서의 후방 참여가 확대된 것으로 나타났다.

본 논문의 구성은 다음과 같다. 먼저 관련 선행연구를 검토한 후 이론적 틀을 제시한다. 이어 실증 분석 모형과 결과를 제시하고, 마지막으로 정책적 시사점을 논의하며 결론을 맺는다.

II. 선행연구검토

그간 경제통합에 관한 연구는 국제통합의 다차원적 성격을 강조해왔다. 선행연구에 따르면 경제통합은 국제무역의 세계화, 금융 및 자본시장의 국제화, 기술 및 정보통신 교류의 확대, 그리고 분절된 글로벌 생산 네트워크의 형성과 같은 다양한 영역에서 전개된다(Benczes, 2010; Estupiñán, 2017).

세계무역기구(WTO)의 출범과 관세 및 무역에 관한 일반협정(GATT) 체제의 발전은 이러한 경제통합을 제도적으로 뒷받침하며 국제무역의 확대를 촉진하였다. 특히 GATT는 국가 간 무역 장벽 완화에 기여한 것으로 평가되지만, 협상 절차의 장기화와 제도적 경직성이라는 한계도 지적되었다. 이러한 다자체제의 제약 속에서 자유무역협정(FTA)의 확산은 국가들이 보다 탄력적으로 제도 기반의 경제통합에 참여할 수 있는 대안적 경로를 제공하였다. Urata(2002)는 무역협정의 유형을 체계화하고 지역통합의 단계적 발전 과정을 정리함으로써, 다양한 형태의 지역무역협정이 경제통합의 심화와 어떻게 연계되는지를 이론적으로 설명하였다.

이와 함께 일련의 선행연구들은 지역무역협정이 무역 흐름에 미치는 실질적 효과에 주목해왔다. 특히 무역창출과 무역전환 효과와 관련하여 De Soyres et al.(2019)은 지역무역협정이 회원국의 대외 수출(outflows)을 증가시키는 동시에 회원국으로의 수입(inflows)을 감소시키는 경향이 있음을 실증적으로 제시하였다. 이는 지역무역협정이 역내 교역을 확대하는 한편 역외 교역에는 상이한 영향을 미칠 수 있음을 보여준다.

반면 Kemp and Wan(1976)은 외부국에 대한 관세가 유지되는 한 지역통합의 형성이나 지역무역협정의 체결이 역외 교역에 반드시 부정적인 영향을 초래하지는 않는다고 주장하였다. 이들은 일정 조건하에서 지역통합이 외부 교역을 왜곡하지 않으면서도 후생을 개선할 수 있음을 이론적으로 제시하였다. 이러한 상반된 논의는 지역무역협정의 효과가 제도 설계와 적용 조건에 따라 달라질 수 있음을 시사한다.

이러한 논의의 연장선상에서 본 연구는 CPTPP의 경제적 파급효과에 주목한다. CPTPP는 2018년 3월 8일 서명되었으며, 이후 발효를 거쳐 현재 호주, 브루나이, 캐나다, 칠레, 일본, 말레이시아, 멕시코, 뉴질랜드, 페루, 싱가포르, 영국 등이 참여하고 있다(2024년 12월 기준). CPTPP는 관세 인하를 핵심으로 하되, 환경 보호와 지식재산권과 같은 규범 영역을 강화하는 포괄적 통상 규범을 포함한다.

선행연구는 CPTPP가 참여국의 무역 확대와 경제적 후생 증진에 긍정적인 영향을 미칠 가능성을 제시해왔다(Petri, 2016; Thanh et al., 2015). 특히 계량적 모형을 활용한 연구들은 협정 발효 이후 참여국의 교역 증가와 생산 네트워크 재편 가능성을 전망하였다.

아울러 메가 무역협정 참여와 글로벌 가치사슬(Global Value Chains,

GVCs) 참여 간의 관계 또한 중요한 연구 주제로 부상하였다. Schott(2025)
은 CPTPP가 규모 면에서는 최대 수준의 지역 자유무역협정은 아니지만,
그 규범적 내용은 자유무역협정의 '골드 스탠더드(gold standard)'로 평가
될 수 있다고 지적한다(p. 37). 이는 CPTPP가 단순한 교역 확대 효과를 넘
어 참여국의 통상 규범과 생산 네트워크 구조에 중대한 영향을 미칠 수 있
음을 시사한다. 동시에 CPTPP는 비회원국에게도 향후 통상정책 설계의 준
거로 기능할 수 있다는 점에서 그 파급효과가 회원국에 국한되지 않는다.

그럼에도 불구하고 기존 연구는 주로 CPTPP 참여국 전체를 대상으로
한 거시적 효과에 초점을 두거나, GVC 참여가 무역 및 통상정책에 미치
는 영향을 분석하는 데 집중해왔다(Blanchard et al., 2024; De Soyres et al.,
2019). 이에 비해 지역통합이 개별 국가의 GVC 참여 구조에 어떠한 변화
를 초래하는지, 특히 복수의 지역통합 체제가 중첩된 상황에서 그 효과가
어떻게 차별적으로 나타나는지에 대한 실증 분석은 상대적으로 부족하다.

이에 본 연구는 CPTPP의 경제적 효과에 관한 기존 문헌에 다음과 같은
측면에서 기여하고자 한다. 첫째, ASEAN 국가에 초점을 맞추어 분석을 수
행한다는 점이다. ASEAN은 자체적인 지역통합 체제를 운영하는 동시에 일
부 회원국이 CPTPP에 참여하고 있어 두 지역통합 체제가 중첩되는 특수한
구조를 지닌다. 이러한 맥락에서 새로운 메가 지역 무역협정의 등장에 따른
경제적 파급효과는 ASEAN 각국에 상이하게 나타날 가능성이 있다. 본 연
구는 무역 흐름에 대한 기술적 분석과 회귀분석을 통해 CPTPP가 각 회원
국에 미친 개별적 효과를 식별한다. 둘째, CPTPP가 ASEAN 경제의 글로
벌 가치사슬(GVCs) 참여에 미치는 영향을 추가적으로 분석한다. 기존 연
구가 GVC 참여가 무역 흐름이나 통상정책에 미치는 영향을 규명하는 데
초점을 두어 왔다면, 본 연구는 지역통합이 GVC 참여에 미치는 영향을 역

으로 분석한다는 점에서 차별성을 지닌다. 특히 CPTPP와 같은 지역통합이 ASEAN 각국의 GVC 참여 확대 및 무역창출 효과와 어떠한 연관성을 갖는 지를 실증적으로 검증함으로써 기존 연구를 보완하고자 한다.

III. 방법론

1. 이론적 배경

국제무역협정의 채택은 경제적 · 정치적 측면에서 중요한 의미를 지닌다. 이론적으로 무역협정은 국가 간 전략적 관세 경쟁을 완화하고 무역 왜곡을 줄임으로써 국제무역의 비효율성을 감소시키는 역할을 한다(Bagwell and Staiger, 1999). 또한 무역협정은 반복적 상호작용을 제도화함으로써 무역 분쟁이나 통상 갈등에서 발생할 수 있는 경제적 충격을 완화하는 정치 · 제 도적 장치로 기능할 수 있다(Maggi and Rodríguez-Clare, 2007).

그러나 무역협정의 효과는 참여 국가의 구조적 특성에 따라 상이하게 나 타날 수 있다. 특히 북 – 남(North – South) 간 무역 관계에서 체결되는 양자 자유무역협정은 생산 요소 및 중간재의 배분을 왜곡함으로써 부정적 외부 효과를 초래할 가능성이 있다(Grafe and Mauleon, 2000). 시장 규모와 생산 성 격차가 큰 경우 이러한 불균형은 생산성 차이를 심화시키고, 궁극적으로 는 개발도상국에 불리한 결과로 이어질 수 있다. 따라서 무역협정의 경제적 효과는 일률적으로 긍정적이라고 가정하기 어렵고, 개별 국가의 산업 구조, 생산성 수준, 그리고 기존 통합 체제와의 관계 속에서 분석될 필요가 있다.

본 연구의 핵심 분석 대상인 지역통합에서는 무역 부정적 외부효과가 발 생할 가능성 또한 존재한다. 앞서 간략히 논의한 바와 같이 Viner(1950)는 국제무역 체제하에서 지역통합이 후생에 미치는 영향을 설명하기 위해 무역창출(trade creation)과 무역전환(trade diversion)의 개념을 제시하였다.

본 연구의 핵심 분석 대상인 지역통합에서는 무역 구조의 변화와 함께 부정적 외부효과가 발생할 가능성도 존재한다. Viner(1950)는 국제무역 체제하에서 지역통합이 후생에 미치는 영향을 설명하기 위해 무역창출(trade creation)과 무역전환(trade diversion)의 개념을 제시하였다. 무역창출은 지역통합의 형성으로 인해 상대적으로 비효율적인 국내 생산이 보다 효율적인 역내 생산으로 대체되면서 교역이 확대되는 현상을 의미한다. 관세 인하로 수입 가격이 하락하면 소비자 잉여가 증가하고 자원 배분의 효율성이 개선되어 전체 후생 수준이 상승할 수 있다. 반면 무역전환은 기존에 역외의 보다 효율적인 생산자로부터 조달하던 상품이, 지역통합 이후 관세 특혜로 인해 상대적으로 비효율적인 역내 생산자로 대체되는 현상을 의미한다. 이 경우 수입원은 변경되지만 생산의 효율성은 저하될 수 있으며, 자원 배분의 왜곡으로 인해 지역통합의 순후생 효과는 감소할 가능성이 있다(Johnson, 1953).

따라서 지역통합의 경제적 효과는 무역창출과 무역전환의 상대적 규모에 의해 결정되며, 이는 참여 국가의 생산성 수준, 산업 구조, 관세 구조, 그리고 기존 교역 관계에 따라 상이하게 나타날 수 있다.

2. 중력모형을 활용한 국제무역 경로 분석

본 절에서는 본 연구의 실증 분석 틀을 제시한다. 이를 위해 전통적인 중력모형(gravity model)을 활용한다(Anderson and van Wincoop, 2004; Feenstra, 2004; Tinbergen, 1962).

중력모형은 뉴턴(Newton)의 만유인력 법칙에 비유하여 설명된다. 두 국가 간 교역 규모는 각국의 경제 규모에 비례하고, 국가 간 거리와 같은 무역 비용 요인에 반비례한다는 직관에 기초한다. 즉, 수출국 i와 수입국 j의 생산 규모가 클수록 교역량 $Trade_{ij}$는 증가하며, 두 국가 간 거리가 멀수록 교역량은 감소한다. 이를 식 (1)로 표현하면 다음과 같다.

$$Trade_{ij} = Y_i Y_j / D_{ij}, \qquad (1)$$

식 (1)에서 $Trade_{ij}$는 국가 i와 j 간의 수출과 수입을 포함한 교역 규모를 의미한다. Y_i는 수출국 i의 생산 규모(일반적으로 GDP), Y_j는 수입국 j의 생산 규모를 나타내며, D_{ij}는 두 교역 상대국 간의 거리를 의미한다. 각국의 경제 규모가 확대될수록 교역 유인은 증가하는 반면, 국가 간 거리가 증가할수록 무역비용이 상승하여 교역량은 감소한다. 거리 변수는 단순한 물리적 거리뿐 아니라 운송비용, 정보 비용, 문화적 · 제도적 차이 등 광범위한 무역비용을 대리하는 변수로 해석될 수 있다. 지리적으로 인접한 국가일수록 운송비 절감과 제도적 유사성으로 인해 교역이 촉진될 가능성이 높다.

그러나 전통적 중력모형만으로는 국제무역에서 발생하는 다양한 무역마찰을 충분히 설명하기 어렵다. 이에 본 연구는 추가적인 중력 통제변수(gravity control variables)와 시간 지표를 포함하여 자연로그 형태의 축약형(reduced-form) 모형을 구성한다. 여기서 하첨자 t는 연도를 의미하며, $Gravity_{ijt}$는 양국 간 교역을 실증적으로 결정하는 중력 통제변수 벡터를 나타낸다. 이러한 변수들은 횡단면적 요인과 시계열적 요인을 동시에 통제하는 데 기여한다.

본 연구에서는 대표적인 중력 통제변수로 양국 간 공용어 또는 주요 언어의 공유 여부, 동일한 식민 모국의 존재 여부, 식민 관계 여부를 포함한다.

이들 변수는 모두 더미(dummy) 변수로 구성되며, 해당 조건이 충족될 경우 1의 값을, 그렇지 않을 경우 0의 값을 갖는다.

$$Trade_{ijt} = \beta_0 + \beta_1 lnY_{it} + \beta_2 lnY_{jt} - \beta_3 lnD_{ij} + \beta_4 Gravity_{ijt} + \varepsilon + \delta, \quad (2)$$

본 연구는 식 (2)를 활용하여 CPTPP가 존재하지 않았을 경우의 국제무역 경로를 추정한다. 2019년 이후의 국제무역 통계에는 이미 CPTPP의 효과가 반영되어 있으므로, 협정 발효 이전 기간(2010~2018년)에 추정된 계수를 활용하여 반사실적(counterfactual) 무역 경로를 도출한다. 구체적으로 각 국가 i에 대해 상수항과 계수 β_0, β_1, β_2, β_3, β_4를 추정하고, 해당 추정치의 적합값(fitted values)을 시장 규모 $\ln Y_{it}$, $\ln Y_{jt}$, 거리 $\ln D_{ij}$, 그리고 $Gravity_{ijt}$의 실제 값에 대입하여 CPTPP가 존재하지 않았을 경우의 무역 수준을 계산한다.

$$Trade_{ijt} = \widehat{\beta_0} + \widehat{\beta_1} lnY_{it} + \widehat{\beta_2} lnY_{jt} - \widehat{\beta_3} lnD_{ij} + \widehat{\beta_4} Gravity_{ijt}. \quad (3)$$

국제무역 자료에는 교역 규모가 0인 관측치가 다수 존재하므로, 본 연구는 포아송 분포에 기반한 Poisson Pseudo Maximum Likelihood(PPML) 추정 방법을 사용한다. PPML은 로그 선형화 과정에서 발생할 수 있는 이분산성(heteroskedasticity) 문제와 추정 편의를 완화하며, 0의 값을 포함한 무역 자료를 일관되게 추정할 수 있다는 장점이 있다.

추정된 계수와 상수항에 설명변수 값을 대입함으로써 CPTPP의 영향을 제외한 반사실적(counterfactual) 무역 경로를 도출한다. 이후 이를 실제 관측 무역값과 비교·분석함으로써 CPTPP가 ASEAN 회원국의 국제무역에 미친 영향을 평가한다.

제5절에서는 주요 교역 상대국을 구분하여 비교 결과를 제시한다. 본 연구는 ASEAN 회원국의 주요 교역 상대국으로 미국(USA), 중국, 유럽연합(EU), 일본, 한국을 포함한다. 표 1에서 확인할 수 있듯이, CPTPP에 참여하고 있는 ASEAN 국가인 싱가포르와 베트남의 경우 2020년과 2021년(협정 발효 이후)에도 주요 교역 상대국 구성은 위의 다섯 경제권과 큰 차이를 보이지 않는다. 또한 2018~2019년 기간과 기타 ASEAN 국가들에서도 통계 구조의 급격한 변화는 관찰되지 않는다. 따라서 본 연구는 미국, 중국, EU, 일본, 한국을 주요 비교 대상으로 설정하여 CPTPP가 ASEAN 경제에 미친 영향을 체계적으로 분석한다.

<표 1.> 싱가포르와 베트남의 주요 교역국

	싱가포르(SGP)	베트남(VNM)
2020 수출	중국, 미국, EU, 일본, 한국	미국, 중국, EU, 일본, 한국
2020 수입	중국, 미국, 일본, 한국, EU(프랑스)	중국, 한국, 일본, EU, 미국
2021 수출	중국, EU, 미국, 한국, 일본	미국, 중국, EU, 한국, 일본
2021 수입	EU, 중국, 미국, 한국, 일본	중국, 한국, 일본, EU, 미국

출처: World Integrated Trade Solution(WITS) 자료를 바탕으로 한 저자 계산. 보다 자세한 내용은 WITS 공식 웹사이트(https://wits.worldbank.org/Default.aspx?lang=en)를 참조

3. 무역창출과 무역전환 (Trade Creation and Diversion)

무역창출(trade creation)과 무역전환(trade diversion)은 국제무역과 경제통합 간의 관계를 설명하는 핵심 개념이다. Balassa(1967)는 유럽공동시장(European Common Market)을 사례로 이 개념들을 체계화하였다.

무역창출은 경제통합의 형성으로 인해 기존의 비효율적인 국내 생산이 보다 효율적인 역내 생산으로 대체되거나, 새로운 교역 관계가 형성되면서 교역이 확대되는 현상을 의미한다. 이는 경제통합이 존재하지 않았다면 발

생하지 않았을 순증가 효과로 이해할 수 있다.

반면 무역전환은 경제통합의 형성으로 인해 상대적으로 비효율적인 생산자가 새로운 교역 관계에 편입되는 현상을 의미한다. 생산성이 낮은 국가나 기업이 통합에 포함될 경우, 기존에 역외의 효율적인 생산자로부터 이루어지던 교역이 역내의 덜 효율적인 생산자로 전환될 수 있다. 이 경우 자원 배분의 효율성이 저하되어 통합의 순후생 효과가 감소할 가능성이 있다. 무역전환은 특히 수입 관계에서 두드러지게 나타난다. 예컨대 르완다가 케냐와 우간다로부터 식품, 기계, 건설 자재 등을 수입하는 현상은 순수한 비교우위에 따른 결과라기보다는 동아프리카공동체(EAC) 회원국이라는 제도적 요인이 작용한 사례로 해석될 수 있다(WTO, n.d.).

또 다른 예로, 수입국이 효율적인 생산국 A로부터 식품을 수입하고 있다고 가정하자. 이후 상대적으로 생산성이 낮은 국가 B와 경제통합 협정이 체결되면, 관세 특혜로 인해 B의 상품이 가격 경쟁력을 확보할 수 있다. 그 결과 원래 효율성이 높았던 A의 상품 대신 B의 상품이 수입되며, 이는 보다 효율적인 역외 생산자에서 상대적으로 비효율적인 역내 생산자로 교역이 전환되는 무역전환 효과를 의미한다.

본 연구는 이러한 효과가 실제로 발생하는지를 검증하기 위해 무역창출과 무역전환을 계량적으로 정의하여 CPTPP의 영향을 평가한다. 특히 Magee(2008)의 방법론을 준용하여 무역창출과 무역전환 효과를 정량화하고 이를 실증 분석에 활용한다.

본 연구는 무역창출과 무역전환을 교역 블록 내 관측된 수입 증가를 기준으로 정의한다. 시점 t에서 국가 j가 교역권 k(CPTPP 회원국 집단)로부터 수입한 총수입 I_{jkt}과 CPTPP가 존재하지 않았을 경우의 반사실적 수입 $\hat{I}_{jkt}$을 비교하여 무역확대(trade expansion)를 정의한다.

이를 보다 구체적으로 설명하면 다음과 같다. 시점 t에서 국가 j가 교역권 k(본 연구에서는 CPTPP 회원국 집단)로부터 수입한 총수입을 관측값 I_{jkt}으로 정의하고, 동시에 CPTPP가 존재하지 않았을 경우 동일한 시점에서 예상되었을 반사실적 수입 수준 $\hat{I}_{jkt}$을 추정한다. 이 반사실적 수입 값은 식 (3)을 통해 도출된 추정치를 활용하여 계산된다. 이와 같이 실제 관측 수입 I_{jkt}과 반사실적 수입 $\hat{I}_{jkt}$의 차이를 통해 CPTPP 체결로 인해 발생한 추가적 수입 증가분을 식별할 수 있으며, 이를 무역확대(trade expansion)로 정의한다.

$$Exp_{jt}^{k} = \begin{cases} I_{jt}^{k} - \hat{I}_{jt}^{k} & if \ I_{jt}^{k} \geq \hat{I}_{jt}^{k} \\ 0 & if \ I_{jt}^{k} < \hat{I}_{jt}^{k}, \end{cases} \tag{4}$$

식 (4)에서 정의한 무역확대는 CPTPP 체결 이후 신규 협정 파트너로부터 발생한 순증가분을 의미한다. 이는 단순한 교역 변동이 아니라, 기존 추세를 통제한 상태에서 협정 효과로 인해 추가적으로 발생한 수입 증가라는 점에서 정책적 의미를 갖는다. 그러나 블록 내 수입 증가가 반드시 후생 개선을 의미하는 것은 아니다. 만약 블록 내 수입 증가가 동시에 블록 외 국가로부터의 수입 감소를 수반한다면, 이는 기존의 효율적인 교역 관계가 비효율적인 역내 관계로 대체되었을 가능성을 내포한다. 따라서 본 연구는 블록 외 수입 변화를 함께 고려하여 무역전환 효과를 정의한다.

$$Div_{jt}^{k} = \begin{cases} Exp_{jt}^{k} & if \ \hat{I}_{jt}^{\notin k} - I_{jt}^{\notin k} \geq Exp_{jt}^{k} \\ \hat{I}_{jt}^{\notin k} - I_{jt}^{\notin k} & if \ Exp_{jt}^{k} > \hat{I}_{jt}^{\notin k} - I_{jt}^{\notin k} > 0. \\ 0 & if \ \hat{I}_{jt}^{\notin k} - I_{jt}^{\notin k} \leq 0 \end{cases} \tag{5}$$

여기서 $I^{(-k)}_{jt}$는 시점 t에서 국가 j가 CPTPP 교역권에 속하지 않는 국가들로부터 수입한 총수입을 의미하며, $\hat{I}^{(-k)}_{jt}$는 CPTPP가 존재하지 않았을 경우의 반사실적 수입 수준을 나타낸다. 블록 내 수입 증가가 블록 외 수입 감소와 정확히 일치하지 않을 수 있으므로 두 값은 상이할 수 있다. 특히 블록 내 수입 증가가 블록 외 수입 감소보다 클 경우 순수한 교역 확대가 발생한 것으로 해석할 수 있으며, 반대로 블록 외 수입 감소가 상당 부분을 차지할 경우 무역전환 효과가 존재할 가능성이 높다. 이러한 점을 종합하여, 본 연구는 무역확대에서 무역전환을 차감한 값을 순수한 무역창출 효과로 정의한다.

$$Cre^k_{jt} = Exp^k_{jt} - Div^k_{jt} \qquad (6)$$

식 (6)은 CPTPP 체결로 인해 발생한 총수입 증가분 중 블록 외 교역을 대체하지 않은 순증가분을 무역창출 효과로 정의한 것이다. 이를 통해 협정 효과가 교역의 단순 전환인지, 아니면 실질적 확대인지 구분할 수 있다.

4. 글로벌 가치사슬(Global Value Chains) 참여

우리는 글로벌 가치사슬(GVC) 참여를 측정하기 위해 Noguera(2012)[1]를 따라 모형을 구성하였다. GVC 참여는 전방 참여(forward participation)와 후방 참여(backward participation)로 구분된다. 전방 참여는 제3국의 수출에 포함된 자국의 부가가치 비중을 의미하며, 후방 참여는 자국의 수출에

---

1 GVC의 전방 참여와 후방 참여의 구성 방법에 대한 보다 자세한 내용은 Noguera(2012)를 참조하라.

포함된 외국 부가가치의 비중을 의미한다.

제3국 수출에 포함된 국내 부가가치를 추적하는 데에는 자료상 한계가 존재하기 때문에, 전방 참여는 단측 수준(unilateral level), 특히 보고국-연도(reporter-year) 수준에서 계산된다. 반면 후방 참여는 단측 및 양측 수준 모두에서 계산되며, 특히 보고국-상대국-연도(reporter-partner-year) 수준에서 산출된다.

〈그림 1.〉과 〈그림 2.〉는 본 연구의 표본 국가들의 글로벌 가치사슬(GVC) 참여 현황을 보여준다. 그림 1은 10개 ASEAN 국가, 5대 주요 교역 상대국, 그리고 전 세계 무역 전체에 대해 전방 참여와 후방 참여를 비교한다. CPTPP의 발효 여부와 관계없이, 보고국-연도 수준에서 측정한 전방 및 후방 참여는 모두 비교적 안정적인 결과를 보인다.

또한 〈그림 2.〉는 10개 ASEAN 국가를 보고국(reporter)으로, 5대 주요 교역 상대국을 상대국(partner)으로 설정하여 GVC의 양자적 후방 참여를 보여준다. 예를 들어, 그림 2의 첫 번째 열에 표시된 "BRN, CHN"은 브루나이(BRN)를 보고국으로 하고 중국(CHN)을 상대국으로 할 때의 GVC 후방 참여를 의미한다. 이 경우에도 추세는 크게 변화하지 않는 것으로 나타난다.

다음 절에서는 CPTPP와 GVC 참여 간의 인과관계를 규명하기 위해 추가적인 실증분석을 수행한다.

IV. 자료 및 실증분석 틀

1. 자료

본 연구는 유엔 상품무역통계(UN Comtrade) 데이터베이스로부터 수입

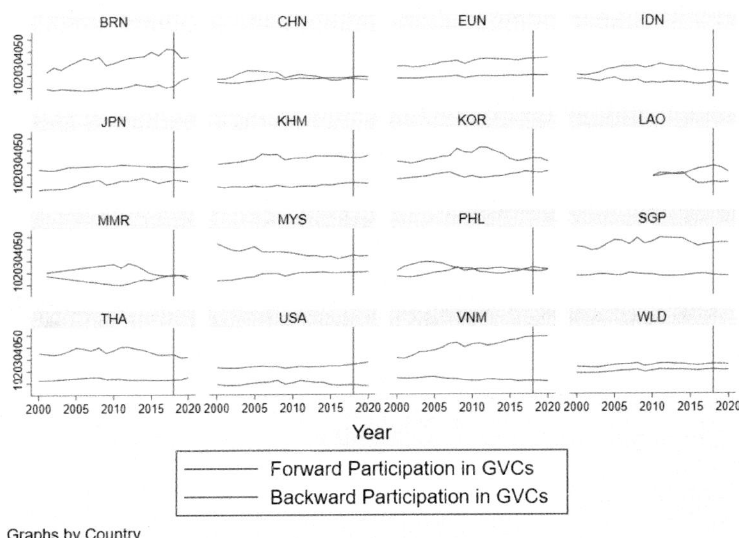

〈그림 1.〉 글로벌 가치 사슬 참여

출처: Authors' Calculation

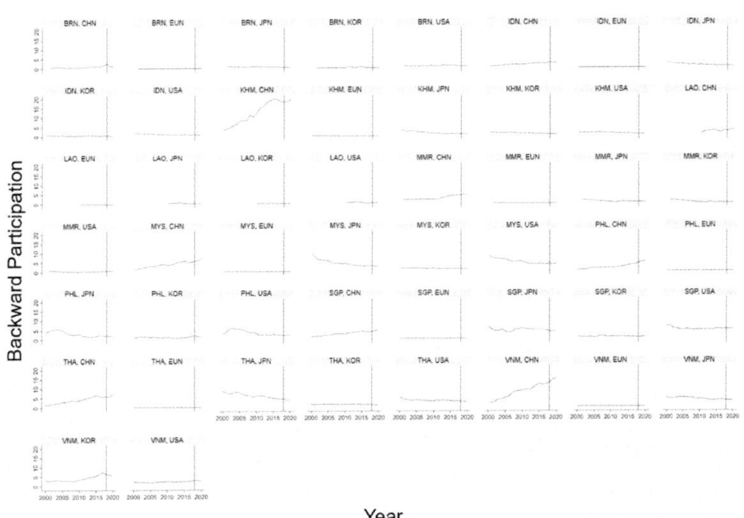

〈그림 2.〉 주요 무역 상대국에 대한 후방 참여

출처: Authors' Calculation

및 수출 금액을 포함한 무역 통계를 추출하였다. 표본은 2000년부터 2021년까지 206개 경제권의 미 달러(USD) 기준 수출입 통계를 포함한다.

CPTPP 및 ASEAN 더미 변수는 연구자가 직접 구축하였다. 보고국이 CPTPP 또는 ASEAN 회원국일 경우 각각 1의 값을 부여하고, 그렇지 않은 경우에는 0의 값을 부여하였다.

전방 및 후방 참여 변수는 OECD STAN 데이터베이스에서 수집하였다. CPTPP가 존재하지 않는 경우의 예상 무역 경로를 구축하기 위해 사용된 시장 규모, 거리, 그리고 중력모형 관련 변수들은 BACI 데이터베이스(Gaulier and Zignago, 2010)와 CEPII(Research and Expertise on the World Economy) 데이터베이스로부터 수집하였다.

〈표 2.〉는 본 연구의 기초 통계량을 제시한다. 상관관계 표는 요청 시 제공 가능하다. 변수 간 상관관계는 전반적으로 낮으며 통계적으로 유의하지 않은 것으로 나타났다.

〈표 2.〉 통계 요약

VARIABLES	(1) N	(2) Mean	(3) SD	(4) Min	(5) Max
Import	112,346	2.201e+09	1.159e+10	0	5.632e+11
Export	109,815	2.203e+09	1.192e+10	0	4.793e+11
CPTPP	112,346	0.001	0.027	0	1
ASEAN	112,346	0.015	0.121	0	1
Backward (Bilateral)	112,346	0.294	0.899	0	27.20
Backward	1,528	24.18	11.54	2.3	66.2
Forward	1,528	19.25	6.583	5.400	41.70

출처: Authors' Calculation

2. 실증 모형의 구성

본 연구의 실증 모형은 다음과 같이 구성된다. $Trade_{ijt}$는 종속변수로서, 시점 t에서 보고국 i가 상대국 j에 대해 수행한 수출 및 수입을 포함한다. CPTPP$_{it}$와 IntraCPTPP$_{ijt}$는 더미 변수이다. 전자는 ASEAN 보고국 i가 CPTPP 회원국일 경우 1의 값을 가지며, 후자는 보고국 i와 상대국 j가 모두 CPTPP 회원국일 경우 1의 값을 갖는다. θ와 σ는 각각 횡단면 고정효과와 연도 고정효과를 의미한다. 모형은 식 (6)과 같이 설정된다.

$$Trade_{ijt} = \alpha_0 + \alpha_1 CPTPP_{it} + \alpha_2 IntraCPTPP_{ijt} + \theta + \sigma. \quad (6)$$

본 연구는 국제무역 자료에서 0의 관측치가 다수 존재하는 문제를 통제하고, 잠재적인 이분산성(heteroskedasticity)을 통제하기 위해 PPML(Poisson Pseudo Maximum Likelihood) 추정을 수행한다. 예상되는 편의를 통제함으로써, CPTPP가 국제무역에 미치는 영향을 보다 순수하게 검정하고자 한다.

또한 표본을 다음과 같이 구분하여 분석한다. i) ASEAN 전체 무역, ii) ASEAN과 주요 교역상대국 간 무역, iii) ASEAN 역내 무역, iv) ASEAN과 CPTPP 회원국 간 무역. 아울러 CPTPP가 글로벌 가치사슬(GVC) 참여에 미치는 영향도 함께 분석한다. 이에 대한 실증 방정식은 다음과 같다.

$$GVCs_{it} = \dot{\alpha}_0 + \dot{\alpha}_1 CPTPP_{it} + \dot{\theta} + \dot{\sigma}. \quad (7)$$

$$Backward_{ijt} = \ddot{\alpha}_0 + \ddot{\alpha}_1 CPTPP_{it} + \ddot{\alpha}_2 IntraCPTPP_{ijt} + \ddot{\theta} + \ddot{\sigma}. \quad (8)$$

GVCs$_{it}$는 시점 t에서 ASEAN 보고국 i의 후방 참여와 전방 참여를 포함하는 글로벌 가치사슬(GVC) 참여 벡터를 의미한다. 또한 CPTPP가 GVC

참여에 미치는 영향을 보다 면밀히 분석하기 위해, 양자적 후방 참여(Back-ward$_{ijt}$)를 활용하여 식 (8)을 추가적으로 구성하였다.

V. 분석결과

1. 팬데믹 기간 중 ASEAN 무역

앞서 설정한 실증 모형에 기초하여 CPTPP의 도입이 ASEAN 무역에 미친 영향을 분석한 결과를 제시한다. 〈그림 3.〉과 〈그림 4.〉는 CPTPP 체결 여부에 따른 ASEAN 회원국의 수출과 수입을 비교하여 보여준다. 붉은색 세로선은 2018년을 기준으로 CPTPP 비준 전후를 구분한 것이다.

두 무역 통계는 2018년까지는 동일하게 나타나지만, 2019년부터는 서로 다른 양상을 보인다. 파란색 선은 CPTPP 효과가 반영된 국제무역의 자연로그 값(즉, 실제 관측된 무역값)을 나타내며, 붉은색 선은 CPTPP가 존재하지 않았을 경우의 반사실적 국제무역 자연로그 값을 의미한다.

〈그림 3.〉은 전 세계 총무역 기준에서 CPTPP가 없었을 경우로 추정한 수입 및 수출이 실제 무역보다 상대적으로 더 큰 폭으로 감소하였음을 보여준다. 이는 팬데믹을 포함한 글로벌 무역 위축 국면에서 CPTPP의 도입이 무역 감소를 일정 부분 완화하는 역할을 수행했을 가능성을 시사한다.

한편, 〈그림 4.〉는 ASEAN 개별 회원국 수준에서의 무역 추이를 제시한다. 일부 국가, 특히 본 연구 표본에서 CPTPP 회원국인 싱가포르와 베트남의 경우 실제 무역 경로가 반사실적 경로보다 상대적으로 높은 수준을 유지하는 경향을 보인다. 이는 다른 조건이 동일하다는 가정하에서 CPTPP의 도입이 수출입 확대에 긍정적으로 기여했을 가능성을 보여준다.

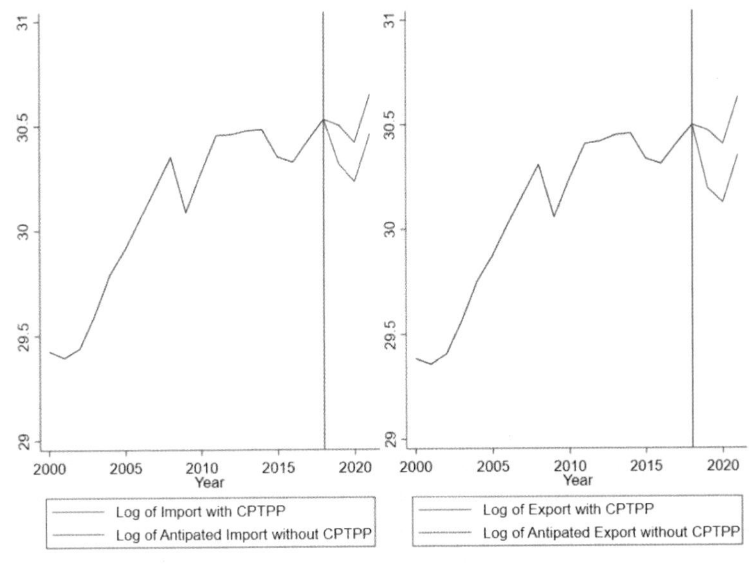

〈그림 3.〉 세계 무역 비교

출처: Authors' Calculation

부록 A에는 ASEAN 무역에 대한 집계 및 세부 구분 그래프가 추가로 제시되어 있다. 구체적으로 ASEAN의 대세계 총수출입, 주요 개별 교역 상대국과의 무역, 비(非)CPTPP 회원국과의 무역, 그리고 ASEAN 주요 교역 상대국의 대세계 무역 통계를 비교·분석한다.

전반적으로 말레이시아, 싱가포르, 베트남의 총수출은 CPTPP가 존재하지 않았을 경우의 반사실적 수출 경로를 상회하는 것으로 나타난다. 총수입역시 브루나이를 제외한 대부분의 ASEAN 회원국에서 반사실적 수입 수준을 초과하였다.

본 연구 표본에서 CPTPP 회원국은 싱가포르와 베트남에 한정되며, 이들 국가는 수출과 수입 모두에서 반사실적 경로 대비 상대적으로 높은 무역 수준을 보였다. 말레이시아는 2022년에 CPTPP에 가입하였으나, 분석

기간 중 CPTPP 회원국들과의 협상 과정이 가입 기대를 형성하였고, 이는 수출 증가에 부분적으로 영향을 미쳤을 가능성이 있다. 다만 CPTPP 회원 여부와 관계없이, 수입 측면에서는 대부분의 ASEAN 국가에서 증가 효과가 관찰된다.

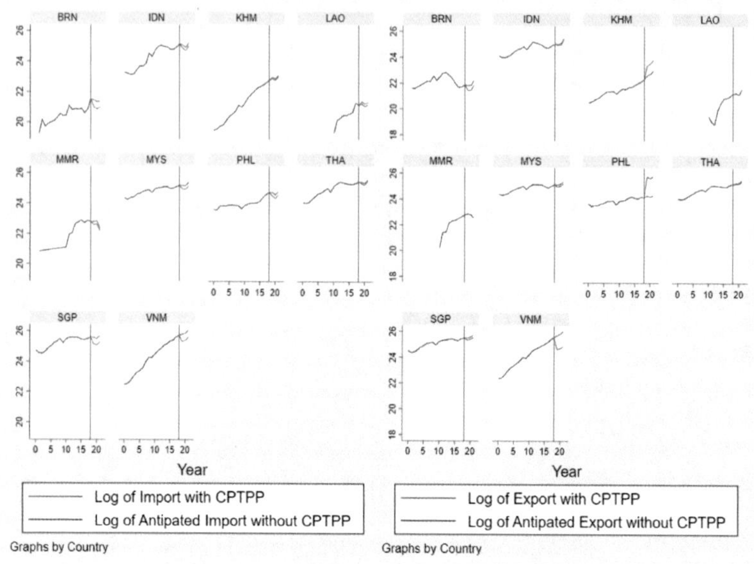

〈그림 4.〉 아세안(ASEAN) 주요 무역 상대국의 무역 패턴

출처: Authors' Calculation

〈그림 4.〉는 미국, EU, 중국, 일본, 한국 등 주요 교역 상대국과의 무역 흐름을 보다 구체적으로 보여준다. 수입의 경우 브루나이를 제외한 대부분의 ASEAN 회원국에서 CPTPP 비준 이후 주요 교역 상대국으로부터의 수입이 증가하였다. 또한 브루나이, 말레이시아, 싱가포르, 베트남의 경우 주요 교역 상대국에 대한 수출이 반사실적 경로보다 높은 수준을 나타냈다. 이러한 결과는 CPTPP 회원국이거나 가입 가능성이 높은 국가의 경우 주요 교역 상대국과의 무역이 상대적으로 확대되는 경향이 있음을 시사한다.

그러나 무역창출과 무역전환의 영향을 함께 고려할 필요가 있다. 이 두 개념은 거대 지역무역협정(mega-regional FTA)의 효과가 모호하게 나타나는 현상을 설명하는 데 중요한 역할을 한다.

〈그림 5.〉는 말레이시아, 싱가포르, 베트남의 수출과 수입이 CPTPP 회원국 또는 잠재적 회원국과의 교역에서 긍정적인 영향을 받은 것으로 나타난다. 이는 CPTPP의 출현이 회원국 간 역내 교역(intra-trade)을 확대하였음을 시사한다. 그러나 앞서 제시한 결과들을 포함한 일련의 분석 결과는 이러한 증가가 무역창출 효과라기보다는 무역전환 효과에 기인했을 가능성도 배제할 수 없다. 다시 말해, 말레이시아, 싱가포르, 베트남에서 나타난 긍정적인 무역 성과는 CPTPP로 인해 다른 ASEAN 국가들에 발생한 부정적 외부효과의 결과일 가능성도 존재한다.

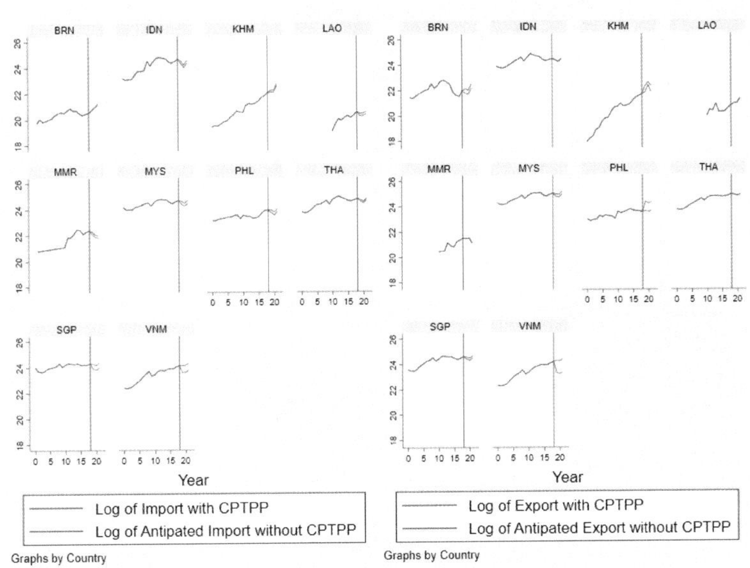

〈그림 5.〉 아세안(ASEAN)의 CPTPP 회원국 대상 무역

출처: Authors' Calculation

〈그림 6.〉은 CPTPP 회원국에 대한 무역창출 및 무역전환 효과를 보여준다. 해당 그림은 CPTPP 도입 이후 무역창출 효과는 발생하였으나, 무역전환 효과는 통계적으로 유의하게 관찰되지 않았음을 나타낸다. 따라서 〈그림 5.〉에서 나타난 결과는 비회원국에 대한 무역전환 효과라기보다는 회원국 간 무역창출 효과에 의해 설명되는 것이 보다 타당하다.

종합적으로 볼 때, CPTPP의 도입은 무역전환 효과를 크게 유발하지 않았으며, 이로 인한 '엉킨 국수그릇효과(noodle bowl)' 효과 역시 제한적인 수준에 머문 것으로 해석된다. 이는 CPTPP가 기존의 무역협정 체계와 비교적 조화를 이루며 작동하였음을 시사한다.

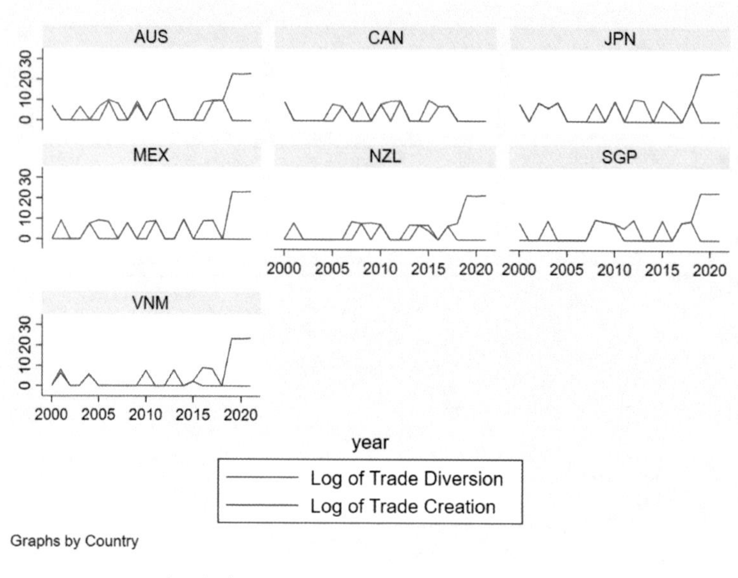

〈그림 6.〉 CPTPP 회원국에 대한 무역 전환 및 확대

출처: Authors' Calculation

2. 회귀분석 결과

본 절에서는 포아송 준최대우도추정법(PPML, Poisson Pseudo Maximum Likelihood) 추정 결과를 제시한다. 〈표 3.〉부터 〈표 7.〉까지는 CPTPP가 ASEAN 무역에 미친 영향을 PPML 모형을 통해 추정한 결과이다.

〈표 3.〉에 따르면, CPTPP 회원 여부 및 CPTPP 회원국 간 교역 관계를 나타내는 변수는 ASEAN 국가들의 수출과 수입에 대해 통계적으로 유의한 양(+)의 계수를 보인다. 이는 CPTPP 참여가 전반적인 교역 확대와 연관되어 있음을 시사한다. 동시에 ASEAN 회원국 더미 역시 국제무역에 대해 양(+)의 효과를 보였으나, 그 계수의 크기는 CPTPP 변수에 비해 상대적으로 작게 추정되었다.

〈표 4.〉는 본 연구 표본에서 CPTPP 회원국인 싱가포르와 베트남이 주요 교역 상대국과의 교역에서 CPTPP와 유의한 양(+)의 관계를 보였음을 나타낸다.

또한 CPTPP에 속한 경우, 특히 싱가포르와 베트남의 경우 ASEAN 역내 교역, ASEAN 외 국가와의 교역, CPTPP 회원국 간 교역, 그리고 비(非) CPTPP 국가와의 교역이 전반적으로 확대되는 경향이 관찰된다.

〈표 7.〉의 결과 역시 ASEAN 전체 경제 차원에서 CPTPP 도입 이후 ASEAN 역내 교역과 CPTPP 회원국과의 교역이 증가하는 방향으로 나타났음을 보여준다.

종합하면, CPTPP 도입 이후 교역 확대 효과는 주로 무역창출 효과에 의해 설명될 가능성이 높으며, 무역전환 효과는 제한적인 수준에 머문 것으로 해석된다.

〈표 3.〉 CPTPP와 국제무역: 전체 표본 기준

VARIABLES	(1) Total Year Export	(2) Import	(3) 2016-2021 Export	(4) Import	(5) 2019-2021 Export	(6) Import
CPTPP (R)	2.034***	2.516***	2.081***	2.597***	2.122***	2.662***
	(0.0694)	(0.0712)	(0.0690)	(0.0691)	(0.0699)	(0.0694)
CPTPP (Intra)	2.746***	1.747***	2.550***	1.475***	2.523***	1.406***
	(0.253)	(0.248)	(0.262)	(0.241)	(0.266)	(0.241)
ASEAN (Intra)	3.031***	2.980***	3.158***	3.070***	3.194***	3.133***
	(0.323)	(0.292)	(0.317)	(0.297)	(0.312)	(0.300)
Constant	15.17***	14.09***	15.23***	14.12***	15.24***	14.08***
	(0.0223)	(0.0190)	(0.0238)	(0.0198)	(0.0251)	(0.0210)
Reporter FE	YES	YES	YES	YES	YES	YES
Partner FE	YES	YES	YES	YES	YES	YES
Year FE	YES	YES	YES	YES	YES	YES
Observations	414,067	524,117	123,707	156,905	61,396	77,455
R-squared	0.153	0.376	0.159	0.419	0.173	0.439

Robust standard errors in parentheses

*** p<0.01, ** p<0.05, * p<0.1

〈표 4.〉 CPTPP와 국제무역: 주요 무역 상대국 기준

VARIABLES	(1) Total Year Export	(2) Import	(3) 2016-2021 Export	(4) Import	(5) 2019-2021 Export	(6) Import
Total						
CPTPP (R)	2.680***	2.757***	2.684***	2.748***	2.691***	2.746***
	(0.207)	(0.172)	(0.212)	(0.172)	(0.215)	(0.176)
CPTPP (Intra)	-0.954	-0.928	-0.921	-0.639	-0.950	-0.574
	(0.627)	(0.668)	(0.633)	(0.695)	(0.688)	(0.754)
To USA						
CPTPP (R)	3.116**	2.646**	3.116**	2.646**	3.116**	2.646**
	(1.106)	(0.879)	(1.100)	(0.875)	(1.101)	(0.876)
To China						
CPTPP (R)	2.029***	1.881**	2.029***	1.881**	2.029***	1.881**
	(0.582)	(0.672)	(0.579)	(0.668)	(0.579)	(0.669)
_To EU_						
CPTPP (R)	2.669***	2.770***	2.673***	2.770***	2.680***	2.771***
	(0.226)	(0.186)	(0.230)	(0.185)	(0.233)	(0.188)

VARIABLES	(1) Total Year Export	(2) Import	(3) 2016-2021 Export	(4) Import	(5) 2019-2021 Export	(6) Import
To Japan						
CPTPP (R)	1.741**	2.172**	1.741**	2.172**	1.741**	2.172**
	(0.714)	(0.803)	(0.710)	(0.799)	(0.711)	(0.799)
To Korea						
CPTPP (R)	3.221***	3.052***	3.221***	3.052***	3.221***	3.052***
	(0.900)	(0.897)	(0.895)	(0.892)	(0.896)	(0.893)
FE	YES	YES	YES	YES	YES	YES

Robust standard errors in parentheses

*** p<0.01, ** p<0.05, * p<0.1

〈표 5.〉 CPTPP와 국제무역: 아세안(ASEAN) 역내 무역

VARIABLES	(1) Total Year Export	(2) Import	(3) 2016-2021 Export	(4) Import	(5) 2019-2021 Export	(6) Import
ASEAN Intra						
CPTPP (R)	2.965***	2.729***	3.039***	2.745***	3.126***	2.790***
	(0.499)	(0.484)	(0.509)	(0.477)	(0.529)	(0.498)
CPTPP (Intra)	-1.001	-1.795**	-1.313	-1.857***	-1.698*	-2.058***
	(1.008)	(0.762)	(0.846)	(0.655)	(0.892)	(0.693)
To non-ASEAN						
CPTPP (R)	2.138***	2.674***	2.123***	2.648***	2.125***	2.638***
	(0.119)	(0.135)	(0.118)	(0.129)	(0.119)	(0.130)
CPTPP (Intra)	0.482	0.0852	0.651	-0.0822	0.688	-0.260
	(0.426)	(0.397)	(0.491)	(0.381)	(0.539)	(0.398)
FE	YES	YES	YES	YES	YES	YES

Robust standard errors in parentheses

*** p<0.01, ** p<0.05, * p<0.1

〈표 6.〉 CPTPP와 국제무역: CPTPP 회원국과 비회원국

VARIABLES	(1) Total Year Export	(2) Import	(3) 2016-2021 Export	(4) Import	(5) 2019-2021 Export	(6) Import
To CPTPP						

VARIABLES	(1) Total Year Export	(2) Import	(3) 2016–2021 Export	(4) Import	(5) 2019–2021 Export	(6) Import
CPTPP (R)	2.470***	2.047***	2.535***	2.073***	2.561***	2.078***
	(0.455)	(0.382)	(0.458)	(0.358)	(0.473)	(0.365)
To Non-CPTPP						
CPTPP (R)	2.188***	2.700***	2.178***	2.664***	2.182***	2.646***
	(0.118)	(0.131)	(0.116)	(0.125)	(0.117)	(0.126)
FE	YES	YES	YES	YES	YES	YES

Robust standard errors in parentheses

*** p〈0.01, ** p〈0.05, * p〈0.1

〈표 7.〉 2019년 이후 아세안(ASEAN) 개별 국가 효과

VARIABLES	(1) Total Export	(2) Import	(3) To ASEAN Export	(4) Import	(5) To CPTPP Export	(6) Import
BRN	-3.835***	-3.173***	0.567	-0.00449	0.931	-0.309
	(0.438)	(0.170)	(0.956)	(0.657)	(1.288)	(0.598)
LAO	-2.309***	-3.053***	0.467	-0.322	-0.553	-1.534*
	(0.290)	(0.204)	(0.851)	(0.637)	(0.890)	(0.848)
KHM	-1.669***	-2.178***	0.805*	1.731***	1.351***	-0.0200
	(0.187)	(0.165)	(0.463)	(0.389)	(0.360)	(0.805)
IDN	2.260***	1.928***	5.556***	4.790***	5.197***	4.167***
	(0.124)	(0.134)	(0.416)	(0.607)	(0.405)	(0.426)
MYS	2.410***	1.957***	6.159***	5.415***	5.755***	4.378***
	(0.131)	(0.138)	(0.387)	(0.431)	(0.412)	(0.426)
MMR	-1.143***	-1.247***	1.946***	1.677***	0.822	0.657
	(0.195)	(0.154)	(0.637)	(0.459)	(0.644)	(0.767)
PHL	0.227	0.672***	3.716***	3.730***	4.017***	3.483***
	(0.160)	(0.155)	(0.489)	(0.449)	(0.388)	(0.412)
THA	2.745***	2.780***	6.966***	6.506***	5.727***	4.307***
	(0.126)	(0.140)	(0.345)	(0.585)	(0.320)	(0.333)
SGP	2.988***	2.872***	7.200***	5.895***	5.792***	4.423***
	(0.152)	(0.130)	(0.343)	(0.513)	(0.459)	(0.265)
VNM	2.202***	2.278***	5.383***	5.208***	4.635***	3.356***
	(0.125)	(0.124)	(0.426)	(0.415)	(0.323)	(0.472)
Constant	15.19***	14.11***	15.23***	15.46***	16.26***	17.12***
	(0.0224)	(0.0190)	(0.0949)	(0.0750)	(0.107)	(0.0825)

	(1)	(2)	(3)	(4)	(5)	(6)
	Total		To ASEAN		To CPTPP	
VARIABLES	Export	Import	Export	Import	Export	Import
Observations	414,067	524,117	25,073	31,338	22,309	24,830
R-squared	0.164	0.384	0.179	0.414	0.110	0.167

Robust standard errors in parentheses

*** p⟨0.01, ** p⟨0.05, * p⟨0.1

**주: 변수는 아세안 회원국의 ISO3 약어를 의미한다. 자세한 내용은 https://wits.worldbank.org/wits/wits/witshelp/content/codes/country_codes.htm 를 참조하라.

〈표 8.〉부터 〈표 10.〉은 글로벌 가치사슬(GVC) 참여에 대한 회귀분석 결과를 제시한다. CPTPP 회원국, 특히 싱가포르와 베트남의 경우 후방 참여(backward participation)가 통계적으로 유의한 양(+)의 효과를 보인 것으로 나타났다. 또한 양자(bilateral) GVC 표본을 활용한 분석에서도 싱가포르와 베트남의 후방 참여는 CPTPP 회원국과의 교역 관계에서 유의하게 증가한 것으로 추정되었다.

이는 싱가포르와 베트남이 CPTPP 회원국으로부터 상류(upstream) 단계의 중간재를 보다 효율적으로 조달하는 동시에, 부가가치가 포함된 중간재를 역내로 공급하는 구조가 강화되었음을 시사한다. 다시 말해, CPTPP 가입은 역내 가치사슬에서의 통합을 심화시키는 방향으로 작용하였으며, 이러한 후방 참여 확대는 무역창출 효과와 연계되어 있는 것으로 해석된다. 역내 관세 인하로 상대적으로 저렴한 중간재 및 원자재의 조달이 가능해지면서 회원국 간 생산 네트워크의 연계성이 더욱 강화된 것으로 보인다.

〈표 10.〉은 CPTPP 도입 이후 싱가포르와 베트남의 후방 참여가 증가한 반면, 다른 ASEAN 국가들의 후방 참여는 상대적으로 감소하는 경향을 보였음을 추가적으로 확인한다. 이는 CPTPP 회원국 간 관세 인하의 효과가 역내 일부 국가에 보다 집중적으로 나타났음을 시사한다.

다만, 앞서 제시한 그림 분석 결과에서 확인되듯이 무역전환 효과는 전반
적으로 제한적인 수준에 머문 것으로 나타난다.

〈표 8.〉 CPTPP와 글로벌 가치사슬(GVC) 참여

VARIABLES	(1) Total Year Backward	(2) Forward	(3) 2019-2021 Backward	(4) Forward
CPTPP (R)	0.221	0.792*	0.293***	0.0140
	(1.267)	(0.418)	(0.007)	(0.401)
Constant	24.12***	19.27***	24.53***	19.97***
	(0.0115)	(0.00379)	(0.0165)	(0.0114)
Reporter FE	YES	YES	YES	YES
Year FE	YES	YES	YES	YES
Observations	1,543	1,543	370	370
R-squared	0.952	0.933	0.991	0.983

〈표 9.〉 CPTPP와 양자 간 글로벌 가치사슬(GVC) 후방 참여

VARIABLES	(1) Total	(2) To Major Partners	(3) ASEAN Intra-trade	(4) To CPTPP
CPTPP (R)	-0.0150	0.00966	-0.0182	0.0827**
	(0.0236)	(0.0482)	(0.0147)	(0.0234)
CPTPP	0.247**	0.685	0.00619	
	(0.0996)	(0.469)	(0.0390)	
Constant	0.287***	0.470***	0.116***	0.290***
	(0.00959)	(0.0175)	(0.00780)	(0.0227)
Reporter FE	YES	YES	YES	YES
Partner FE	YES	YES	YES	YES
Year FE	YES	YES	YES	YES
Observations	112,346	48,121	14,735	10,641
R-squared	0.319	0.378	0.381	0.437

Robust standard errors in parentheses

*** p⟨0.01, ** p⟨0.05, * p⟨0.1

<표 10.> CPTPP와 양자 간 글로벌 가치사슬(GVC) 후방 참여: 아세안 개별 회원국별 분석

VARIABLES	(1) 2000-2018	(1) 2019-2021
CPTPP (R)	-0.0593	-0.0781*
	(0.0411)	(0.0399)
CPTPP	0.247**	0.284***
	(0.100)	(0.107)
ASEAN	0.449***	0.457***
	(0.0677)	(0.0739)
BRN	-0.249***	-0.219***
	(0.0457)	(0.0425)
LAO	-0.223**	-0.250***
	(0.109)	(0.0785)
KHM	0.0448	0.0608
	(0.175)	(0.232)
IDN	-0.184***	-0.216***
	(0.0431)	(0.0445)
MYS	0.0852	0.0288
	(0.0816)	(0.0739)
MMR	-0.197***	-0.171***
	(0.0602)	(0.0572)
SGP	0.144	0.147***
	(0.0841)	(0.0507)
PHL	-0.0790	-0.0994*
	(0.0555)	(0.0548)
VNM	0.130*	0.224**
	(0.117)	(0.176)
THA	0.0659	0.0204
	(0.0870)	(0.0786)
Constant	0.290***	0.300***
	(0.0104)	(0.0105)
Observations	112,346	27,177
R-squared	0.296	0.319

Robust standard errors in parentheses

*** p<0.01, ** p<0.05, * p<0.1

VI. 결론 및 정책적 함의

본 연구는 CPTPP가 ASEAN 무역에 미친 영향을 분석하기 위해 자료 분석과 실증 분석을 수행하였다. 분석 결과, CPTPP의 도입은 ASEAN 전체의 수출입 증가와 연관되어 있는 것으로 나타났으며, 특히 본 연구 표본에서 CPTPP 회원국인 싱가포르와 베트남에서 이러한 효과가 보다 뚜렷하게 관찰되었다. 또한 무역전환 효과는 유의하게 나타나지 않았으나, CPTPP 회원국의 경우 글로벌 가치사슬(GVC)의 전방 참여와 후방 참여가 모두 확대된 것으로 나타났다. 이러한 결과는 CPTPP가 전반적으로 ASEAN 무역에 긍정적인 영향을 미쳤음을 시사한다.

본 연구는 또한 무역창출과 무역전환 개념을 활용하여 비너(Viner, 1950)의 고전적 이론을 현대의 거대 지역무역협정 분석에 적용함으로써 무역 문헌에 대한 기여를 시도하였다. 다만 본 연구는 몇 가지 한계를 지닌다.

첫째, 자료 이용 가능성의 한계가 존재한다. 특히 글로벌 가치사슬(GVC) 관련 자료는 양자 수준이나 산업 수준에서 충분히 구축되어 있지 않으며, GVC 후방 참여에 대한 자료는 더욱 제한적이다. 향후 보다 다양한 GVC 참여 측정 지표가 활용될 경우 CPTPP와 GVC 참여 간의 관계를 보다 정교하게 분석할 수 있을 것으로 기대된다. 또한 본 연구에서 활용한 자료의 분석 기간(2000 – 2021년)은 CPTPP의 장기적 영향을 충분히 평가하기에는 다소 제한적일 수 있다. CPTPP 도입 이후의 영향을 보다 정밀하게 분석하기 위해서는 장기간의 패널 자료를 활용한 추가적인 연구가 필요할 것으로 보인다. 다만 본 연구는 각 자료원에서 현재 이용 가능한 자료를 바탕으로 분석을 수행하였다.

둘째, 무역전환 측정 방식에도 한계가 존재한다. 본 연구는 Magee(2008)

가 제시한 무역전환 측정 방법을 적용하였는데, 이는 이론적 측면에서는 타당하지만 산업 수준의 분석에는 다소 제약이 있을 수 있다. 이러한 한계는 향후 연구에서 보완될 필요가 있다. 그럼에도 불구하고 본 연구는 몇 가지 중요한 정책적 함의를 제시한다. CPTPP에는 ASEAN 국가들 가운데 일부만 참여하고 있지만, ASEAN이라는 지역 협력체는 여전히 견고한 모습을 유지하고 있는 것으로 나타난다. ASEAN 역내 교역은 높은 수준을 유지하고 있으며, 비(非)CPTPP 회원국과의 글로벌 가치사슬(GVC) 참여 역시 크게 약화되지 않았다.

이는 ASEAN 각국의 정책결정자들이 CPTPP 가입을 서두르기보다는 CPTPP가 ASEAN 공동체의 제도적 발전에 어떠한 의미를 갖는지에 대해 보다 신중하게 접근할 필요가 있음을 시사한다. 다만 동시에 정책결정자들은 CPTPP가 자국의 글로벌 가치사슬(GVC) 참여에 미치는 영향을 보다 면밀히 검토할 필요가 있다. 분석 결과 CPTPP에 참여한 국가들은 GVC 참여 측면에서 상대적으로 더 긍정적인 결과를 보인 것으로 나타났기 때문이다.

한편, 본 연구의 결과에 따르면 CPTPP 회원 여부와 관계없이 대부분의 ASEAN 국가에서 무역창출 효과가 관찰된 반면, CPTPP 회원국에서의 무역전환 효과는 상대적으로 제한적인 수준에 머문 것으로 나타났다. 또한 CPTPP에 참여한 국가들은 글로벌 가치사슬(GVC)의 전방 참여와 후방 참여를 모두 확대할 수 있었던 것으로 확인되었다. 이는 CPTPP와 같은 거대 자유무역협정에 참여할 경우 회원국들이 생산 네트워크를 통해 상류(upstream) 및 하류(downstream) 단계의 활동에 보다 적극적으로 참여하면서 재화의 수출입을 보다 효율적인 방식으로 수행할 수 있음을 의미한다.

다만 본 연구에서는 무역전환 효과가 유의하게 관찰되지 않았지만, 이러한 현상은 시간이 경과함에 따라 변화할 가능성도 존재한다.

10

21세기 브라질-중국 관계의 국제정치경제
기회와 도전[*]

정호윤(국립부경대학교)

Ⅰ. 서론

1993년 장쩌민(江澤民) 중국 국가주석은 브라질을 국빈 방문한 자리에서 양국의 관계를 전략적 동반자관계(strategic partnership)로 정의했다. 이후 브라질-중국 관계는 21세기에 접어들며 비약적인 발전을 이룩하게 된다. 1990년대 중국의 기록적인 경제발전과 이를 통한 국제사회에서의 영향력 증대, 그리고 2003년 룰라(Luiz Inácio Lula da Silva, 이하 룰라) 대통령 집권(2003~2010) 이후 세계 8위의 경제대국으로 부상한 브라질의 존재감 확장 등이 맞물리는 동학 속에서 남남협력(SouthSouth Cooperation)의 틀을 기반으로 양국 관계가 한층 강화되었다. 중국은 2009년 마침내 미국을 제치고 브라질의 제1의 무역상대국으로 부상하기에 이른다.

---

*   이 글은 『라틴아메리카연구』 36권 3호(2023)에 게재된 논문을 저자 동의하에 수록하였음.

사실 브라질의 전임 대통령이었던 보우소나루(Jair Messias Bolsonaro, 이하 보우소나루) 정권(2019~2022)에는 중국과 브라질 사이의 관계가 다소 소원했다. 21세기 브라질 신(新)좌파세력의 중심축으로 기능했던 룰라와 후세피(Dilma Rousseff, 이하 후세피)를 위시한 노동자당(Partido dos Trabalhadores, PT) 정부의 외교전략의 핵심기치는 '다변화 자주외교(autonomia pela diversificação)'였다(Vigevani and Cepaluni 2007; Choi 2019). 따라서 룰라와 후세피 외교정책의 궁극적 목적은 '환경'과 '인권' 등의 분야에서 브라질의 주도적 아젠다 설정, 중국을 포함한 신흥국(emerging powers)들과의 남남협력 강화, 다자주의 옹호 등 국제사회에서의 적극적 리더십을 기반으로 지역강국(regional power)으로서의 입지를 공고화하는 것이었다. 반면, 2019년 보우소나루 집권 이래 브라질은 급격한 외교노선의 선회를 목도하게 된다. 보우소나루 정부 외교정책의 주요 특징은 '이념외교'를 기반으로한 친미·친서방외교라는 점에서 기존 정부의 그것과는 차별성을 보인다. 특히 보우소나루는 취임 전, 그리고 취임 후에도 공공연히 반(反)중국 레토릭을 노골적으로 부각시켰다(Jung 2021).

이러한 브라질-중국 관계의 굴곡에도 불구하고 지난 2022년 10월 대선을 통해 다시금 브라질 대통령으로 집권하게 된 룰라는 중국과의 관계를 더욱 심화·확대하는 외교노선을 고수하고 있다. 지난 2023년 3월 양국은 달러패권에 반기를 들며 양국 간 교역에서 자국 통화를 사용하기로 합의하였으며, 지난 4월 중국-브라질 정상회담을 통해 '전면적 전략동반자관계(comprehensive strategic partnership)'를 보다 강화해 나가기로 천명했다.

오늘날의 국제사회에서는 미중갈등, COVID19 및 러시아아우크라이나 전쟁 등으로 인해 자국우선주의 기조가 심화되고 있으며, 진영간 블록화 현상이 뚜렷이 관찰되고 있는 형세다. 이러한 상황 속에서 본 연구는 21세기에 접어들며 극적인 진화를 경험한 중국-브라질 관계를 국제정치경제적 (IPE) 렌즈를 통해 심층 분석하고, 양자관계의 기회와 도전 측면을 고찰함으로써 오늘날 급변하는 국제정세 속에서 양자관계에 대한 함의를 도출하고자 한다.

본 연구는 다음과 같이 구성된다. 제2장에서는 브라질-중국 관계와 관련된 선행연구를 분석하고, 이를 기반으로 이 연구의 독창성을 검토한다. 제3장에서는 양국관계의 주요 역사적 발전과정을 고찰하며, 이어지는 제4장에서는 21세기 양자관계의 비약적 진화 과정을 살펴본다. 제5장에서는 이를 토대로 중국-브라질 협력관계를 중국의 글로벌전략의 맥락과 브라질의 국제정치적 맥락에서 각각 살펴보며 양자 파트너십의 범위와 이익을 비교 분석한다. 이를 통해 궁극적으로 브라질-중국 관계의 기회요인과 도전요인을 도출하여 경제안보시대의 지정학적 측면에서 중국-브라질 관계에 대한 함의를 도출하는 것이 주요 내용이다. 마지막 결론에서는 본 연구 결과를 요약 제시하고, 후속연구에의 시사점을 제시하며 글을 마무리한다.

Ⅱ. 선행연구 분석과 본 연구의 접근법

브라질과 중국의 관계에 대한 연구는 국내에서 상대적으로 미진한 편이나, 해외의 경우 학술적 관심도가 상대적으로 높으며 관련 연구도 지속적으로 축적되어 왔다. 우선 국내의 경우 최금좌(Choi, 2019)의 논문 "브라질 중국 관계 변화"가 브라질-중국 관계에 대한 포괄적 고찰을 시도한 대표적인 연구이다. 이 논문에서는 19세기 초반부터 시작된 중국인들의 브라질 이주를 시작으로, 20세기 전반에 걸친 양국 관계와 보우소나루의 집권에 따른 양국 관계의 미세한 변화에 대한 통찰력있는 설명을 제공하고 있다. 그 외에도 브라질과 중국 사이의 대두 무역과 관련된 두 편의 논문(Kim, Y. S. 2020; Jang, S., Jun J. and Yu, W. J. 2018) 등이 존재한다.

해외의 선행연구는 크게 양국 사이의 정치적·경제적(무역) 관계를 주로 다루고 있는 가운데, 주로 경제적 관계 및 양국 관계 발전에 따른 경제적 영향과 관련된 분석이 지배적이다. Whalley and Medianu(2012)의 연구는 브라질과 중국 사이 심화되고 있는 경제적 관계, 특히 외국인 직접 투자 및 양국 간 무역의 급격한 증가에 대한 고찰을 시도했다. 저자들은 2001년 이후 브라질의 대미 무역 점유율은 상당히 감소한 가운데, 중국이 미국을 대체하며 브라질의 제1의 무역상대국으로 부상한 경로를 추적하며 향후 중국이 브라질의 더욱 지배적인 무역 파트너가 될 것으로 예측하고 있다. Klinger(2015)의 연구는 21세기에 접어들며 국가 주도의 투자로 특징지어지는 중국의 대외활동을 분석하면서, 브라질의 광물 부문에서 증가하는 중국의 존재감과 세분화된 전략의 주요 특징을 검토하고 있다. Renato(2009) 또한 브라질과 중국의 경제적 관계가 전례 없는 속도로 심화되고 있음을 밝히며, 2000년대 들어 급격히 증가하기 시작한 중국의 원자재 수요로 인해 브라질 기업이 큰 이익을 얻은 바, 이는 브라질에게 새로운 시나리오의 주요 사례임을 밝히고 있다.

브라질-중국 관계의 경제적 측면을 고찰한 주요 선행연구 가운데, 양국 간의 증대되는 경제적 밀착이 브라질에게 부정적 결과를 초래하고 있음을 주장하는 학자도 다수 존재한다(e.g. Oliveria 2019). 대표적으로 Jenkins(2012)는 양국 간 투자 및 무역의 흐름 측면에서 중국이 브라질에 미치는 경제적 영향을 분석했다. 특히 저자는 중국의 대브라질 외국인 직접 투자가 급증했음에도 불구하고 양국의 경제관계의 주요 동력은 무역임을 제시하며, 양국 간 무역이 가파르게 성장했지만 브라질의 수출은 소수의 1차산품에 집중된 반면 중국으로부터의 수입은 기술집약적 공산품의 비중이 증가하고 있는 것에 대해 우려하고 있다. 비슷한 맥락에서 Melo and Filho(2015)는 기록적인 수준에 도달한 브라질-중국 무역이 브라질 경제에 초래한 결과로써 브라질 제조업체의 수출 다변화 전략이 희석됨과 동시에 1차산품 생산 구조로의 회귀로 특징지을 수 있음을 제시했다.

한편, 브라질-중국 사이의 정치적 관계를 분석한 연구에서는 주로 양국 관계의 심화에 따른 긍정적 측면을 강조하고 있다. 특히 중국과 브라질의 밀월관계는 양국의 전략적 선택의 일환으로 바라보며, 이는 특히 브라질로 하여금 국제사회에서의 발언권을 보다 강화하는 기제로 작용해 왔음을 제시한다(Barbosa and Mendes 2006). Haibin(2010)은 룰라 시대에 접어들며 브라질과 중국 사이의 전략적 동반자 관계의 심화를 목도했으며, 양국 간 상호작용이 더욱 실질적이고 포괄적이며 영향력을 갖추게 되었음을 밝히며 이는 중국과 브라질에게 윈윈(winwin)으로 작용하고 있다고 주장했다. Cardoso(2013)는 브라질이 라틴아메리카에서 중국의 최대 무역 파트너로 부상함과 동시에 정치적 측면에서 고위급 양자기구를 설립함으로써 정치적 협력의 질적 수준을 제고했음을 제시하며, 이러한 일련의 파트너십은 적극적이며 보다 글로벌 수준에서 영향력 있는 외교정책을 수행하기 위한 브라질과 중국의 전략적 이익(strategic interest)이 수렴된 결과라 분석했다.

앞서 살펴본 국내외 선행연구는 브라질-중국 관계에 대한 공시적·통시적 분석을 시도하여 동 주제에 대한 이해도를 제고하는데 공헌하였으나, 양국 사이의 특정 분야(경제적 혹은 정치적)만을 단편적으로 분석하고 있다는 한계점이 존재한다. 더욱 중요한 것은 이러한 선행연구들의 경우 보다 거시적 차원에서 세계정치경제구조의 재편과 국제질서의 변화과정의 맥락에서 양국관계의 진화에 대한 설명과 상호작용의 재맥락화(recontextualization)가 부족했다는 점이다.

이에 본 연구는 선행연구의 한계점을 보완하기 위해 칠레와 중국의 저명한 국제정치학자인 BernalMeza and Xing(2020)이 제시한 '세계질서 변환의 일부로서의 중국중남미 관계(China – Latin America Relations as Part of the Transition of the World Order)'의 접근법을 바탕으로 브라질-중국 관계를 '진화하는 구조(evolutionizing structure)'적 관점을 통해 심층적 분석을 시도하며, 브라질-중국 관계에 대한 사례연구를 통해 오늘날 국제정치경제의 새로운 북반구-남반구 축(North-South Axis)에 관한 이해를 제고하고자 한다. 특히 본 연구는 중국의 글로벌전략과 브라질의 대외전략의 범위와 이익을 양국의 심화하는 협력관계와 국제정치경제 구조의 변화의 연관적인 맥락에서 검토하며, 향후 브라질-중국 관계의 기회요인과 도전요인에 대한 함의를 도출한다는 점에서 기존연구와는 차별성이 존재한다고 판단된다.

III. 20세기 브라질-중국 관계의 역사적 발전 과정

1. 20세기 이전 중국인의 브라질 이주

브라질-중국 관계가 본격적으로 시작된 시점은 20세기 후반부이나, 중국인의 브라질 이주는 20세기 이전인 19세기 초부터 시작되었다. 브라질 지리통계청(IBGE)의 공식 집계에 따르면 브라질에 거주하는 중국인들은 약 30만 명이나, 비공식적으로 약 200만 명 이상일 것으로 추정되고 있다(최금좌 2019).

학자들마다 다르지만 대체로 중국인의 브라질 이주는 1812년 혹은 1814

년 최초로 이루어졌다고 알려져 있다. 그러나 그 수는 그리 많지 않았으며, 19세기 전체에 걸쳐 중국인의 공식 이민자 수는 약 3,000명에 불과했다. 그들은 상파울루(São Paulo), 리우데자네이루(Rio de Janeiro), 포르투 알레그리(Porto Alegre), 헤시페(Recife) 등지에 정착했다. 이처럼 19세기 초부터 20세기 전반에 걸쳐 소수의 이민자들이 브라질로 유입되었지만, 1949년 이후 약 10년 동안 주로 자본가들과 그 가족들로 구성된 30여만 명 가량의 중국인 이민자들이 마오쩌둥(Mao Zedong)의 중국공산당이 주도한 혁명을 피해 대거 유입되며 오늘날 브라질 내 대규모 중국인 커뮤니티 형성에 기여하였다(Stenberg 2012). 이어 1960년대에 접어들며 가족단위의 중국인들이 가난에서 탈피하고자 브라질로 이주하여 소상인으로 활동하기 시작했으며, 21세기 들어 브라질-중국 사이의 관계, 특히 경제적 관계가 심화·확대되는 과정 속에서 많은 중국인들이 중국의 기업과 자본에 편승해 대거 브라질로 이주하기 시작하였다(Choi 2019). 이처럼 중국과 브라질의 경제교류가 강화되자 다양한 무역 및 투자관계가 구축되기 시작하였고, 브라질에서 비즈니스 기회 및 투자를 모색하거나 새로운 시장을 개척하기 위한 중국인들의 이주가 21세기 들어 본격적으로 전개되었다(표 1).

〈표 1.〉 중국인의 브라질 이주 시기별 특징

시기	주요 특징
19세기	1812년 혹은 1814년 약 200여 명의 중국 농민들이 리우데자네이루 식물원 및 산타크루즈(Santa Cruz) 황실 농장으로 이주
1900-1940년대	1900년 8월 15일 약 200여 명의 중국인들이 브라질로 이주. 브라질의 백인화(embraquecimento) 정책으로 이주 단절
1940년대 후반-1950년대	10년 동안 약 30만 명의 중국인이 브라질로 이주했으며, 마오쩌둥(Mao Zedong)의 중국공산당이 주도한 혁명을 피해온 자본가들로 구성
1960년대	기근과 가난에서 벗어나기 위한 수단으로 가족단위의 중국인들이 브라질로 이주하여 소상인으로 활동
21세기	브라질과 중국간의 관계가 밀접해 짐에 따라 중국인들이 중국의 자본 및 기업과 함께 대거 브라질로 이주

출처: 최금좌(2019, 5)의 내용을 바탕으로 저자 작성

이처럼 19~20세기, 특히 1974년 브라질-중국 수교 이전의 양자관계는 상당히 제한적이었으며, 주로 국제 이주적 측면에 국한되었다. 이러한 이주는 또한 중국인들의 브라질 이주에 천착한 '일방향성' 및 '비대칭성'의 특징을 가진다.

2. 수교부터 전략적 동반자관계 수립까지

이처럼 20세기 중반까지 양국 간의 접촉이 제한적이었으며, 중국인들의 브라질 이주를 중심으로 한 일방향적 · 비대칭적 특성을 보이던 브라질-중국 관계는 1974년 양국 수교 이래 쌍방향적 '교류'의 형태로 진화하게 되었다. 1974년 당시 브라질의 에르네스토 가이젤(Ernesto Geisel) 대통령이 취임하며 실용외교 기조를 강화하고 있었으며, 동년 8월 15일 브라질과 중국은 공식적인 대사급 외교관계를 체결하게 된다. 그럼에도 불구하고 1966년부터 1976년까지 지속되고 있었던 십년 동란, 즉 중국의 문화대혁명으로 인해 브라질은 중국 공산당에 대한 완전한 신뢰는 보내지 않았다(Jung, T.Y. 2023). 그러나 1974년 브라질-중국 수교는 1949년 이래로 브라질이 고수해온 공산주의 국가의 국제적 고립에 대한 지지 입장과의 단절을 의미했다(Lessa 2010). 문화혁명이 종료된 이후 1978년 덩샤오핑(Deng Xiaoping)이 중국의 최고지도자로 등극하며 개혁 · 개방이 본격적으로 추진되었으며, 이러한 연유로 브라질과 중국 간 문화교류가 확대되기 시작하였다. 일례로 1978년, 중국의 우한 서커스단이 브라질을 방문하여 공연하는 등 양국 간 문화 · 예술 교류가 본격적으로 시작되었다. 그 이후 1985년 양국 정부가 주축이 되어 문화교육 협력 협정서를 체결하고, 중국 브라질 문화혼합위원회(中国巴西文化混合委员会)가 창설되는 등 문화 교류를 위한 제도적 기반이 마련되었다(Jung, T.Y. 2023).

이듬해인 1979년 브라질과 중국은 무역협정을 체결하였으나 실질적인 교역은 발생하지 않았다. 그러나 1988년 양국은 무역, 경제, 문화, 교육, 해상운송 및 과학기술 분야를 아우르는 29개의 주요 프로젝트가 성과를 이루며 양자관계가 한층 성숙해 지는 토대가 마련되었다. 이를 기반으로 1993년 장쩌민(Jiang Zemin) 중국 국가주석이 브라질을 국빈 방문한 자리에서 브라질을 전략적 동반자로 칭하며 마침내 양국 사이의 전략적 동반자관계가 수립되었다. 이는 중국 역사상 개발도상국과의 전략적 동반자 관계를 수립한 최초의 사례로 기록되고 있다(Choi, 2019).

1990년대에 접어들며 양국은 문화교류 측면에서 협력이 보다 심화되었다. 1991년 중국-브라질 문화혼합위원회 회의가 처음으로 브라질에서 개최되었으며, 동 회의를 통해 양국은 중국-브라질 문화교육협력 시행계획(中巴文化教育合作执行计划)을 체결하여 문화교류 부문을 서커스, 음악, 영화, 도서출판을 아우르는 문화예술 영역까지 확대하였다. 여러 예술전시회 개최뿐 아니라 양국 내 상대국 언어 교육의 확대 및 문화에 대한 관심도 증대 등 브라질-중국 사이의 문화적 교류가 확대 · 심화되었으며, 이로써 1990년대 들어 라틴아메리카 국가들 가운데 브라질은 중국과 문화교류가 가장 활발한 국가가 되었다(Jung, T.Y. 2023).

요컨데 제3장에서 제시한 20세기 브라질-중국 관계는 중국인의 브라질 이주를 위시한 인적 이동과 더불어 1974년 양국 수교 이래 문화 부문에서의 교류와 협력에 국한되어 있다는 특징이 있다. 비록 1979년 양자간 무역협정이 체결되고, 1993년 브라질과 중국이 전략적 동반자관계를 수립하는 등 협력관계 공고화를 위한 제도적 장치를 마련했으나, 20세기에 걸쳐 정치 · 경제적 영역에서의 양자 간 협력은 실질적으로 유의미한 수준은 아니었다. 그러나 21세기에 접어들며 브라질-중국 관계는 비약적인 발전을 이록하였으며, 정치외교·경제·사회 및 문화 영역에서의 협력이 양적·질적으로 확대되게 된다. 이와 관련한 자세한 내용은 아래의 제4장에서 다룬다.

IV. 브라질-중국 관계의 발전

1. 세계질서의 변환과 중국 및 브라질의 부상

Keohane and Nye(1977), 그리고 Gilpin(1987)은 냉전시대에 팽배했던 정치적·이념적·전략적 경쟁의 시대는 무대의 서막으로 사라지고 경제적 경쟁의 시대가 도래할 것임을 주장했다. 즉 냉전 질서의 종말과 함께 자본주의 축적양식의 틀 속에서 국제적 경쟁의 장이 펼쳐질 것라는 것이 주요 골자로, Fukuyama(1992) 또한 이러한 관점에 동의하기도 했다. 이는 '안보'에 방점을 두며 2차 세계대전 이후 냉전의 붕괴(1945~1991) 사이에 국제질서 패러다임을 주도했던 국제관계학(IR)의 현실주의적 시각에서 국제관계를 분석함에 있어 '경제적 경쟁'에 초점을 맞추는 새로운 렌즈로의 전환을 더욱 부추기는데 일조했다.

20세기 후반 덩샤오핑에 의한 중국의 자본주의 발전 과정이 다소 늦게 진행되었음에도 불구하고 중국은 세계질서의 재편 과정에서 소위 '무역 국가'로서의 권력을 획득하기에 이른다. 탈냉전 초기 미국, 일본, 유럽을 포함하는 이른바 삼극(Triad)이 국제 경제를 주도했으나(Hirst and Thompson 1996), 열린 세계화(Open Globalization) 현상이 가속화되며 글로벌 남반구, 혹은 신흥국이 본격적으로 부상하기 시작하는 등 세계 경제 구조의 재편을 목도하게 된다. 따라서 냉전의 동서 분열에서 20세기 후반 팍스 아메리카나(Pax Americana)를 중심으로 북반구-남반구 축 (NorthSouth Axis)

이 구축되기에 이른다. 이러한 광범위한 과정에서 중국의 부상은 당시 가장 주목할 만한 요소였다(BernalMeza 2020).

덩샤오핑은 1970년대 후반부터 마오쩌둥의 전쟁불가피론을 폐기하고, 근대화를 위한 개혁개방전략을 새로운 전략적 노선으로 설정하였다. 더 이상 전쟁과 혁명보다는 평화와 발전이 중요하다는 새로운 국제정세 인식을 기반으로 중국은 보다 평화로운 주변 정세를 조성함으로써 경제발전과 근대화의 내실을 다지는 데 집중했다(Park 2013). 이후 중국의 지속적 경제성장, 전 세계를 잇는 수출지향적 산업화 모델의 확립, 그리고 일련의 근대화 과정의 열매를 기반으로 2000년대 중후반 이후 중국은 중심부, 주변부 및 반주변부를 포괄하는 글로벌 경제에서 제2의 리더자격을 획득하게 됨과 동시에 G2 국가로 부상하며 대외적으로 책임대국 역할을 부여받았다(BernalMeza 2020; Kim 2020).

한편, 남미의 대국 브라질 또한 2003년 룰라 대통령 집권 이래 국제정치경제의 주요 행위자로 부상하기 시작했다. 브라질은 1990년대 이전만 하더라도 중국보다 GDP 규모가 큰 국가였으며, 풍부한 자원과 넓은 국토를 배경으로 성장 잠재력이 큰 국가로 분류되었다. 이러한 브라질의 잠재력이 본격적으로 발현되기 시작한 것은 상술한 바와 같이 룰라가 대통령으로 당선된 이후였다. 노동자당(PT) 출신에 강성 좌파 이미지가 깊게 각인되어 있었던 룰라 대통령은 당시 세간의 우려와는 달리 월가 출신의 인물을 중앙은행 총재로 임명하는 등 신자유주의를 적극 도입하며 브라질을 세계 자본주의 질서에 깊숙이 편입시켰으며, 자본시장 및 외환의 자유화를 더욱 심화시켰다. 이러한 룰라에 의한 신자유주의 내부화 과정은 시장근본주의를 핵심 축으로 하는 신자유주의, 그리고 국가의 개입을 기반으로 하는 발전주의(developmentalism)라는 다소 상호 모순적 경제원리가 혼합되어 '발전주의적 신자유주의'의 특성을 보였다. 이와 동시에 브라질은 중국의 급속 성장과 원자재 가격 상승에 편승해 룰라 집권 시기 연평균 4.1%의 경제성장률을 기록하게 된다. 또한 룰라가 추구한 신자유주의는 함께 보우사 파밀리아(Bolsa Familia), 포미 제로(Fome Zero) 등과 같은 빈곤층 생계지원 및 빈곤 퇴치 사회정책 확대를 통해 성장과 복지의 동시 달성에 사회정책의 위상과 중요성을 강조하는 '사회적 신자유주의'의 성격도 내포하고 있었다(Yoon 2013).

경제 성장을 통해 이전과는 달라진 브라질의 위상을 바탕으로 룰라 정부는 다변화 자주외교(Autonomia pela Diversificação)을 대외정책의 핵심 기조로 설정하게 된다. Vigevani and Cepaluni(2007)는 다변화 자주외교를 글로벌 북반구(Global North)와의 전통적 관계에서 벗어나 남남협력(SouthSouth Cooperation)을 강조하는 기조를 통해 서구 강대국과의 대외 관계에서 발생하는 비대칭성을 줄이고 국가의 레버리지를 증대시키는 것이라 칭했다. 이처럼 룰라 대통령 시기 브라질은 새로운 국제정치경제 구조의 재편 속에서 남남협력에 전력투구하기 시작했으며, 미국 주도의 세계질서에 반기를 들며 다극적 세계질서와 다자주의를 추구하는 등 국내외적 성공으로 더욱 공고화된 브라질의 위상을 적극 활용하기 시작했다(Jung 2023).

2. 21세기 브라질-중국 관계의 발전

주지하다시피 1990년대를 기점으로 시작된 중국의 발전은 새로운 강대국의 부상이라는 현상을 상징한다. 더 나아가 오늘날 중국은 브라질을 위시하여 중남미 국가들에게 '필수 불가결한 국가(indispensable country)'로 자리매김 했다(Xing 2010).

비약적인 브라질과 중국 관계 발전의 가장 중요한 분기점은 2004년 브라질 룰라 대통령의 중국 국빈 방문이었다. 당시 대규모의 브라질 기업인 수행단을 꾸리고 중국을 방문한 것이다.이후 브라질은 중국의 거대한 내수시장의 잠재력을 인식하고 이것이 개발도상국들에게 이익으로 작용할 수 있다는 점, 그리고 중국이 세계 무역시스템 강화에 간접적으로 기여할 것이라는 믿음을 바탕으로 중국의 세계무역기구(WTO) 가입을 지지했다(Oliveira 2004). 이후 양국 사이의 정치적 · 경제적 밀착이 가속화되기 시작했다. 중국은 유엔 안전보장이사회 상임이사국 진출을 갈망했던 브라질에 우호적 제스처를 보내기 시작했으며, 21세기의 다양한 문제와 협상과 관련된 국제 의제에서 지속적으로 브라질의 편에 서기 시작했다.

국제정치적 측면뿐 아니라 21세기 들어 관찰할 수 있는 브라질-중국 관계의 가장 큰 특징은 주지하다시피 양국 간의 무역의 기록적 증가라 할 수 있다. 브라질의 전통적인 무역 파트너는 미국과 유럽연합(EU)이었으나 2000년대에 접어들며 브라질-중국 간의 무역 흐름은 지속적으로 증가

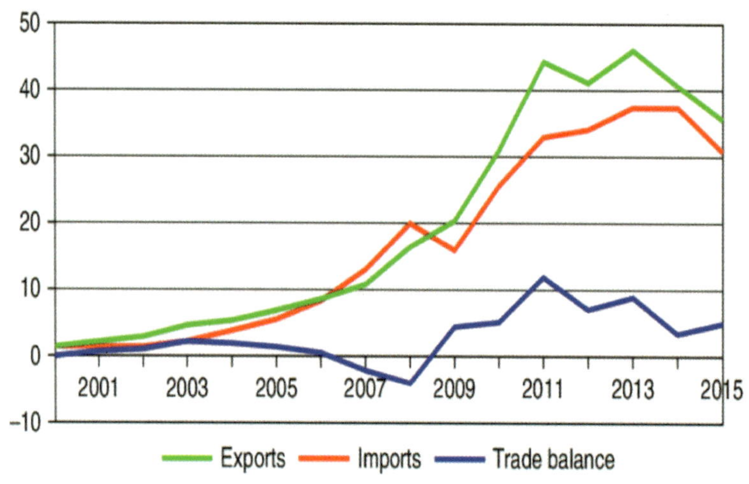

〈그림 1.〉 브라질의 대중국 수출액, 수입액 및 무역수지(10억달러), 2000-2015

출처: Ruiz and Molina-Medina (2020)

하며 2010년 4월, 중국은 미국을 제치고 사상 처음으로 브라질 제1의 무역 상대국으로 부상하였다. 즉, 마침내 브라질은 환대서양(TransAtlantic)적 정치경제의 역동성에 더해 환태평양(TransPacific) 국가로서의 면모를 갖추게 된 것이다.

양국간의 무역관계의 증가와 여러 정치적 협력의 동학이 맞물리며 중국의 대브라질 투자 또한 비약적으로 증가하게 된다. 최금좌에 따르면, 21세기 중국의 대브라질 투자는 크게 네 단계로 분류할 수 있다(Choi 2019). 이와 관련된 자세한 내용은 〈표 2.〉와 같다.

〈표 2.〉 21세기 중국의 대브라질 투자: 시기 및 주요 투자 분야

시기적 구분	투자 분야
2007-2010년	원자재 분야(곡물, 광물, 석유 등)
2011-2012년	내수시장을 겨냥한 제조업분야(전기 · 전자 및 자동차 등)
2013-2014년	서비스분야(금융 및 IT 등)
2015년 이후	에너지 · 인프라 분야

출처: Alvarenga (2018), 최금좌(2019)에서 인용

2004년 룰라 대통령의 중국 국빈 방문 이후 정치 · 경제적 밀월관계를 보이던 양국은 활발한 정상외교가 지속 · 유지되며 협력의 차원을 한 단계 높이게 된다. 2009년 5월 룰라 대통령의 국빈 방문, 2011년 후세피 대통령의 방문 등이 있었으며, 후진타오 주석의 2004년, 2012년 브라질 방문 등이 대표적이다. 특히 후진타오 주석이 후세피 대통령과 함께 2012년 양국 관계를 "전면적 전략동반자관계"로 재정의하며 국제체제 개혁을 위한 양국간의 협력을 적극적으로 추진키로 합의했다.

2015년은 브라질-중국 관계의 큰 전환점이 되는 해였다. 양국 간 협력의 주요 제도적 장치로 제4차 중국-브라질 고위급 협정 및 협력위원회(China-Brazil High Level Commission of Agreement and Cooperation, COS-

BAN) 회의가 동년 개최되었으며, 회의에서 35개의 양 자 협정이 체결되기에 이른다. 대표적으로 201521년 공동행동 계획, 중국-브라질 지구자원위성(CBERS) 공동개발을 위한 보완 의정서, 은행 간 자금조달 협정, 동물보건 협력협정, 페트로브라스(Petrobras)와 오데브레시(Odebrecht)에 대한 운영 협정 등을 들 수 있다. 룰라의 취임 이후 브라질-중국 관계의 전환과 비약적 진화는 양자간 전략적 동반자 관계가 보다 글로벌 수준에서의 지위로 상승하면서 BRICS와 함께 표면화되었으며, 2012년 리우+20 정상회의에서 원자바오 총리와 후세피 대통령이 체결한 공동성명에 기록된 바와 같이 보다 국제적 수준에서 양자 협력이 표면화되었다(Revelez and Raggio 2020).

증대되는 중국의 힘의 증가는 2014년 브라질리아(Brasilia)에서 개최된 BRICS 제6차 정상회의에서 중국의 대중남미 협력정책인 '1+3+6 기본협력틀(Cooperation Framework)'이 추동하는 글로벌 전략으로 운명공동체를 건설하자는 시진핑 주석의 제안을 통해 중남미지역에서 표출되었다. 이는 2015년 중국과 중남미지역의 협력 창구인 중국중남미 · 카리브 국가 공동체(CELAC) 포럼 1차 회의에서 공식화되었다. 이 기본 협력틀에는 1대 계획, 3대 성장동력(무역, 투자, 금융) 및 6대 협력분야(에너지 및 자원, 농업, 인프라, 제조업, 과학기술 혁신 및 통신기술)를 활성화하고자 하는 중국과 중남미지역 국가들 간의 의지가 반영되었다(홍성우 등, 2020).

21세기 들어 순항하던 브라질-중국 관계는 브라질 보우소나루 대통령의 집권과 함께 난관에 부딪히게 된다. 우파 포퓰리스트 보우소나루는 이념 외교를 전면에 내세우며 브라질 외교사에서 전례없는 친미 · 반중 레토릭을 구사했다. 보우소나루는 취임 전인 2018년 2월 대통령선거 후보자 시절 대만을 방문하였는데, 이는 그가 브라질이 그간 하나의 중국(One China) 원칙을 고수해 온 이래 사상 최초로 대만을 방문한 대통령 후보자였다는 기록을 남기게 되었다. 보우소나루는 중국을 브라질의 주요 산업을 장악하는데 혈안이 된 포식자로 인식해 왔으며, 대통령 선거 유세 도중 중국은 브라질에서 제품을 사는 것이 아니라, 브라질을 사들이고 있다고 주장하기도 했다. 중국측에서는 보우소나루 당시 대통령 후보자가 2018년 9월 기준 여론조사 1위를 기록하고 있는 상황에서 그가 표출한 반중국 정서에 우려를 표했으나, 중남미 최대 국가인 브라질과의 협력을 유지하기 위해 보우소나루 선거단 고문들과 만남을 가져 양국간 이어져온 협력을 강조하며 그의 당선에 대비하는 움직임을 보이기도 했다. 엎친데 엎친 격으로 2020년 이후 브라질을 강타한 COVID19 팬데믹의 여파로 보우소나루의 반중 레토릭은 한층 강화되었다. 보우소나루 정부는 COVID19으로 인해 상당한 정치적 타격을 입었으며, 이를 만회하기 위한 반중국 발언을 지속해 나갔다(Jung 2021).

이처럼 보우소나루 집권 이후 다소 소강상태에 접어들었던 브라질과 중국의 밀월관계는 2022년 룰라가 대선에서 승리하며 2023년 대통령에 취임하면서 재점화되고 있는 형국이다. 2023년 4월 룰라 대통령은 240명의 기업인과 39명의 국회의원이 동행한 279명의 메머드급 동행단을 꾸려 중국을 방문하였으며, 양국은 전면적 전략적 동반자관계의 확대·심화를 천명했다. 중국 방문 도중 룰라는 "왜 달러가 세계를 지배하나?"라고 언급하며 미국 달러가 지배하는 세계무역 질서를 종식시켜야 한다고 강조했다. 마침 룰라의 방중에 앞서 브라질과 중국은 양국의 금융 거래 및 수출입 결제에서 달러를 대신해 자국 통화를 사용키로 합의했다(Shin 2023). 이는 미중경쟁 시대에 본격적으로 접어든 상황에서 세계의 진영화·블록화의 흐름과 맞물려 중국과 브라질이 같은 곳을 바라보고 있음을 암시하는 것과 다름 없다. 룰라 대통령은 중국과 러시아 고립에 나선 미국을 아랑곳하지 않는 친중적 광폭 외교 행보를 보여주며 미국은 불편한 심기를 감추지 못하고 있다.

이러한 중국과 브라질의 양자관계는 다자외교 협력 분야에서도 더욱 강화되고 있다. 특히 반헤게모니적 대안을 지향하고 있는 BRICS를 통해 다자 협력이 공고화되고 있는 모양새다. 브릭스는 지난 2023년 8월 남아공 요하네스버그에서 열린 정상회의에서 창립 14년 만에 아르헨티나, 에티오피아, 이집트, 이란, 아랍에미레이트연합, 사우디아라비아 6개국을 새로운 회원국으로 받아들이며 중대 전기를 맞이하게 되었다. 이들 6개국은 국제정치에서 일정 수준의 존재감을 보이는 중견국(Middle Power)으로, 미국 주도의 러시아 제재에 동참하지 않는 진영 혹은 블록 사이에서 균형을 유지해온 국가들이다. 이러한 브릭스의 확대재편은 단연 미국과 대립각을 세우는 중국과 러시아의 의지가 컸으며, 룰라 대통령은 이를 두고 경제적 차원에서의 협력 확대이지 G7이나 미국과 경쟁할 목적은 아니라고 선을 긋기도 했다. 이처럼 브라질-중국 관계는 21세기 들어 결정적 변곡점을 거쳐 계속 진화해 오고 있다. 단순히 무역 및 투자부문을 넘어서 문화, 교육, 사회, 그리고 국제정치적 영역에서까지 양국의 밀착은 더욱 공고화되고 있다.

V. 21세기 브라질-중국 관계의 진화

1. 브라질-중국 글로벌 전략적 파트너십의 국제정치경제

21세기 들어 중국의 경제적 위상이 공고해지자, 중국은 '저우추취 (走出去, Going global)'를 위시하여 세계정치에서 보다 적극적인 역할을 추구해 왔다. 특히 중국은 근대화 프로젝트에 필수적인 요소인 기술, 에너지, 원자재 등의 확보를 위해 외교정책의 노선과 전략을 재설정했으며, 중남미 지역을 자신들의 글로벌 전략에 포함시키기 시작했다(Becard 2017).

중국의 대중남미 협력 초기에는 원자재 및 에너지에 접근하였으며, 그 이후 국영기업을 활용해 인프라 부문에 적극 투자함으로써 중남미 대륙에서 자신들의 전략을 보다 세밀하게 구현해 나가고 있다. 2003년부터 브라질의 추출 및 에너지부문은 중국의 대브라질 전략 목표의 중심축이 되었으며, 2008년부터 중국의 기업들은 브라질의 전력회사를 적극적으로 인수하기 시작했다. 특히 2010년을 기점으로 브라질이 중국의 인프라 프로젝트와의 관련성이 점차 증가하기 시작하자 중국 정부는 브라질에서 여러 가지 유형의 인프라 프로젝트를 계획 및 수행하기 시작하였다. 이는 중국이 야심차게 추진하고 있는 일대일로(Belt and Road Initiative)의 목적과 마찬가지로 세계적·지역적 통합을 위한 움직임과 일맥상통하다고 볼 수 있다. 중국의 대브라질 프로젝트는 중국이 다른 지역에서 활발히 계획하고 있는 것과 같이 전력 및 에너지 부문에 대한 국영기업의 투자 및 육성을 가장 중요한 목표로 상정하고 있다(Becard, Lessa and Silveira 2020).

2014년 이후, 브라질 내부에서 정치적 격동이 계속되면서 많은 현지 기업들이 전력 부문에 투자를 중단하고 자산을 낮은 가격에 매각하는 어려움을 겪었다. 이런 상황에서 중국 은행들은 브라질에서의 중국 기업 프로젝트를 금융적으로 지원하기 시작했다. 이는 가용 자금, 초과 외환보유고, 유리한 환율 등의 이점을 통해 가능했다. 브라질 내부의 정치적 불안정성으로 인해 여러 기업이 전력 부문에서의 투자를 어렵게 여겼지만, 중국 기업들은 브라질의 전력 시스템에 관심을 갖고 프로젝트에 금융적 지원을 제공하는 역할을 맡게 되었다. 중국은 경제가 둔화되고, 다른 한편으로 외환보유고가 3조 달러를 넘어선 상황에서 이러한 자금을 효과적으로 운용해야 할 필요성을 느끼고 있었다. 특히 중국 국가전망공사(State Grid)는 브라질 전력 부문에 중국 기업의 투자를 주도하는 역할을 하며, 성공적인 프로젝트를 이끌어냈다. 예를 들어, 중국 국가전망공사는 벨로몬치(Belo Monte)댐에서 생산한 에너지를 브라질 남동부 지역으로 운송하기 위한 송전선로 건설을 주도했는데, 프로젝트는 서구 선진국 기업이 아닌 중국의 기업이 브라질 전기 부문에 새로운 투자 사이클을 가져온 사례 중 하나로 자리매김하게 되었다. 또한 중국 삼협총공사(China Three Gorges) 역시 브라질 전력 부문에서 활발하게 활동하며, 2018년까지 약 230억 헤알을 투자해 인수 및 자산 개선에 사용했다. 중국 삼협총공사는 특히 2013년 EDP(Energia de Portugal), 2014년 브라질 파라주의 산투 안토니우 두 자리(Santo Antonio do Jari) 수력발전소, 2015년 일랴 솔테이라 브라질 에너지(Ilha Solteira Brazil Energy) 등을 인수하며 브라질에서 두 번째로 큰 에너지 발전 회사로 자리매김했다 (Becard, Lessa and Silveira 2020; KOTRA 2021).

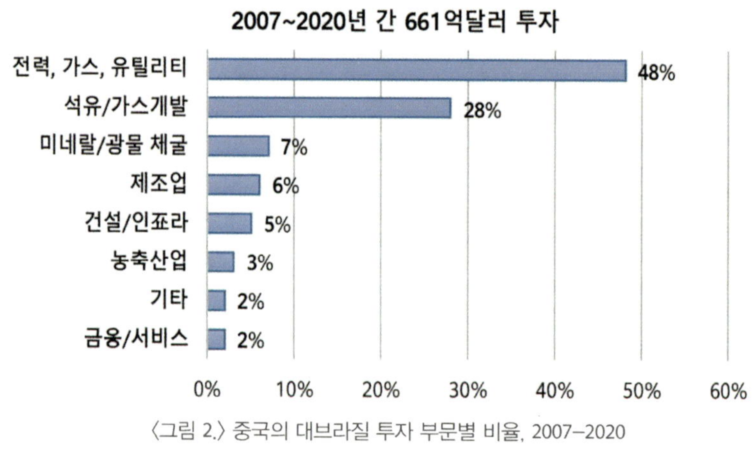

〈그림 2.〉 중국의 대브라질 투자 부문별 비율, 2007–2020

출처: KOTRA(2021)

앞서 살펴본 제3장과 제4장의 내용을 통해 브라질-중국 관계에 있어 다양한 협력의제와 무역의 증가, 그리고 브라질 내 인프라 투자의 확대를 고찰해 보았으며, 이를 통해 다음과 같은 중국의 이익 범위가 존재하는 것으로 분석할 수 있다. 우선 첫째, 중국은 2012년 리우+20 정상회의를 기점으로 국제체제 내에서 브라질의 위치와 전략적 관점에서 수행가능한 브라질의 위상을 재확인할 수 있었으며, 이를 통해 정치적 측면에서의 '상호보완성'을 기반으로 국제체제의 개혁을 위한 브라질과의 '글로벌 전략적 동반자 관계'로 파트너십의 질적 수준을 격상하게 되었다. 아울러 중국의 인프라 관련 기업들이 일대일로 정책을 추진해나가기 위해 해외 확장을 도모할 때 브라질은 중국과 유사한 대륙지형을 보유하고 있다는 측면에서 매력적인 시장으로 인식되고 있다(KOTRA 2021).

중국의 대브라질 투자 측면에서는 중국의 국내적 요인과 경제적 이익이 주된 결정요인으로 분석된다. 특히 중국이 발표한 13차 에너지 개발 5개년 계획(2016~2020)은 에너지 소비 및 생산의 개혁 촉진 및 중국의 연결성을 통한 에너지 협력사업을 가속화하는 것, 그리고 에너지 인프라의 연계성 촉진을 위해 국제 에너지 프로젝트를 부흥하는 것을 목적으로 하며, 대브라질 전력 부문에의 투자도 이의 일환이라 볼 수 있다. 아울러 중국이 가진 기술적 역량과 전문성이 질적으로 향상되었으며, 이것이 브라질의 에너지 부문에서 중국의 존재감이 확장되고 있는 것을 잘 설명할 수 있다. 또한 2010년 중반 이후 브라질이 겪었던 경제위기와 인프라의 부족, 그리고 브라질의 풍부한 에너지 자원 등이 중국의 투자 자금 조달 능력과 맞물리며 새로운 사업의 기회가 출현하게 되었다(Becaed, Lessa and Silveira 2020).

무역 측면에서도 마찬가지로 중국 국내의 수요 측면과 이익이 브라질과 중국 사이의 지속적 무역량 증가의 핵심 요인이다. 중국은 증가하는 농산물 수요와 경제발전을 지탱하기 위해 브라질로부터 곡물, 원유, 철광석 등과 같은 1차 산품의 확보가 핵심 이익으로 분류될 수 있다. 중국이 그간 순조로운 원자재 공급을 위해 브라질에 많은 외교적·경제적 노력을 기울여왔다는 사실은 이를 방증한다. 더욱이 중국이 서방국가로부터 대두, 옥수수, 철광석 등 다양한 원자재를 수입해 오지만 이들과의 '정치적' 관계가 악화되고 있기 때문에 원자재의 안정적 확보 측면에서 브라질은 중국에 매우 중요한 나라이다(KOTRA 2021).

한편, 그간의 선행연구에서는 양국의 관계를 살펴봄에 있어 중국의 전략과 입장, 그리고 그 결정요인에 지나치게 초점을 맞춰 왔다. 그러나 브라질-중국 관계의 역동성을 보다 심도있게 고찰하기 위해서는 브라질의 관점을 보다 면밀히 들여다볼 필요가 있다. 중국의 국가 이익은 당이 제시한 정의에 의거해 전략적 연속성이 나타나는 반면, 민주주의를 지향하는 브라질의 경우 영구적이고 구조적인 틀 속에서의 국익과는 별도로 중국과의 관계에서 취할 수 있는 국익에 대한 다양한 아이디어가 존재한다. 그러나 여러 옵션과 상관없이 브라질-중국 관계에 있어 공통적으로 수렴되는 국익에 대한 관점으로 크게 국내 경제적 요인과 국제정치적 요인을 들 수 있다. 특히 이러한 요인들은 브라질과 중국 간 체계적구조적 상호보완성에 의거한다. 주지 하다시피 양국 경제는 '악어'와 '악어새'에 비유할 수 있다. 무역 부문에서 브라질은 중국에 원자재를 공급하는 한편, 중국은 브라질에 값싼 공산품을 공급하며, 브라질의 고질적인 인프라 투자 부족 문제를 해결해 주기 때문이다. 중국은 브라질에 수많은 제조원가가 낮은 공산품을 저렴하게 수출하고 있으며, 관세, 유통세, 공업세가 높은 브라질에 일종의 물가 관리의 역할도 하는 등 브라질 경제에 큰 역할을 하고 있다.

브라질이 더욱 중국과의 관계를 중시한 것은 이러한 경제적 이익뿐 아니라 지역적·국제적 수준에서 브라질의 존재감(presence)을 확장하기 위함이었다. 2003년 룰라의 취임에 따른 양국 관계의 비약적 진화는 양자 사이

의 전략적 동반자관계가 글로벌 지위로 상승함에 따라 브릭스를 위시한 국
제적 수준에서의 개선으로 이어졌다. 특히 브라질의 입장에서는 양자 관계
의 진화, 특히 중국과의 글로벌 전략대화(Global Strategic Dialogue)는 중국
과의 파트너십을 공고히 함에 따라 자신들의 국제적 지위를 향상시킬 수 있
을뿐 아니라 중국의 중남미지역의 주요 대화자로서의 역할을 지속함으로써
글로벌 의제에 보다 깊이 있게 관여한다는 브라질의 국제정치적 목표를 구
현하기에 안성맞춤이었다. 이와 동시에 브라질은 중국과의 관계 심화에 따
라 지역 내에서 미국으로부터의 자율성(autonomy) 확보를 위한 일정 공간
을 창출해 내며 브라질 대외정책의 전략적 자율성을 보다 확보할 수 있었다
는 측면을 고려해 볼 수 있다(Revelez and Raggio 2020).

2. 양자관계의 미래: 기회와 도전

앞서 살펴본 바와 같이, 브라질-중국 관계의 중심축은 체계적구조적 상
호 보완성에 의거하고 있다. 특히 양국은 무역, 경제협력, 투자 및 인프라 개
발뿐 아니라 문화교류, 그리고 남남협력의 틀에 의거한 BRICS를 위시한 다
자간 협력까지 상호보완적 관계를 바탕으로한 협력의 잠재력이 존재한다
는 측면에서 양자관계의 미래는 긍정적이라 판단된다. 특히 정무외교, 경제
통상외교뿐 아니라 교육과 문화교류가 중심이 되는 공공외교의 영역에서도
양국간의 교류는 증가하고 있는 추세라는 점 또한 브라질-중국 관계의 협
력 확장과 다양화에 매우 긍정적인 신호이다.

중국-브라질 고위급 협정 및 협력위원회(COSBAN)는 양국 사이의 관계
를 관장하는 제도적 장치로, 그간 경제 및 금융, 무역, 정치, 에너지 등 다양
한 분야에서의 소위원회 설립을 통해 양자간 협력의 질적 제고를 위한 다양
한 활동을 지속해 왔다. 특히 문화협력 분야에서도 양국은 공동 출판물 제

작, 문화행사 개최, 언어 교육 및 학생 교류 프로그램을 보다 강화하고 있다. 특히 한국의 세종학당에 해당하는 중국의 공자학원(Confucius Institute)이 브라질에 무려 11개가 설립되며 양국 사이의 문화적 협력의 지평을 확장하고 있다. 중국이 2006년 멕시코 시티에 라틴아메리카 최초의 공자학원을 설립한 이래 오늘날까지 29개의 공자학원이 동 지역에서 운영 되고 있으며, 현재 브라질에는(2022년 10월 기준) 2013년 페르남부쿠 연방대학교에 최초로 개설된 이래 11개의 공자학원과 1개의 공자학습실(Confucius Room)이 설립되며 라틴아메리카 최다를 기록하고 있다.

아울러 브라질-중국 관계에 있어 그간 주목을 받지 못했던 우주 및 과학기술 협력 또한 물밑에서 활발히 진행중이다. 2013년 및 2015년 중국-브라질 지구자원위성(CBERS)의 발사가 상징하는 양국간 우주 협력 프로그램의 발전은 중국과 브라질의 소프트파워 측면에서 여러 이점과 기회를 가져오고 있다. 아울러 중국-브라질 고위급 협정 및 협력위원회 과학기술 혁신 분과위원회의 공동 노력으로 브라질-중국 혁신나노기술연구센터가 설립되었으며, 기상 위성 연구개발센터, 바이오 기술센터, 농업연구를 위한 가상실험실(LABEXEMBRAPA), 기후변화 및 혁신기술을 위한 연구센터 등이 잇달아 만들어 지는 등 경제, 정치, 문화 영역을 넘어 양국 사이의 협력 의제가 전례없이 확장되고 있다(Revelez and Raggio 2020). 이는 양국이 가진 상호보완성과 상호의존성을 기반으로 하고 있으며, 향후 양국 관계 심화에 기회요인으로 작용할 공산이 크다.

그러나 양자관계의 특징과 그 미래를 규명하고 진단함에 있어 중요한 문제들 중 하나는 브라질-중국 관계가 상호 보완성의 틀뿐만 아니라 경제적 부문에서의 상호 비대칭성 또한 뚜렷이 관찰되고 있다는 점이다. 즉, 기존의 남남협력의 틀에서 관찰되던 양국 관계가 북남관계(NorthSouth Relations)

의 틀 속에서도 작동하고 있으며, 이는 브라질-중국 관계가 새로운 중심부주변부(CorePeriphery)적 특성을 보이고 있다는 것을 시사한다.

주지하다시피 브라질과 중국의 무역관계에 강력한 비대칭성이 존재한다는 사실은 자명하다. 브라질의 대중국 수출액은 1995년 13억 달러에 불과했지만, 2021년에는 883억 달러를 기록하며 약 68배 가량 성장했다. 특히 중요한 것은 2007년, 2008년을 제외하고 브라질이 대중국 무역 흑자를 지속적으로 기록했다는 점이다. 그러나 여기서 또 다른 고려 사항은 양국간 교역 상품의 구성이다. 중국은 브라질로부터 1차산품의 수입을 대폭 확대해온 반면 브라질은 중국으로부터 고부가가치 공산품 수입을 극적으로 확대해 왔다. 2021년 기준 브라질의 대중국 수출액 883억 달러 가운데, 철광석(289억 달러), 대두(272억 달러), 원유(142억 달러)의 비중이 약 79.6%에 달하며 상위 3개 품목의 집중도가 지나치게 높은 것을 확인할 수 있다. 이는 2014년 기준 이 세 가지 상품이 대중국 수출의 70%를 차지했었다는 사실을 고려해 본다면, 시간이 지날수록 철광석, 대두 및 원유를 중심으로 한 대중국 원자재 의존도가 심화되고 있음을 시사한다. 반면, 중국은 대브라질 수출 상품 집중도가 매우 낮다. 중국은 2021년 538억 달러의 대브라질 수출액을 기록했는데, 상위 세 개의 품목은 반도체 소자(30억 달러), 사무기계 부품(15.7억 달러), 휴대전화(14억 달러)로, 그 비중은 11%에 불과하다(OEC, n.d.).

아울러 중국과 브라질 사이의 도전요인은 브라질 내 전력과 같은 특정 전략적 부문에 대한 불균형적 투자의 패턴에서도 확인될 수 있다. 브라질 정부는 경제위기의 상황 속에서 중국의 투자를 공공회계의 취약성에 대한 단기적 구제책으로 고려하고 있다. 이를 활용하여 중국의 국영기업들은 브라질에 지속적으로 투자하고 있으며, 결국 이들 기업의 협상력이 극대화되며 중국의 국익을 위한 중국의 사업 기회의 극대화로 귀결될 것이고 이는 양국의 전략적 관계에 제약사항으로 작용할 가능성이 있다. 양자관계에 있어 무역과 투자 측면에서의 강력한 비대칭성은 실제로 브라질 내부에서 여러 논란을 야기했는데, 특히 브라질 기업인들 사이에서는 브라질이 전통적 파트너인 미국과 유럽연합(EU)과의 관계를 우선시하지 못하고, 브라질 상품이 글로벌 가치사슬에서 소외되는 것에 대해 우려가 높았다(Revelez and Raggio 2020).

종합하면, 브라질과 중국 사이의 경제적 상호보완성의 틀은 21세기에 접어들며 급속히 발전했지만, 이와 동시에 브라질의 대중국 원자재 수출에 대한 고도의 집중도는 양국 무역 및 경제관계의 지속가능한 발전의 관점에서 위협을 초래한다. 이러한 무역 비대칭성은 브라질 경제발전과 산업부문 생산성을 둘러싼 선순환 구조 창출에 강력한 방해요인으로 작용하고 있다(Revelez and Raggio 2020). 이는 궁극적으로 양국 관계의 미래에 걸림돌 중 하나이자 도전요인으로 작용할 가능성이 있다.

VI. 결론

브라질과 중국 간의 관계는 과거 30년 동안 비약적으로 발전해왔으며, 양국 간의 협력은 무역, 경제, 문화, 과학기술 등 다양한 분야로 확장되고 있다. 그러나 이러한 발전은 상호보완성과 비대칭성이라는 두 가지 주요 특징을 가지고 있으며, 이러한 특징은 양국 관계의 미래에 도전적인 측면을 제시한다. 양국 간의 상호보완성은 경제적으로 브라질과 중국이 서로에게 필요한 자원과 시장을 제공하고 있다는 사실을 반영하고 있다. 특히 중국은 브라질의 철광석, 대두, 원유 등 주요 원자재를 수입하고 있으며, 브라질은 중국으로부터 고부가가치 제품과 기술을 수입하고 있다. 이러한 관계는 양국 경제 성장에 기여하고 있지만, 브라질의 대중국 원자재 의존도와 같은 비대칭성 은 지속가능한 관계를 위협할 수 있다. 이러한 비대칭성은 양국 무역 관계 뿐만 아니라 투자 및 전력 부문에서도 나타난다. 중국의 국영기업들이 브 라질에 투자를 확대하고 있는 동안, 이러한 투자는 브라질 내부에서 논란을 일으키고 있으며 중국의 협상력을 강화하고 있다. 이러한 현상은 양국 관계 에 제약사항으로 작용할 가능성이 있다.

그럼에도 불구하고, 양국 간의 관계는 여전히 긍정적인 방향으로 발전하 고 있다. 최근에는 양국 간의 협력이 무역, 문화, 과학기술 협력 분야로 확대 되고 있으며, 이는 양국 간의 상호보완성을 더욱 강화하고 있다. 이러한 협 력은 양국이 상호의존성을 기반으로 한 지속가능한 협력을 구축하는데 중 요한 역할을 할 것으로 예상된다. 따라서, 브라질과 중국 간의 관계는 미래 에도 긍정적으로 발전할 가능성이 있지만, 양국은 비대칭성과 상호의존성 을 고려하여 미래 협력을 계획하고 조율해야 한다. 이를 통해 브라질 중국 관계가 글로벌 정치경제에 미치는 영향과 함께 양국의 국내 우선주의와 국 제사회에서의 역할에 대한 도전에 대비할 수 있을 것이다. 이러한 노력은 양 국 간의 협력을 더욱 견고하고 지속가능하게 만들 것이다.

본 연구는 브라질-중국 관계에 대한 국제정치경제적 접근을 통해 양자 관계의 과거, 현재 그리고 미래에 대한 전망을 다뤘다는 측면에서 의의가 있으나, 다음과 같은 한계점이 존재한다. 첫째, 브라질-중국 관계의 변화와 진화는 미중관계 및 브라질-미국관계의 맥락과 긴밀히 연계되어 있음에도 불구하고 본 연구에서는 이러한 점을 충분히 다루지 못했다. 둘째, 브라질 중국 관계를 설명함에 있어 중국 입장에서의 보다 세밀한 분석이 부족하다 는 점을 지적할 수 있다. 이러한 한계점은 후속연구를 통해 보완되어야 할 것으로 판단된다.

4부

태평양 횡단과 초민족적 사회장의 형성

11

제임스 쿡의 태평양 탐사(1768-1780)와 자유해 담론의 관철[*]

임하람 · 정문수(국립한국해양대학교)

Ⅰ. 서론

15세기 말에서 18세기 말에 이르는 바다 공간에 대한 폐쇄해(mare clau-sum) 담론과 자유해(mare liberum) 담론의 형성과 대양 탐사 경쟁은 자유해 담론의 지구적 관철로 귀결되었다(정문수, 2022). 이베리아 국가들의 폐쇄해 정책에 대응하는 네덜란드, 영국, 프랑스 등 후발 해양열강들의 자유해 담론의 요지 중 하나는 대양에서의 항해와 교역의 자유가 모든 국가에게 개방되어 있다는 것이었다(휴고 그로티우스/정문수 · 이수열 옮김, 2023). 또 하나의 중요한 주장은 유럽 밖 영토에 대한 소유권은 미지의 영토 발견만으로는 보증되지 못하고 소유권을 주장하는 왕국이나 국가의 신민 · 국민의 정착 말하자면 '실효적 지배(effective domination)'가 반드시 수반되어야 한

---

* 이 글은 『Journal of Global and Area Studies』 8권 3호(2024)에 게재된 논문을 저자 동의하에 수록하였음.

다는 것이었다(Pethic, D., 1980: 18).

후발 해양열강들은 이베리아 국가들에 맞서 새로운 대양인 대서양에서 자유해 담론을 관철시키기 위해, 독자적인 탐험 활동, 사략선 지원, 허가받지 않은 교역 행위, 외교적 협상과 같은 전략을 구사하였다. 이와는 달리, 케이프 호른을 거쳐 태평양에 이르는 대양 공간에서 자유해 담론을 관철시키기 위해 후발 해양열강들은 국가 주도 프로젝트로 과학적 탐사를 추진하였다(정문수, 2022: 43-45). 후발 해양열강들로서는, 스페인령 아메리카 남서부 항구에 대한 스페인의 접근 거부 정책으로 인해 당시까지 교역이 거의 없었던 따라서 상업적 수익이 날 수 없었던 태평양으로 항해하기 위해 포클랜드나 후안페르난데스 제도에 전초기지의 구축과 그 너머의 태평양 북서쪽으로의 항해와 교역에 필요한 과학적 지식 축적이 필수적이었기 때문이다.

7년 전쟁(1756-1763) 이후 후발 해양열강들, 특히 영국과 프랑스는 태평양으로의 과학적 탐사 경쟁을 벌였다. 영국은 과학적 탐사, 발견, 영토 소유 혹은 자원 개발을 위해 1764년에서 1793년 사이에 15척의 범선을 태평양으로 원정 보냈다. 영국 해군성에 의해 추진된 첫 번 째 과학적 태평양 탐사는 1764-1766년간 진행된 존 바이런(John Byron)의 돌핀 호 탐사 활 동이었다. 이 기간 중 바이런은 남태평양의 토켈라우 섬들과 니쿠나우 섬을 발견하였다. 이어 1766-1768년에는 사무엘 월리스(Samuel Wallis)와 필립 카터렛(Philip Carteret)이 각각 돌 핀 호와 스왈로우 호를 이용하여 타이티를 발견하였고, 폴리네시아와 솔로몬 제도, 술라웨시 군도를 탐사하였다. 곧이어 1766년-1769년, 프랑스의 루이 앙투안 드 부갱빌(Louis Antoine de Bougainville)이 부되즈 호와 에트왈 호에 자연과학자, 천문학자, 의사, 역사학자, 지도제 작자 등을 동승시키고 태평양에서의 지리적인 현상과 생물학적 현상에 대한 체계적이고 과학 적인 조사를 수행하였다. 1771년 출간된 그의 세계일주 항해기는 루소를 비롯한 프랑스 계 몽주의자들의 주목을 받았을 뿐만 아니라(Bougainville, L.A., 1771), 항해일지의 신속한 공개의 중요성을 환기시켰다. 부갱빌은 1년 전에 영국의 사무엘 윌리스가 방문하여 "조지 3세 섬"으로 명명하였던 섬, 타이티를 1767년 방문하여 "뉴 키테라"라 명명하고 프랑스 소유라고 주장했기 때문이다. 이를 계기로 항해일지를 신속하게 출간하는 것에 대해 그리고 발견한 영토에 대해 공식적으로 소유를 선언하는데 소극적이었던 영국 태도는 확연하게 바뀐다(도널드 프리먼/노영순 옮김, 2016: 138). 태평양의 신천지에 대한 국가의 실효적 지배는 그 영토에 대한 명명, 합병, 소유를 공표하는 것으로부터 인정되었기 때문이다.

제임스 쿡이 영국 정부의 후원을 받아 3차례의 과학적인 태평양 탐사에 나섰던 시기 (1768-1780)는 새로운 항해기기 개발과 항해술 습득, 정확한 해도(海圖)와 자연 및 인문 지리의 지식이 태평양에서 발견되는 영토 주민과의 교역과 그 영토에 대한 소유권 획득의 필수 조건으로 간주되던 때였다. 제임스 쿡의 태평양 탐사에서 중요하게 고려되었던 임무는 한편으로는 정확한 위도와 경도 측정 및 해도 작성 그리고 답사지역의 민족지적 성격의 정보 수집과 발견의 증거를 남기는 것이었으며, 또 한편으로는 유라시아 북방대륙에 비견되는 남방대륙과 케이프 호른을 우회하지 않고 북아메리카에서 태평양으로 이어지는 북서항로의 발견과 개척이었다.

이 글은 제임스 쿡의 수천 페이지에 달하는 방대한 항해일지(Logbook)를 분석하여 태평양 탐사 과정에서 그의 원정대가 수행한 해문(海文)과 인문에 관한 과학적 성과와 그가 남방 대륙과 북서항로에 대해 내린 결론에 이르는 과정을 항해일지를 통해 추적한다. 제임스 쿡의 태평양 탐사와 태평양에 대한 과학적 발견은 유럽열강의 태평양으로의 진출과 교역, 그리고 향후 식민지배의 전기를 제공하게 된다. 제임스 쿡의 성과는 영국이 기획하는 자유해 담론의 전 지구적 적용, 즉 태평양에서의 항해와 교역의 자유와 태평양 영토에 대한 실효적 지배의 원칙이 관철되는데 기여하였던 것이다.

II. 남방대륙 탐사

1. 제임스 쿡의 1차 항해(1768-1771)

영국의 태평양 탐사의 가장 중요한 목적의 하나는 미지의 남방대륙(Terra Australis Incognita)을 찾는 것이었다. 고전고대 이래 유럽의 지식인들은 북반구의 커다란 대륙과 균 형을 이루는 대륙이 남반구에 존재한다고 상상해왔다. 15세기에서 18세기에 나온 세계지도에는 상상의 남방대륙이 그려져 있었다. 영국의 의회, 왕립학회(Royal Society) 그리고 해군성은 남방대륙의 발견이 시간문제이며 발견자에게는 명예와 그를 후원한 국가에게는 부를 가져다 줄 것이라는 믿음을 공유하고 있었다.

영국에서 남방대륙의 탐험을 촉발시킨 인물은 해군성의 수로학자이자 왕립학회 회원인 알렉산더 달림플(Alexander Dalrymple)이었다. 달림플은 1762년 마닐라에서 스페인의 태평양 탐사 자료를 입수하였으며 뉴기니 남쪽의 항로, 현재 토레스 해협에 관한 기록 등을 접하고 남방대륙의 존재를 확신하였다. 그의 저서 남태평양의 항해와 발견에 관한 사료집(1770-1771)서문에 의하면, 남방대륙은 타이티의 서부와 남부에 있으며, 인구는 5천만 명, 위치는 동경 100도, 남위 40도이며 터키에서 중국에 이르는 아시아 대륙보다 더 거대했다(Dalrymple, A., 1771: xxVIII-xxIX).

영국의 해군성과 왕립학회는 달림플의 가설을 근거로 제임스 쿡의 1차 탐사에서 남방대륙 발견을 주요 임무로 명하였다. 그런데 쿡의 탐험대가 남방대륙의 실체 확인의 대상으로 삼은 것은 네덜란드의 아벨 타스만(Abel Tasman)이 1642년 답사한 스태튼랜드(Staten Landt, 뉴질랜드)였다. 타스만이 스태튼랜드를 남방대륙의 서부 연안이라고 기술하였기 때문이다(Kovach, A., 1965: 112).

항해 기록에 의하면, 쿡의 인데버 호는 1770년 타이티에서 서쪽으로 항해하여 뉴질랜드의 동쪽 연안에 도착했다. 동승한 과학자인 조셉 뱅크스(Joseph Banks)를 비롯한 대부분의 선원들은 뉴질랜드가 남방대륙의 일부분일 것이라고 기대했다. 그러나 애초부터 남방대륙의 존재에 대해 회의적이었던 쿡의 생각은 달랐다. 일단 쿡은 뉴질랜드의 남섬과 북섬 사이의 수역이 만(灣)이 아니라는 것을 증명하기 위해 북섬을 한 바퀴 돌았다. 아벨 타스만은 이 수역을 만이라고 생각했었으나 결과적으로 이 지점은 두 섬을 가로지르는 해협이었다. 이곳이 바로 쿡 해협이다. 인데버 호가 쿡 해협을 통과해서 뉴질랜드의 동쪽 해역으로 빠져나왔음에도 불구하고 몇몇 장교들은 북섬 동쪽에 위치한 터어게인 곶(Cape Turnagain)과 팔리세르 곶(Cape Palliser) 사이에 대륙과 연결된 땅이 있을 것이라고 주장했다. 〈그림 1〉의 항로에서 보듯이, 쿡은 북섬의 동쪽 해안선을 타고 올라가며 남방대륙과 연결된 땅은 없다는 것을 확인하였다.

"1770년 2월 8일 목요일[1] … 3시쯤 정오에 보았던 (대륙의) 가장 남쪽 지점 옆을

---

1   18세기 항해일지의 날짜 계산법은 오늘날의 날짜 계산법과는 다르다. 당시 선박에서는 자정에 하루가 시작되는 민간 계산법을 사용하지 않았다. 대신 전날의 정오에 하루가 시작되는 '선박 시간'을 지키는 것이 일반적인 관습이었다(Wharton, 1893). 일반적으로 계산하는 2월 8일은 자정부터 자정까지이지만 당시의 선박 시간에서는 2월 7일 정오에 시작하여 2월 8일 정오에 끝나고, 이 기간을 2월 8일로 기록했다. 따라서 쿡의 일지에는 오후가 오전보다 앞서는 경우가 발견되기도 한다. 뿐만 아니라 인데버 호가 1769년 10월 7일에 서쪽으로 경도 180도선을 넘었을 때, 사라진 하루를 반영하여 날짜를 기록했어야하나 그러지 못했다. 국제 날짜 변경선은 1854년에야 확립되었다(Captain

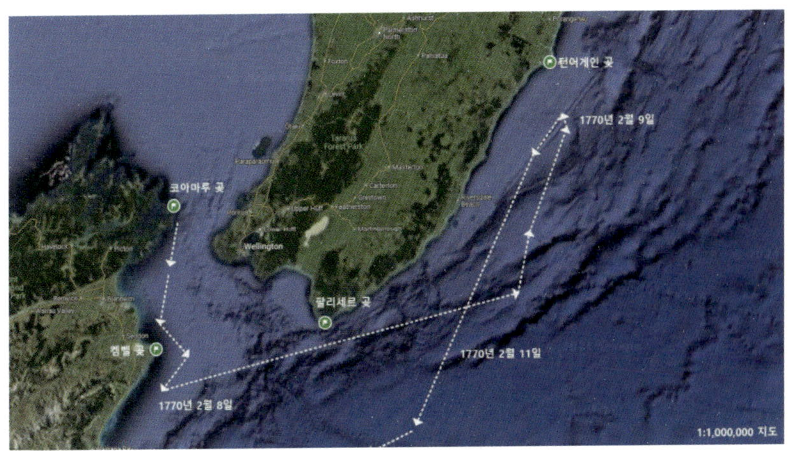

〈그림 1.〉 쿡의 항해일지를 바탕으로 필자들이 제작한 인데버호의 항적(1770. 2.8-2.11

지나갔으며, 이 지점을 캠벨 곶이라고 명명했다. 위도 41°42' 남, 경도 184°47' 서에 위치하며, 코아마루 곶에서 SSW으로 12 내지 13리그 떨어져 있다. 이 지점과 팔리세르 곶은 해협의 남쪽 입구를 형성하며, 둘 사이의 거리는 13 내지 14리그로 WBS와 EBN 방향이다. 이 곳에서 우리는 해안을 따라 SSW 방향으로 항해하다가 8시에 바람이 잦아들었지만, 한 시간 후 SW쪽에서 신선한 바람이 불어와 배를 그 방향으로 돌렸다. 내가 이렇게 한 이유는 몇몇 장교들이 에헤이노모우(북섬)가 섬이 아니라고 추측했기 때문이다. 그들은 턴어게인 곶과 팔리세르 곶 사이의 12~15리그 정도의 공간이 육지로 이어질 수 있다고 생각했다. 그러나 나는 처음 해협을 발견했을 때 이미 섬이라는 여러 증거를 보았기 때문에 그런 생각은 하지 않았다. 하지만 중요한 사안에 대한 모든 의심을 해소하기 위해 바람의 변화를 이용해 동쪽으로 항해하기로 결심하고, 밤새 북동쪽 방향으로 항해했다. … 오전 9시쯤 우리는 팔리세르 곶 옆을 지났고, 그곳에서 육지가 턴어게인 곶 쪽으로 북동쪽으로 이어지는 것을 발견했다. 나는 그 거리가 약 26리그라고 추정했

Cook Society, 2020). 이러한 요인으로 인한 혼선을 줄이기 위해 본 논문에서는 모든 날짜를 쿡이 기록한대로 표기하였다.

다. 하지만 날씨가 흐려 4~5리그 앞밖에 볼 수 없어서 계속해서 남쪽에서 불어오는 약한 바람을 타고 북동쪽으로 항해했다. 정오에는 팔리세르 곶이 북서쪽 72도, 3리그 떨어져 있었다. 우리의 위도는 31°30' 남쪽이었다." (Beaglehole, C., 1955: 249-250, 괄호 안은 필자들)

엔데버호는 9일에 턴어게인 곶에 도달했다. 쿡은 의구심을 품었던 장교들을 불러내 북섬이 대륙의 일부가 아님을 확인시켜주었다.

> "1770년 2월 9일 금요일 … 오전 11시까지 해안선을 따라 북동쪽으로 계속 항해하던 중, 날씨가 개어 턴어게인 곶이 북북동 1/4 동쪽 방향에 있으며 7리그 거리에 있는 것을 보았다. 그리고 나서 나는 장교들을 갑판 위로 불러 이 땅이 섬임이 이제 확실해졌는지 물었고, 그들은 모두 그렇다고 대답했다. 그래서 우리는 동쪽으로 방향을 돌렸다." (Beaglehole, C., 1955: 249-250)

북섬이 대륙이 아니라는 것을 증명하자 이젠 남섬이 남아있었다. 남섬의 실체를 밝히기 위해 인데버 호는 남섬의 해안선을 따라 항해하였다. 조셉 뱅크스를 비롯한 몇몇 장교들은 여전히 남섬이 남방대륙의 일부일 것이라는 희망을 가지고 있었기 때문이었다. 남섬의 동쪽 해안선을 따라 남쪽으로 항해를 하면서 쿡과 선원들은 계속해서 이곳이 육지인지 아닌지를 확인하려 했다. 1770년 2월 16일에는 견시를 하고 있던 고어 중위가 남동쪽 방면에서 육지를 보았다고 보고했다. 쿡은 이전의 방식과 마찬가지로 직접 그 방향으로 침로를 바꾸어 사실여부를 확인하였다.

> "1770년 2월 17일 토요일 … 어제 고어 중위는 SSE와 SEBE 방향으로 육지를 본 것 같다고 생각했다. 그러나 나 역시 갑판에 있었기 때문에 그것이 단지 구름일

뿐이라는 것을 확신했다. 하지만 고어는 아침에 본 것이 육지일 수 있다고 생각했으며, 그 날 저녁 동쪽에서 육지를 보지 못했지만 그를 납득시키지는 못했다. 나는 배를 돌려 그가 말한 방향으로 ESE로 항해하도록 명령했다. … 육지의 징후를 보지 못하자, 나는 더 남쪽으로 가는 것이 의미가 없다고 생각하여 서쪽으로 방향을 틀었다." (Beaglehole, C., 1955: 254)

〈그림 2〉의 항적에서 알 수 있듯이, 엔데버 호는 1770년 3월 10일 마침내 남섬의 최남단 에 위치한 스튜어드 섬의 남쪽 만에 다다른다. 이제는 강력한 남방대륙 신봉자였던 뱅크스마저도 뉴질랜드는 남방대륙이 아니라는 결론에 다다른다. 10일의 뱅크스의 일기에 그의 결론이 명확히 나와 있다.

"하루 종일 강하게 바람이 불어 우리는 곳을 돌아갔고, 우리가 대륙이라고 부르던 (뉴질랜드에 대한) 환상을 완전히 무너뜨렸다." (Beaglehole, C., 1955: 262, 괄호 안은 필자들)

그런데 쿡 일행은 뉴질랜드 남섬의 최남단에서 남섬이 대륙이 아니라는 결론을 내린 것이 아니라 그 아래 스튜어드섬에 이르러서야 남섬이 대륙이 아니라는 결론을 내렸다. 그 이유는 쿡이 스튜어드를 섬이 아니라 뉴질랜드 남섬과 이어진 땅이라고 생각했기 때문이다. 쿡은 스튜어드 섬 남쪽 끝까지 내려가서야 남섬의 끝을 확인한 것으로 생각한 셈이다. 실제 쿡의 일지에도 3월 6일에는 스튜어드를 섬으로 생각하고 있지만 3월 8일에는 다시금 스튜어트가 육지와 연결되어 있다고 기록한 바 있다(Beaglehole, C., 1955: 260-261).

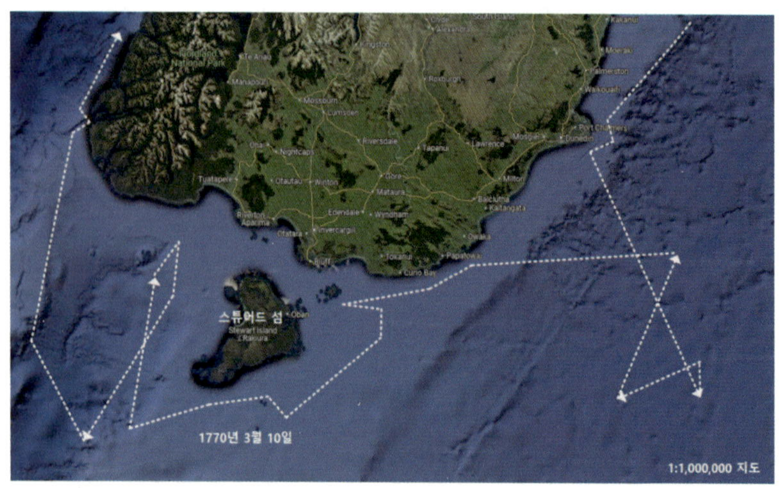

〈그림 2.〉 쿡의 항해일지를 바탕으로 필자들이 제작한 인데버호의 항적(1770.2.16.–3.10)

1770년 4월 1일, 뉴질랜드를 출항한 쿡은 항로를 서쪽으로 잡아 당시 뉴홀란드로 알려져 있던 호주 동해안으로 항해하여 같은 해 4월 19일에 호주 남동해안에 도착했다. 호주 대륙에 상륙한 쿡은 원주민들과 접촉을 시도하기도 하고 그들의 생김새와 문화를 기록하기도 했다. 캥거루 등 진기한 동식물도 발견해 상세히 기록했다. 호주 동북부에서는 산호초군인 그래이트 배리어에 좌초되었다가 가까스로 벗어났다. 다시 쿡은 토레스 해협을 경유하여 뉴기니에 잠시 정박한 뒤 식량 보급을 위해 네덜란드 동인도회사의 근거지인 바타비아에 기항했다. 최종적으로 1771년 7월 12일에 인데버 호는 영국으로 귀항했다. 쿡은 해군본부에 제출한 보고서에서 남방대륙은 존재하지 않을 수 있다고 전망했다.

"이번 항해에서 한 발견은 큰 것은 못되지만, 본인은 그것만으로도 관심을 가지기에 충분하다고 생각한다. 그리고 본인은 그렇게도 사람들의 입에 오르내리던 미지의 남방대륙을 발견하는 데는 실패하였지만(어쩌면 존재하지 않을지도 모른

 격동의 환태평양: 국가의 상쟁과 지역의 통합 그리고 초국적 연계성

다.) 그것이 본인의 실수라고는 생각하지 않는다." (Price, G., 1971: 89)

2. 제임스 쿡의 2차 항해(1772-1775)

의사, 자연과학자, 천문학자가 동승한 제임스 쿡의 두 번째 항해(1772-1775), 레졸루션호와 어드벤처 호의 탐사는 1차 항해 때 미완으로 남겨놓았던 남방대륙의 발견이 임무였다. 1차 항해에서 쿡은 뉴질랜드를 일주하고 호주의 거의 모든 동부해안선을 지도로 만들고 확인하였기 때문에 전설의 남방대륙은 그보다 더 남쪽에 있을 것으로 간주되었다. 쿡이 레졸루션 호를 지휘하였고 해군 대위 출신의 토바이어스 퍼뉴(Tobias Furneaux)가 어드벤처 호의 함장을 맡았다(David, Andrew C. F., 2024). 1차 항해에 동행했던 조셉 뱅크스 대신 독일의 과학자 요한 라인홀츠 포스터(Johan Reinhold Forster)와 그의 아들 게오르크 포스터(Georg Forster)가 승선했다(폰 크로크/안미란 옮김, 2005).

1772년 7월 13일 플리머스 항을 떠난 쿡의 탐험대는 고위도의 남극해로 끊임없이 진입하였다. 빙산을 만나면 후퇴했다가 다시 남쪽으로 나아갔고 또 빙산을 만나면 후퇴하였다가 다시 남쪽으로 나아갔다. 이 과정에서 짙은 안개를 만나 레졸루션 호와 어드벤처 호가 서로를 놓쳐 멀리 이탈하기도 한다. 그러나 두 선박은 원래 계획에 따라 뉴질랜드의 남서부에 위치한 퀸 샬럿 해협(Queen Charlotte Sound)에서 다시 재회하게 된다. 탐험대는 이곳의 더스키 만(Dusky bay)에서 재정비를 하고 다시 남쪽으로 향했다. 결국 1774년 1월 30일 남위도 71°10'S 에 도달하기에 이른다.

쿡이 남위 71도까지 내려갔다는 것은 해양 탐험사에서 큰 의미를 갖는다. 그는 오로지 범선을 타고 해도도 없이 지도상에 위도 10도를 더 추가한 것이다. 그로부터 수십 년이 지난 1820년, 러시아의 탐험가 파비안 고틀리프

폰 베링스하우젠(Fabian Gottlieb von Bellingshausen)이 최초로 남극 대륙을 육안으로 확인하였으나 그도 쿡이 도달했던 71도 10분보다 남쪽으로 내려가지는 못했다(Captain Antarctica, 2018). 1821년에는 미국의 바다표범잡이선의 선장이었던 존 데이비스(John Davis)가 한 시간 남짓이지만 인류 최초로 남극 대륙 상륙에 성공하기도 하였다(Captain Antarctica, 2020). 그러나 이때의 위도는 64도 01분 지점이었다. 1823년이 되어서야 비로소 영국의 탐험가 제임스 웨델(James Weddell)이 남위 74도 15분까지 항해하는 기록을 세웠다(Britannica, 2024). 쿡 이후로 인류가 다시금 71도를 넘어서는 데에는 약 50년이라는 시간이 걸린 것이다. 쿡이 남위 71도에 진입했던 순간은 그의 항해일지에도 잘 기록되어 있다.

> "1774년 1월 30일 일요일 풍향 ESE. 침로 남쪽 020° 항해거리 51마일. … 2시경 지름이 3마일 이상인 매우 큰 빙산을 지나쳤고, … 안전하게 항해할 수 없었다. 앞쪽에 더 많은 빙산이 보여 우리는 침로를 변경하여 북쪽으로 이동했다. 1시간 반 후 안개가 걷혔고 항로를 SSE쪽으로 변경하였으나 다시금 큰 빙산을 만났다. 새벽 4시경 남쪽 하늘 가장자리의 구름이 비정상적으로 눈처럼 밝게 빛나기 시작했다. … 우리는 남쪽으로 더 나아갈 수 없었으므로 북쪽으로 돌아가는 것에 대해 다른 이의가 없었다. 그 시점의 우리의 위치는 위도 71°10'S, 경도 106°54'이었다." (Beaglehole, C., 1961: 323)

남위 71도 10분까지 항해한 뒤 쿡의 레졸루션 호는 다시 타이티를 거쳐 뉴질랜드로 돌아가 휴식을 취했다. 이때 타이티에서 오마이(Omai)라고 하는 원주민이 탐험대에 합류하였다. 1774년 2월부터 남태평양을 탐사하여 노퍽 섬과 뉴칼레도니아 등을 발견하고 기록하였으며 영국의 소유를 주장하였다.

여름이 되자 쿡은 다시금 남극해로 들어갔다. 남방대륙을 찾기 위한 세 번째 시도였다. 1775년 1월부터 2월까지 대서양 해역의 남극해를 항해한 뒤, 1675년 영국의 상인 앤서니 드 라 로쉐(Anthony de la Roché)가 탐험했던 사우스 조지아를 측량하여 해도를 제작했다. 동료인 찰스 클러크의 이름을 딴 클러크 록스(Clerke Rocks)와 태평양 탐사의 후원자인 샌드위치 백작의 이름을 딴 사우스 샌드위치 제도(South Sandwich Islands)도 발견했다. 그러나 쿡은 남극해를 3차례나 걸쳐 항해했음에도 미지의 남방대륙은 발견하지 못했다. 1775년 2월 6일 일지를 보면 쿡은 극지방에 대륙이 있을 것이라고는 생각하지만 그곳은 얼음으로 뒤덮여 있을 것이고 남극해 주변에 흘러다니는 수많은 얼음 덩어리들이 그 증거라고 생각했다. 결국, 극지방 대륙은 탐사할 수도 없고 그 대륙은 해군성과 왕립학회가 임무를 부여한 남방대륙은 아니라고 결론짓는다.

> "1775년 2월 6일 월요일. 우리는 계속 남쪽으로 항해했고, 정오에 58°15′S, 21°34′W에 있었다. 육지나 그 어떤 흔적도 보이지 않는다. … 나는 이 남극해의 대부분에 퍼져있는 얼음은 대륙의 일부일 것이라고 결론지었다. 즉 이 이 얼음들의 근원이 되는 극지에 위치한 대륙이 있다고 믿는다. … 그러나 남극 대륙이 있다고 하여도 (가정한다면) 대부분 극지방 내에 위치해 있어, 그곳은 얼음으로 뒤덮여 있을 것이다. 그곳은 접근할 수 없다. 미지의 얼음 바다에서 해안을 탐사하는 위험은 너무 크다. 아마 나보다 더 멀리까지 가는 사람은 없을 것이며, 남쪽에 있는 땅은 탐사되지 못할 것 이라고 단언할 수 있다." (Beaglehole, C., 1961: 636-637)

세 번째의 항해에서도 쿡은 태평양 남쪽 중위도에는 이미 발견한 오스트레일리아 외에 큰 대륙은 없다는 것을 확인하였다. 이리하여 쿡은 타스만과 달림플의 남방대륙의 신화가 허구라는 것을 입증하였다. 달림플의 저서뿐만 아니라 1755년에 나온 디드로의 백과사전에도 남방대륙은 엉터리로 그려졌다는 것이 확인된 것이다.

Ⅲ. 제임스 쿡의 3차 항해와 북서항로 탐사

남방대륙을 발견하고 소유권을 주장하려는 영국의 욕망에 더하여 태평양 탐사의 또 다른 목적은 북아메리카 동부 해안에서 서쪽 방향으로 아시아로 가는 지름길인 북서항로 (Northwest Passage)를 발견하는 것이었다. 마닐라-아카풀코 사이의 갈레온 무역을 장악한 스페인이 태평양 횡단 교역로를 통해 수익성 높은 중국산과 동남아 및 인도산 상품을 독점해 왔던 바, 특히 영국은 태평양을 횡단하는 새로운 북서항로의 발견에 국력을 집중했다. 영국은 중국과의 차와 도자기 그리고 인도와의 직물 교역이 증가하고 있었기 때문에 북서항로의 개척이 국가 관심사였다. 영국의회는 북위 50도 이상에 존재하는 북서항로를 발견하는 선장에게는 2만 파운드의 상금을 제공하겠다고 의결하였다(Day, A., 2006: ⅹⅹⅰ).

쿡의 탐사 이전까지 북서항로 탐사는 러시아와 스페인이 주도권을 갖고 성과를 내고 있었다. 1774년 제이콥 폰 슈테일린(Jacob von Staehlin)은 러시아 탐험대의 북태평양 항해기, 즉 새로 발견된 북방 도서에 관한 항해기에 알래스카를 포함해 북태평양 지역의 탐험 정보 및 해도를 실었다. 이 책은 영국 왕립학회 회원들 사이에 널리 애독되었다. 스페인도 러시아 알레스카 탐사에 자극받아 1775년과 1779년의 콰드라(Juan Francisco de la Bodega y Quadra) 탐험대를 포함하여 수차례 북서항로 탐사에 나섰다. 1775년 영국인들은 콰드라를 수행했던 부사령관 모렐리(Francisco Antonio Mourelle)의 항해일기를 입수 한 뒤 번역 출간하였다. 그는 북위 58도 30분까지 항해하였고 알렉산더 군도의 부카렐리 만을 발견하였는데, 이 책에 실린 항해 정보는 쿡의 북서항로 탐사에 활용되었다(Thrapp, Dan L., 1991: 1028).

러시아와 스페인의 활동에 자극받은 쿡의 세 번째 항해(1776-1780), 레졸루션 호와 디스 커버리 호의 탐사는 베링 해협을 가로지르는 북서항로의 존재에 대한 의문 해소에 주력했다. 이 때 쿡이 실사 대상으로 삼은 항로는 슈테일린의 정보와 해도였다. 영국의 왕립학회 회원이었던 벤자민 프랭클린, 조셉 뱅크스, 알렉산더 달림플, 다니엘 솔랜더, 천문학자 네빌 매스킬라인 등은 슈테일린의 저서 속의 정보와 해도를 전적으로 신뢰하였고, 왕립협회가 쿡에게 하달한 탐험 경로는 슈테일린의 해로에 의존한 것이었다(Barnett, K., & Nicandri, D., 2015).

쿡의 레졸루션 호와 찰스 클라크의 디스커버리 호는 북위 65도 아래의 탐사는 포기하고 그 위도를 넘어 스페인 관할 영지를 피해 항해하면서 배핀 만이나 허드슨 만으로 연결되는 작은 만이나 틈새를 찾았다. 쿡은 벤쿠버 섬과 본토 사이에 있는 후안 데 푸카 해협을 그냥 지나쳤으나 누트카 해협으로 들어가 쿡 만으로 항해하여 갔으며 포제션 포인트에서 북미의 북부지역을 영국 여왕의 소유라고 선언했다. 마침내 쿡은 베링 해협을 지나 북극해로 들어가 북위 70도 44분의 아이시 곶에 도달했다. 그는 아시아 연안에서 알레스카 북부 연안까지 뻗어 있는 빙괴 덩어리 때문에 더 이상 탐험을 진전시킬 수 없었다(Williams, G., 2011).

"1778년 8월 18일 화요일 … 정오에 우리의 위도는 70°44'이었고, 크로노미터는 우리가 동쪽으로 약 5리그 더 나아갔음을 보여주었다. 우리는 이때 20패덤의 깊이에서 물에 있었고, 얼음 가장자리에 가까웠으며, 그 얼음은 벽처럼 단단했고 최소한 10~12피트 높아 보였지만 북쪽으로 더 멀리 갈수록 훨씬 더 높아 보였다. 얼음 표면은 매우 울퉁불퉁했고 여기저기에 물웅덩이가 있었다.

… 위도 70°29'N, 경도 198°20'E였으나 다른 끝은 지평선 너머로 사라져서 이것이 아메리카 대륙의 연속임에 의심의 여지가 없었다. 디스커버리 호는 우리보다 약 1마일 뒤에 있었고, 바람이 불어오는 쪽으로는 얕은 물을 발견했고, 우리도 고립될 우려가 있어 방향을 바꿔야 했다. 우리의 상황은 점점 더 위급해졌다. 우리는 바람이 불어오는 쪽에 있는 얕은 물에 있었고, 큰 얼음 덩어리는 우리를 향해 내려오고 있었다. 우리가 얼음과 땅 사이에 더 오래 머물면 얼음이 우리를 육지로 밀어낼 것이 분명했으며, 얼음이 우리 앞에서 땅에 닿지 않는 한 그렇게 될 것이다. 얼음은 바람이 불어가는 쪽의 땅에 거의 또는 완전히 붙어 있는 것 같았고, 유일하게 열려 있는 방향은 남서쪽이었다." (Beaglehole, C., 1967a: 417-418)

다인즈 바링턴(Daines Barrington)이 1775년 발표한 논문 「북극해 상시 이용 가능성에 관하여」에서 주장한대로 쿡은 해수가 얼지 않는다고 보았기에 빙괴를 강물이 얼은 것으로 항해일지에 썼고, 그의 기록은 북서항로가 존재한다는 가설을 지지하는 것처럼 해석될 수도 있었다(Williams, G., 2009: 132-133). 그러나 쿡이 강으로 착각한 북극해에서 빙괴 덩어리로 인해 항해가 불가능하다는 사실 확인은 북서항로가 신기루라는 것을 사실상 입증한 것 이었다.

이후 쿡은 알류샨 열도의 언알래스카(Unalaska)섬에도 3주일 동안 머물렀는데, 쿡은 여기서 조우한 알류트 인의 외모, 문화, 풍습 등을 기록하였다.

"1778년 10월 8일 목요일. 데라모우쉬크(Derramoushk)라는 인디언으로부터 매우 특이한 선물을 받았다. 이 선물은 그 장소를 고려하면 놀랍다. 호밀빵 형태로 만들어진 파이였는데, 그 안에는 후추로 매우 강하게 양념한 연어가 들어 있었다. 데라모우쉬크는 … 우리 중 누구도 읽을 수 없는 언어로 쓰인 쪽지를 각각 전달했다. 그러나 우리는 이 선물이 근처의 러시아아인들로부터 왔다고 의심하지 않았고, 이 친구들에게 럼주, 와인, 포터 몇 병을 보내는 것이 우리가 가진 것 중 가장 환영받으리라 생각했으며, 결과적으로 우리의 생각이 틀리지 않았음을 확인했다."
(Beaglehole, C., 1967a: 448-449)

쿡 탐험대는 북극해를 탐사 중인 러시아인들과도 조우하였다. 러시아 탐험대를 만난 쿡은 탐험 정보를 비교하여 북서항로 탐사의 실마리를 찾으려 잡으려 시도하며 특히 슈테일린의 해도에 대해 문답하였다. 현지 사정에 밝은 러시아 탐험대는 슈테일린의 해도에 명기된 섬들은 본 적이 없다고 말한다. 쿡은 달림플의 남방대륙에 대한 책이 그러했던 것처럼 슈테일린의 책도 상당부분 엉터리로 작성되었다는 것을 확인하였다.

"나는 또한 데라모우쉬크와 그의 일행과 함께 정보력이 뛰어난 해병대 레디어드 상사를 파견하였다. … (10월) 10일 그는 세 명의 러시아 선원 또는 모피상들과 함께 돌아왔다. 이들은 에구츠샥(Egoochshac)에 거주하며 주거용 집과 몇몇 창고, 약 30톤의 작은 배를 보유하고 있었다. 이들 중 한 명은 이 배의 선장 혹은 선원이었고, 다른 한 명은 글씨를 매우 잘 쓰고 산수에 밝았다. 세 명 모두 매우 예의 바르고 지적인 사람들이었으며, 내가 원하는 모든 정보를 제공해 주려 했지만, 통역이 어려워 서로 이해하는 데 어려움이 있었다. … 그들은 또한 내가 보여준 슈테일린의 지도가 어떤 지역을 가리키는지 전혀 몰랐다. 내가 캄차카와 몇몇 알려진 장소를 가리켰을 때, 그들은 그 지도의 섬들을 본 적이 있느냐고 물었고, 내가 아니라고 대답하자, 그들은 지도에 여러 섬이 표시된 곳에 손가락을 대고 거기에서 땅을 찾으려 항해했으나 발견하지 못했다고 말했다." (Beaglehole, C., 1967a: 449-450)

1778년 9월 4일에도 쿡은 자신의 일지에 슈테일린의 지도가 여러 사정을 감안하더라도 부정확하다고 단언했었다.

"1778년 9월 4일 금요일. 아시아 해안에 도달할수록, 나는 슈테일린의 새로 발견된 북방 도서에 관한 항해기에 실린 해도를 나의 관측과 일치시키는 데 어려움을 겪었고, 내가 아메리카 대륙으로 착각한 어떤 알래스카 섬의 일부를 놓쳤기 때문에 이런 큰 차이가 발생했을 것이라고 생각했다. 그럼에도 불구하고, 상당한 차이가 있다. 이 점을 이번 기회에 명확히 하는 것이 중요하다. 다음 탐험에서는 한 가지 목표에만 집중하기 위해서다." (Beaglehole, C., 1967a: 433)

1778년 10월 26일, 쿡은 다시 배를 출발시켰다. 그는 남쪽의 샌드위치 제도(하와이)로 향했다. 1779년 1월 16일에는 동쪽에 위치한 가장 큰 섬인 하와이에서 케알라케푸아 (Kealakepua) 만을 발견한다. 쿡이 처음 카우아이에 내렸을 때와 마찬가지로 이곳의 원주민들도 그를 진심으로 환대하였다. 그러나 도난 문제로 인해 쿡은 원주민과의 갈등을 빚었고 추장을 인질로 잡아 도둑맞은 물건을 되찾으려다 원주민의 습격으로 사망하고 만다. 쿡의 사망 이후 디스커버리 호는 클러크에게 지휘권이 넘어갔고 그는 또다시 베링해와 북극해의 70° 33′ 의 지점까지 탐사했으나 상용 가능한 북서항로는 찾을 수 없었다.

북서항로가 존재한다는 희망으로 인해 쿡 3차 탐사 이후에도 북서항로를 찾으려는 노력은 여전히 계속되었다. 스페인의 말라스피나(Alessandro Malaspina, 1791), 프란시스코 데 엘리사(1790, 1791), 갈리아노(Dionisio Alcalá Galiano, 1792)는 야쿠타르 만, 후안 데 푸카 해협, 조지아 해협에서 북서항로로 판명될 수 있는 모든 수로를 탐사하였으나 북서 항로를 찾을 수 없었다.

쿡뿐만 아니라 영국의 다양한 탐험대가 내린 결론은 북서항로는 존재할 수 없다는 것이었다. 북위 65도 아래는 해안선이 남쪽으로 탐험대를 밀어내며, 어렵사리 북위 70도 지점에 도착하면 빙괴 덩어리와 조우할 뿐이었다

(Collingridge, V., 2011). 1792-1794년 밴쿠버는 북서 해안의 모든 통로를 세밀하게 탐사하였다. 그가 내린 결론은 베링 해협 남쪽에는 북서 항로가 없다는 것이었다(조지 밴쿠버·윌리엄 로버트 브로튼/김낙현 외 옮김, 2021: 138-144). 1789년과 1793년 북극해와 태평양을 탐사한 알렉산더 매켄지가 보고한 내용도 동일한 결론을 내렸다(Mackenzie, A. 1801).

IV. 태평양에 대한 과학적 발견

1. 오스트랄라시아의 발견

제임스 쿡은 1-2차 태평양 탐사의 주된 임무였던 남방대륙 발견은 실패로 끝났다. 남방 대륙 그 자체가 신기루이며 존재하지 않는다는 것을 확인하였던 것이다. 그 대신 쿡은 남방 대륙을 찾기 위해 오스트레일리아 동부와 뉴질랜드 전체의 탐사하는 과정에서 오스트랄라시아의 실체를 확인하고 발견하였다. 특히 오스트레일리아의 동부 해안에 대한 과학적 발견은 영국으로 하여금 향후 오스트랄라시아 식민의 수월성을 제공하게 된다.

쿡의 인데버 호는 1770년 5월 오스트레일리아 동해안의 항구에 상륙했다. 뱅크스와 솔랜 더 박사가 이곳을 '가오리 항(Stingray harbour)'이라 명명했으나 쿡은 이들이 이 곳에서 많은 식물들을 채집할 수 있었기에 '보타니 만'이라고 명명하였다.

"1770년 5월 6일 일요일. 저녁에 보트 낚시를 하고 돌아와 가오리 두 마리를 잡았는데, 그 무게가 거의 600파운드에 달했다. 뱅크스 씨와 솔랜더 박사가 이곳에서 처음 보는 다양한 식물들을 채취하였기 때문에 나는 이곳을 (다양한 식물들의 서식지) '보타니 만'이라고 이름 붙였다. 이곳은 남위 34°, 서경 208°37'에 위치해 있으며, 넓고 안전하며 편리하다. … 항구의 입구는 이 지역의 중간쯤에 있으며, … 입구는 1마일 조금 넘게 넓고, WNW 방향에 있다."(Beaglehole, C., 1955: 310-311. 괄호 안은 필자들)

동시에 쿡은 보타니 만의 자연 인문 생태 및 지리, 조류, 어패류, 원주민에 대한 관찰 기록을 남겼다.

"북쪽 해안의 첫 모래 해안 내부에서 아주 좋은 신선한 개울을 발견했다. … 연료용 나무는 어디서나 구할 수 있다. 여기 나무는 풍부하지만 종류는 매우 적으며, …토양은 일반적으로 모래인 것 같다. 숲에는 아름다운 새들이 많이 있는데, 앵무새, 작은 앵무새, 큰 앵무새 등이 있고 영국에 있는 까마귀와 똑같은 새도 있다. 해안가에는 물새도 많이 있는데, … 검은색과 흰색이며 거위만큼 크지만 펠리컨과 거의 비슷한 종류가 있다. 모래와 진흙 둑에는 굴, 홍합, 조개 등이 있으며, 이것들은 원주민들의 주된 음식인 것 같다. … 내가 본 사람들은 유럽인과 비슷한 키에 매우 진한 갈색이지만 검지 않고, 머리카락도 털처럼 곱슬거리지 않고 검고 편평하다. … 우리가 본 것은 옷이나 장식품은 전혀 없었으며, 이로 보아 그들은 아무것도 입지 않는 것으로 결론지었다. 몇몇은 얼굴이나 몸에 흰색 물감 또는 염료로 칠해져 있었다. 비록 조개류가 그들의 주된 음식이라고 했지만 다른 종류의 물고기도 잡는데, 우리가 처음 상륙했을 때 불 위에서 구워지는 것을 발견했다. … 우리는 그들과 어떤 교류도 할 수 없었기 때문에 그들의 관습에 대해 거의 알 수 없었다."(Beaglehole, C., 1955: 311-312)

쿡은 보타니 만에 대한 영국의 실효적 지배를 위한 물증을 남기는 행위도 빠뜨리지 않았다.

"이 항구에서 머무는 동안 나는 매일 육지에 영국 국기를 게양하고 물 공급지

근처의 나무에 배의 이름, 날짜 등을 새기는 표지판을 설치하도록 지시했다.”
(Beaglehole, C., 1955: 312)

9일간 보타니 만에 체류 후에 북쪽으로 향하던 쿡은 정박하기 적당해 보이는 장소를 발견하고 이곳을 해군 본부 2등서기관의 이름을 따서 '포트 잭슨'이라고 명명하였다.

“이곳에서 볼 수 있는 모든 것을 확인한 후 우리는 아침 일찍 NW 방향의 가벼운 바람을 타고 출항했고 곧 바람이 남쪽으로 돌아서 우리는 NE 방향으로 해안을 따라 항해했으며 정오에는 남위 33°50'에서 육지로부터 23마일 떨어진 곳에 있었고 안전해 보이는 만 또는 항구에 나란히 있었는데 그곳을 포트 잭슨이라고 명명했다. 그곳은 보타니 만에서 북쪽으로 3리그 떨어져 있다.” (Beaglehole, C., 1955: 313)

8년 뒤, 영국 의회는 죄수들을 수용할 장소로 바로 쿡의 항해기에 묘사한 보타니 만을 선 택하게 된다. 여기에는 보타니 만과 그 인근의 포트 잭슨 지역에 대해 쿡이 남긴 상세한 관 찰 기록이 결정적인 역할을 했다. 조셉 뱅크스와 인데버 호의 또 다른 승선자였던 전 해군 소위 후보생 제임스 메그라 등이 보타니 만을 새로운 정착지로 추천하였다(토니 호위츠/이순주 옮김, 2022: 217).

그리하여 영국은 오스트레일리아를 본국 교도소와 선체 감옥을 채우고도 넘치는 경범자를 격리시키는 장소로 이용한다고 결정하였다. 1788년 아서 필립이 이끄는 11척에 1,350명의 재소자와 경비대원을 실은 5대의 선단이 동부 보타니 만에 닻을 내렸다(Commonwealth of Australia, 2008). 한여름에 그곳에 도착한 죄수 호송함대는 보타니만이 정착촌으로는 부적합하다는 판단을 내렸고 근처의 포트 잭슨으로 이동하게 된다. 이어서 죄수 16만 여 명이 호송되었고 포트 잭슨에는 거대한 수감소가 세워지게 된다. 이곳이 바로 오늘날의 시드니 항이다(Gillen, M., 1989: 445).

2. 어업자원과 상업적 활용 가능성 발견

쿡의 3차 항해에서는 주요 임무 중의 하나였던 북태평양을 횡단하는 북서항로 개척이었다. 콜럼버스의 대서양 횡단, 다가마의 희망봉을 도는 인도양 항로 개척과 독점, 스페인의 우르다네타의 북위 30도의 무역풍을 이용하는 마닐라-아카풀코 항로 개척, 노호하는 40도대 아래의 바람을 이용하는 네덜란드의 브라우어 루트 발견은 많은 경제적 문화적 혜택을 가져왔다. 이러한 경험은 북태평양의 북서항로를 발견하기 위한 영국의 국가차원의 지원과 기획으로 나타났다. 영국의회는 1714년의 경도 법과 1745년 북서항로 법을 제정하고 정확한 경도 책정을 보장하는 해상의 시계 발명자와 북서항로 개척자에게 각각 2만 파운드의 거금을 포상금으로 내걸었다(Howse, D., 1998: 400-403). 그런데 쿡을 비롯한 국가의 기획 아래 진행된 과학적 탐사는 북서항로를 발견한 것이 아니라 실존하지 않는다는 것을 증명하였다. 반면 그 과정에서 수달과 고래와 같은 어자원의 존재와 그 상업적 가능성에 대한 정보가 공유되고 곧 체계적인 태평양 진출의 계기를 부여하였다.

1778년 6월 5일 북서항로 발견에 몰두하던 쿡은 북태평양의 모피의 상업적 가치를 인정하면서도 영국의 실익 가능성에 대해서는 심드렁하게 언급하였다.

"1778년 6월 5일. 이 광대한 해안의 주민들과 매우 유익한 모피 무역이 이루어질 수 있을 것이라는 데 의심의 여지가 없다. 그러나 북쪽항로가 발견되지 않는 한,

 격동의 환태평양: 국가의 상쟁과 지역의 통합 그리고 초국적 연계성

영국이 그로부터 실질적인 이익을 얻기에는 이곳이 너무 멀리 떨어져 있는 것처럼 보인다. 그러나 내가 보았던 대부분, 아니 거의 유일하게 가치 있는 가죽은 바다 비버, 또는 일부가 바다 수달(sea otter)이라고 부르는 것이었다. … 외국과의 무역은 그들에게 새로운 사치 상품 경제를 맛보게 함으로써 그들의 욕구를 증가시킬 것이며, 그로 인해 그들은 더 열심히 가죽을 모을 것이다. 이 나라에서 가죽이 희귀하지 않다는 것은 상당히 분명해 보인다. 우리가 주민들 사이에서 본 가죽들을 판단할 때, 여기에는 세계 북부 지역에서 발견되는 모든 동물들이 있는 것처럼 보인다."(Beaglehole, C., 1967a: 370-371)

인근의 러시아아인들은 오랜 모피 교역의 경험을 통해 이 자원의 가치를 알고 알래스카에서 북부 캘리포니아 연안을 따라 생산성이 높은 지역을 확보하고 있었다. 러시아 모피 사냥꾼들은 알래스카 남부해안과 알류산 열도에 징검 다리처럼 연결된 도서들을 1759년, 1784년, 1785년, 1795년 1799년 연이어 발견하였고, 그 곳이 해달 서식지라는 것을 보고하였다(정문수, 2022: 48). 쿡 선장과 동행했던 제임스 킹(James King)이 남긴 일지에 따르면 러시아 상인들이 캄차카 반도에서 구입한 모피는 오코트스크(Okotsk)로 이동되며 다시 1,354마일 떨어진 중국과 접경지대인 캬흐타(Kiachta)로 이동되고 다시 여기서 760마일 떨어진 북경으로 가며 여기서 일본으로 이동된다. 캄차카반도에서 일본까지 이동하는데 걸리는 기간은 2주 내지 3주 정도면 가능하였다. 그리고 모피 하나가 노코스트에서는 30루블이며 캬흐타로 가면 그 가격이 2배 이상 되고 북경에 도착하면 가격이 대폭 올랐고 다시 폭등한 가격으로 팔리는 일본의 시장으로 연결된다고 보고하였다(King, J., 1784: 437).

제임스 킹은 자신의 승무원들이 러시아에서 6개의 푸른 옥구슬을 주고 산 모피들 중 일부가 중국 광저우에서 각각 800달러, 200달러, 100달러 등

2,800 파운드에 팔았고, 중국에 와서야 모피의 가치를 알게 되었다고 보고하였다(King, J., 1784: 440-441). 쿡의 항해일지 공개 이후 그의 정보에 고무 받아 많은 상인들이 태평양으로 진출하기 시작했다. 1785년 마카오를 거점으로 제임스 한나(James Hanna)가 북태평양을 오가며 유럽인으로는 처음으로 모피교역에 참여했고, 1787년 미국인 로버트 그레이(Robert Gray)가 북아메리카와 북태평양을 오가며 모피 교역에 참여했다. 1788년 영국인 존 미얼스(John Meares)는 광저우/마카오와 북태평양을 오가는 모피교역을 위해 누트카에 상관(商館) 건설을 계획하였다(정문수, 2022: 50).

쿡은 북태평양에서 구입한 모피를 마카오에서 막대한 이윤을 남기고 팔수 있었다(Hīroa, 1953: 35). 쿡 탐험대에 참여했던 항해사들은 북태평양에서의 모피 교역이 수익성이 있다는 것을 이미 경험하였다. 1786년 다섯 척의 영국 선박이 모피 무역을 위해 대서양을 횡단하여 북태평양을 방문하였다. 그중에는 킹 조지 호의 포틀록 선장(Captain Portlock)과 퀸샬럿 호의 딕슨 선장(Captain Dixon)도 있다. 이들은 모두 쿡의 3차 항해에 동승했던 항해사들이며, 모두 1785년에 설립된 런던의 에치스 앤드 컴퍼니(Etches and Co.) 소속으로 영국에서 대서양을 건너 케이프 호른을 돌아 북태평양에서 모피를 구입하여 모피 수요가 폭증한 마카오로 갔다. 쿡의 항해기가 출판된 지 꼭 1년 만의 일이었다(Beaglehole, C. 1967a: 371-372).

쿡이 환기시킨 태평양의 어자원의 상업적 개발의 가능성은 모피에 이어 고래로 확산되었 다. 1788년 런던에서 최초로 포경선 에밀리아(Emilia) 호가 케이프 호른을 돌아 태평양으로 출어하여 1790년 139톤의 향유고래기름을 싣고 런던으로 귀항했다(Clayton, J., 2014: 114). 19세기가 되면 매년 수백 척의 포경선이 태평양에서 조업하는 광경을 보게 된다.

3. 해문(海文)과 인문에 관한 관찰과 기록

태평양에 대한 과학적 탐사는 발견한 영토의 동물상, 식물군의 조사, 수리적, 천문적, 기후적 정보 기록, 정확한 위도와 경도 측정 및 해도 작성이 임무에 포함되었다. 이는 18세기 천 문학, 지질학, 지리학, 해양학, 동식물학, 의학, 인류학 등의 발전과 연동되어 진행되었다. 제 임스 쿡의 태평양 탐사에서 항해 및 바다의 물리적 특징(海文)에 대한 조사와 기록 중 대표적 인 것은 존 해리슨의 H4 마린크로노미터를 이용하여 보다 정확한 경도를 확인한 것이었다.

쿡의 2차 항해는 항해사적으로도 매우 중요한 의미가 있다. 당시 태평양 대부분의 경도는 정확하게 측정될 수 없었다. 1차 항해의 첫 번째 임무였던 금성관측을 통해 얻어진 관측 자료 로 왕실 천문학자 네빌 매스켈리인이 운항 자료를 만들기로 되어있었다(카이버스/김성준 옮김, 1999: 430-431). 그러나 금성 관측은 결과적으로 실패로 돌아갔다. 1769년 6월 3일 쿡 일행은 금성을 세 차례에 걸쳐 관측하였는데, 그때마다 측정치가 다르게 나왔다. 금성이 태양 면을 통과하는 모습은 보이지만 태양면을 벗어나는 시점은 관측하기 어려웠던 것이다(Beaglehole, C. 1974: 183). 결국 경도를 측정하기 위해 크로노미터 사용을 포함해 새로운 대안적인 방법이 개발되어야 한다는 목소리가 높아졌다(도널드 프리먼/노영순 옮김, 2016: 124). 1530년 독일의 천문학자 프리시우스(Gemma Frisius)는 경도 15°마다 1시간씩 시간이 변하기 때문에 시간만 정확히 측정할 수 있다면 경도를 계산할 수 있다는 사실을 주장했다. 이를 바탕으로 경도를 정확하게 측정하기 위한 시계 개발 시도들이 있었으나, 당시 기술로 파도에 요동치는 선박 위에서도 정확히 작동하는 시계를 개발하는 것은 매우 어려운 일이었다. 존 해리슨은 1730년경부터 총 4개의 크로노미터를 제작했는데, 그중에서도 1760년에 만든 H4가

1761년 영국에서 자메이카까지 항해하는 성능시험에서 불과 5초의 오차만을 냈다. 그리하여 시계공 켄달(Marcum Kendal)이 H4를 복제하여 제작한 K1이 쿡의 2차 항해에서 경도 측정용으로 사용된다. 2차 항해에는 3개의 크로노미터가 탑재됐는데, 그중 오직 K1만이 고장이 나지 않았고, 쿡은 K1을 통해 경도 측정에 성공하게 된다(Williams, G., 2011).

경도를 측정할 수 있는 시계나 방법을 입증하는 할 수 있는 과학자에게 2만 파운드의 상금을 내걸었던 경도위원회는 윌리엄 웨일즈(William Wales)에게 다음과 같이 주문하고 있다. 웨일즈는 천문학자이자 수학자로 제임스 쿡의 2차 항해에 동승하여 경도 측정 임무를 부여받았다. 기준 장소(그리니치)와 해당 장소의 현지 시간 사이의 비교는 그 장소의 경도를 결정할 것이었다. 현안은 기준 장소로부터 멀리 떨어져 있을 때 기준 장소의 시간을 결정하는 수단(정확한 시계 등)을 찾는 데 초점을 맞추었다.

> "귀하는 지시에 따라 슬루프 중 하나에 승선할 준비를 하여, 필요한 명령이 내려지면 그 슬루프에 승선하여 상기 언급된 항해를 진행하시기 바랍니다. … 매일 정오 직후 시계를 감고, 시계를 서로 비교한 후, 각각의 시간을 기록해야 합니다. … 천문 관측을 통해 헤드랜드, 섬, 항구의 위치를 위도와 경도로 설정하고, 시계가 주는 경도를 기록해야 합니다. … 정오와 동일 고도 시간대에 천문 시계와 시계를 비교해야 합니다. … 관측 후 가능한 한 빨리 또는 임시 메모에서 정식 기록으로 옮겨 적은 후 이보고서에 기록해야 합니다. 이보고서는 슬루프의 지휘관 및 다른 장교들, 그리고 이 항해에 동행하는 조셉 뱅크스 씨와 솔랜더 박사도 열람할 수 있어야 하며, 귀하는 가능한 모든 안전한 수단으로 여러 관측 결과와 주요 관측 자체를 우리에게 보내야 합니다." (Beaglehole, C., 1961: 724-728)

쿡의 태평양 탐사는 정확한 위도와 경도에 의거하여 항해상의 도서와 항구를 해도에 표기 하였다. 그리하여 사고 실험과 부정확한 위도와 경도에 근거한 정보들은 과학적 사실들로 대 체되기 시작하였다. 쿡을 비롯한 과학적 탐사는 신기루인 섬이나 대륙의 존재여부를 실사함으 로써 1875년까지 적어도 123개의 섬들과 땅들이 영국해군성의 지도에서 삭제되게 만들었다.쿡의 항해기록에서 필자들이 주목한 것은 탐사한 지역 원주민들의 초보적인 민족지적 정보의 기록이다. 제임스 쿡은 오스트레일리아, 뉴질랜드, 타이티, 누트카 현지인의 언어를 채취 기록하였고, 윌리엄 앤더슨(William Anderson)은 의사이자 박물학자였는데 반디멘렌즈(오늘날 테즈메니아) 현지인의 언어를 채취 기록하였다. 가장 인상적인 관찰과 기록을 남긴 인물은 데이비드 삼월(Dadid Samwell)이다. 그는 외과 의사이자 작가였으며 쿡의 죽음을 기록한 인물로 유명하다. 그는 캄차카 반도와 하와이 현지인의 언어를 채취하고 기록하였을 뿐만 아니라 마오리 족의 시와 찬가를 채취하고 번역 기록하였다.

여행기 수준을 넘어 초보적인 민족지 수준의 탐사 지역 원주민에 대한 인문 정보가 채취 기록된 것은 태평양의 과학적 발견의 또 다른 일면이다. 채취 수록된 언어는 크게 네 가지 범주로 나눌 수 있다.

첫째는 사람에 대한 호칭과 신체 부위와 관련된 단어들을 채취 기록하였다. 예컨대 남자, 여자, 남편, 아버지, 할아버지, 추장을 지칭하는 단어들과 머리, 이마, 눈, 입, 볼, 턱, 귀, 어깨, 가슴, 등, 옆구리, 손, 손가락, 손톱, 발, 허벅지 등 인간의 신체와 관련된 단어들이다.

둘째는 자연과 동식물에 관한 단어들이다. 태양, 달, 강, 섬, 비, 눈, 물, 바람, 모래, 돌 등 자연에 관련된 단어들과 개, 오리, 송아지, 물고기, 상어, 거북이, 바다가재, 소금, 나무, 코코넛, 사탕수수, 고구마 등 동식물과 식품에 대한 단어들이다.

세 번째는 간단한 회화 문장과 수식어가 수록되었다. 먹다, 마시다, 팔다, 냄새 맡다, 울다, 웃다, 보다, 말하다, 가다, 이름은? 어디 가느냐? 몇 개냐, 못 알아 듣겠다, 어디냐? 노래하다, 검증하다, 모르겠다 등 간단한 대화 관련 문장들과 좋은, 나쁜, 여기, 저기, 저 위, 저 아래, 크고, 작은 등 수식 및 형용과 관련된 단어들이다. 이 부류의 단어들은 캄차카반도, 하와이, 오스트레일리아, 뉴질랜드, 누트카, 타이티, 반디맨랜즈의 현지주민들로부터 채취 기록한 것들이다(Beaglehole, C., 1955: 286-287, 398-399; Beaglehole, C., 1967b: 1231-1235, 1253-1255).

네 번째는 숫자이다. 하나에서 열까지의 숫자인데, 캄차카반도, 하와이, 뉴질랜드, 누트카의 현지주민들로부터 채취 기록한 것들이다(Beaglehole, C., 1955: 287; Beaglehole, C., 1967a: 330; Beglehole, C., 1967b: 1235, 1253-1255).

아래의 〈표 1.〉은 쿡 탐험대가 남방대륙 탐사 중 타이티, 뉴질랜드, 뉴홀란드에서 채집한 언어들의 몇 가지 예시이며(Beaglehole, C., 1955: 286-287, 398-399), 〈표 2.〉는 북서항로 탐사 중 채취한 하와이와 캄차카반도의 언어의 몇 가지 예시이다(Beaglehole, C., 1967b: 1231-1235, 1253-1255).

〈표 1.〉 쿡이 채취한 타이티, 뉴질랜드, 뉴홀란드(호주)의 언어 예시

지역	명칭	신체부위	자연, 동식물	문장	숫자
Tahiti	추장 - Earee 남자 - Taata 여자 - Ivahine 할아버지 - Toubouna	머리 - Eupo 귀 - Terrea 이마 - Erai 눈 - Matu 볼 - Paparea 코 - Ahew 입 - Mouth 치아 - Nihio 팔 - Rema 손가락 - Maneow	물고기 - Eyca 가재 - Touura 코코넛 - Taro 고구마 - Cumala 암 - Tupwhwe 새 - Mannu 나무 - Eraou	이리오라 - Haromai 조사하다 - Mataitai 노래하다 - Heiva 나쁜 - Eno 아니다 - Oure 이것을 뭐라고 부르는가? - Owy Terra	1 - Tahai 2 - Rua 3 - Torou 4 - Heo 5 - Rema 6 - Ono 7 - Hetu 8 - Wharou 9 - Hya 10 - Ahourou

지역	명칭	신체부위	자연, 동식물	문장	숫자
New Zealand	추장 – Eareete 남자 – Taata 여자 – Ivahino 할아버지 – Toubouna	머리 – Eupo 귀 – Terringa 이마 – Erai 눈 – Matu 볼 – Paparinga 코 – Ahewh 입 – Hangoutou 턱 – Ecouwai 치아 – Hennihu 팔 – Haringa-ringu	물고기 – Heica 가재 – Kooura 코코넛 – Tara 고구마 – Cumala 얌 – Tupwhwe 새 – Mannu 바람 – Mehow 나무 – Oratou	이리오라 – Haromai 조사하다 – Mataketake 노래하다 – Eheiva 나쁜 – Keno 아니다 – Kaoura 이것을 뭐라고 부르는가? – Owy Terra	1 – Tahai 2 – Rua 3 – Torou 4 – Ha 5 – Rema 6 – Ono 7 – Etu 8 – Wharou 9 – Toa 10 – Angahourou
New Holland	남자 – Bam-ma or Bāmā 아버지 – Dunjo 아들 – Jumurre 여자 – Mamingo	머리 – Wha-geegee 머리카락 – Morye or More 눈 – Meul 귀 – Melea 입술 – Yembe or Jembi 치아 – Mulere or Moile 턱 – Jacal 수염 – Waller 혀 – Unjar 코 – Bonjoo	돌 – Walba 볼 – Maianang or Meanang 해 – Galan or Gallan 하늘 – Kere or Kearre 개 – Cotta or Kota 로리킷 앵무새 – Perpere or Peer-pier 코카투 앵무새 – Wanda 수컷 거북이 – Poenja or Poinga 대합 – Moenjo or Moingo	(반디맨렌즈 부족어) 먹다 – Teegera 가야만 한다, 갈 것이다 – Toga´rago	X

<표 2.> 쿡이 채취한 캄차카반도, 하와이 지역의 언어 예시

지역	명칭	신체부위	자연, 동식물	문장	숫자
Kantschatka	남자 – Ooscams 여자 – Kangesa	머리 – Toxa 머리카락 – Cobbead 이마 – Chul-chkwa 눈 – Naneed 눈썹 – Tedda 볼 – Paad 입 – Kuscha 치아 – Cupped 입술 – Schetschul 턱 – Kubbu-gutusch	개 – Kossa 황소 – Kooza 오리 – Achuma-chutz 강 – Keedha 태양 – Quatach chway 달 – Quatach chwingway 비 – Chuchchuch 눈 – Kulaal 물 – E-ee 불 – Panqitch	X	1 – Disch 2 – Cash 3 – Chogqch 4 – Chask 5 – Coomdch 6 – Culcoc 7 – Etatoc 8 – Choqchtoock 9 – Chachdac 10 – Coomchdooc

지역	명칭	신체부위	자연, 동식물	문장	숫자
Hawaii	남편 - Hekane 여자 - Waheine 아빠 - Me-dooa kanee 엄마 - Me-dooawaheine 아들 - Keige kanee 딸 - Keige Waheine 소년 - Hobe 형제 - Taitoana	머리카락 - Raw-oho 발 - Capooai 눈썹 - Coo-maka 무릎 - Koore-coore 눈 - Hamaka 허벅지 - Oowha 코 - Eihoo 가슴 - Oomawma 치아 - Neeho 등 - Hekooa	섬 - No 섬 또는 나라 - Aina 만(灣) - Ava 빛 - Maramarama 용암 - Poohakoo 해안 - Uta 소금 - Pakai 바다 - Hekai 상어 - Meenôh 물고기 - Eia	배가 떠난다 - Oro mogoo 문을 열어라 - Hoowai 몇 개? - e-he-a? 덩겨라 - Peremai 너의 이름은 무엇인가? - Owai tou e noa? 저기로 가자 - Hereireira 네가 하는 말이 안 들린다 - Awheroa 어디? - aw-whea? 어디로 가는가? - Hare-hea 나는 모른다 - Aouree ete	1 - Tahe 2 - Rooa 3 - Doroo 4 - Ha 5 - Rema 6 - Onoh 7 - Heidoo 8 - Varoo 9 - Eiva 10 - Oome

그 밖에 마오리 족들의 찬가 3편을 채취하여 영역한 것이 있다. 쿡 자신은 오스트랄시아, 즉 오스레일리아와 뉴질랜드 그리고 타이티 어를 각각 39개, 41개, 41개 를 채취 수록하고 있다(Beaglehole, C. 1955: 286-287). 특기할 것은 누트카 언어는 알파벳순으로 단어 사전을 제시하고 있으며, 신체의 부위, 숫자를 구별하여 수록하고 있다(Beaglehole, C. 1967a: 323-330). 아마도 이는 당장의 식민과 교역의 대상이 된 오스트랄라시아와 누트카의 사정을 감안하여 간단한 회화가 가능하도록 정리 수록한 것이라 판단된다. 〈표 3〉은 쿡이 채취한 누트카 언어의 몇 가지 예시를 정리한 표이다(Beaglehole, C., 1967a: 323-330).

〈표 3.〉 쿠이 채취한 누트카족의 언어 예시

지역	명칭	신체부위	자연, 동식물	문장	숫자
Nootka	남자 - Tan'ass, or Tanās 남성 - la'kops 친구, 우정 - Ha'wēēlsth, or Ha'wēēlsthha-walth	머리 - Oó'ōōmetz 머리카락 - Ap'soop 이마 - Uh'pen-kl or Up'úpēā 근육 - Klo'chimne 눈썹 - A'ēēte-hse 눈 - Kuss'see, or Kass'see 귀 - Pa'pai 코 - Neets 콧구멍 - Klöösh,hööh,kl-hatamai 불 - A,a'miss	불 - Ee'nēēk, or E'leek 눈, 눈보라 - Kōō ēēs 너구리 - Kla'pissime 물고기 지느러미 - Kōok e'lixo 발굽 - Klih'klēēk 딸기 식물 - Kish, killlap 나무, 목재 - ōōchis 달 - O'nulszthl 바람 - Okumcha 돌, 해변, 바위 - Mook'sēē 하늘 - Nas, or Eē,ndēēhl Nas 산 또는 언덕 - Nooh'chai	친구야, 들어라. - Alle 네 이름이 무엇인가? - Achalta or Achak'lak 그의 이름이 무엇인가? - Achalta'hā 이것이 무엇인가? - Aka chatlu ha 그는 그것을 뭐라고 부르는가? - A'chichil 올라가라, 떠나라 - Chōōk wak 저쪽으로 가라 - Lotūa 그는 그것을 하지 않을 것인가? - Wook'hak 너는 그것을 하지 않을 것인가? - Wick'hak 기침하다 - Wa'suk'sheete 잠을 자다 - Wa'ēēteh	1 - Tsa'wake 2 - Ah'kla 3 - Kat'setsa 4 - Mo or Moo 5 - So'chah 6 - Nas'po 7 - Atslē'pōō 8 - Atlaquolthl 9 - Tswaquolthl 10 - Ilaeē,oō

　　태평양에 관한 인문 자료 및 인류학적 자료들 중 또 하나는 쿡과 동행했던 삽화가들이 남 긴 그림일 것이다. 이 글에서는 지면 관계상 생략하였다.

V. 결론

　　영국의 해군성, 왕립학회, 의회와 왕실이 기획한 제임스 쿡의 3차례에 걸친 태평양 탐사는 크게 세 가지 임무를 부여받고 수행되었다. 하나는 미지의 남방대륙을 발견하는 것이었다. 두 번째 임무는 대서양에서 북태평양을 가로지르는 새로운 북서항로를 발견하는 것이었다. 세 번째는 정확한 경도 측정을 비롯한 태평양에 관한 과학적인 해문 및 인문 정보를 수집하는 것이었다.

필자들은 제임스 쿡의 항해일지를 통해 쿡이 첫 번째 임무, 즉 남방대륙의 발견은 불가능 했고, 그 과정에서 오스트랄라시아의 실체를 발견하였다는 것을 설명하였다. 특히 쿡과 그 일행이 경험하고 기술한 보타니 만과 포트 잭슨에 관한 자연 및 인문 정보의 중요성을 강조하였다. 왜냐하면 쿡 항해일지의 정보들이 영국의 태평양으로의 식민정책의 결정의 주요 근거가 되었기 때문이다.

필자들은 제임스 쿡이 두 번째 주요 임무인 북서항로 발견 역시 실패하였고, 해군성과 왕 립학회에서 가이드라인으로 제시한 슈테일린의 해도가 쿡의 과학적인 실사에 의해 상상의 산물에 불과한 것으로 입증되는 과정을 추적하였다. 대신 북태평양에서의 풍족한 어자원의 존재와 그 상업적 이용의 가능성에 대한 쿡의 언급과 쿡의 탐험대의 모피 교역의 수익성 경험은 영국을 비롯한 해양열강들의 태평양 진출을 고무하였다는 것을 밝혔다.

필자들은 제임스 쿡의 주요 임무 중 하나인 태평양의 경도 측정을 비롯한 해문과 인문의 자료 수집은 소기의 성과를 거두었고 태평양 진출을 뒷받침하는 과학이자 담론이 되었다는 것을 강조하였다. 영국의 경도위원회가 윌리엄 웨일즈에게 내린 지침에서 확인하였듯이 쿡의 탐험대는 존 해리슨의 H4 마린크로노미터를 이용하여 보다 정확한 경도를 확인하는 성과를 거두었다. 뿐만 아니라 쿡의 항해일지에는 오스트랄라시아, 타이티, 하와이, 누트카, 캄차카반도에서 조우한 지역과 원주민들에 관한 해문과 인문 정보가 관찰 기록된 것을 분석하여 설명하였다.

제임스 쿡의 항해는 태평양에 대한 과학적 발견으로 이어졌다. 쿡의 항해 일지 발간 이후 태평양에 관한 해문과 인문의 지식을 마중물 삼아 다수의 유럽 상선대가 태평양으로 진입하기 시작했다. 1780년대가 되면 영국, 미국, 캐나다인들이 모피 교역에 참가하며 1788년에는 런던에서 출항한 영국의 포경선이 케이프 호른을 돌아 태평양에서 최초로 조업하였다. 영국은 쿡의 1769년 해도와 1770년 항해일지에 담긴 정보를 활용하여 1788년 오스트레일리아에, 1840년에는 뉴질랜드에 식민지를 건설하였다.

조선에서도 영국의 탐험선들이 동해, 서해 남해에 등장하여 해도를 비롯한 조선의 바다와 탐방 지역에 대한 과학적 발견에 나섰다. 1797년 영국 해군성이 파견한 로버트 브로튼 선장의 프린스 윌리엄 헨리 호가 용당포에 표착하였다(이학수 · 정문수, 2019). 1816년 영국 해군성의 지시로 머레이 맥스웰 선장의 알세스트 호와 리라 호가 서천에 입항하였다(Hall, B., 1818). 동해와 서해 그리고 부산 등 조선의 해안에 대한 해도와 인문 및 자연에 관한 정보가 실린 항해일지가 발간되고 공유되기 시작하였다. 그 모델은 쿡의 탐사와 항해 일지였다.

쿡의 탐사는 여러 측면에서 과학적 해양 탐사의 모델이 되었다. 태평양에 대한 과학적 발 견은 항해와 교역의 자유와 실효적 지배 원칙을 골자로 하는 자유해 담론의 전지구적인 적용으로 연결되었기 때문이다. 자유해 담론은 인도양, 대서양, 서태평양에서 점진적으로 관철되었고, 마침내 케이퍼 호른을 돌아 아메리카 서해안에서 태평양에 이르는 공간에 적용되기에 이르렀다. 이것을 주도한 국가는 영국이었고 국가적 프로젝트로 진행된 쿡의 탐험 성과인 태평양에 대한 과학적 발견은 영국의 국익에 호응한 것이었다.

12

멕시코-쿠바 에네켄 한인 이주민 후손의 모국 연계성 연구[*]

노용석 · 이정화(국립부경대학교)

Ⅰ. 서론

2020년, 전 세계적 팬데믹으로 잠시 주춤하는 것처럼 보일 수도 있지만 국민국가 영역을 넘어선 이주의 물결은 현재까지도 활발하다. 특히 한국은 국제이주의 유입과 공급이 모두 활발한 국가로서, 이주에 따른 사회의 문화 변동과 그 영향력을 면밀히 따져야 할 위치에 놓여 있다. 현재 한국에는 수많은 동남아시아 결혼 이주자 및 노동자들이 거주하고 있으며, 한국인 역시 세계의 거의 모든 지역에 분포해 있다. 이러한 지점에서, 한국 이주 역사에 있어서 '기념비적 사건'으로 꼽을 수 있는 멕시코 '에네켄(Henequén) 한인 이주'를 여기서 언급하는 것은 상당한 의미가 있는데, 그것은 에네켄 한인 이주가 멕시코와 쿠바라는 상당히 '낯선' 곳으로의 이주였다는 이유도 있지

---

[*] 이 글은 『민족문화논총』 통권 77호(2021)에 게재된 논문을 저자 동의하에 수록하였음.

만, 한인국제 이주의 본격적 출발점이자 식민지와 근대국민국가 수립의 시작점에 발생한 중요한 사건으로 의미가 있다.

에네켄 한인 이주의 역사적 의의는 상당히 큰 반면, 이주민들의 생활은 다른 언어와 문화, 기후 속에서 노예와 같은 노동을 감내해야만 했다. 이주민들은 4년의 계약 노동이 끝나 자유의 몸이 되었을 때, 귀국 경비가 없거나 혹은 '한일합방'(1910년)과 같은 정치적 격변 등의 이유로 고국으로 돌아가지 못했고, 결국 멕시코에서의 생활을 이어갈 수밖에 없었다. 이들은 이후 여러 아시엔다로 흩어져 '비참한 생활'을 이어갔고, 이중 약 300여명의 사람들은 1921년 사탕수수 산업의 부흥을 믿고 유카탄 반도의 이웃에 위치한 쿠바로 거주지를 옮기기도 하였다. 당시 쿠바는 사탕수수 산업으로 부흥하였고 노동자들도 모두 양복을 입고 일을 하는 곳이라는 소문은 멕시코의 한인들에게 희망이 되었다. 하지만 쿠바로 이주한 한인들 역시 멕시코와 다름없는 빈곤 속에서 조국을 잊은 채 현지민들과 동화해 생활해야만 했다. 이러한 에네켄 한인 이주에 대해, 현재까지 많은 학자들은 한인 이주가 어떠한 배경 속에서 이루어졌으며, 현지에서 그들의 삶은 어떠했는가에 대한 연구가 주를 이루고 있다. 또한 일제 강점기 동안 한인 이주민들이 어떤 방식으로 독립운동 등과 연관되었고, 이러한 활동이 '한국적 정체성'을 이어오는데 어떤 영향을 주었는지에 대한 연구가 이루어졌다.

하지만 에네켄 이주는 위와 같이 고증적이고 역사적 측면의 중요성과 더불어 현재성과도 상당히 연결되어 있다. 그것은 에네켄 이주민의 주요 근거지였던 멕시코 유카탄 반도와 쿠바에는 현재도 상당히 많은 수의 한인 후손들이 생존해 있기 때문이다. 현재 멕시코와 쿠바에 있는 한인 이주 후손들은 이주 3-5세대로, 국적과 정체성 등을 고려할 때 한국인으로 인식하기에 상당한 거리가 있어 보인다. 하지만 많은 에네켄 한인 이주 후손들은 한국을 자신들의 '모국'이라 여기면서 다양한 공간에서 '모국과의 연계'를 추진하고 있다. 예를 들어 유카탄반도와 쿠바에서는 현재까지도 한인 후손들이 주최하는 많은 한국 관련 행사가 수시로 개최되고 있고, 에네켄 이주민들이 처음으로 정착했던 멕시코 메리다(Mérida)에는 한인이민사박물관이 건립되어 멕시코인들과 한인 후손들에게 이주의 역사와 '혈통의 뿌리'를 교육하고 있다. 이러한 공식적 공간 이외에도 한인 후손들은 적극적으로 모국과의 연계를 추진하고 있는데, 주로 SNS를 통한 한국과의 접촉이다. 이렇듯 초국적 상황에서 세대를 초월한 모국과의 연계는 광범위하게 전개되고 있으며, 이러한 활동은 멕시코-쿠바 한인 이주 후손들의 특징 혹은 집단 정체성을 분석하는 한 통로로 역할하고 있다.

본 논문은 멕시코-쿠바 에네켄 한인 이주 후손들의 다양한 모국과의 연계성 경향을 소개하고, 이들이 모국과의 연계성을 추진하고 있는 근본적 원인과 배경이 무엇인지에 대해 분석하고자 한다. 또한 총체적으로 이와 같은 모국연계성이 원초적 민족주의에 근거한 것인지, 아니면 어느 특정시기 조류 및 행위양상의 일부로 보아야 하는지에 대해서도 기술해 보고자 한다. 위와 같은 연구를 위해 본 연구는 멕시코-쿠바 현지조사를 통한 인터뷰 조사와 한인 후손들에 대한 설문조사를 바탕으로 이루어졌다. 조사방법 및 내용에 대해서는 3장에서 자세히 설명하도록 하겠다.

II. 선행연구 검토

1. 이주와 모국연계성 연구

현재 전 세계는 빠른 속도로 '다문화사회'로의 탈바꿈을 앞두고 있다. 거대 도시에서는 어렵지 않게 외국인 노동자를 볼 수 있으며, 그들이 형성한 커뮤니티는 특정 호스트 사회의 '단일민족국가' 패러다임을 '위협'하고 있다. 이에 근거해 한국의 학계에서도 그동안 한국의 다문화 현상을 연구하기 위해 노력을 기울여왔으며, 그 개념적 틀은 이주와 이민, 디아스포라 등의 다양한 분석적 시각을 사용하였다. 하지만 최근 이주연구에 있어서는 '장소'를 더 이상 분리된독립 공간, 즉 단순히 이주자들의 새로운 활동무대의 배경으로 바라보는 것이 아니라 이주자들이 외부세계와 지속적으로 교류하면서 만들어내는 사회적 공간으로 인식하고 있다. 국가의 경계를 초월하는 사람·상품·정보·표상의 순환적인 흐름에 따라 이주 외국인들이 수용국에서 새로운 공간을 만들며, 이주자들의 '실천'에 의해 사회적으로 추상적이면서 역동적인 공간을 형성해 가는 과정에 주목하는 것이다. 그러므로 향후 이주의 분석은 종족과 영토의 경계에 제한받지 않고 이주자들의 송출국과 유입국의 상호 문화 변동을 동시에 고려하는 초국적 연계성(transnational connectivity)에 더욱 집중하게 되었다.

기존 이주와 관련한 가장 일반적인 이론은 이주민이 이동을 통해 유입국(호스트 사회)에 동화하거나 혹은 자신들의 고유한 정체성을 유지하고 보존하 느냐의 문제를 다루었다. 이주에 대한 초기 연구들은 디아스포라(diaspora)에 초점을 두고, 여러 배출(push) 요인에 따라 이주 후에도 계속되는 공동체적 특징에 대한 탐구가 주를 이루었다. 하지만 글로벌화가 진행됨에 따라 이주노동의 동기도 다양해지고, 이주패턴도 복잡해졌으며 이주민이 형성하는 사회적 연결망도 다선(multi-strand)화 되었다(Schiller, Basch, and Blanc-Szanton 1992). 이러한 변화에 따라 이주민들이 출신지와 정착지를 연결하는 사회적 영역을 건설하는 과정으로 정의되는 초국가주의(transnationalism, Glick Schiller 1997)는 이주연구에서 주요한 패러타

임 변화를 제공했다. 특히 국가단위의 경계가 분석 단위로서 확고함을 잃게 됨에 따라, 장소를 더 이상 분리되고 독립된 공간으로서, 단순히 이주자들의 새로운 활동무대의 배경으로 기능하는 것이 아니라 이주자들이 외부세계와 지속적으로 교류하면서 만들어내는 사회적 공간(Rodman 1992)으로 인식하게 되었다. 어떤 장소의 특수성은 그것을 둘러싼 다른 장소들 및 사회적 과정과 상호 작용하는 방식에 의해 상이하게 구성(Massey 1994)된다는 글로벌 장소감(global sense of place)에 대해 주목할 필요성을 제기하고 있다(임안나 2015).

보통 이주 공간의 특수성 연구는 주로 호스트 사회에 만들어지는 '화교촌과 같은 특별한 이주민의 공간에 집중되었고, 전 세계 다양한 지역에는 이주민의 특별한 공간이 만들어져서 그들만의 민족정체성과 문화를 향유하거나 이어가고 있다. 하지만 문화의 공유방식과 전승이 점차 디지털과 온라인 방식의 영향을 받게 되면서, 오프라인 방식에 머물러 있던 이주 장소의 특수성 역시 급격하게 다양화되어가고 있다. 현재 많은 이주 사회에서 이주민들의 정체성을 향유하는 특징은 비단 특정 장소에 모여 음식을 먹거나 문화를 소비하는데서 그치지 않고, SNS와 같은 사이버 공간을 이용하여 그들 자신 문화의 원류라고 생각하는 '모국'과의 직접적 접촉을 시도하는 것이 특징이다. 즉 이주민들이 해외에 거주하고 있지만, 다양한 방식으로 모국과 교류하면서 사회적 네트워크 및 경제적 효과를 만들어내고 있다는 것이다. 이주민은 유 입국 주민들과 상호 작용하는 과정에서 유입국의 지역사회를 변화시키기도 하지만, 이들이 송금을 하거나 가족과 이웃들을 초청하면서 송출국의 지역사 회에도 역시 영향을 주고 있다.

이렇듯 이주민들이 호스트 사회에 거주하면서 다양한 방식으로 모국 및 타 지역과 사회적 네트워크를 만드는 방식은 '초국적 연계성' 혹은 '모국연계성' 분석이라는 연구 영역으로 분류된다. 모국 연계성은 이주 1세대의 활동이나 교류를 통해서도 볼 수 있는데, 예를 들어 재미한인사회의 경우 이주 1세대인 부모 세대들이 자녀들의 학업과 교육을 위해 사회적 네트워크 및 SNS를 적극 사용하여 모국과의 연계를 시도하고 있으며, 이러한 활동들은 이민자들의 새로운 초국가적 활동으로 특성화되어 분석되고 있다.

위와 같은 모국연계성 분석과 연관해서 볼 때, 멕시코와 쿠바에 거주하고 있는 에네켄 한인 이주민의 사례에는 상당히 흥미로운 사실이 존재하고 있다. 그것은 바로 현재 에네켄 한인 이주민의 대부분이 이주 3세대 이상으로서, 자신들의 조상이 한국인이라는 사실은 인지하고 있지만, 실질적으로 한국어와 한국전통 등의 문화를 거의 공유하고 있지 못하는 세대라는 것이다. 하지만 이러한 사정에도 불구하고, 한인 이주 5세대를 포함한 많은 한인 후손들이 한국 문화의 원류와 전통을 찾는 행위에 상당한 노력을 기울이고 있고, 이들은 SNS와 같은 다양한 매체를 이용하여 적극적으로 모국과의 연계를 시도하고 있다. 이 사례는 드물지만 직접적인 이주 세대가 아님에도 선조 세대의 모국정체성을 본인들의 정체성 혹은 내셔널리티와 연관시키는 경우라 할 수 있고, 이 부분은 이주의 연구 영역을 벗어나 특정 사례에서 '공동 민족 정체성'을 누리게 만드는 핵심 요인이 무엇인가에 대한 질문을 하게 된다. 본 논문에서 분석하고자 하는 것도 에네켄 한인 이주에 관한 역사를 새롭게 분석하고자 하는 것이 아니며, 그 이주 역사를 통해 발생한 후손 세대들의 끊임없는 모국연계 시도는 어떤 관점에서 바라보아야 하는 가를 설명하고자 한다.

2. 에네켄 한인 이주와 관련한 연구

에네켄 한인 이주에 대한 연구들은 대부분 이주의 배경과 과정에 초점을 맞추었다. 서성철(1995, 2000, 2004)과 김귀옥(1995)은 1905년 에네켄 한인 이주 연구를 국내에 소개하면서 에네켄 이주의 배경과 그 과정, 그리고 이것이 가진 학문적 함의 등에 대한 연구를 진행하였다. 특히 서성철은 멕시코 에네켄 이주의 고된 생활과 어려움을 기술하면서, 어떠한 계기로 일부 한인들이 유카탄 반도에서 쿠바로 이동하게 되었는가를 설명하였다. 또한 이남섭(2001)과 김세건(2005), 염미경(2013) 등은 초기 멕시코 이주와 이주민들의 생활적 측면을 많이 다루었으며, 이종득(2003)은 한인 후손의 정체성에 대해 연구 영역을 확장하기도 하였다.

　에네켄 한인 이주사에 있어서 가장 큰 업적을 가진 이는 이자경(2006a, 2006b)이다. 이자경은 에네켄 한인 이주와 관련한 다양한 자료를 멕시코 등의 현지에서 구했으며, 이 자료를 바탕으로 에네켄 한인 이주민들이 유카탄 반도와 쿠바 등지에서 어떠한 생활을 하였는지에 대한 연구를 진행하였다. 특히 이자경은 유카탄 이민사를 정리하면서, 에네켄 한인 이주민과 독립운동과의 관련성에 대해서도 상당히 역점을 두었다. 이자경은 초기 에네켄 한인 이주 사회가 '광무군인' 출신들을 중심으로 한 애국항일단체와 같았다고 저술하였다. 멕시코 이주자 중 200여명이 광무 군인 출신으로 1904년 일본이 한국군 인원 감축을 시행할 때 여기에 불만을 품었던 군인들이 각각 하와이 (500명)와 멕시코(200명)로 이민을 갔으며, 이 사람들의 '숭무주의(崇武主義)' 정신이 살아남아 이후 에네켄 한인 이주 사회가 '대한민국 독립운동' 해외 단체로서 역할을 했음을 설명하고 있다. 사실 현재 많은 에네켄 한인 이주민들의 연구는 '독립운동사'와 상당한 포커스가 맞추어져 있으며, 한인후손회의 활동 역시 '독립운동사적 애국주의'와 밀접한 연관성을 가지고 있다.

　한국인에 의해 진행된 연구 이외에도, 멕시코와 쿠바 현지에서 한인 후손들에 의해 직접 연구된 결과물도 있다. 대표적인 연구는 제1세대 쿠바 이주자였던 임천택[1]의 '쿠바이민사'(1954)이다. 이 책은 임천택이 쿠바 마탄사스에서 작성한 것으로서, 1954년 미국 하와이에 있던 한인 소식지인 '하와이 태평양주보'에 게재됨으로써 세상에 알려지게 되었다. 또한 임천택의 딸인 마르타 김(Martha Lim Kim)은 그의 남편인 라울 루이스(Raúl R. Ruiz)와 함께 '쿠바의 한국인들'(2000)이라는 책을 발간했다. 이 책은 오랜 시간 자료를 수집하여 집필된 인류학적 저서로 쿠바 한인의 이주와 현재 거주자들의 수까지 다양한 측면을 여러 사례를 통해 기록하고 있다. 이 책은 쿠바 한인사회가 주체적으로 스스로의 역사를 기록했다는 측면에서 의의를 가질 수 있으며, 1~6세대에 이르는 한인 후손들의 사회 문화적 정체성에 대해서도 일부 설명하고 있다.

최근 한국에서 멕시코-쿠바 에네켄 한인 이주 연구의 상당 부분은 멕시코-쿠바 지역의 이주 1~2세대 가운데 독립운동에 직접 참여했던 이들을 발굴하고, 그들의 후손들을 찾아 서훈을 전달하는 것에 집중되어 있다(김재기 2018). 이 작업은 식민지 기간 동안 조국독립을 위해 헌신적으로 노력하였던 이주 1세대의 공적을 기록하고, 그 후손에게 포상의 의미를 부여한다는 측면에서 상당히 중요하다고 생각한다. 하지만 한인 후손의 내셔널리즘이 어떻게 형성되는가의 주제적 측면에서 볼 때, 이 연구는 에네켄 한인 후손들에게 이미 민족정체성이라는 상징이 부여되어 있을 가능성이 높다는 견해를 은연중에 암시하고 있기에, 본 연구의 기본적 연구경향과는 일치하

---

1 임천택은 1903년 경기도 광주에서 출생했으며, 1905년 어머니와 함께 멕시코 유카탄으로 이민을 갔다. 이후 1921년, 그는 멕시코에서 쿠바로 이주를 했고, 카르데나스 지역에서 생활하면서 한글학교를 차리는 등의 교육 사업을 진행하였다. 또한 그는 1930년대부터 대한민국 임시정부와 관계를 가지면서 조선독립운동을 위한 다양한 활동에 참여하였다.

지 않는다고 보여진다. 하지만 연구과정에서 한인 후손들의 생활사에 대해 언급한 것은 이 연구의 방향성과 일치하기에 상당히 유용하게 활용되었다.

III. 멕시코-쿠바 한인 후손들의 인식과 생활

1. 멕시코-쿠바 에네켄 한인 이주 개요

20세기 초반까지 유카탄 반도의 메리다(Mérida)와 이사말(Izamal), 모툴(Motul), 프로그레소(Progreso) 등 8개 지역에는 평균 800여개의 에네켄 아시엔다(hacienda)가 있었으며, 이들 농장이 차지하고 있는 땅의 면적은 거의 200,000 헥터에 이를 지경이었다. 에네켄은 다른 작물과 달리 일년 내내 수확할 수 있었고, 여기에 사람의 손이 많이 필요한 작물이었다. 또한 여기에 19세기 중반 이후부터 성장하기 시작한 에네켄의 수요로 인해, 1880년 이후부터 유카탄 반도에는 인건비가 싼 노동자의 충원이 필요하게 되었다. 초기에 유카탄의 아센다도(hacendados yucatecos)들은 중국인들을 데려오기 위해 노력했으나, 당시 멕시코와 중국 사이에 발생한 다양한 외교적 문제들이 불거져 이를 실행할 수 없었고,[2] 결국 중국인을 대신해서 한인들이 들어오게 되었다(Gutiérrez May 2011, 6-20).

조선인들의 이주는 한반도와 멕시코의 사회적 상황이 절묘하게 작용한 것이었다. 20세기 한반도의 생활수준은 매우 낮았다. 농업뿐만 아니라 산업과 상업 모두 일자리를 만들어내지 못했으며 한국인들은 일자리가 필요했

---

2   당시 청나라는 중국인들이 멕시코의 농장으로 끌려가 가혹한 대우를 받고 있다는 소식을 접하였고, 이에 중국 정부는 자국민들의 멕시코 이민을 전면 금지하게 되었다(서성철(2000), 139).

다. 반면 멕시코 유카탄은 '에네켄의 땅'이라고 불릴 정도로 에네켄 산업이
번창하고 있었지만 원주민의 감소와 흑인 노예 해방 등의 사회적 문제로 인
해 노동력 부족이라는 현상이 나타나고 있었다. 이러한 상황 속에서 '4년간
멕시코에서 일을 하면 부자가 될 수 있다'는 문구의 전단지들이 사람들 사이
에 배포되기 시작했고, 가족과 함께 이주할 수 있다는 조건이 붙은 이 제안
은 많은 이들에게 희망을 가져다주는 것이었다(마르타임 외 2011, 38-43).

하지만 에네켄의 높은 인기만큼 현지에서 그에 걸맞는 노동환경이 형성
되어 있지는 않았다. 포르피리오 디아스(José de la Cruz Porfirio Díaz Mori)
대통령 시기[3] 유카탄 지역의 노동환경은 거의 최악이었다. 당시 대다수의
에네켄 농장들은 최소 임금 지급으로 인한 최대 이윤을 확보하는데 집중하
고 있었고, 여기저기서 마구잡이로 노동자들과 계약을 맺었다. 바로 이러한
열악한 노동환경이 펼쳐지고 있는 가운데, 1905년 조선인 1,033명이 프로
그레스 항구를 통해 유카탄에 들어온 것이다. 하지만 한인들이 유카탄에 입
항하던 1905년, 에네켄 농업의 실익은 이미 정점을 찍고 하향세로 돌아서
기 시작하였다. 1919년 파운드 당 65센트이던 에네켄 시장 가격은 20-30
년 이후 약 1/4 가격으로 떨어졌고, 1916년 201,990톤의 수출량은 1940년
에 1/4로 추락하였다. 약 3만 5천 명의 에네켄 노동자는 일주일에 1-2일 정
도 노동하는데 그쳤고, 주급은 20-25페소에서 5페소로 급강하였다(이자경
2006a, 492). 게다가 에네켄 아시엔다의 농장주들은 '태형권'과 '재판권'을
유지하면서 한인들을 노예와 같은 취급을 했으며, 한인들은 농장주의 폭력
과 문화장벽에 가로막혀 참혹한 생활을 견뎌야만 했다.[4] '고종실록'에 의하

---

3   포르피리오 디아스는 1876년부터 1911년 사이에 멕시코 대통령으로 재임하였다.

4   에네켄 한인 이민 초기 노동조건은 10명의 한인들이 자살을 하고 22명이 사망할 정도로 열악한 것
     이 사실이었다(한국이민사박물관(2019), 25).

면, 고종이 '멕시코 에 끌려가 고생하는 1,000명의 불쌍한 백성들을 가엾게 여겨 소환할 것에 대해 의정부에서 충분히 토의하고 해당 회사에 교섭하여 기어이 빨리 생환하게 하되 날짜를 끌지 않도록 함으로써 밤낮으로 근심하는 짐의 마음을 조금이나마 위로하라'(한국이민사박물관 2019, 28)고 지시할 만큼, 유카탄 반도에 있는 한인들의 삶은 비참하기 그지없었다. 이후 유카탄 반도에 있던 한인들은 생존을 위해 일부가 쿠바로 건너갔고(1921년), 마탄사스와 카르데나스 등지의 에네켄 농장과 사탕수수농장에서 일을 하며 생존을 이어갔다.

현재 유카탄 반도와 쿠바에서 만날 수 있는 한인 3-5세대들은 위에서 언급한 '지옥 같은 에네켄 농장일'을 겪었던 한인들의 후세대들이다. 유카탄과 쿠바에 자리 잡았던 한인들은 생활의 어려움 속에서도 '대한인국민회'(1909년 유카탄 메리다)와 '대한인국민회 카르데나스지방회'(1923년), '한인지방회'(1937년 아바나) 등의 조직을 세우면서 그들만의 정체성을 잃지 않기 위해 노력하였고, 1912년부터 에네켄 농장 내부에 '한글학교'를 만들어 후세대를 위한 교육에도 열의를 보였었다. 또한 도산 안창호 선생과 함께 일제의 식민통치에서 벗어나기 위해 머나먼 멕시코와 쿠바에서 독립운동 자금을 모아 기부하기도 하였다. 이러한 선(先)세대의 열정적인 활동력 때문인지 몰라도, 현재 멕시코-쿠바 에네켄 한인 이주민 후손들은 온-오프라인을 통틀어 상당한 결속력을 보이고 있으며, 모국이라 인식되고 있는 한국과의 연계를 강화하기 위해 상당한 활동을 하고 있다.

2. 설문조사를 통해 본 한인 후손들의 생활 및 인식 개요

본 연구의 조사는 멕시코 유카탄반도의 메리다와 캄페체(Campeche), 그리고 쿠바의 아바나(Habana)와 카르데나스(Cárdenas), 마탄사스(Matanzas), 마나티(Manati) 등지에서 직접 진행되었으며, 현지조사는 2020년 1월 28일부터 2월 12일까지 16일간 실시되었다. 먼저 연구팀은 현지조사를 진행하기 전 사전 설문지를 제작하고 SNS를 통하여 설문조사를 실시하였다. 이후 연구 팀은 설문조사에 기초해 인터뷰 조사가 가능한 사람들을 선정하였고, 멕시코와 쿠바 현지에서 조사대상자를 만나 인터뷰를 실시하였다. 한인 후손들 모두가 한국어를 구사할 수 없어서 인터뷰는 스페인어로 진행하였다. 연구팀은 인터뷰 조사 이외에도 멕시코-쿠바에 있는 이민사 박물관과 한글학교 등을 방문했으며, 이곳에서 한국인 이민을 어떠한 관점에서 바라보고 기억하고 있는가에 대해 알아보고자 하였다.

가. 설문조사의 주요 내용

설문조사에 참여한 한인 후손들은 모두 38명(남성 10명, 여성 28명)이었고, 이들 중 멕시코 국적인은 33명, 쿠바 국적인은 5명이었다. 설문조사는 인터넷 상의 SNS에서 이루어졌으며, 응답자 숫자에서 멕시코가 쿠바보다 많았던 이유는 쿠바의 인터넷 상태가 양호하지 못했기 때문이다.[5] 설문에 참여한 한인들이 거주하는 장소로는 메리다와 캄페체, 멕시코시티, 베라크루스(Veracruz), 티후아나(Tijuana), 바하칼리포르니아(Baja California)(이상 멕시코), 아바나, 마탄사스, 올긴(Holguín)(이상 쿠바)등이 포함되어 있었다. 또한 설문에 참여한 이들의 연령은 20대(13명)와 30대(9명)가 가장 많았으며, 응답자들의 많은 이들은 자신이 한인 후손 3~4세대라고 말했다. 또한 응답자들이 현재 생활에서 함께 거주하고 있는 한인 가족으로는 할머니(1명 응답), 할아버지(6명), 아버지(7명), 어머니(11명), 배우자(3명), 딸

---

5 설문조사는 구글 사이트의 설문조사 프로그램을 통해 이루어졌다.

(10명), 아들(13명), 남자형제(14명), 여자형제(8명), 손자(4명), 손녀(4명) 등 다양한 구성원들이 있음을 말하였다.

〈표 1.〉 한인후손 설문조사 세대별 응답자 수

한인 후손 세대	응답자 수(명)	기타
2세대	4	
3세대	14	쿠바 2명
4세대	9	쿠바 2명
5세대	7	쿠바 1명
6세대	0	

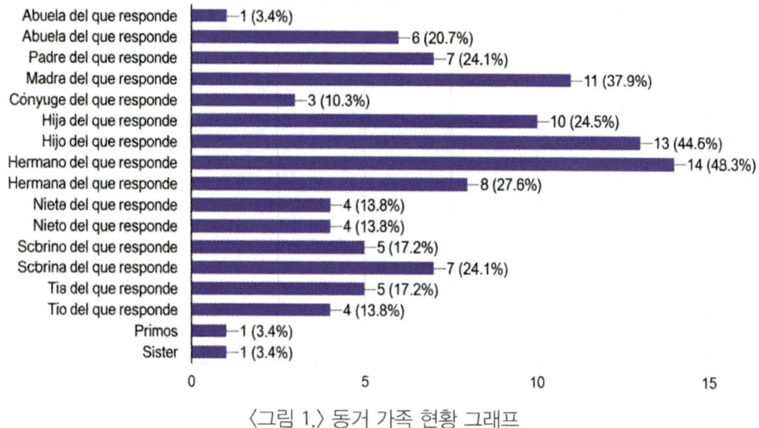

〈그림 1.〉 동거 가족 현황 그래프

설문조사의 주요 내용은 모두 9개의 영역으로 나누어져 있었으며, 주요 영역의 질문 내용은 아래 표와 같다.

〈표 2.〉 설문 조사[6]의 목적과 내용

구분	주요 질문 내용
설문지 목적 소개	설문의 목적 설명[6]: Esta encuesta es para descendientes coreanos en Mexico y Cuba de 1900s. Recopilamos direcciones de correo electronico para evitar respuestas duplicadas y para mantenernos en contacto con aquellos que desean entrevistar. Gracias por participar en la encuesta.
Información general (기본정보)	– 응답자의 기본 정보 – 나이, 거주지, 성별, 국적 등에 대한 질문 – 결혼여부, 교육정도, 동거 한인 후손의 수 – 대면 인터뷰 조사의 가능 여부 확인
Sobre los antepasados (이주 선조에 대한 질문)	– 1세대 이주 선조에 대한 정보(이름, 직업, 최초 거주지 등) – 이주 1세대와 관련된 사진이나 책, 문서의 존재 여부 – 이주 1세대의 생활사와 관련한 정보 – 가족 물품 보유 여부 관련
Relacionado con Corea (한국에 대한 인식)	– 가족 내에서 한국문화(음식, 풍습, 의상, 한국어, 생활방식 등) 공유 여부 – 한국과 관련된 정보를 듣게 되는 방법 – 멕시코/쿠바/한국 정체성에 대한 질문 – 한국 정체성을 느낀다면 어떤 부분에서 느끼고 있는가?
Sobre cultura alimentari (음식문화)	– 가정 내 식사 및 음식 문화 – 한국음식을 먹는다면 무엇을 얼마나 자주 먹는가? – 한국음식에 대한 가족 레시피 등이 있는가? – 한국식당 방문 등에 대한 경험이 있는가? – 가족 내 주요 명절은 무엇이며, 이때 먹는 음식은 무엇인가? – 한국 명절과 음식
Cultura Hallyu (한류문화)	– 다른 국가의 문화와 비교할 때 한류문화의 특수성은 무엇인가? – 한류문화를 처음 접하게 된 경로 – 한국인 정체성 형성과 한류 문화와의 연관성

나. 설문조사 내용의 개략적 분석

설문조사에서 많은 사실들이 밝혀졌지만, 특히 본 연구에서는 어떤 요인들이 멕시코와 쿠바에서 한인 후손들의 모국 연계성을 추동하고 있는가에 초점을 맞추고자 하였다. 설문조사에서 드러난 주요 키워드를 분석해보면 다음과 같다.

6　이 설문은 1900년대 이주한 한인의 후손을 대상으로 인터뷰 가능여부확인과 이메일 수집을 목적으로 한다.

(1) 문화적 표상으로서의 음식

모든 설문 응답자들은 한국어를 구사할 수 없었지만, 다양한 방식으로 모국(한국)과의 연계를 추진하거나 에네켄 이민 상황을 기억하고 있었다. '이주 1세대 선조'에 대한 기억은 주로 가정 내에 보관된 사진이나 문서를 통해 전승되고 있었다. 하지만 많은 한인 후손들은 선조의 사진이나 기록을 통해 '한국인'이라는 정체성을 강화하고 있는 것이 아니라 가정 내 일상적 생활 속에서 '민족주의적 정체성'을 강화하고 있었는데, 그것은 다름 아닌 음식이었다. 이미 한인 후손들은 본인들의 정체성이 '멕시코인'이나 '쿠바인'이라는 것을 알고 있기에, 이러한 상황 속에서 '한국적 정체성'을 덧씌우기 위해서는 몇 가지 기제 및 상징이 필요했는데, 그 중 멕시코-쿠바 한인 후손들이 가장 많이 사용하는 기제는 음식이었다. 여러 문헌이나 증언을 통해 볼 때, 에네켄 한인 1세대 이주민들은 머나먼 타향 생활을 극복하기 위해, 멕시코나 쿠바에서 구할 수 있는 음식 재료를 이용해 김치나 만두와 같은 전통 한국음식을 만들어 먹기 시작했다. 이러한 관습은 이주 1세대가 생존해 있는 동안만 진행된 것이 아니라 그 이후 세대에도 계속 전승되었다. 특히 후세대에 혼인을 통해 한인과 결혼한 '멕시코(혹은 마야) 며느리'들은 그들의 '한인 시어머니'로부터 현지 식재료를 가지고 한국 전통음식을 어떻게 만들 수 있는가에 대한 '레시피'를 전수받았다. 한인 후손 5세대이면서 현재 메리다에 거주중인 카산드(Casandra)는 어머니와 이모, 외조부(라파엘 장)가 한인 후손이다. 그녀는 자신의 1세대 조상 이름을 명확하게 기억하지 못하였지만,[7] 가족 내에서 일상적으로 발견할 수 있는 '고추를 넣은 (양)배추'와 '쌀밥'에 대한 이미지는 모국을 연상하는데 상당히 중요한 기제로 사용

---

7 그녀는 설문조사에서 자신의 에네켄 1세대 조상 이름이 'chang wo'라고 말했다. 하지만 에네켄 이주민 명단에서 동일한 이름을 발견할 수 없었다.

되고 있었다. 상당수의 한인 후손들은 현재까지도 가정에서 '김치'와 '만두', '파전', '칼국수' 등을 연상하게 하는 음식을 만들어 먹고 있다. 이러한 전통은 이주 1세대가 개발한 가정 내 전통이 세대를 통해 전승되고 있었으며, 한국어를 모르는 상황에서 한국정체성을 발현할 수 있는 가장 중요한 동력이 되고 있었다. 캄페체 한인후손회 회장인 이르빙(Irving) 역시 멕시코인 어머니로(레히나 쿠타이레스)부터 '파전류'의 음식과 만두, (차요테)김치, 잡채, 된장찌개 등의 음식을 제공받는데, 그의 어머니도 한인 시어머니(훌리아 장한)로부터 요리를 전수 받은 것이었다. 메리다에 거주하고 있는 마르가리타 김 유(Margarita Kim Yu)는 과거 부모님과 함께 에네켄 농장[8]에서 8년 정도 살면서 일을 도왔고, 조사 당시 80세임에도 불구하고 여전히 시장에서 유카테코[9]를 만들어 팔고 있었다. 마르가리타는 아직도 집에서 김치를 만들어 먹는데, 재료와 조리법은 한국의 그것과 다르지만 김치를 만들어 먹는다는 것이 그녀에게는 어머니에 대한 추억이면서 동시에 한국인이라는 정체성을 유지하는 한 방법이다. 음식에 관한 사례는 쿠바의 카르데나스에서도 확인할 수 있었다. 쿠바의 카르데나스에는 80세가 넘은 한인 후손 3세대 세 자매가 한 가정에서 함께 생활하고 있었다. 맏언니인 에스페란사 장킴(Espernaza Chang Kim)은 자신의 아버지가 에네켄 농장에서 일을 했고 어머니는 바느질을 하였는데, 그도 일찍부터 어머니를 도와 바느질을 했다고 한다. 또한 특이한 점은 어머니가 일찍부터 김치를 만들어 먹었고, 그녀도 아직까지 어머니가 만들던 김치를 계속해서 먹고 있다는 것이다.

음식은 어떤 문화의 관습과 일상을 가장 강하게 상징하는 요소인데, 에네켄 한인 이주 1세대들은 '고향'을 잊지 않기 위해 한국 음식을 먹었고, 이것

---

8 인터뷰 당시 증언한 에네켄 농장의 이름은 티킴쿠첸(Tikimcuchen)이었다.
9 유카탄 반도의 사람들이 먹는 단맛을 내는 간식의 일종.

은 가족 내 전통이 되어 한인 후세대들이 모국과 연계할 수 있는 기초를 만들어 주고 있다.

(2) 한류(k-pop)의 효과

또한 많은 한인 후손들은 정치경제적 영역보다는 문화적 측면에서 모국과의 연계를 강조하고 있었다. 이 부분은 2000년대 이후부터 에네켄 한인 후손에 대한 담론이 멕시코와 쿠바에서 왜 폭발적으로 증가했는가와 밀접한 연관성을 가진 부분이다. 실제 멕시코 유카탄 반도의 에네켄 한인 이주 후손들에 대한 관심은 2010년 이후에 발생한 것이다. 캄페체 한인 후손회 회장 이르빙은 2015년까지 유카탄 반도에서 한국에 대한 관심은 거의 전무했으며, 이로 인해 한인 후손들 역시 자신의 정체성 및 모국과의 연계에 대해 커다란 관심을 가질 수 없었다고 말한다. 그러나 2010년대 이후 방송 미디어나 엔터테이먼트(K팝 등)를 통해 한국의 한류가 알려지게 되었고, 이것은 곧 'K-pop'이라 불리우는 거대한 조류를 만들게 되었다. 중남미에서 한국 대중문화에 대한 관심이 늘어나면서 자연스럽게 한인 후손들에 대한 이해도 늘어났고, 이러한 계기를 통해 한인 후손들도 자신들의 원류인 모국과 더 많은 연계를 원하게 된 것이다. 쿠바에서도 멕시코와 비슷한 형태의 과정이 진행되었는데, 2013년 쿠바에서 한국 드라마[10]의 성공이 한인 후손들에 대한 관심으로 커졌다. 2013년 한국 드라마의 성공에 이어 공교롭게도 2014년 8월 아바나에서는 '호세마르티 한-쿠바 문화클럽' 개원식이 열렸다. 이 건물은 민주평화통일자문회의(민주평통) 중미-카리브지역협의회의 주도하에 코트라 아바나 무역관과 쿠바 호세마르티 문화원의 협조로 건

---

10 2013년 쿠바에서는 '아가씨를 부탁해', '시크릿 가든', '내조의 여왕' 등 세 편의 한국 드라마가 연달아 성공하면서 한국 대중문화에 대한 관심이 커지게 되었다.

설되었다. 이곳에서는 현재까지도 많은 한인 후손들과 쿠바인들이 몰려와 한국 전통문화와 한국어 등을 배우고 있으며, 에네켄 한인 이주민들의 역사를 전시하는 박물관으로도 기능하고 있다.

이처럼 케이팝으로 대변되는 한국 한류의 인기는 중남미에서 한국에 대한 관심을 고조시켰고, 이 과정에서 한인 후손들도 자기정체성에 대한 관심이 높아져 모국과의 적극적인 연계를 시도하고 있다. 이와 같은 결과는 설문조사에서도 확인할 수 있는데, 설문 응답자 38명 중 73.1%가 자신의 한국 정체성 형성에 있어서 '한류'가 중요한 영향을 미쳤다고 답변하였다.

IV. 멕시코-쿠바 한인 후손의 모국 연계 요인 분석

설문조사에 의해 볼 때, 2010년 이후 중남미에서 한류문화가 상당한 바람을 일으키기 시작하면서 이와 시기를 맞추어 멕시코-쿠바 에네켄 한인 이주 후손들 역시 자기 정체성을 새롭게 하기 위한 움직임이 나타났다. 이때부터 에네켄 한인 이주 4세대 혹은 5세대들은 '모국'을 더 잘 알기 위한 다양한 활동을 하기 시작했고, 한인 후손 가정 내부에서 전승되어오던 많은 관습들, 즉 김치 등의 한국 전통음식 만들기 등이 TV나 언론매체를 통해 소개됨으로써 21세기 '새로운 내셔널리즘 혹은 애국주의'가 만들어지는 것처럼 보였다. 이 와 같이 한인 후손들은 설문조사에서 한국의 높아진 위상에 걸맞게 자기정체성을 더욱 공고히 하기 위해 모국과의 연계를 추진하였지만, 좀 더 다양한 시각의 원인은 개별 인터뷰 등을 통해 파악할 수 있었다. 이 장에서는 한인 후손들과의 집중 인터뷰를 통해 그들의 모국 연계 활동이 점차 강화되고 있는 구체적 이유 등에 대해 분석해보고자 한다.

1. 기원에 관한 궁금증

멕시코 메리다에 거주하고 있는 리카르도(Ricardo)의 정식 이름은 리카르도 킨 로드리게스(Ricardo Kin Rodríguez)이다. 48세이며 한인 후손 4세대인 그는 유카테코(yucateco, 유카탄 사람)로 살아가는 것이 자랑스럽지만 그렇다고 한국이 자신의 기원이라는 것을 부정할 수는 없다고 말한다. 하지만 리카르도는 자신의 한인 선조가 단지 프란시스코 김 박(Francisco Kim Park)으로 불렸고, 자신의 가족이 베라크루스에서 유카탄으로 이동했다는 정도의 정보만을 알고 있을 뿐이다. 현재 그의 집에는 선조들과 관련된 유품이나 관련 물품이 전혀 없으며 한국문화와 한국어를 배운 경험도 없었다. 리카르도에게 한국은 경제적으로 발전한 나라이며, 현재 멕시코보다 삶의 질을 발전시킬 수 있는 역량이 더욱 큰 곳이라고 추상적으로 생각할 뿐이다. 이렇듯 선조에 대한 명확한 자료가 없음에도 불구하고, 그는 메리다 한인회의 활동에 참여하면서 한국정체성에 대한 관심을 가지게 되었고, 멕시코에서 개최된 한국 8.15 행사 등에도 참가한 적이 있다. 그에게 집중된 것은 자신의 '기원'을 찾는 것이다. 리카르도는 '나는 멕시코 사람이다. 하지만 한국에 뿌리를 두고 있음을 부정할 수 없고 관심을 전혀 가지지 않을 수 없다'는 입장을 가지고 있으며, 메리다와 베라크루스의 여러 문서고에서 자신의 선조가 어떤 행적을 가져왔는가에 대해 관심을 가지고 있다.

> 내가 현재 원하는 교류가 있다면 그것은 한국어를 더욱 열심히 공부하는 것 이다. 한국어가 능숙해지면 더욱 조상과 관련한 많은 자료를 찾아볼 수 있기에 한국어를 공부하고 싶다(리카르도 인터뷰 내용).

메리다에는 한 한국인 선교사에 의해 '한글학교'가 운영 중인데, 그곳에 소속된 한인후손들은 리카르도보다 좀 더 많은 정보력을 가지고 있었다. 캄페체에 집을 두고 있는 마누엘 헤수스 모레노 멘데스(Manuel Jesús Moreno Méndez)는 한인 4세대로서 메리다에 처음 도착한 그의 1세대 선조는 방윤식(方潤植)이다. 방윤식은 개성 고려면 탑동 출신으로서 1905년 5월 14일 프로그레소 항구에 도착한 에네켄 노동자 1,033명 중의 한 명이었고 멕시코 현지에서는 마누엘 팡(Manuel Fan)으로 불리었다[11]. 도착 이후 그는 유카탄 반도에서 멕시코 여인과 혼인하여 딸을 낳았고, 그 딸의 이름은 마리아 소코로 팡 페레스(María Socorro Fan Perez)이다. 인터뷰를 실시했던 마누엘 모레노는 마리아 소코로의 손자이다. 마누엘 모레노는 수년 전부터 선조의 발자취를 알기 위해 유카탄 문서보관소(AGEY, Archivo General del Estado de Yucatán)에 소장되어 있는 방윤식의 프로그레소 항구 입항 기록을 찾아냈고, 또한 1940년 8월 25일 캄페체에서 발행된 방윤식의 사망확인서와 '대한인국 민회중앙총회 인구조사 축약본'에 등재되어 있는 방윤식의 기록 등을 확보하였다. 물론 위 기록들이 학술적으로 중요한 가치를 가지지는 않지만 그는 자신의 기원을 찾기 위해 상당한 시간을 할애하고 있는 셈이다. 또한 마누엘 모레노의 이러한 노력은 자녀들에게 한국문화를 배울 것을 권유하고 있으며, 그의 첫째 딸인 마리아나 모레노 디아스(Mariana Moreno Díaz)는 아버지의 권유로 메리다의 한글학교를 다니면서 아버지를 도와 캄페체 한인후손회 활동을 함께 하고 있다. 이처럼 멕시코-쿠바 한인 후손들의 많은 수는 자신의 기원을 추적하기 위한 많은 활동을 전개하고 있었으며, 이러한 활동은 자신과 후세대에게 영향을 미쳐 모국과 다양한 연계를 추진하는 원동력이 되고 있다.

---

11 Fan은 부계 친족의 성을 가리키는데, 아마도 '방(方)'씨 성을 표기하다보니 Fang으로 표기된 것으로 보인다.

2. 독립운동과의 연관성

앞서 짧게 언급하기도 했지만, 에네켄 한인 이주의 생활사는 일제강점기 독립운동과 상당한 연관성을 가지고 있다. 이자경(2006a, 8)이 기술한 바와 같이, 멕시코 이주 초기 한인사회는 숭무주의 정신을 바탕으로 한 항일 단체의 성격을 가지고 있었고, 그로 인해 멕시코 한인사회가 '대한민국독립운동' 해외 단체로서 많은 역할을 하였음이 많은 자료에 나타나고 있다. 메리다에 위치한 '한인 이민사 박물관'에도 독립운동과 관련된 자료가 전시되어 있고, 이러한 부분을 중심으로 한인 후손사회가 결집할 수 있도록 기억을 공유하고 있다.

1918년, 도산 안창호는 미국과 멕시코시티를 경유해 메리다를 방문했으며, 이것을 계기로 많은 멕시코 한인들이 독립운동에 참여할 발판이 마련되었다. 이들은 3.1운동이 발발하자 '독립선언서'의 전문을 스페인어로 번역하여 배포하는 등 다양한 활동을 전개했으며, 메리다 등지에서는 독립자금을 모아 이것을 임시정부로 전달하기도 하였다. 2019년 대한민국 보훈처에 의하면 멕시코의 독립운동가는 모두 47명에 달한다. 쿠바에서도 독립운동의 열기는 지속되었는데, 1923년부터 쿠바에서는 한국의 독립운동을 알리기 위해 '친구회'라는 단체가 조직되었고, 각지에 학교를 설치하여 3.1운동 기념식 등을 거행하였다. 또한 마탄사스 국민회는 1937년부터 1945년까지 불과 30여 명의 회원이 독립자금 명목으로 1,500달러에 가까운 성금을 보내기도 하였다(한국이민사박물관 2019, 85). 대한민국 보훈처에 등록된 쿠바독립운동가의 수도 28명에 달한다. 멕시코와 쿠바에서의 독립활동은 '백범일지'에 기록되어 있는데, 멕시코의 김기창과 이종오, 쿠바의 임천택과 박창운 등이 임시 정부를 후원했다고 기록되어 있다.

하지만 머나먼 이국땅에서 독립운동을 했고, 그리고 대한민국 정부에서 독립운동가로 지정했지만, 많은 한인 후손들은 자신들의 선조가 독립운동가로 서훈되었다는 사실 조차도 상당기간 동안 모르고 있었다. 이러한 상황은 멕시코보다 한국과 외교 관계가 없었던 쿠바가 더 심각한 상황이었다. 1997년 쿠바의 한인 1세대 후손으로는 처음으로 임천택이 서훈을 받았으며, 이외에도 쿠바 한인 15명이 대한민국 정부로부터 추가적으로 서훈을 받았다. 하지만 쿠바의 한인 후손들은 이러한 사실을 뒤늦게 알게 되었다.[12] 이주 1세대들의 독립운동 행적이 알려지는 과정에서 쿠바와 멕시코의 한인 후손들은 이전까지 느낄 수 없었던 강력한 모국연계의 필요성을 인지하기 시작했다. 선조들의 독립운동 행적이 알려지지 않았을 때, 한인 후손들에게 한국은 강력한 모국연계를 느낄 수 있는 곳이 아니었다.

또한 독립운동과 한인 후손 간의 관계는 다른 부가적 상황을 창출하기도 한다. 연구팀은 쿠바의 카르데나스 방문 시 한인 후손들에게 한국어를 가르치는 한인 선교사를 만날 수 있었으며, 그는 현재 한인 후손들에게 독립 유공자 인정을 위한 절차나 자료를 모으는데 도움을 주고 있었다. 선교사의 말에 따르면, 쿠바에서는 한인 후손들이 유공자 인정을 받기 위해 많은 노력을 기울이고 있는데, 그 이유는 독립유공자 후손으로 인정되면 한국 정부로부터 매달 일정 금액의 생활비를 받을 수 있기 때문이었다. 생활비 금액은 한국인에게 크지 않지만, 쿠바 사회에서는 두서너 가정의 한 달 생활비로 사용할 수 있다. 이와 같은 경제적 도움은 한인 후손들이 선조의 역사에 더 많은 관심을 가지는 계기가 되고, 이 과정에서 후손 4-5세대들은 한국 정체성에 대해 보다 깊은 사고를 할 수 있게 되었다.

---

12 위 서훈 사실을 미서훈자를 새롭게 발굴하는 일은 김재기 교수에 의해 활발하게 진행되고 있다
    (김재기(2016) ; (2018)).

3. 재외동포재단 한인 후손 초청 프로젝트

멕시코-쿠바 한인 후손들의 모국 연계에서 가장 중요한 역할을 하는 것
은 재외동포재단의 프로젝트라고 할 수 있다. 많은 한인 후손들은 재외동포
재단의 프로젝트에 힘입어 한국을 방문하고 있다. 예를 들어 재외동포재단
은 2017년부터 '멕시코-쿠바 한인후손 초청 직업연수'라는 사업을 기획해
매년 16명(멕시코 8명, 쿠바 8명)의 한인 후손을 12주 동안 한국으로 초청
하였다. 초청된 한인 후손들은 한국어 및 한국 역사 교육을 받으면서 각종
문화체험과 멘토링 프로그램에 참가하여 모국에 대한 이해도를 높이는 활
동을 한다. 특히 이 프로그램의 목적은 한인 후손들의 '안정적 사회진출 및
자립경제 기반 구축'을 목적으로 하고 있어 직업을 창출할 수 있는 미용, 언
어, 제빵 등을 교육하는 경우가 많다.

멕시코 메리다에 거주하고 있는 미를레이(Mirley Ramirez Guerrero)는
30대 중반의 한인 후손 3세이다. 그녀는 2019년 한국의 OO대학교에서 미
용 수업을 들었으며, 이 수업을 듣고 난 후 멕시코로 돌아와 미용 관련 일을
하고 있다. 미를레이에게 모국인 한국을 다녀왔다는 것은 상당히 큰 자부심
이 되었고, 한인 후손회 활동 등을 더욱 열심히 하게 된 계기가 되었다. 미를
레이의 딸 역시 한인 후손 4세대로서, 어머니의 영향을 받아 한국어 및 한국
문화에 관한 다양한 영역에 관심을 가지고 있다. 쿠바 마탄사스에 거주하고
있는 요슬라미(Yoslami Martínez Park)는 어머니, 할머니와 함께 생활하고
있으며, 한인 후손인 할아버지에 대한 이야기는 주로 할머니로부터 들었다.
그녀의 할아버지는 멕시코에서 태어난 한국계 멕시코 인으로써 부모와 함
께 쿠바로 이주하였다. 그는 오랜 시간 에네켄 농장에서 일을 하였으나 한
국어를 배울 수는 없었다. 요슬라미의 경우 한국에 대한 관심도는 높았지만,
본인이 한인 후손 몇 세대인지 조차도 정확하게 알지 못했고, 그녀의 어머

니 역시 마찬가지였다. 이러한 상황에서 그녀가 좀 더 적극적으로 모국(한국)정체성을 추구하게 된 계기는 재외동포재단의 프로그램을 통해서였다. 요슬라미는 재외동포재단 프로그램으로 한국의 △△대학교에서 언어 연수(한국어)를 하였다. 비록 현재 유창한 한국어 구사 능력은 갖추고 있지 않지만, 그녀는 매년 마탄사스 한인회에서 주최하고 있는 8월 15일 광복절 기념 행사에 참여를 하고 있다.[13]

위와 같이 멕시코와 쿠바의 한인 이주민 사회에 한국으로의 초청연수 프로그램은 널리 알려져 있었고, 특히 한인 후손들은 이 프로그램을 통해 상당한 경험을 쌓을 수 있었다. 경제력과 문화경쟁력이 상대적으로 높은 한국으로의 초청 연수는 멕시코-쿠바 한인 후손들에게 상당한 매력으로 다가왔고, 이러한 부분은 모국과의 연계를 더욱 강화하는 중요한 원인으로 작용하고 있다.

V. 결론

멕시코-쿠바 한인 후손 사회는 미국의 하와이 이주와 그 역사적 맥락을 같이 하고 있음에도 불구하고 오랜 시간 주목받지 못했다. 이것은 한국 사회의 정치, 사회적인 환경과 유입국인 멕시코, 쿠바 정부의 상황이 맞물린 결과였다. 그러나 100년이 훨씬 지난 지금 멕시코-쿠바 한인 이주에 대한 관심이 새롭게 발생하고 있는 것은 이주 1세대의 과거 생활사와 이주 배경을 복원하기 위함만은 아닐 것이다.

---

13 이 행사에서는 한국정부 기관(쿠바 코트라)과 한국 교회 기관 등이 참여를 하여 한국 음식을 재공하고 거리에서 퍼레이드를 한다.

2010년대 이후 한류가 중남미 문화를 강타하면서 중남미인들의 인식에 한국은 상당히 매력적인 대상으로 새롭게 자각된 것이 사실이다. 하지만 이러한 '자각' 속에 '순수한' 중남미인들만 있었던 것이 아니라, 자신의 선조가 한국인이었던 이민자의 후손들이 포함되어 있을 것이라 상상하기는 상당히 힘들다. 멕시코-쿠바의 한인 이민 역사는 2010년대 이전까지만 하더라도 커다란 주목을 받지 못하고 있었으며, 한인 후손에 대한 인식도 별로 없었던 것이 사실이다. 하지만 현재 중남미에서 높아진 한국에 대한 관심으로 인해 멕시코-쿠바의 에네켄 한인 이주사가 주목받고 있으며, 더불어 현재까지 생존해 있는 이주민 후손들의 삶 역시 상당히 중요한 연구 주제로 떠오른 것이 사실이다.

본 연구에서는 멕시코-쿠바 한인 후손들이 어떠한 기제 및 요인을 통해 모국 연계 활동을 하고 있는가에 대해 분석하였다. 멕시코-쿠바 한인 후손(4-5세대)들은 다양한 SNS 매체를 통해 모국과 연계하고 있었으며, 부모 세대(이주 2-3세대)가 추구하는 '가족사의 회복'이 모국 연계를 추진하는 주요인이 될 수도 있지만, 그것보다는 오히려 에네켄 한인 후손의 '독립운동 담론'과 '초청 연수 프로그램' 등을 통한 모국 연계가 주를 이루었다. 즉 젊은 한인 후손들은 감상적 측면으로 모국을 바라보기도 하지만, 멕시코인 혹은 쿠바인으로의 정체성을 가진 자신들에게 좀 더 많은 기회를 제공해 줄 수 있는 곳으로의 모국을 원하고 있음을 알 수 있다.

본 연구에서는 38명 이상의 설문조사와 10여 명이 넘는 심층 인터뷰 조사가 실시되었다. 하지만 아직까지 설문조사와 심층 인터뷰 분석은 진행중에 있으며, 이 자료에 대한 분석이 완료되면 좀 더 다양한 한인 후손의 생활사를 기록할 수 있을 것이라 보며, 이 과제는 차후 과업으로 넘기고자 한다.

13

환태평양 트랜스내셔널리즘과
브라질 야구의 발전
일본계 이주자의 영향을 중심으로*

정호윤(국립부경대학교)

Ⅰ. 서론

우리가 흔히 브라질을 떠올릴 때 가장 많이 언급되는 단어는 단연코 '축구'이다. 축구 황제(The King of Football)라 불렸던 펠레(Pele)부터 20세기 말, 21세기 초반 활약했던 호나우두(Ronaldo), 호나우지뉴(Ronaldinho), 그리고 오늘날 네이마르(Neymar)까지 브라질 출신의 걸출한 축구 스타는 세계적으로 널리 알려져 있으며, 각국의 팬들로부터 많은 인기를 얻고 있다. 주지하다시피 브라질은 월드컵 5회 우승, 컨페더레이션스컵 4회 우승(2025년 현재 기준) 등 국제 축구대회 최다 우승 기록을 보유하고 있으며, 대표팀의 위상과 팬들의 열광적인 성원 덕분에 '축구의 나라(Country of Foot-

---

*   이 글은 『동북아 문화연구』 1권 85호(2025)에 게재된 논문을 저자 동의하에 수록하였음.

ball)'라는 칭호로 익숙하다. 축구 외에도 브라질은 농구, 배구, UFC를 위시한 종합격투기, F1과 같은 모터스포츠 등 다양한 종목에서 스포츠 강국으로 자리매김해 왔다.

2025년 3월 7일, 브라질 야구 국가대표팀이 예선 2위 결정전에서 독일을 6대 4로 꺾으며 13년 만에 월드 베이스볼 클래식(WBC) 본선에 진출했다는 소식이 전해졌다.[1] 이와 함께 브라질 출신 첫 메이저리거인 얀 고메스(Yan Gomes)의 그간의 활약상도 재조명되기도 했다. 사실, 축구의 나라로 익숙한 브라질에게 있어 야구라는 스포츠는 상호 연관 짓기가 다소 어색한 것이 사실이다. 그러나 브라질과 야구의 인연은 겉으로 보기보다 훨씬 깊으며, 그 역사적 발전 또한 오랜 세월에 걸쳐 이루어져 왔다. 브라질에 야구가 처음 도입되게 된 것은 19세기 후반에서 20세기 초반, 미국의 전력 및 통신회사의 엔지니어들에 의한 것이었으며, 이후 1908년 카사토마루(Kasato-Maru)호를 타고 커피농장 노동이주자 자격으로 상파울루에 도착한 일본계 이주자들이 야구 배트와 글러브를 함께 실어 온 이래 브라질에 야구가 본격적으로 전파되기 시작하였다. 이후 1990년 브라질 야구·소프트볼 연맹(CBBS, Confederação Brasileira de Beisebol e Softbol)이 설립되며 본격적인 야구의 제도적 전환점이 마련되었다. 이러한 성과와 함께 브라질 야구 대표팀의 국제화 전략이 맞물리며 결국 2025년, 브라질은 WBC 본선 진출이라는 위업을 달성할 수 있었다. 이처럼 브라질 내 야구의 발전은 태평양을 넘나드는 이주(migration)의 한 결과로도 바라볼 수 있을 것이다.

이러한 맥락에서 본 연구는 브라질 내 야구의 발전 과정에 대한 역사를 고찰하는 것을 주요 목적으로 한다. 특히 트랜스내셔널리즘적 관점에 입각

---

1 천병혁(2025), "브라질, 13년 만에 WBC 본선 진출…내년 20개 참가팀 확정." https://www.yna.co.kr/view/AKR20250307105900007

해 브라질 야구의 발전에 있어 가장 핵심적인 역할을 담당했던 일본계 이민자들의 역할을 조명하여, 그간 축구의 나라라는 단일 서사를 너머 야구를 중심으로 한 브라질과 일본 사이의 환태평양 문화적 연계성을 집중적으로 살펴보고자 한다.

본 연구는 다음과 같이 구성된다. 아래의 제2장에서는 선행연구 분석 및 본 연구의 주요 접근법인 환태평양 연계성, 그리고 트랜스내셔널리즘에 대한 이론적 검토를 시도한다. 제3장에서는 일본인들의 브라질 이주에 대한 개괄적 설명을 제시한 이후, 제4장에서 본격적으로 브라질 야구의 발전 역사에 대해 고찰하고자 한다. 마지막 결론에서는 본 연구와 관련된 후속연구에의 시사점을 제시하며 논문을 마무리한다.

II. 선행연구 분석 및 이론적 배경

1. 선행연구 분석

브라질의 야구에 대한 학술적 논의는 국내외를 막론하고 그 수가 매우 제한적이다. 국내에 서는 관련 선행연구가 전무한 실정이며, 해외에서는 일본계 이주자 · 디아스포라 · 스포츠사를 연구해 온 소수 학자들에 의해 해당 주제가 연구되고 있다. 안드라지 지 멜루(Andrade de Melo)와 곤살베스(Gonçalves)의 연구에서는 야구를 '미국식 근대성의 상징'으로 소개하며 리우데자네이루와 상파울루에서의 야구 발전사를 추적하고 있다.[2] 이 논문은

2　Andrade de Melo, Victor and Michelle Carreirão Gonçalves(2018), "Antes do American way of life: experiências com o baseball no Rio de Janeiro e São Paulo da transição dos séculos XIX e XX, "História Unisinos, 22(3), 442-452

당시 잡지와 신문 광고 등을 분석해 브라질 내 초기 야구의 전파가 미국 교민 및 외교적 네트워크에 의해 상류층의 오락으로 소비되었다는 점을 밝혀 냈지만, 이후 등장한 일본계 이주자들의 주도적인 역할과 지역별 확산과정은 다루지 못했다는 한계점을 내포하고 있다.

한편, 아조니 외(Azoni et al.)의 연구에서는 1930년대 브라질 베이스볼 챔피언십 (Campeonato Brasileiro de Beisbol)의 창설, 1950년대-1960년대 지역 리그 확대, 1990년 브라질 야구 · 소프트볼 연맹 창설 등의 과정에서 일본계 이민자들이 브라질 야구 생태계에 상당한 영향력을 행사해 왔음을 밝히고 있다.[3] 이와 비슷한 연구로는 램쇼(Ramshaw)와 개먼(Gammon)의 저서인 "야구와 문화유산(Baseball and Cultural Heritage)"에 수록된 글이 존재한다. 해당 연구에서는 브라질의 야구를 "니케이 정체성의 기억 장소"로 정의하고 있으며, 일본계 클럽이 매년 개최되는 베이스볼 페스티벌 등을 사례로 야구가 공동체 내에서 디아스포라 기억과 지역 관광자원으로 동시에 소비된다는 점을 밝히고 있다.[4] 그럼에도 위의 기존 연구들은 자본, 장비 및 인력의 트랜스내셔널적 순환 구조를 입체적으로 설명하지 못한다는 한계가 존재한다.

최근의 연구는 글로벌 스포츠산업 · 미디어 시장과 긴밀히 연동된다. 메이저리그(MLB)는 브라질 출신 일본계 선수들을 "문화적 브로커"로 활용해 소셜미디어 및 이벤트 마케팅을 전개하고 있으며, 이는 브라질 야구가 일본계라는 울타리를 넘어 대중들에게 노출되는 새로운 유형의 채널이 되

---

3 Azzoni, Carlos et al.(2006), "Brazil: Baseball is popular, and the players are Japanese!" https://www.researchgate.net/publication/295770157_Brazil_Baseball_is_popular_and_the_players_are_Japanese.

4 Ramshaw, Gregory and Sean Gammon(2022), Baseball and Cultural Heritage. Gainesville: University of Florida Press.

고 있음을 주장한다. 그럼에도 불구하고 이러한 연구들 역시 소비자 행동 ·
브랜드 전략 분석 측면에 머물러 브라질 야구의 발전에 대한 역사적 맥락
과 일본계 이주자의 역할 등의 구조적 특징을 효과적으로 설명하지 못한다.

요약하자면, 브라질 야구와 관련된 선행연구는 크게 1) 미국 문화의 전
파, 2) 일본계 공동체의 영향, 3) 글로벌 스포츠 비즈니스라는 세 가지 축을
중심으로 진행되어 왔다. 이로 인해 일본계 네트워크가 형성한 환태평양 물
질 · 상징 자원의 순환 등과 같은 맥락이 통합적으로 조명되지 못했다는 점
을 선행연구의 주요 한계로 꼽을 수 있다. 본 연구는 이러한 연구 공백 을 메
우기 위해 환태평양 담론과 트랜스내셔널리즘 이론을 활용해 일본계 야구
네트워크가 브라질-일본 사이를 어떠한 방식으로 순환하였는지를 고찰하
고자 하며, 궁극적으로 브라질 야구 발전사를 다각적인 측면에서 분석하는
것을 주요 목적으로 한다.

2. 이론적 배경

환태평양 담론은 태평양 지역을 둘러싼 국가 · 제국 · 이주 등의 층위를
단일 지역으로 묶어 낸 20세기에 걸친 지적 · 정책적 산물이다. 그러나 이러
한 환태평양이라는 개념은 미국과 동아시아의 성장 담론을 자연화하면서,
내부적 식민 경험, 원주민의 주체성, 그리고 남미 지역의 다층성을 은폐해
왔다는 비판을 받고 있는 것 또한 사실이다. 디를릭(Dirlik)은 "Pacific Rim"
이라는 개념이 그간 은폐해 왔던 권력 및 자본 관계를 해부하며, 태평양을
고정된 지리적 구획이 아니라 역사적으로 생성 · 해체되는 상호작용의 장
(Field)"로 보아야 한다고 지적한다.[5] 이러한 문제의식을 계승한 호스킨스 ·

<hr>

5   Dirlik, Arif(1998), What is in a Rim? Critical Perspectives on the Pacific Region Idea, London:

응우옌(Hoskins & Nguyen) 등은 그들의 저서"환태평양 연구(Transpacific Studies)"를 통해 아시아, 아메리카 및 태평양 도서 지역을 가로지르는 자본·노동·문화·이주 등의 흐름(flow) 자체를 분석 단위로 삼자고 주장하였다.[6] 즉, 이 연구는 국경을 경유하는 비대칭적 교환과 권력 작동에 주목하면서도, 동시에 태평양을 단순한 고정된 지역이 아닌 다중 문명의 교차로로 재규정한다는 점에서 앞서 살펴본 디를릭의 비판적 시각을 더욱 심화시키고 있다고 평가된다. 더 나아가 플로리다·걸든·멜랜더(Florida, Gulden & Mellander)의 연구 "The Rise of the Mega-Region"에서는 메가-지역(Mega-Region)이라는 개념을 도입하며 공간적 스케일의 세분화를 시도했다.[7] 즉, 그들은 전통적 국가나 도시 단위를 뛰어넘어 인구, 생산, 혁신 활동이 연속적으로 분포하는 거대 권역을 메가-지역으로 정의하고, 글로벌 공급연쇄와 혁신 네트워크가 이러한 메가-지역 스케일에서 작동한다고 설명하고 있다. 태평양 지역을 둘러싼 동북아-동남아-오세아니아-아메리카 지역 연안은 바로 이런 환태평양 메가-지역이라는 연속성을 대변하고 있다는 것이다.

한편, 초국가주의라 불리는 트랜스내셔널리즘이라는 개념은 이민자들이 물리적으로 특정 국가에 거주하면서, 이와 동시에 여러 국가에 걸쳐 문화적·사회적·경제적 네트워크를 형성해 나가는 현상 및 과정을 설명하는 개념이다.[8] 트랜스내셔널리즘은 이주의 경제적 측면뿐 아니라 정치적·문

Bloomsbury Academic.

6 Hoskins, Janet and Viet Nguyen(2014), Transpacific Studies: Framing an Emerging Field. Honolulu: University of Hawaii Press.

7 Florida, Richard, Tim Gulden and Charlotta Mellander(2008), "The Rise of the Mega-Region." Cambridge Journal of Regions Economy and Society, 1(3), 459-476

8 Portes, Alejandro, Luis Guarnizo, and Patricia Landolt(1999), "The Study of Transnationalism: Pitfalls and Promise of an Emergent Research Field. Ethnic and Racial Studies," 22, 217-237.

화적 이주 현상을 모두 포괄하며, 이민자들이 모국과 현재의 거주국 사이에 다양한 경로를 통한 상호작용, 그리고 이를 통한 양국 간의 사회적 교류를 촉진하는 과정을 설명한다.[9] 이처럼 트랜스내셔널리즘 이론은 이러한 공간적 재구성을 미시적 행위자 차원에서 해석할 수 있는 분석틀을 제공한다. 바쉬(Basch), 슐러(Schiller) 및 블랑-샌튼(Blanc-Szanton)은 이주자를 "둘 이상의 국가 공간을 동시에 횡단하며 물질·상징 자원을 왕복시키는 행위자"로 규정하고, 이들이 구축하는 트랜스내셔널 사회장(Transnational Social Field) 개념을 제시하였다.[10] 트랜스내셔널리즘은 곧 "국가 간 이동"이 아니라 "국경을 가로지르는 상호 구성적 삶"을 설명하는 이론적 틀로서 기능하고 있다.

물론 20세기 초반의 이주 현상을 20세기 후반 세계화 시대에 등장한 트랜스내셔널리즘 개념으로 설명하는 것에는 시대착오적 오류의 위험이 존재한다는 비판이 가능하다. 그러나 본 연구는 과거의 이주 현상을 현대적 초국가주의와 동일시하려는 것이 아니라, 국경을 넘나드는 인적·물적·문화적 흐름이 어떻게 장기적으로 하나의 '사회장(Social Field)'을 형성하는 지를 분석하기 위한 '분석적 틀(analytical framework)'로서 트랜스내셔널리즘 이론을 활용하고자 한다. 즉, 역사적 현상을 현대 이론의 렌즈를 통해 재해석함으로써, 국가 단위 분석만으로는 포착하기 어려웠던 브라질과 일본 간의 다층적 연결성을 드러내는 것이 이 이론을 사용하는 주된 목적이다.

---

9   손지혜(2024), 「사탕수수와 커피로 얽힌 이민자의 메커니즘: 브라질 이민자 사례를 중심으로」, 『라틴 아메리카연구』 제37호, pp.29-51.

10   Basch, Linda, Nina Shiller and Cristina Blanc-Szanton(1992), "Basch, Linda, Nina Glick Schiller, and Cristina Blanc-Szanton 1992 Transnationalism and the construction of the deterritorialized nation: An outline for a theory of post-national practice. Paper delivered at the annual meetings of the American Anthropological Association. Chicago.

본 연구는 앞서 살펴본 두 이론을 "환태평양적 트랜스내셔널 사회장 (Transpacific Transnational Social Field)"라는 분석 단위로 접합하고자 한다. 환태평양 패러다임이 제시하는 거시적 설명을 기반으로, 트랜스내셔널리즘은 행위자와 자원이 어떠한 방식으로 연계되어 재배치되는지를 미시적 지점에서 포착할 수 있기 때문이다. 다시 말해, "어디를 바라볼 것인가"라는 공간적 정의와 "그 사이에서 무엇이 어떻게 움직이는가"라는 가정적 설명이 상보적으로 결합한다. 즉, 브라질에서의 야구 발전과 일본계 이주자의 영향은 이 교차지점에서 탁월한 분석적 틀을 제공한다. 이러한 분석틀을 활용하여 "니케이 야구"라는 문화적 장 속에서, 태평양을 가로지르는 문화적 흐름을 구체적으로 가시화할 수 있다고 판단된다.

Ⅲ. 일본인의 브라질 이주 역사

현재 일본 본토를 제외하고 일본계가 가장 많이 거주하고 있는 국가는 브라질로, 그 수는 약 190만-200여만 명 정도로 추산된다.[11] 이는 1908년부터 시작되어 20세기 전반에 걸쳐 진행된 일본인의 광범위한 브라질 이주에 기인한 것이다.

일본의 경우 19세기 말-20세기 초, 농촌경제의 불황, 인구 과잉 및 부족한 자원이라는 사회적 문제가 대두되었으며, 이를 해결하기 위한 방안으로 해외 이민이 적극적으로 장려되기 시작했다. 1945년 전후로 재외 일계인들은 본국으로 다시 귀환이주를 선택했으나, 그럼에도 약 50여만 명 정도의

11　일본 외무성(2019), "Japan-Brazil Relations", https://www.mofa.go.jp/region/latin/brazil/data.html

일계인들이 아메리카 대륙에 남아 거대한 규모의 일계 디아스포라를 형성하게 되었으며, 1940년대 초에는 브라질 내 일본계 디아스포라 규모가 약 20만 명 정도였다고 추산된다.[12]

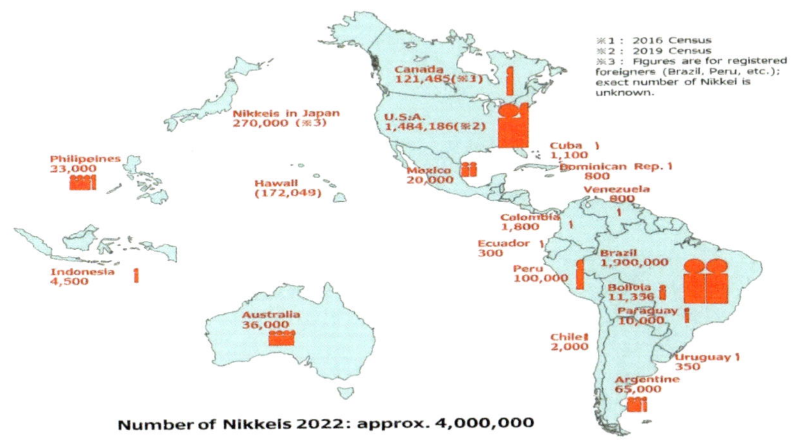

〈그림 1.〉 재외 일계인 현황(2022년 기준)

출처: The Association of Nikkei & Japanese Abroad(n.d.)

일본인들의 브라질 이주사는 1905년 스기무라 후카시(杉村濤吉)[13] 주브라질 공사가 당시 브라질 대통령을 접견하여 농촌 노동력 문제를 논의한 자리에서 사실상 기획 단계에 들어섰다. 같은 해 6월 스기무라는 상파울루주가 일본 농민 이민지로 적합한지를 다각도로 평가한 20여 쪽 분량의 보고서를 일본 외무성에 제출했고, 이 문건이 12월에 공표되자 일본 일간지들은 '신

---

12   Kadia, Miriam(2015), "Repatriation But Not Return: A Japanese Brazilian Dekasegi Goes Back to Brazil", The Asian Pacific Journal, 13(3), 1-14.

13   스기무라 후카시는 해외이주민계획을 입안하였으며, 일본의 남미 이민사업을 촉진하기 위해 1904년 브라질 주재 일본공사로 임명되었다. 그는 이민사업을 추진중이던 1906년 브라질에서 병사하였다.

세계 농업천국'이라는 수사로 브라질 이민을 대대적으로 선전하기에 이른다.[14] 일본 정부는 곧바로 농촌 출신 이주 희망자를 공개 모집했는데, 지원 조건으로 고임금 보장과 항해비 지원을 요구했고 브라질 측도 이를 수용하였다. 그 결과, 1908년 6월 18일, 781명의 이민자를 태운 증기선 카사토마루(笠戸丸)가 브라질 상파울루 산토스(Santos)항에 입항하면서 일본인의 브라질 공식 이주가 막을 올렸다.[15]

그러나 일본인 이주노동자들의 현실은 이상과 상이했다. 브라질 정부는 1888년 노예제 폐지 이후 만성적인 노동력 부족을 겪고 있었고, 일본인 이민자들을 '자유계약 농장 노동자'로 분류했음에도 실제 처우는 일종의 부채 노동 형태에 가까웠다.[16] 당시 기록에 따르면 하루 12시간의 노동, 숙식 및 의료비 자부담, 임금의 현물 상계가 일반적이었고, 언어·문화 장벽으로 분쟁 해결도 녹록치 않았다. 그럼에도 3-4년이 지나자 이민자들은 계약 만료와 함께 점차 안정적 생활을 영위하기 시작했다. 일부 이민자들은 커피 농장을 떠나 소규모 자작농이나 소작농으로 전환했다. 커피농장에 남아있던 이민자들은 임금 외에도 주말에는 벼, 콩, 사탕수수, 옥수수 등을 재배하거나 가축을 사육해 추가 소득을 올렸고, 이는 브라질 내 일본계 정착촌의 시초가 되었다.

1920년대 초, 일본 내 농촌경제 불황과 인구 과잉이 가속화되면서 정부 차원의 이민 촉진 정책이 더욱 강화되기 시작했다. 1922년 8월 일본 내무

---

14   National Diet Library of Japan (2014), "100 Years of Japansese Emigration to Brazil", https://www.ndl.go.jp/brasil/e/index.html

15   정호윤(2023), 「일계인(日系人) 디아스포라의 귀환이주와 브라질타운 형성과정: 시즈오카현 하마마 쓰시 브라질타운 사례 연구」, 『포르투갈-브라질 연구』, 제20호, pp.139-165.

16   임영언, 김태영(2015), 「일계인 디아스포라의 모국 브라질과의 사회경제적 관계 고찰」, 『日本文化學報』, 제66호, pp.273-296.

성은 민간 이민회사를 보조금으로 지원해 상파울루주 정착 사업을 체계화
다. 이민 및 정착 관련 정보 제공을 위시하여, 일본인 정착촌에 학교, 진료소
및 상조회 설립 및 이민자들을 위한 여행 보조금을 지급하기 시작했다. 이
어 1923년 관동대지진이 터지자 일본 정부는 피해민 구제와 국내 실업 완
화를 명분으로 남미 이민에 대해 1인당 200엔에 달하는 여행보조금을 지
급하기 시작했고, 1924년 7월에는 3,000명분 여비 62만 엔을 추가 배정했
다.[17] 1926년 5,000명, 1927년 7,750명으로 쿼터를 확대하면서 일본인의 브
라질 이주는 군단 이민 단계로 진입하며 이주자 수의 급증을 목도하게 된다.

이러한 일본인들의 브라질 이주 확산은 브라질 국내 정치화도 얽혀 있엇
다. 1930년 브라질의 바르가스(Vargas) 쿠데타 이후 임시정부는 '외국인 이
민 제한 및 실업자 지원법(Foreign Immigration Restriction and Support for
the Unemployed Law)'을 제정해 비농업 이민을 규제했지만, 농업 이민으로
분류된 일본인은 예외였기에 1930년대에도 연간 1만 2천-2만 7천 명의 일
본인들이 꾸준히 유입되었다.[18] 그 결과, 1940년대 초 브라질에는 이미 20만
명에 육박하는 일본계가 자리 잡았다.

그러나 제2차 세계대전의 발발은 이주의 흐름을 잠시 끊어 놓았다. 브라
질이 1942년 연합국 측에 가담하면서 일본인들은 적국민으로 지정되어 언
론, 집회, 언어 사용의 자유가 제한되었으며, 일부 일본계 이민자들은 내륙
수용소로 이송되기도 했다. 전후 복구기에 일계인들은 상당수가 일본으로
귀국했으나, 1950년대 들어 일본 국내 고도성장과 맞물려 해외이주가 재개

17　National Diet Library of Japan(2014). "100 Years of Japansese Emigration to Brazil", https://www.
　　ndl.go.jp/brasil/e/index.html

18　National Diet Library of Japan(2014). "100 Years of Japansese Emigration to Brazil", https://www.
　　ndl.go.jp/brasil/e/index.html

되자 20년 동안 5만 명이 넘는 일본인이 브라질로 추가 이주했다.[19] 이처럼 한 세기를 넘기며 지속되어 온 일본인의 브라질 이주의 결과, 브라질은 일본 본토를 제외하고 세계 최대 규모의 일본계 디아스포라가 형성된 국가가 되었다. 오늘날 일계인들은 4세-6세에 이르는 다세대 구조로 진화해 브라질 사회의 전 영역에 통합되고 있다.[20] 이러한 거대한 인적 네트워크는 이후 '데카세기(dekasegi)' 귀환, 환태평양 무역·문화 교류, 그리고 야구·가라테 같은 스포츠의 확산을 매개로 하며, 일본과 브라질 사이에 역동적인 트랜스내셔널 사회장을 구축하는 토대가 되었다.

IV. 브라질 야구의 발전: 일본계 이주자의 영향을 중심으로

1. 일본계 이주자와 브라질 야구 도입 및 확장

일본계 이주자들이 어떻게 브라질 야구의 핵심 전파자가 될 수 있었는지를 이해하기 위해서는 이주 이전 일본 내 야구의 위상을 먼저 살펴볼 필요가 있다. 19세기 후반 메이지 유신 시기, 미국을 통해 일본에 전파된 야구는 단순한 스포츠를 넘어 서구의 '근대성'을 상징하는 문화로 받아들여졌다. 특히 대학 야구의 폭발적인 인기는 야구를 엘리트 스포츠이자 국민적 열광의 대상으로 만들었으며, 이러한 인기는 점차 중고등학교와 사회 전반으로 확산되었다. 따라서 당시 일본인들에게 야구는 이미 단순한 여가 활동에 그치지 않고, 공동체의 자부심과 정체성을 표현하는 중요한 문화적 실천으로 자

---

19   Kadia, Miriam (2015). "Repatriation But Not Return: A Japanese Brazilian Dekasegi Goes Back to Brazil", The Asian Pacific Journal, 13(3), 1-14

20   일본 외무성(2019). "Japan-Brazil Relations", https://www.mofa.go.jp/region/latin/brazil/data.html

리 잡고 있었다. 즉, 엘리트 교육 경험자는 물론, 농촌 출신 이주자들까지도 야구라는 스포츠에 익숙하고 이를 공동체 활동의 중심으로 삼을 수 있었다.

전술한 바와 같이, 브라질에 야구가 처음 도입되게 된 것은 19세기 후반에서 20세기 초반, 미국의 전력 및 통신회사의 엔지니어들이 주브라질 미국 영사관 직원들과 친목 경기를 벌이면서부터이다. 이들은 주로 팔레스트라 이탈리아 경기장(Palestra Italia Stadium)[21]에서 공개적인 경기를 개최해 브라질에는 상대적으로 낯선 스포츠를 소개했다. 그러나 브라질에 야구를 완전히 뿌리내리게 한, 그리고 지속가능한 스포츠 생태계를 만든 주체는 바로 1908년 카사토 마루(Kasato-Maru)호를 타고 커피농장 노동이주자 자격으로 상파울루에 도착한 일본계 이주 자들이었다. 그들이 야구 배트[22]와 글러브를 함께 실어 온 이래, 브라질에 야구가 본격적으로 전파되기 시작하였다. 농촌에서 노동을 하던 일본계 이주자들은 주말 여가시간을 활용해 야구를 즐겼으며, 다른 한편으로는 도시의 일본 상공 엘리트들 또한 팀을 조직해 농촌과 도시를 잇는 네트워크가 형성되었다.[23]

브라질에 야구가 도입된 이후, 일본계 이주자 가운데 상징적인 야구 선수로 켄지 사사하라(Kenji Sasahara)를 꼽을 수 있다. 사사하라는 1889년 시즈오카현에서 출생하였으며, 가세가 기울자 게이오대학을 중퇴하고 1915년 브라질로 이주했다. 브라질에서는 원래 농업에 종사하려 했으나 실패하였

---

21 팔레스트라 이탈리아 경기장(Palestra Italia Stadium)은 과거 상파울루시를 연고로 하는 브라질 프로축구팀 파우메이라스(S.E. Palmeiras) 파우메이라스(Palmeiras)의 홈구장이었으나, 현재는 팀의 홈구장을 알리안츠 파르키(Alianz Parque)로 이전하였다.

22 일본계 이주자들은 나무 배트를 만들기 위해 브라질 자생 수종으로 여러 방면에서 시험한 결과, 대부분의 나무가 무겁거나 잘 부러졌으나 구아바 나무(Guava)가 가장 적합한 것으로 판명되었다고 전해진다.

23 Deckrow, Andre Kobayashi(2014). "How Baseball Became Brazilian", https://defector.com/how-baseball-became-brazilian

고, 상파울루시에서 미국인들과 교류하고 지내다 결국 1917년 상파울루주의 미국인 야구팀에 입단하였다. 그는 체격 조건이 우수한 탓에 팀의 주축으로 성장했다. 팀을 떠난 뒤에도 상파울루와 리우데자네이루의 미국인 야구팀 간의 경기에서 투수로 자주 초청될 만큼 야구에 큰 두각을 나타냈다. 사사하라는 이주해 온 일본인 아마추어 선수들과 교류하기 시작하면서, 일본인 선수로만 구성된 정규 팀 창단을 구상하기에 이른다. 결국 1920년 5월, 미카도(Mikado) 클럽이 결성되고 사사하라가 초대 감독으로 취임했다. 미카도 클럽은 미국인 팀, 그리고 산투스항에 입항한 일본 및 미국 선원 팀 등과 경기를 치르기도 했다. 1921년, 랍파(Rappa) 야구팀이 창단되며 미카도 팀과의 정기전이 종종 열렸다.[24]

사사하라는 1923년 일본 정부 산하기관인 해외흥업주식회사의 헤지스트루(Registro)[25] 지점에 특채되어 일자리를 옮겼다. 그는 그 곳에서도 야구 보급에 앞장섰으며, 1924년 개최된 제1회 사메지마기 토너먼트 대회에서 헤지스트루 야구팀을 우승으로 이끌었다. 사사하라의 열정 덕분에 당시 헤지스트루시에 약 7개 정도의 야구팀이 생겨날 정도로 야구가 번성하기 시작했다. 그러나 불행히도, 사사하라는 1926년 향년 39세의 나이로 뇌출혈로 사망하였다. 현지 신문에서는 브라질에 야구를 널리 알린 사사하라의 죽음을 애도했으며, 그의 추모 경기 또한 상파울루시에서 개최되기도 했다. 한편, 브라질 페르남부쿠주(Pernambuco) 알리안사 (Aliança)에서 일본계 청년 수십 명이 일본에서 주문한 야구 장비를 갖추고 야구 팀을 조직했다. 그 중심 인물은 고교 시절 투수로 활동했던 이사무 유바(Isamu Yuba)였으며,

---

24   National Diet Library(n.d.), "Brazilian Baseball", https://www.ndl.go.jp/brasil/e/column/baseball.html
25   헤지스트루는 브라질 상파울루주 대서양 연안에 위치한 도시로, 상파울루시와는 약 180km 떨어져 있다.

사사하라와 함께 브라질에 야구를 본격적으로 확장시킨 주요 인물 중 하나로 평가된다.[26]

1920년에서 1941년 사이, 해외흥업주식회사가 주도한 대규모 브라질 이주 정책으로 무려 15만 명에 이르는 일본인 농업 이민자가 상파울루주 내륙에 정착하기 시작하면서, 그간 도시에서 이루어지던 야구가 농업 공동체까지 확산되기 시작했다. 당시 철도 노선을 따라 소로카바나(Sorocaba), 파울리스타(Paulista), 노로에스치(Noroeste) 등지에서 리그가 생겨났고, 오늘날까지도 여전히 강호로 남아 있다.[27] 이처럼 일본계 이민자 수가 급증하게 되자, 일본계 콜로니아 간 대항전인 전(全)브라질 야구대회(All-Brazil Baseball Tournament)가 본격적으로 시작되었다. 1936년 제1회 대회가 상파울루에서 개최되었으며, 제3회 대회때부터 '닛파쿠신문(Nippaku Shimbun)'이 후원하여 관람료를 받으며 성대하게 개최되기 시작했다.[28] 당시 대회에서는 일본계가 아닌 사람들은 경기에서 제외되는 등 브라질에서의 야구는 일본 문화의 전형이었다.[29] 1941년 제6회 대회까지 진행되었으나, 1930년 제툴리우 바르가스(Getulio Vargas) 대통령의 집권 후 이민 규제 정책과 함께 태평양 전쟁의 발발로 인해 일본계 야구는 큰 타격을 받았으며, 1942년 브라질의 연합국 측 참전 이후 일본계 집회가 금지되면서 야구 경기 및 리그가 중단되는 위기를 맞이하게 되었다.[30]

26   National Diet Library(n.d.). "Brazilian Baseball". https://www.ndl.go.jp/brasil/e/column/baseball.html

27   Deckrow, Andre Kobayashi(2014). "How Baseball Became Brazilian", https://defector.com/how-baseball-became-brazilian

28   National Diet Library(n.d.). "Brazilian Baseball". https://www.ndl.go.jp/brasil/e/column/baseball.html

29   Winter, Brian(2014), "Baseball in Brazil? U.S. Sports Rise in the Land of Soccer", https://www.reuters.com/article/idUSBREA1C1EZ/

30   Beisbol na Veia(n.d.). "Historia", https://beisebolmaringa.wordpress.com/historias/

2. 브라질 내 야구의 제도화와 일본–브라질 간 문화적 연속성의 공고화

전후 일본계 사회는 '카치구미(勝ち組)·마케구미(負け組)' 분열[31]로 내홍을 겪었지만, 1950년대 야구 리그가 재개됐다. 1958년 일본 이민 50주년을 기념해 봉 헤치루(Bom Retiro) 지역에 미에 니시 야구장(Estádio Mie Nishi)이 건립되었으며, 와세다대학 야구팀이 브라질을 방문해 친선경기를 가지기도 했다. 이후 브라질 야구는 1950-70년대를 거쳐 황금기를 구가하는데, 이 시기 일본 기업팀 지원 아래 호와·가네보·도시바 등의 팀이 리그를 지배했다. 1990년대 일본계 브라질인의 '데카세기(dekasegi)' 역이주로 선수층이 급감하며 위기가 왔지만, 해외 경험을 쌓은 귀환 선수들이 역으로 대표팀 주축으로 성장했다.[32]

브라질 야구가 본격적으로 제도화되기 시작한 것은 브라질 야구·소프트볼 연맹(CBBS, Confederação Brasileira de Beisebol e Softbol)이 창설된 1990년 이후이다. 이전에는 브라질 야구 선수권 대회가 상파울루 야구·소프트볼 연맹에 의해 주최되었으나, 1990년 이후 CBBS가 본격적인 주관 기관으로 변모한 것이다.[33] 당시 브라질에는 야구와 소프트볼 인구가 5만명을 넘어섰던 분기점이었으며, 이로 인해 일본계 경영인이 주도해 브라질 야구·소프트볼 연맹을 창설한 것이었다. 동 연맹은 일본 도쿄도, 미야자키현

---

31   카치구미(勝ち組)·마케구미(負け組) 분열이란 제2차 세계대전 종전 직후 브라질 일본계 사회 내에서 발생한 심각한 내분과 갈등을 의미한다. 카치구미는 일본이 전쟁에서 승리했다고 믿는 그룹이었으며, 마케구미는 일본이 패배했다는 현실을 받아들인 그룹이다. 이 두 그룹 사이의 충돌은 심각한 폭력과 살인 사건까지 발생하기에 이른다. 이 사건은 일본계 브라질 사회 내에서 큰 분열을 남긴 역사로 기억되고 있다.

32   Deckrow, Andre Kobayashi(2014). "How Baseball Became Brazilian". https://defector.com/how-baseball-became-brazilian

33   Confederação Brasileira de Beisebol e Softbol(n.d.). "Sobre a CBBS". https://cbbs.com.br/sobre-a-cbbs/

과 같은 지자체 및 미즈노 등의 기업과 협약을 맺어 장비, 지도자 연수 체계, 청소년 rfb 프로그램 등을 안정적으로 확보했으며, 이러한 제도적 발전 하에서 2020년 기준 CBBS 산하 전국 등록선수 3만여 명, 그리고 약 120개의 가맹 클럽을 가진 야구 저변을 확보하게 되었다. 현재 최상위 챔피언십 리그인 브라질 야구선수권 대회(Campeonato Brasileiro de Beisebol)는 비록 프로야구 리그는 아니지만, 12개의 팀이 등록되어 경기를 치르고 있다. 이처럼 야구가 제도화를 이루며 발전한 끝에, 오늘날 브라질은 세계 남자야구 순위에서 21위에 올라 있다.[34]

브라질 야구 대표팀 엔트리를 살펴보면 일본계 성이 유독 많이 존재한다. 이는 현재 150만에서 200만 명에 육박하는 일계인이 브라질에 거주하고 있는 연유이기도 하며, 다른 한편으로는 브라질 야구의 역사, 그리고 발전사는 일본과 브라질 사이의 관계사이기 때문이기도 하다. 현재 수많은 재(在)브라질 일계인들 가운데, 약 100만여 명이 상파울루주, 35만 명이 상파울루시에 거주한다. 그러한 이유로 자연히 브라질의 야구 문화 및 주요 인프라가 브라질의 남동부 지역인 상파울루주와 인근 파라나주 북부지역에 집중되어 있다. 실제로 2023년 개최된 팬아메리칸 게임(Pan American Games)의 야구대표팀 중 19명의 국내파 선수들이 모두 이 지역팀 소속이라는 사실은 이를 잘 방증한다.[35]

---

34 World Baseball Softball Confederation(2020). "Special 30th Anniversary Logo Unveiled for Brazilian Baseball Softball Confederation". https://www.wbsc.org/en/news/special-30th-anniversary-logo-unveiled-for-brazilian-baseball-softball-confederation.

35 Deckrow, Andre Kobayashi(2014). "How Baseball Became Brazilian". https://defector.com/how-baseball-became-brazilian

〈표 1.〉 브라질 야구 챔피언십 리그 팀 현황

팀명	연고 도시	연고 주(州)
아치바이아(Atibaia)	아치바이아(Atibaia)	상파울루주
도우라두스 FA(Dourados FA)	도우라두스(Dourados)	마토그로수두술주
제쎄비스(Gecebs)	아루자(Arujá)	상파울루주
이비우나(Ibiúna)	이비우나(Ibiúna)	상파울루주
론드리나(Londrina)	론드리나(Londrina)	상파울루주
마릴리아(Marília)	마릴리아(Marília)	상파울루주
마링가(Maringá)	마링가(Maringá)	파라나주
메디씨나 USP(Medicina USP)	히베이라웅 프레투 (Ribeirão Preto)	상파울루주
니폰 블루제이스 (Nippon Blue Jays)	아루자(Arujá)	상파울루주
피네이루스(Pinheiros)	쿠리치바(Curitiba)	파라나주
프레지덴치 프루덴치 (Presidente Prudente)	프레지덴치 프루덴치 (Presidente Prudente)	상파울루주
VG 스파르탕스(VG Spartans)	바르제아 그란지 (Várzea Grande)	마토그로수두술주

출처: Confederação Brasileira de Beisebol e Softbol(n.d.)를 기반으로 저자 작성

브라질과 일본 사이의 환태평양적 문화적 연속성이 지속된 결과, 브라질 야구에는 일본계의 영향이 강하게 뿌리내렸다. 그 예로 브라질의 청소년·성인 야구리그 대부분 팀은 일본계 이민자가 세운 것이라는 사실을 들 수 있다. 상파울루주 내륙에서는 마릴리아(Marilia), 아치바이아(Atibaia)처럼 일본계 콜로니아 이름을 딴 팀이 강세를 보이고, 상파울루시 인근에서는 니케이(Nikkei) 문화협회가 운영하는 클럽이 도시 외곽에 대규모 야구장을 갖추고 활동하고 있다. 니폰 컨트리클럽(Nippon Country Club)의 니폰 블루제이스(Nippon Blue Jays), 아냥게라 니케이 클럽(Anhanguera Nikkei Club)도 독자적인 구장을 보유해 주말마다 선수들이 출퇴근하며 운동하고 있다. 현재 리그 선수 절반가량은 비(非)일본계지만, 이들 역시 대체로 일본계가 밀집해 야구 문화가 강한 지역에서 성장했다. 2007-2009년 시애틀 매리너스(Seattle Mariners) 루키리그에서 투수로 활약했던 장 토메(Jean Tomé)는

실제로 유년 시절 일본계 이웃이 운영하던 야구 배팅 케이지에서 처음 야구를 접했다고 한다.[36]

이처럼, 1908년 이후 약 한 세기에 걸쳐 일본계 이주자들이 브라질에 구축한 야구 생태계는 양국을 종단하는 트랜스내셔널 사회장으로서 기능한다. 특히 브라질 야구의 전개 양상은 단방향 '전파' 모델이 아닌, 인물과 장비의 도입, 일본계 콜로니아 내 재현, 지역 간 대항전 조직화, 국가 단위 제도화, 일본의 야구 기술 및 경험 재도입 등으로 이어지는 순환적 궤적을 보여준다. 즉, 브라질에서의 야구는 일본계 이민자들의 정착문화에서 출발해 국가 스포츠로 제도화되는 과정 속에서 환태평양적 연결망이 확장된 문화적·제도적 매개체였다. 이러한 순환적 궤적 속에서 눈여겨볼 점은, 단순히 물질적 자원의 순환이 아닌, 의례나 미디어 담론과 같은 상징자원이 다중 경로로 왕복했다는 점이다. 즉, 브라질 야구는 환태평양 트랜스내셔널 사회장 속에서 일본계 디아스포라의 문화적 자원의 보존 및 변형의 전형이자, 이것이 브라질 스포츠의 다원성을 확대한 사례로 정리될 수 있을 것이다.

V. 결론

본 연구는 '축구의 나라'로 알려진 브라질에서 야구가 어떤 경로를 통해 정착·발전했는 지를 환태평양 트랜스내셔널리즘 관점에서 고찰하였다. 기존 연구는 미국식 근대성 전파, 일본계 공동체 내부사, 글로벌 스포츠 비즈니스라는 상이한 축으로 단편화되어 있어 브라질-일본 간 물질·상징 자

---

36 Deckrow, Andre Kobayashi(2014). "How Baseball Became Brazilian". https://defector.com/how-baseball-became-brazilian

원의 다층 순환을 총체적으로 설명하지 못했다. 이에 본 연구는 메가-지역 개념, 그리고 트랜스내셔널리즘 이론을 결합해 "환태평양적 트랜스내셔널 사회 장(Transpacific Transnational Social Field)"이라는 분석 단위를 제안 하였다.

초기 브라질 야구는 미국인에 의해 도입되었으나, 야구를 지역사회 생활 문화 및 제도적스포츠로 정착시킨 것은 일본계 이민자의 영향이 매우 컸다. 여가 경기에서 출발한 콜로니아 야구는 사사하라 켄지의 미카도 클럽 창 설, 유바 이사무의 알리안사 팀, 지역리그, 1936년 전 브라질 야구대회로 조 직화되었다. 전시(戰時) 규제와 단절을 거쳐 1958년 이민 50주년 기념 야 구장 건립, 일본 기업팀 후원, 그리고 1990년 브라질 야구·소프트볼 연맹 (CBBS) 창설을 통해 제도화가 가속화되었다. CBBS는 일본 지자체·기업 과의 협력, 유스 아카데미(CT Yakult) 운영, 국제 대회 참가 체계를 통해 로 컬 클럽을 국가 차원으로 엮었고, 이는 WBC 출전과 같은 성과로 이어졌다. 대표팀 명단에 다수의 일본계 성이 남아 있는 동시에 비(非)일본계 참여 비 중이 증가하고 있다는 점은 야구가 민족적 울타리를 넘어 브라질 다문화 스 포츠로 이동하고 있음을 방증하고 있다. 이처럼 브라질 야구의 도입과 발전 과정은 일본계 디아스포라의 이주·정착 궤적과 맞물려 있다.

본 연구가 제시한 분석 틀과 함의에도 불구하고, 몇 가지 명백한 한계점 을 지닌다. 가장 큰 한계는 연구 방법론과 자료의 문제이다. 본 연구는 2차 자료와 제한적 통계에 의존하여, 일본어나 포르투갈어로 된 1차 사료 및 구 술사 자료를 충분히 반영하지 못했다. 이로 인해 개인 활약상이나 각 시기 별 제도화 과정에 대한 심층적이고 경험적인 증거를 제시하는 데 부족함이 있었다. 또한 본 연구에서 제안한 '환태평양 트랜스내셔널 사회장' 모델의 설명력을 검증하기 위해 필수적인 다른 이주-스포츠 사례와의 체계적인 비교가 이루어지지 않아 일반화 가능성도 제한적이다.

따라서 이러한 한계를 극복하고 논의를 확장하기 위해 다음과 같은 후속 연구를 제안한다. 첫째, 다양한 아카이브 자료와 현지 구술사 연구를 통해 자료적 편중을 완화하고, 브라질 야구 발전사의 각 단계별 주요 행위자와 네트워크를 더욱 입체적으로 재구성할 필요가 있다. 둘째, 페루나 하와이의 일본계 이주민 스포츠 사례와 같은 타 지역과의 비교 연구를 통해 본 연구가 제시한 분석 모델의 타당성을 검증하고 정교화하는 작업이 요구된다. 이러한 후속 연구들을 통해 브라질 야구사는 물론, 환태평양 지역의 이주와 문화 변용에 대한 더욱 풍부한 학술적 논의가 가능해질 것으로 사료된다.

01. 자유주의와 문명주의

그레이엄 앨리슨 (2018), 『예정된 전쟁』, 정해윤 역, 서울: 세종서적.

아놀드 토인비 (2007), 『역사의 연구』, 원창화 역, 서울: 홍신문화사.

오스왈드 슈펭글러 (2019), 『서구의 몰락』, 박광순 역, 서울: 책세상.

홉슨, 존 M. (2005), 『서구문명은 동양에서 시작되었다』, 정경옥 역, 서울: 에코리브르.

Acharya, Amitav (2014) *The End of American World Order*. Cambridge: Polity.

__________ (2016) *Why Govern? Rethinking Demand and Progress in Global Governance*. Cambridge: Cambridge University Press.

__________ (2020) "The Myth of the 'Civilization State': Rising Powers and the Cultural Challenge to World Order", *Ethics & International Affairs*, 34(2), 139-156.

__________ (2023) "Before the Nation-State: Civilizations, World Orders, and the Origins of Global International Relations", The Chinese Journal of International Politics, 16(3), 263-288.

Adler-Nissen, Rebecca (2014) "Stigma Management in International Relations: Transgressive Identities, Norms and Order in International Society", *International Organization*, 68(1), 143-176.

Adler-Nissen, Rebecca and Ayşe Zarakol (2020) "Struggles for Recognition: The Liberal International Order and the Merger of Its Discontents", *International Organization*, 75(1), 611-634.

Allan, Bentley B., Srdjan Vucetic and Ted Hopf (2018) "The Distribution of Identity and the Future of International Order: China's Hegemonic Prospects", *International Organization*, 72(3), 839-869.

Anderson, Benedict (2006) *Imagined Communities: Reflections on the Origin and Spread of Nationalism*. London: Verso.

Bell, Daniel (2016) *The China Model: Political Meritocracy and the Limits of Democracy*. New Haven: Yale University Press.

Bettiza, Gregorio and David Lewis (2020) "Authoritarian Powers and Norm Contestation in the Liberal International Order: Theorizing the Power Politics of Ideas and Identity", *Journal* of *Global Security Studies*, 5(4), 559-577.

Borgwardt, Elizabeth (2005) *A New Deal for the World: America's Vision for Human Rights*. Cambridge: Harvard University Press.

Brow, James (1990) "Notes on Community, Hegemony, and the Uses of the Past", *Anthropological Quarterly*, 63(1), 1-6.

Brubaker, Rogers (2017) "Between Nationalism and Civilizationism: The European Populist Moment in Comparative Perspective", *Ethnic and Racial Studies*, 40(8), 1191-1226.

Bull, Hedley (1977) *The Anarchical Society: A Study of Order in World Politics*. New York: Columbia University Press.

Callahan, William A. (2008) "Chinese Visions of World Order: Post-Hegemonic or a New Hegemony?", *International Studies Review*, 10(4), 749-761.

______________________ (2016) "China's 'Asia Dream': The Belt Road Initiative and the New Regional Order", *Asian Journal of Comparative Politics*, 1(3), 226-243.

Checkel, Jeffrey T. (2005) "International Institutions and Socialization in Europe: Introduction and Framework", *International Organization*, 59(4), 801-826.

Coker, Christopher (2019) *The Rise of the Civilizational State*. Cambridge: Polity.

Cooley, Alexander (2015) "Countering Democratic Norms", *Journal of Democracy*, 26(3), 49-63.

Cox, Robert (1987) *Production, Power, and World Order: Social Forces in the Making of History*. New York: Columbia University Press.

Dallmayr, Fred, M. Akif Kayapinar and Ismail Yaylaci (eds.) (2014) *Civilizations and World Order: Geopolitics and Cultural Difference*. Lanham: Lexington Books.

Deng, Zhenglai and Sujian Guo (eds.) (2011) *China's Search for Good Governance*. New York: Palgrave.

Deudney, Daniel and John G. Ikenberry (1999) "The Nature and Sources of Liberal International Order", *Review of International Studies*, 25(2), 179-196.

Doyle, Michael (1983) "Kant, Liberal Legacies, and Foreign Affairs", *Philosophy and Public Affairs*, 12(1-2), 205-235, 323-353.

Epstein, Charlotte (2012) "Stop Telling Us Now to Behave: Socialisation, or Infantilization?", *International Studies Perspectives*, 13(2), 135-145.

Fang, Yuanyuan (2023) "A New Synthesis among IR Theories? Moral Leadership in International Relations", *The Chinese Journal of International Politics*, 16(3), 311-332.

Fawcett, Edmund (2014) *Liberalism: The Life of an Idea*. Princeton: Princeton University Press.

Finnemore, Martha (2009) "Legitimacy, Hypocrisy, and the Social Structure of Unipolarity", *World Politics*, 61(1), 58-85.

Finnemore, Martha and Kathryn Sikkink (1998) "International Norm Dynamics and Political Change", *International Organization*, 52(4), 887-917.

Feng, Michael (2015) "The 'Chinese Dream' Deconstructed: Values and Institutions", *Journal of Chinese Political Science*, 20(2), 163-183.

Freeden, Michael (1996) *Ideologies and Political Theory: A Conceptual Approach*. Oxford: Oxford University Press.

French, Howard W. (2017) *Everything Under the Heavens: How the Past Helps Shape China's Push for Global Power*. New York: Knopf.

Fukuyama, Francis (1989) "The End of History", *The National Interest*, 16, 3-18.

Glaser, Daryl (2006) "Does Hypocrisy Matter? The Case of US Foreign Policy", *Review of International Studies*, 32(2), 251-268.

Goddard, Stacie E. and Daniel H. Nexon (2016) "The Dynamics of Global Power Politics: A Framework for Analysis", *Journal of Global Security Studies*, 1(1), 4-18.

Gow, Michael (2017) "The Core Socialist Values of the Chinese Dream: Towards a Chinese Integral State", *Critical Asian Studies*, 49(1), 92-116.

Gracie, Carrie (2017) "China's Xi Jinping Opens 'New Era' for Country and the World", *BBC*. http://www.bbc.co.uk/news/world-asia-china-41744675

Halper, Stefan A. (2010) *The Beijing Consensus: How China's Authoritarian Model Will Dominate the Twenty-First Century*. New York: Basic Books.

Huntington, Samuel P. (1996) *The Clash of Civilizations and the Remaking of World Order*. New York: Simon & Schuster.

Ikenberry, John G. (2001) *After Victory: Institutions, Strategic Restraints, and the Rebuilding of Order After Major Wars*. Princeton: Princeton University Press.

__________ (2009) "Liberal Internationalism 3.0: America and the Dilemmas of Liberal World Order", *Perspectives on Politics*, 7(1), 71-87.

__________ (2011) *Liberal Leviathan: The Origins, Crisis, and Transformation of the American World Order*. Princeton: Princeton University Press.

_____ (2018) "The End of Liberal International Order?", *International Affairs*, 94(1), 7-23.

Jahn, Beate (2018) "Liberal Internationalism: Historical Trajectory and Current Prospect", *International Affairs*, 94(1), 43-61.

Kaczmarski, Marcin (2017) "Non-Western Visions of Regionalism: China's New Silk Road and Russia's Eurasian Economic Union", *International Affairs*, 93(6), 1357-1376.

Katzenstein, Peter J. (1996) *The Culture of National Security: Norms and Identity in World Politics*. New York: Columbia University Press.

___________________ (ed.) (2010) *Civilizations in World Politics: Plural and Pluralist Perspectives*. New York: Routledge.

___________________ (2014) "Epilogue: Power, or the Emperor's New Clothes", in Louis W. Pauly and Bruce W. Jentleson (eds.), *Power in a Complex Global System*. Abingdon: Routledge.

Kupchan, Charles A. (2010) *When Enemies Become Friends*. Princeton: Princeton University Press.

___________________ (2014) "The Normative Foundations of Hegemony and the Coming Challenge to Pax Americana", *Security Studies*, 23(2), 21-57.

Ling, Lily H. M. (2002) "Cultural Chauvinism and the Liberal International Order: 'West Versus Rest' in Asia's Financial Crisis", in Geeta Chowdhry and Sheila Nair (eds.), *Power in a Postcolonial World: Reading Race, Gender and Class in International Relations*. New York: Routledge, 115-140.

Liu, James H. and Denis Hilton (2005) "How the Past Weighs on the Present: Social Representations of History and Their Role in Identity Politics", *British Journal of Social Psychology*, 44(4), 537-556.

Lynch, Daniel C. (2015) *China's Futures: PRC Elites Debate Economics, Politics, and Foreign Policy*. Stanford: Stanford University Press.

Mandelbaum, Michael (2004) *The Ideas that Conquered the World: Peace, Democracy, and Free Markets in the Twenty-First Century*. New York: Public Affairs.

Mayer, Maximilian (2018) "China's Historical Statecraft and the Return of History", *International Affairs*, 94(6), 1217-1235.

Mishra, Pankaj (2017) *Age of Anger: A History of the Present*. New York: Farrar, Straus and Giroux.

Mitzen, Jennifer (2006) "Ontological Security in World Politics: State Identity and the Security Dilemma", *European Journal of International Relations*, 12(3), 341-370.

Neumann, Iver B. (2008) "Russia as a Great Power, 1815-2007", *Journal of International Relations and Development*, 11(2), 128-151.

Ninkovich, Frank (1994) *Modernity and Power: A History of the Domino in the Twentieth Century*. Chicago: University of Chicago Press.

Pye, Lucian W. (1990) "China: Erratic State, Frustrated Society", *Foreign Affairs*, 69(4), 56-74.

Ruggie, John G. (1982) "International Regimes, Transactions, and Change: Embedded Liberalism in the Postwar Economic Order", *International Organization*, 36(2), 379-415.

Schweller, Randall L. (2001) "The Problem of International Order Revisited: A Review Essay", *International Security*, 26(1), 161-186.

Smith, Tony (1994) *America's Mission: The United States and the Worldwide Struggle for Democracy*. Princeton: Princeton University Press.

Vucetic, Srdjan (2011) *The Anglosphere: A Genealogy of a Racialized Identity in International Relations*. Stanford: Stanford University Press.

Wang, Qinghua and Gang Guo (2015) "Yu Keping and Chinese Intellectual Discourse on Good Governance", *The China Quarterly*, 224, 985-1005.

Xinhuanet (2017) "Full Text: Human Rights Record of the United States in 2016", *Xinhua News Agency*. http://news.xinhuanet.com/english/china/2017-03/09/c_136115481_3.htm

Yan, Xuetong (2019) *Leadership and the Rise of Great Powers*. Princeton: Princeton University Press.

Zarakol, Ayse (2011) *After Defeat: How the East Learned to Live with the West*. Cambridge: Cambridge University Press.

__________ (2014) "What Made the Modern World Hang Together: Socialisation or Stigmatization?", *International Theory*, 6(2), 311-332.

02. 중국 '일대일로' 기획의 정치경제

김용신 (2022), 「미중 전략 경쟁 하의 중국의 경제-안보 딜레마: 중국의 산업정책과 통상정책의 결합」, 『국제정치연구』, 25(2).

김재관 (2020), 「시진핑 집권기 미중 패권경쟁과 '중국몽'의 길」, 『Acta Eurasiatica』, 10(2), 43-67.

박상현 (2023), 「중국 대외 경제전략의 국내적 기초로서 국가 자본주의의 변화」, 『문명과 경계』, 7.

백권호·백서윤 (2023), 「중국의 '일대일로' 추진 메커니즘에 관한 연구」, 『중국과 중국학』, 50.

신종호 (2023), 「중국 일대일로 구상 추진 10년 평가와 미중관계」, 『중국지식네트워크』.

이동률 (2021), 「중국의 일대일로(一帶一路), 지경학과 지정학의 동학」, 『세계지역연구논총』, 39(3).

이치훈·최필수 (2017), 「중국의 기업부실과 개혁 딜레마 구조 분석」, 『중소연구』, 41(1).

国务院新闻办公室 (2023) 「共建"一带一路": 构建人类命运共同体的重大实践」.

薛健吾 (2020) 「中國 [一帶一路] 在第一個五年的進展與影響 (2013-2018)」, 『遠景基金會季刊』, 21(2).

BIS (2024) "China-Debt Service Ratio Private Non-Financial Sector." https://data.bis.org/topics/DSR/BIS.WS_DSR.1.0.Q.CN.P

Carmody, Padraig and Joel Wainwright (2022) "Contradiction and Restructuring in the Belt and Road Initiative: Reflections on China's Pause in the 'Go World'." *Third World Quarterly*, 43(12).

Chen, Bingxian, Yan Tan, Ying Cheng, and Cheng-Min Nong (2023) "A Comparative Study on Service Trade Competitiveness: Guangxi Province of China and ASEAN Countries in the

Belt and Road Initiative." *Journal of Global and Area Studies*, 7(4).

Demiryol, Tolga (2022) "Between Geopolitics and Development: The Belt and Road Initiative and the Limits of Capital Accumulation in China." *China Report*, 58(4).

Gelpern, Anna, Sebastian Horn, Scott Morris, Brad Parks, and Christoph Trebesch (2021) "How China Lends: A Rare Look into 100 Debt Contracts with Foreign Governments." *PIIE Working Paper*, 21-7.

Hall, Todd H. and Alanna Krolikowski (2022) "Making Sense of China's Belt and Road Initiative: A Review Essay." *International Studies Review*, 24(3).

He, Baogang (2021) "The Domestic Politics of the Belt and Road Initiative." In Joseph Chinyong Liow, Hong Liu, and Gong Xue (eds.) *Research Handbook on the Belt and Road Initiative*. Cheltenham: Edward Elgar.

Horn, Sebastian, Carmen M. Reinhart, and Christoph Trebesch (2021) "China's Overseas Lending." *Journal of International Economics*, 133.

Johnson, C. (2016) *President Xi Jinping's 'Belt and Road' Initiative*. Washington: CSIS.

Jones, Lee and Jinghan Zeng (2019) "Understanding China's 'Belt and Road Initiative': Beyond 'Grand Strategy' to a State Transformation Analysis." *Third World Quarterly*, 40(8).

Lardy, Nicholas R. (2019) *The State Strikes Back: The End of Economic Reform in China?* Washington: PIIE.

Li, Minqi (2017) "Profit, Accumulation, and Crisis: Long-Term Movement of the Profit Rate in China, Japan, and the United States." *The Chinese Economy*, 50.

_______ (2020) "The Future of the Chinese Economy: Four Perspectives." *Journal of Contemporary Asia*, 50(2).

Naughton, Barry and Briana Boland (2023) *CCP Inc.: The Reshaping of China's State Capitalist System*. Washington: CSIS.

Pearson, Margaret M., Meg Rithmire, and Kellee S. Tsai (2022) "China's Party-State Capitalism and International Backlash." *International Security*, 47(2).

SASAC (2023) "SOEs in Past 5 Years." http://en.sasac.gov.cn/2020/12/22/c_13292.htm

So, Alvin Y. (2021) "Neoliberalism and Authoritarianism in China in the Early 21st Century." In Berch Berberoglu (ed.) *The Global Rise of Authoritarianism in the 21st Century: Globalization, Crises, and Change*. London: Routledge.

Summers, Tim (2016) "China's 'New Silk Road': Sub-national Regions and Networks of Global Political Economy." *Third World Quarterly*, 37(9).

Upadhyay, Shreya (2023) "The Belt and Road Initiative: Issues and Future Trends." *India Quarterly*, 79(2).

Wright, Logan and Daniel Rosen (2018) *Credit and Credibility: Risks to China's Economic Resilience.* Washington: CSIS.

Xing, Li (2019) "China's Pursuit of the 'One Belt One Road' Initiative: A New World Order with Chinese Characteristics?" In Li Xing (ed.) *Mapping China's 'One Belt One Road' Initiative.* Cham: Palgrave.

Yao, Lixia (2021) "Looking into Energy Security Through the Lens of the Belt and Road Initiative: Can China Achieve a More Secure Energy Future?" In Joseph Chinyong Liow, Hong Liu, and Gong Xue (eds.) *Research Handbook on the Belt and Road Initiative.* Cheltenham: Edward Elgar.

Ye, Min (2022) "How Can the United States Live with China's Belt and Road Initiative?" In Maria Adele Carrai, Jennifer Rudolph, and Michael Szonyi (eds.) *China Questions 2: Critical Insights into US-China Relations.* Cambridge: Harvard University Press.

Zhang, Baohui (2024) "Hoping for the Best, Preparing for the Worst: China's Varied Responses to US Strategic Competition." *Journal of Contemporary China*, 33(146).

Zhang, Xin (2017) "Chinese Capitalism and the Maritime Silk Road: A World-Systems Perspective." *Geopolitics*, 22(2).

Zhao, Suisheng (2020) "China's Belt-Road Initiative as the Signature of President Xi Jinping Diplomacy: Easier Said than Done." *Journal of Contemporary China*, 29(123).

03. 아세안(ASEAN)의 구조적 한계와 중국 팽창에 대한 이질적 인식

Acharya, A. (2000) *Constructing a Security Community in Southeast Asia: ASEAN and the Problem of Regional Order*, Routledge.

Allison, G. and R. Blackwill (2012) *Lee Kuan Yew: The Grand Master's Insights on China, the United States, and the World*, The MIT Press.

Aoyama, R. (2016) "'One Belt, One Road': China's New Global Strategy", *Journal of Contemporary East Asia Studies*, 5(2), 3-22.

Arase, D. (2015) *Explaining China's 2+7 Initiative towards ASEAN*, ISEAS Publishing.

ASEAN (2017) *Joint Communique of 50th ASEAN Foreign Ministers' Meeting.*

ASEAN Secretariat (2016), *Top Ten Sources of Foreign Direct Investment Inflows in ASEAN*, The ASEAN Working Group on International Investment Statistics (WGIIS), ASEAN Foreign Direct Investment Statistics Database.

ASEAN Secretariat (2018) *ASEAN-China Strategic Partnership Vision 2030.*

Asian Development Bank (2017) *February Meeting Asia's Infrastructure Needs*.

Ba, A. (2009) "Systemic Neglect? A Reconsideration of US-Southeast Asia Policy", *Contemporary Southeast Asia*, 31(3), 368-398.

Ba, A. and C. C. Kuik (2018) "Southeast Asia and China: Engagement and Constrainment", in Alice D. Ba and Mark Beeson (eds.), *Contemporary Southeast Asia*, Macmillan International.

Beeson, M. (2005) "Rethinking Regionalism: Europe and East Asia in Comparative Historical Perspective", *Journal of European Public Policy*, 12(6), 969-985.

Beeson, M. (2010) "Asymmetrical Regionalism: China, Southeast Asia and Uneven Development", *East Asia*, 27(4), 329-343.

Beeson, M. (2013) "Living with Giants: ASEAN and the Evolution of Asian Regionalism", *TRANS: Trans-Regional and National Studies of Southeast Asia*, 1(2), 303-322.

Beeson, M. (2016) "Can ASEAN Cope with China?", *Journal of Current Southeast Asian Affairs*, 35(1), 5-28.

Beeson, M. (2018) "Geoeconomics with Chinese Characteristics: The BRI and China's Evolving Grand Strategy", *Economic and Political Studies*, 6(3), 240-256.

Beeson, M. and F. Li (2012) "Charmed or Alarmed? Reading China's Regional Relations", *Journal of Contemporary China*, 21(73), 35-51.

Blanchard, J. M. F. (2017) "Probing China's Twenty-First-Century Maritime Silk Road Initiative (MSRI): An Examination of MSRI Narratives", *Geopolitics*, 22(2), 246-268.

Blanchard, J. M. F. (2018) "China's Maritime Silk Road Initiative (MSRI) and Southeast Asia: A Chinese 'Pond' not 'Lake' in the Works", *Journal of Contemporary China*, 27(111), 329-343.

Blanchard, J. M. F. (2019) *China's Maritime Silk Road Initiative and Southeast Asia: Dilemmas, Doubts, and Determination*, Palgrave Macmillan.

CEIC (2016) "CEIC Data", http://www.ceicdata.com/en.

Cheng, J. Y. S. (2013) "China-ASEAN Economic Co-operation and the Role of Provinces", *Journal of Contemporary Asia*, 43(2), 314-337.

Chen, S. (2018) "Regional Responses to China's Maritime Silk Road Initiative in Southeast Asia", *Journal of Contemporary China*, 27(111), 344-361.

Chen, S. (2019) "Are Southeast Asian Countries Willing to Join the Chorus of China's Maritime Silk Road Initiative?", in Blanchard, J. M. F. (ed.), *China's Maritime Silk Road Initiative and Southeast Asia: Dilemmas, Doubts, and Determination*, Palgrave Macmillan.

Chiang, M. (2018) "China-ASEAN Economic Relations after Establishment of Free Trade Area",

The Pacific Review, 32(3), 1-24.

Chung, C. (2010) *China's Multilateral Co-operation in Asia and the Pacific: Institutionalizing Beijing's Good Neighbour Policy*, Routledge.

CMFA (2014) "The Central Conference on Work Relating to Foreign Affairs Was Held in Beijing", https://rcepsec.org/2020/11/26/rcep-a-new-trade-agreement-that-will-shape-global-economics-and-politics/.

Rüland, J. (2011) "Southeast Asian Regionalism and Global Governance: 'Multilateral Utility' or 'Hedging Utility'?", *Contemporary Southeast Asia: A Journal of International and Strategic Affairs*, 33(1), 83-112.

Simpson, A. (2018) "The Environment in Southeast Asia: Injustice, Conflict and Activism", in A. Ba and M. Beeson (eds.), *Contemporary Southeast Asia*, 3rd edition, Macmillan International, 177.

Smith, S. N. (2021) "Harmonizing the Periphery: China's Neighborhood Strategy under Xi Jinping", *The Pacific Review*, 34(1), 1-29.

Swaine, M. D. (2014) "Chinese Views and Commentary on Periphery Diplomacy", *China Leadership Monitor*, 44(1), 1-43.

Tan, A. T. H. (2018) "Security in Southeast Asia", in Alice D. Ba and Mark Beeson (eds.), *Contemporary Southeast Asia*, Macmillan International.

Tang, S. (2006) "Projecting China's Foreign Policy: Determining Factors and Scenarios", in Chung, J. H. (ed.), *Charting China's Future: Political, Social, and International Dimensions*, Rowman & Littlefield Publishers, 133.

Urban, F., G. Siciliano and J. Nordensvard (2018) "Transboundary River Management in Southeast Asia: The Role of Chinese Dam-Builders", in Hongzhou Z. and Mingjiang L. (eds.), *China and Transboundary Water Politics in Asia*, Routledge.

Vines, D. (2018) "The BRI and RCEP: Ensuring Cooperation in the Liberalisation of Trade in Asia", *Economic and Political Studies*, 6(3), 338-348.

Walt, S. M. (2013) "How Long Will China Tolerate America's Role in Asia?", *Foreign Policy*, https://foreignpolicy.com/2013/12/02/how-long-will-china-tolerate-americas-role-in-asia/.

Waltz, K. N. (1979) *Theory of International Politics*, McGraw-Hill.

Wang, V. W. (2009) "The Logic of China-ASEAN Free Trade Agreement: Economic Statecraft of Peaceful Rise", Institute of China Studies.

Webb, M. C. and S. D. Krasner (1989) "Hegemonic Stability Theory: An Empirical Assessment", *Review of International Studies*, 15(2), 183-198.

Wilson, J. D. (2015) "Mega-Regional Trade Deals in the Asia Pacific: Choosing between the TPP and RCEP?", *Journal of Contemporary Asia*, 45(2), 345-353.

Yoshimatsu, H. (2012) "ASEAN and Evolving Power Relations in East Asia: Strategies and Constraints", *Contemporary Politics*, 18(4), 400-415.

Yu, H. (2017) "Motivation behind China's 'One Belt, One Road' Initiatives and Establishment of the Asian Infrastructure Investment Bank", *Journal of Contemporary China*, 26(105), 353-368.

Yuzawa, T. (2006) "The Evolution of Preventive Diplomacy in the ASEAN Regional Forum: Problems and Prospects", *Asian Survey*, 46(5), 785-804.

Zeng, P. (2004) *Zhongguo Baodao Zhoukan [China Report Weekly]: Zhongguo Dongnanya Zhanlue Lun [On China's Strategy on Southeast Asia]*, http://www.china-week.com/html/2013htm.

Zhang, H. and M. Li (2018) "China and Global Water Governance: New Developments", in H. Zhang and M. Li (eds.), *China and Transboundary Water Politics in Asia*, Routledge, 224-226.

Zhang, Y. (2008) "Dui Dongya Hezuo Fazhan de Zairenshi [A Review of the Development of East Asian Cooperation]", *Dangdai Yatai [Contemporary Asia-Pacific Studies]*, 1, 4-20.

Zhao, H. (2015) "The Maritime Silk Road and China-Southeast Asia Relations", *ISEAS Perspective*, 35.

04. 트럼프 2.0 시대의 미중관계

강준영 (2022), 「중국-대만, 양안 무력 충돌 위기의 함의: 미국의 대만 지원 및 갈등 시나리오를 중심으로」, 『한중사회과학연구』, 20(1), 9-32.

서정건 (2024), 「2024년 미국 대선 결과 분석과 미국 외교 전망」, 아산정책연구원, 이슈브리프 2024/11/3. https://www.asaninst.org/contents/2024년-미국-대선-결과-분석과-미국-외교-전망

차정미 (2024), 「"Post-Election Order": 트럼프 2.0 시대, 미중관계와 국제질서의 미래」, 국회미래연구원, 『국가미래전략 Insight』, 101.

한용준 (2020), 「트럼프 행정부 시기 대만해협 이슈에 대한 중국의 위기관리 전략」, 『중소연구』, 44(4), 51-108.

황태연 (2024), 「2024년 양회(兩會)를 통해 본 중국의 대외정책 방향과 한반도에 주는 시사점」, 통일연구원, 온라인 시리즈 CO 24-22.

한국일보 (2024), 「'낙태 합법화' 지지 30%는 트럼프 투표… 해리스, 임신중지권 이슈화 실패」.
　　https://www.hankookilbo.com/News/Read/A2024110716410004244

Chittick, William O. (2006) *American Foreign Policy*. Washington: CQ Press.

Clinton, Hillary (2011) "America's Pacific Century." *Foreign Policy*, 189(1).

Kim, Dongsoo (2017) "A Systematic Analysis of the Early Trump Foreign Policy: Implications
　　for Northeast Asia and the Korean Peninsula." *The Korean Journal of Security Affairs*,
　　23(1), 4-20.

PewResearchCenter(2024)"JoeBiden'sJobApproval,ViewsoftheRepublicanandDemocraticParties."
　　https://www.pewresearch.org/politics/2024/07/11/joe-bidens-job-approval-views-of-
　　the-republican-and-democratic-parties/

Pottinger, Matt and Mike Gallagher (2024) "No Substitute for Victory." *Foreign Affairs*, May/June.

The White House (2017) *National Security Strategy of the United States of America*. https://trump-
　　whitehouse.archives.gov/wp-content/uploads/2017/12/NSS-Final-12-18-2017-0905.pdf

U.S. Department of Defense (2018) *Nuclear Posture Review*.⟨chrome-extension:// efaid-
　　nbmnnnibpcajpcglclefindmkaj/https://media.defense.gov/2018/feb/02/200
　　1872886/-1/-1/1/2018-nuclear-posture-review-final-report.pdf⟩.

05. 글로벌 무역전쟁의 와중에서

Achary, A. (2018) *The End of the American World Order*, Polity Press.

Allison, G. (2015) "The Thucydides Trap", in R. N. Rosecrance and S. E. Miller (eds.), *The Next
　　Great War? The Roots of World War I and the Risk of US-China Conflict*, The MIT
　　Press, 73-79, https://doi.org/10.7551/mitpress/9780262028998.003.0006.

Arès, M. and É. Boulanger (2016a) *Christophe Colomb découvre enfin l'Asie. Intégration
　　économique, chaînes de valeur et recomposition transpacifique [Christopher Columbus
　　Finally Discovers Asia: Economic Integration, Value Chains et Transpacific Reconfigura-
　　tion]*, Athena.

Arès, M. and C. Deblock (2016b) "De l'intégration à l'interconnexion. L'Amérique du Nord un
　　espace économique en recomposition [From Integration to Interconnexion: North-Amer-
　　ican as an Economic Space in Reconfiguration]", *Outre-Terre*, 46, 320-348, https://doi.
　　org/10.3917/oute1.046.0320.

Baldwin, R. (2011) "Integration of the North American Economy and New-Paradigm Globaliza-
　　tion", in A. Sydor (ed.), *Global Value Chains: Impacts and Implications*, Foreign Affairs

and International Trade Canada, 51-92, https://doi.org/10.2139/ssrn.2179659.

Bernal-Meza, R. (2016) "China and Latin America Relations: The Win-Win Rhetoric", *JCIR Special Issue*, 27-43.

Blyde, J. (2014) *Synchronised Factories: Latin America and the Caribbean in the Era of Global Value Chains*, VOX CEPR's Policy Portal, https://voxeu.org/aricle/latin-americas-missing-global-value-chains.

Boulanger, É. (2015) "Multinationales japonaises: Du repli à l'internationalisation discrète [Japanese Multinational Firms: From Withdrawal to Subtle Internationalization]", *Diplomatie*, 29, 49.

Boulanger, É. (2019) "La coopération entre le Japon et l'ASEAN [Japan and ASEAN Cooperation]", in S. Granger and D. Caouette (eds.), *L'Asie du Sud-Est à la croisée des puissances [South East Asia as the Crossroad of Great Powers]*, Les Presses de l'Université de Montréal, 163-182.

Boulanger, É. (forthcoming 2020) "Le Japon coincé entre les États-Unis et la Chine: sera-t-il le dernier champion du multilatéralisme? [Japan Trapped between the USA and China: The Last Champion of Multilateralism?]", in M. Arès, É. Boulanger and É. Mottet (eds.), *La guerre par d'autres moyens: Regards croisés sur les négociations commerciales au 21e siècle [War by Other Means: Overlapping Perspectives in Trade Negotiation in the 21st Century]*, PUM.

Boyle, M. J. (2016) "The Coming Illiberal Order", *Survival*, 58, 35-66, https://doi.org/10.1080/00396338.2016.1161899.

Chachavalpongpun, P. (2014), "Approaches toward Regionalism: Japan, China, and the Implication on ASEAN", in T. Shiraishi and T. Kojima (eds.), *ASEAN-Japan Relations*, ISEAS Publishing, 38-54, https://doi.org/10.1355/9789814519229-005.

Clinton, H. (2011) "America's Pacific Century", *Foreign Affairs*, 189, 56-63.

Cox, R. (1992) "Multilateralism and World Order", *Review of International Studies*, 18, 161-180, http://www.jstor.org/stable/20097291, https://doi.org/10.1017/S0260210500118832.

De Backer, K. and S. Miroudot (2014) *Mapping Global Value Chains*, European Central Bank, Working Paper Series, 1677.

Deblock, C. and J. Lebullenger (2018) *Génération TAFTA. Les nouveaux partenariats de la mondialisation [TAFTA Generation: New Partnerships in the Era of Globalization]*, Presses universitaires de Rennes.

Deblock, C. and G. P. Wells (2018) "Coopération réglementaire et accords de commerce [Regulatory Cooperation and Trade Agreements]", *Études internationales*, 48, 319-345, https://doi.org/10.7202/1044623ar.

Ding, Y. and X. Li (2017) "The Past and Future of China's Role in the East Asian Economy", *Canadian Public Policy*, 43, S45-S56, https://doi.org/10.3138/cpp.2016-072.

Economy, E. C. (2018) *The Third Revolution: Xi Jinping and the New Chinese State*, Oxford University Press.

Foa, R. S. and Y. Mounk (2017) "The Sign of Deconsolidation", *Journal of Democracy*, 28, 5-15, https://doi.org/10.1353/jod.2017.0000.

Frank, A. G. (1998) *ReOrient: Global Economy in the Asian Age*, University of California Press.

Green, M. J. (2018) "Japan's 'Free and Open Indo-Pacific Strategy' as Grand Strategy", *We Are Tomodachi*, 29, 28-29.

Hatch, W. F. (2010) *Asia's Flying Geese: How Regionalization Shapes Japan*, Cornell University Press.

Heilmann, S., M. Rudolf, M. Huotari and J. Buckow (2014) *China's Shadow Foreign Policy: Parallel Structures Challenge the Established International Order*, China Monitor, https://voxeu.org/article/latin-americas-missing-global-value-chains.

Hughes, C. W. (2018) "Japan's Security Policy in the Context of the US-Japan Alliance: The Emergence of an 'Abe Doctrine'", in J. D. J. Brown and J. Kingston (eds.), *Japan's Foreign Relations in Asia*, Routledge, 49-60.

Jones, K. (2015) *Reconstructing the World Trade Organization for the 21st Century: An Institutional Approach*, Oxford University Press, 64-66, 229-231.

Kantei (2013) "Press Conference by Prime Minister Shinzo Abe", https://japan.kantei.go.jp/96_abe/statement/201303/15kaiken_e.html.

Kantei (Prime Minister Residence of Japan) (2018), "Speeches and Statements by the Prime Minister", https://japan.kantei.go.jp/98_abe/statement/201807/_00002.html.

Kurik, J. and R. Menon (2018) "China Will Miss the TPP", *Foreign Affairs*.

Lavina, L. (2015) "Ethics and Morality in International Relations", in E. Kavalski (ed.), *Encounters with World Affairs*, Ashgate, 75.

List, F. (1966 [1841]), *The National System of Political Economy*, A. M. Kelly.

METI (2018) *White Paper on International Economy and Trade*, Tokyo, 548.

Moravcsik, A. (2008) "The New Liberalism", in C. Reus-Smit and D. Snidal (eds.), *The Oxford Handbook of International Relations*, Oxford University Press, 234-254, https://doi.org/10.1093/oxfordhb/9780199219322.003.0013.

Morrison, W. M. (2019) *China's Status as a Nonmarket Economy*, Congressional Research Service.

Mottet, É. and B. Jetin (2016) "L'Asie du Sud-Est et les chaînes de valeur [South East Asia and

Value Chains]", in M. Arès and É. Boulanger (eds.), *op. cit.*, 183.

Murayama, M. (1974) *Studies in the Intellectual History of Tokugawa Japan*, University of Tokyo Press.

Narine, S. (2018) "US Domestic Politics and America's Withdrawal from the Trans-Pacific Partnership: Implications for Southeast Asia", *Contemporary Southeast Asia*, 40, 50-76, https://doi.org/10.1355/cs40-1c.

Nathan, A. J. (2016) "China's Rise and International Regimes: Does China Seek to Overthrow Global Norms?", in R. S. Ross (ed.), *China in the Era of Xi Jinping: Domestics and Foreign Policy Challenges*, Georgetown University Press, 165-195.

OECD (2013) *Interconnected Economies: Benefiting from Global Value Chains*, OECD Publications.

Pekkanen, S. M. (2015) *Japan's Aggressive Legalism: Law and Foreign Trade Politics beyond the WTO*, Stanford University Press.

Seib, G. B. (2015) "Obama Presses Case for Asia Trade Deal, Warns Failure Would Benefit China", *The Wall Street Journal*, https://doi.org/10.1111/aepr.12205.

Staples, A. J. (2008) *Responses to Regionalism in East Asia: Japanese Production Networks in the Automotive Sector*, Palgrave Macmillan, 23-26.

Stopford, J., S. Strange and J. S. Henley (1991) *Rival States, Rival Firms: Competition for World Market Shares*, Cambridge University Press, https://doi.org/10.1017/CBO9780511549830.

Strange, S. (1996) *The Retreat of the State: The Diffusion of Power in the World Economy*, Cambridge University Press, https://doi.org/10.1017/CBO9780511559143.

Stuenkel, O. (2016) *Post-Western World: How Emerging Powers Are Remaking Global Order*, Polity Press.

The Japan Times (2018) "Trump Woos Davos with TPP Trade Deal Shift, Says U.S. Is 'Open for Business'".

World Bank (2017) *Global Value Chain Development Report: Measuring and Analyzing the Impact of GVNs on Economic Development*, World Bank, 7.

Yoshida, R. and T. Osaki (2019) "Underlining Improved Japan-China Ties: Abe and Xi Meet Ahead of G20 Summit", *The Japan Times*.

Yoshikawa, N. (2010) *Galapagosu ka suru nihon [The Galapagosization of Japan]*, Kodansha.

06. 포괄적·점진적 환태평양동반자협정(CPTPP)의 전략적 의미와 쟁점

고준성 · 이헌희 (2019), 『글로벌 신통상 규범의 법제이슈 연구』, 글로벌법제전략 연구 19-17.

김바우 (2021), 「CPTPP 제조업 분야의 상품양허 현황과 대응과제」, 대한상의 제2차 CPTPP 통상포럼 발표자료.

김양희 (2022), 「RCEP, CPTPP, 인태경제프레임워크(IPEF): 지역질서의 분절화 · 진영화 우려와 대응과제」, 외교안보연구원 IFANS Focus.

김영귀 · 배찬권 · 금혜윤 (2013), 『FTA의 경제적 효과추정 방법론 개선에 관한 연구』, KIEP 연구보고서 13-05.

김호철 (2020), 「미국-멕시코-캐나다 협정(USMCA)의 신통상규범 검토」, 『통상법률』.

문한필 · 조성주 · 이수환 · 염정완 · 김경호 (2018), 「CPTPP 발효와 농업통상 분야 시사점」, 『KREI 농정포커스』, 174.

박노형 · 정명현 (2018), 「디지털통상과 국제법의 발전」, 『국제법학회논총』, 63(4).

손열 (2016), 「TPP의 국제정치경제」, 『국제정치논총』, 56(1).

송백훈 (2021), 「CPTPP 확대가 한국의 교역에 미치는 효과 연구」, 『국제통상연구』, 26(4).

이승주 (2020), 「아베 정부와 전략적 다자주의의 부상」, 『국가전략』, 26(2).

이재민 (2016), 「정당한 정부지원조치의 외연: TPP 국영기업 챕터 '예외조항' 실험과 WTO 보조금 협정에의 시사점」, 『국제법학회논총』, 61(4).

이재민 · 장창익 (2014), 「TPP 협상과 수산보조금 문제의 재등장: '포괄적 금지조항'을 통한 보조금 협정 확대 적용」, 『통상법률』.

정재원 (2018), 「TPP의 한국 산업별 영향 분석」, 『KERI 정책연구』, 18-02.

조정란 (2020), 「CPTPP 가입이 국내 자동차산업에 미치는 영향 연구」, 『무역학회지』, 45(1).

최은미 (2018), 「일본 TPP 추진의 정치경제: 일본의 국가정체성과 지역구상의 관점에서」, 『동아연구』, 37(1).

Abe, Shinzo (2014) "The Second Opening of Japan." *Project Syndicate*, April 21.

Blackwill, Robert and Jennifer Harris (2016) *War by Other Means: Geoeconomics and Statecraft*. Cambridge: Belknap Press.

Chaisse, Julien et al. (2017) *Paradigm Shift in International Economic Law Rule-Making: TPP as a New Model for Trade Agreement?* Singapore: Springer.

Clinton, Hillary (2011) "America's Pacific Century." *Foreign Policy*, October.

Elms, Deborah (2013) "The Trans-Pacific Partnership Negotiations: Some Outstanding Issues for the Final Stretch." *Asian Journal of WTO and International Health Law and Policy*, 8(2).

__________ (2016) "The Origin and Evolution of the Trans-Pacific Partnership Trade Negotiation." *Asian Survey*, 56(6).

Hosoya, Yuichi (2019) "FOIP 2.0: The Evolution of Japan's Free and Open Indo-Pacific Strategy." *Asia-Pacific Review*, 26(1).

Lim, C. L., Deborah Elms and Patrick Low (eds.) (2012) *The Trans-Pacific Partnership: A Quest for a 21st Century Trade Agreement*. Cambridge: Cambridge University Press.

Palit, Amitendu (2014) *The Trans-Pacific Partnership, China and India: Economic and Political Implications*. London: Routledge.

Ravenhill, John (2010) "The New East Asian Regionalism: A Political Domino Effect." *Review of International Political Economy*, 17(2).

Runde, Daniel and Sundar Ramanujam (2021) "Digital Governance: It is Time for the United States to Lead Again." Washington: CSIS, August 2.

Schott, Jeffrey (2020) "Rebuild the Trans-Pacific Partnership Back Better." Washington: PIIE, November 30.

Solis, Mireya and Shujiro Urata (2018) "Abenomics and Japan's Trade Policy in a New Era." *Asia Economic Policy Review*, 13.

Tibung, Sheryl (2012) "A Primer on the Trans-Pacific Partnership Agreement."

UK Department of International Trade (2021) *UK Accession to CPTPP: The UK's Strategic Approach*. London: DIT.

US Congressional Research Service (2022) "Biden Administration Plans for an Indo-Pacific Economic Framework." February 25.

US National Security Council (2022) *Indo-Pacific Strategy of the United States*. Washington: The White House.

07. 환태평양 통상 질서의 재편과 중견국 연대의 규범축으로서의 CPTPP

김호철 (2022), 「포괄적 · 점진적 환태평양동반자협정(CPTPP)의 전략적 의미와 쟁점: 경제적, 지정학적, 규범적 분석」, 『통상법률』, 158, 17–45.

대한민국 산업통상자원부 (n.d.), "FTA 강국 코리아", https://www.fta.go.kr/main/.

박상현 (2014), 「금융위기 이후 미국의 대외전략과 한 · 미 자유무역협정」, 『경제와사회』, 102, 149–178.

박상현 (2020), 「트럼프 행정부의 '무역전쟁'과 G-0의 세계?」, 『경제와사회』, 125, 402–428.

박상현 (2021), 「코로나19 이후의 미 · 중 관계: 환태평양 무역분쟁에서 '전략적 경쟁'으로?」, 『경제와사회』, 129, 155–182.

법무법인 지평 (2025), 「중국 대외무역법 전면 개정 — 주요 내용과 시사점」, Jipyong Newsletter, https://www.jipyong.com/kr/board/news_view.php?seq=14767(검색일: 2026. 2. 20.).

일본 내각관방 (n.d.), "CPTPP 대책본부", https://www.cas.go.jp/jp/seisaku/tpp/.

정지현·김민성·이재영 (2025), 「차이나 쇼크 2.0과 글로벌 공급망의 재편: 한국의 대응 전략」, 『KIEP 오늘의 세계경제』, 25(3), 1-15.

중화인민공화국 대외무역법 (2025), 2025년 12월 27일 개정, 중화인민공화국 주석령 제38호.

차창훈 (2024), 「자유주의와 문명주의: 미국과 중국의 국제질서를 둘러싼 패권 경쟁」, 『Journal of Global and Area Studies』, 8(1), 81-107.

한국무역협회 베이징지부 (2025) 「중국 대외무역법 개정 주요 내용」, 차이나 법률정보, https://www.kita.net/board/overseasMarket/overseasMarketDetail.do?no=40434&boardType=2(검색일: 2026. 2. 20.).

Alschner, Wolfgang (2025) "Is the CPTPP Ready to Meet the Moment?", Asia Pacific Foundation of Canada Dispatches, November 25, https://www.asiapacific.ca/publication/cptpp-ready-meet-moment(검색일: 2026. 2. 13.).

Arès, Mathieu and Eric Boulanger (2020) "The Trans-Pacific Partnership: Multilateralizing Regionalism or the Securitization of Trade?", *International Journal*, 75(2), 235-256.

Asia Financial (2025) "China's Spat With Japan Derails Bid to Join CPTPP Trade Bloc", November 25, https://www.asiafinancial.com/chinas-spat-with-japan-derails-bid-to-join-cptpp-trade-bloc(검색일: 2026. 2. 3.).

Asia Pacific Foundation of Canada (2022) *The CPTPP Bids of China and Taiwan: Issues and Implications*, Asia Pacific Foundation of Canada Policy Brief.

Australian Department of Foreign Affairs and Trade (DFAT) (2025) Joint Ministerial Statement on the Occasion of the Ninth Commission Meeting of the CPTPP, Melbourne: DFAT, https://www.dfat.gov.au/(검색일: 2026. 2. 18.).

Baker Institute for Public Policy (2021) "Recent Events Demonstrate the Political, Economic Folly of the U.S. Withdrawal From the TPP", Baker Institute Blog, October 21.

Brookings Institution (2018) "As the TPP Lives On, the U.S. Abdicates Trade Leadership", Brookings Commentary.

Bryant, Chris (2025) "CPTPP Update", Written Statement HCWS1084, UK Parliament, November 24, https://questions-statements.parliament.uk/written-statements/detail/2025-11-24/hcws1084(검색일: 2026. 2. 18.).

Chow, Peter C. Y. (2023) "Perspectives of CPTPP Membership Expansion: The Case of China, Taiwan, and the UK", in *China, Taiwan, the UK and the CPTPP*, Palgrave Macmillan, 15-42.

Cooper, Andrew F. (1997) *Niche Diplomacy: Middle Powers after the Cold War*, London: Macmillan.

Council on Foreign Relations (2021) *What's Next for the TPP*, CFR Backgrounder.

CPTPP Agreement (2018) *Comprehensive and Progressive Agreement for Trans-Pacific Partnership*, Signed at Santiago, Chile, March 8.

CPTPP Commission (2025) Joint Ministerial Statement on the Occasion of the Ninth Commission Meeting of the CPTPP (Melbourne Consensus), November 21, https://www.gov.uk/government/publications/cptpp-joint-ministerial-statement-in-melbourne-21-november-2025(검색일: 2026. 2. 12.).

CPTPP Commission (n.d.), https://www.cptpp.org/.

Crowell & Moring (2025) "China Unveils New Framework To Stimulate Cross-Border Data Flows: Risk or Opportunity for Multinational Companies", Client Alert, January.

CSIS (2021) "Look Skeptically at China's CPTPP Application", Center for Strategic and International Studies Analysis.

DFAT (n.d.), https://www.dfat.gov.au/trade/agreements/in-force/cptpp.

East Asia Forum (2025) "Charting Japan's 'Third Path' under Trump 2.0", East Asia Forum, June 13.

Economy, Elizabeth and Melanie Hart (2025) "America's China Strategy Is Incomplete: Putting Beijing on the Back Foot Requires Economic Tools Beyond Tariffs", *Foreign Affairs*, January 14.

Focus Taiwan (2025) "China's CPTPP Bid to Block Taiwan's Application: MOFA", Focus Taiwan News Channel, April 15, https://focustaiwan.tw/politics/202504150013(검색일: 2026. 2. 15.).

Froman, Michael B. G. (2025) "After the Trade War: Remaking Rules from the Ruins of the Rules-Based System", *Foreign Affairs*, 104(5), September/October 2025.

Global Affairs Canada (n.d.) https://www.international.gc.ca/trade-commerce/trade-agreements-accords-commerciaux/agr-acc/cptpp-ptpgp.

Goto, Shihoko (2023) "Divergent Interests for Taiwan's CPTPP Bid: The View from Washington", Woodrow Wilson Center Policy Brief.

Hoff, Sahara (2025) "Explainer | The Comprehensive and Progressive Agreement for Trans-Pacific Partnership: Past, Present, Future", United States Studies Centre (USSC), University of Sydney, December 3, https://www.ussc.edu.au/the-comprehensive-and-progressive-agreement-for-trans-pacific-partnership-explained(검색일: 2026. 2. 10.).

Hopewell, Kristen (2023) "Canada's CPTPP Leadership in 2024: Managing the Rival Accession Bids of China and Taiwan", Canadian Global Affairs Institute Policy Report.

Hufbauer, Gary Clyde, C. Cimino-Isaacs and J. J. Schott (2020) "China and the Trans-Pacific Partnership: In or Out?", Peterson Institute for International Economics Policy Brief, 20-15.

Institute for Government (2023) *Comprehensive and Progressive Agreement for Trans-Pacific Partnership (CPTPP)*, UK Institute for Government Explainer.

Luck, Philip A. and Richard Gray (2025) "Aligning APEC Beyond Trade Turmoil", Commentary, Center for Strategic and International Studies (CSIS), October 24, https://www.csis.org/analysis/aligning-apec-beyond-trade-turmoil(검색일: 2026. 2. 11.).

Ma, Xiangxiang (2026) "A New Milestone in China's Rule-Based Opening-Up and Trade-Related IP Governance", China Law Vision, January 12, https://www.chinalawvision.com/2026/01/international-trade/a-new-milestone-in-chinas-rule-based-opening-up-and-trade-related-ip-governance-a-brief-analysis-on-2025-revision-of-chinas-foreign-trade-law/(검색일: 2026. 2. 9.).

Magnus, George (2023) "Not a Fast Pass for China at CPTPP", in *China, Taiwan, the UK and the CPTPP*, Palgrave Macmillan, 65-88.

MFAT New Zealand (n.d.) https://www.mfat.govt.nz/en/trade/free-trade-agreements/free-trade-agreements-in-force/cptpp/.

Ministry of Foreign Affairs, Republic of China (Taiwan) (MOFA) (2023) Remarks by Vice Minister Alexander Tah-ray Yui at a Reception to Celebrate the 78th National Day of the Socialist Republic of Vietnam, August 30, https://en.mofa.gov.tw/News_Content.aspx?n=1575&s=115434(검색일: 2026. 2. 14.).

Ministry of Trade and Industry Singapore (n.d.) https://www.mti.gov.sg/Trade/Free-Trade-Agreements/CPTPP.

Olson, Stephen (2016) "TPP: What's the Big Deal?", TradeVistas, Hinrich Foundation, September 10, https://www.hinrichfoundation.com/research/tradevistas/ftas/regional-trade-agreement-tpp(검색일: 2026. 2. 18.).

Posen, Adam S. (2025) "The New Economic Geography: Who Profits in a Post-American World?", *Foreign Affairs*, 104(5), September/October 2025.

Reuters (2024) "Indonesia Formally Requests to Join Trans-Pacific Trade Pact", Reuters, September 25.

Schott, Jeffrey J. (2025) "The CPTPP: Past, Present & Future", *Japan Spotlight*, January/February 2025, 37-40.

Shanghai Municipal Government (2025) Implementation Plan for Promoting High-Quality Development of Digital Service Trade in Shanghai, Official Gazette.

Stromseth, Jonathan (2019) *Don't Make Us Choose: Southeast Asia in the Throes of US-China Rivalry*, Brookings Institution, October.

The Diplomat (2025) "Is China Ready to Join CPTPP?", The Diplomat, June.

Wolff, Alan Wm. (2025) "International Trade Policy in a Disrupted World", Prepared Remarks Delivered at the Cairo Forum 2025, Peterson Institute for International Economics (PIIE), November 3, https://www.piie.com/commentary/speeches-papers/2025/international-trade-policy-disrupted-world.

WTO Center VCCI (2022) "What Is the CPTPP and Why Is China Eager to Join", VCCI News.

Xinhua News Agency (新华社) (2025) "习近平在亚太经合组织第三十二次领导人非正式会议上的讲话", 10월 31일, http://www.news.cn/politics/leaders/20251031/bf660b16a480442c88a957bdb-973b05e/c.html(검색일: 2026. 2. 15.).

Ministry of Commerce of the People's Republic of China (中国商务部) (2021) "商务部就中国申请加入CPTPP答记者问", 9월 17일.

08. 글로벌 가치사슬과 지역간 연결

김철식 · 오중산 (2017), 「한국형 초국적 기업 해외생산 특성 분석: 현대자동차 중부유럽 동반진출 부품업체들을 중심으로」, 『한국사회학』, 51(1), 129-154.

김판수 (2017), 「홍첸루 한인촌과 상하이 교민 사회」, 관행중국, 86, https://aocs.inu.ac.kr/webzine/app/view.php?wp=251(검색일: 2022. 11. 30).

Appelbaum, Richard P., David Smith and Brad Christerson (1994), "Commodity Chains and Industrial Restructuring in the Pacific Rim: Garment Trade and Manufacturing", in Gary Gereffi and Miguel Korzeniewicz (eds.), *Commodity Chains and Global Capitalism*, Greenwood Press, 187-204.

Azmeh, Shamel and Khalid Nadvi (2014), "Asian Firms and the Restructuring of Global Value Chains", *International Business Review*, 23(4), 708-717.

Bair, Jennifer (2005), "Global Capitalism and Commodity Chains: Looking Back, Going Forward", *Competition & Change*, 9(2), 153-180.

Baldwin, Richard (2018), *The Great Convergence: Information Technology and the New Globalization*, Harvard University Press.

Barrientos, Stephanie, Gary Gereffi and Arianna Rossi (2011), "Economic and Social Upgrading in Global Production Networks: A New Paradigm for a Changing World", *International Labour Review*, 150(3-4), 319-340.

Barrientos, Stephanie, Peter Knorringa, Barbara Evers, Margareet Visser and Maggie Opondo (2016), "Shifting Regional Dynamics of Global Value Chains: Implications for Economic and Social Upgrading in African Horticulture", *Environment and Planning A*, 48(7), 1266-1283.

Bonacich, Edna, Lucie Cheng, Norma Chinchilla, Nora Hamilton and Paul Ong (eds.) (1994), *Global Production: The Apparel Industry in the Pacific Rim*, Temple University Press.

Borrus, Michael G., Dieter Ernst and Stephan Haggard (eds.) (2000), *International Production Networks in Asia: Rivalry or Riches?*, Routledge.

Chan, Chris King Chi, Pun Ngai and Jenny Chan (2010), "The Role of the State, Labour Policy and Migrant Workers' Struggles in Globalized China", *Global Labour Journal*, 1(1), 132-151.

Cheng, Ting-Fang and Chia-Hung Chien (2016), "Taiwanese Tech Sector Dragged into Depression by Apple", Nikkei Asian Review, May 12, https://www.eastasiaforum.org/2019/10/14/the-end-of-global-supply-chains-as-we-know-them/(검색일: 2022. 9. 5).

Chung, Chul, Chris Brewster and Ödül Bozkurt (2020), "The Liability of Mimicry: Implementing 'Global Human Resource Management Standards' in United States and Indian Subsidiaries of a South Korean Multinational Enterprise", *Human Resource Management*, 59(6), 537-553.

Coe, Neil M. (2021), *Advanced Introduction to Global Production Networks*, Edward Elgar Publishing.

Coe, Neil M. and Henry Wai-Chung Yeung (2015), *Global Production Networks: Theorizing Economic Development in an Interconnected World*, Oxford University Press.

Dallas, Mark P., Stefano Ponte and Timothy J. Sturgeon (2019), "Power in Global Value Chains", *Review of International Political Economy*, 26(4), 666-694.

De Marchi, Valentina, Eleonora Di Maria and Stefano Micelli (2013), "Environmental Strategies, Upgrading and Competitive Advantage in Global Value Chains", *Business Strategy and the Environment*, 22(1), 62-72.

Dicken, Peter (2011), *Global Shift: Mapping the Changing Contours of the World Economy*, 6th ed., Guilford Press.

Frederick, Stacey and Gary Gereffi (2011), "Upgrading and Restructuring in the Global Apparel Value Chain", *International Journal of Technological Learning, Innovation and Development*, 4(1-3), 67-95.

Friedland, William H. (1984), "Commodity Systems Analysis", in Harry K. Schwarzweller (ed.), *Research in Rural Sociology and Development*, JAI Press.

Fröbel, Folker, Jurgen Heinrichs and Otto Kreye (1980), *The New International Division of Labor*, Cambridge University Press.

Gereffi, Gary and Karina Fernandez-Stark (2019), "Global Value Chain Analysis: A Primer", in Stefano Ponte et al. (eds.), *Handbook on Global Value Chains*, Edward Elgar.

Gereffi, Gary, John Humphrey and Timothy Sturgeon (2005), "The Governance of Global Value Chains", *Review of International Political Economy*, 12(1), 78-104.

Gereffi, Gary, Hyun-Chin Lim and Joonkoo Lee (2021), "Trade Policies, Firm Strategies, and Adaptive Reconfigurations of Global Value Chains", *Journal of International Business Policy*, 4(4), 506-522.

Granovetter, Mark (1985), "Economic Action and Social Structure: The Problem of Embeddedness", *American Journal of Sociology*, 91(3), 481-510.

Grimes, Seamus and Yutao Sun (2016), "China's Evolving Role in Apple's Global Value Chain", *Area Development and Policy*, 1(1), 94-112.

Hamilton, Gary G., Benjamin Senauer and Misha Petrovic (eds.) (2011), *The Market Makers*, Oxford University Press.

Hopkins, Terence K. and Immanuel Wallerstein (1986), "Commodity Chains in the World-Economy Prior to 1800", *Review*, 10(1), 157-170.

Hopkins, Terence K. and Immanuel Wallerstein (1994), "Commodity Chains: Construct and Research", in Gary Gereffi and Miguel Korzeniewicz (eds.), *Commodity Chains and Global Capitalism*, Greenwood Press.

Horner, Rory and Matthew Alford (2019), "The Roles of the State in Global Value Chains", in Stefano Ponte et al. (eds.), *Handbook on Global Value Chains*, Edward Elgar.

Khan, Farzad Rafi and Peter Lund-Thomsen (2011), "CSR as Imperialism", *Journal of Change Management*, 11(1), 73-90.

Kuruvilla, Sarosh (2021), *Private Regulation of Labor Standards in Global Supply Chains*, Cornell University Press.

Kwon, Hyunji, Sun Wook Chung and Joonkoo Lee (2021), "South Korean First-Tier Suppliers in Apparel Global Value Chains", *International Labour Review*, 160(4), 553-569.

Lee, Joonkoo (2010), "Global Commodity Chains and Global Value Chains", in Robert A. Denemark (ed.), *The International Studies Encyclopedia*, Wiley-Blackwell, 2987-3006.

Lee, Joonkoo and Gary Gereffi (2021), "Innovation, Upgrading and Governance in Cross-Sectoral Global Value Chains", *Industrial and Corporate Change*, 30(1), 215-231.

Lee, Joonkoo and Hyun-Chin Lim (2018), *Mobile Asia*, Seoul National University Press.

Locke, Richard M. (2013), *The Promise and Limits of Private Power*, Cambridge University Press.

Martin, William G. (ed.) (1990), *Semiperipheral States in the World-Economy*, Greenwood Press.

OECD (2013), *Interconnected Economies: Benefiting from Global Value Chains*, OECD Publishing.

OECD, WTO and World Bank (2014), *Global Value Chains: Challenges, Opportunities, and Implications for Policy*.

Pavlínek, Petr (2015), "The Impact of the 2008-2009 Crisis on the Automotive Industry", *European Urban and Regional Studies*, 22(1), 20-40.

Pietrobelli, Carlo and Roberta Rabellotti (2011), "Global Value Chains Meet Innovation Systems", *World Development*, 39(7), 1261-1269.

Ponte, Stefano, Gary Gereffi and Gale Raj-Reichert (eds.) (2019), *Handbook on Global Value Chains*, Edward Elgar.

Porter, Michael E. (1985), *Competitive Advantage*, Free Press.

Raikes, Philip, Michael Friis Jensen and Stefano Ponte (2000), "Global Commodity Chain Analysis and the French Filière Approach", *Economy & Society*, 29(3), 390-417.

Raj-Reichert, Gale (2019), "The Role of Transnational First-Tier Suppliers in GVC Governance", in Stefano Ponte et al. (eds.), *Handbook on Global Value Chains*, Edward Elgar.

Ramamurti, Ravi and Jitendra V. Singh (2009), *Emerging Multinationals in Emerging Markets*, Cambridge University Press.

Schmitz, Hubert and Peter Knorringa (2000), "Learning from Global Buyers", *Journal of Development Studies*, 37(2), 177-205.

Sparrow, Paul, Chris Brewster and Chul Chung (2016), *Globalizing Human Resource Management*, Routledge.

Sturgeon, Timothy J. and Momoko Kawakami (2011), "Global Value Chains in the Electronics Industry", *International Journal of Technological Learning, Innovation and Development*, 4(1-3), 120-147.

Sturgeon, Timothy J., Johannes Van Biesebroeck and Gary Gereffi (2008), "Value Chains, Networks and Clusters", *Journal of Economic Geography*, 8(3), 297-321.

UNCTAD (2013), *World Investment Report 2013: Global Value Chains*, United Nations.

Vogel, David (2005), *The Market for Virtue*, Brookings Institution Press.

WIPO (2017), *World Intellectual Property Report 2017*, World Intellectual Property Organization.

09. CPTPP에 따른 ASEAN 무역구조의 변화와 글로벌 가치사슬 참여

Anderson, J. E. (2011) "The Gravity Model", *Annual Review of Economics*, 3(1), 133-160.

Anderson, J. E. and E. Van Wincoop (2004) "Trade Costs", *Journal of Economic Literature*, 42(3), 691-751.

Bagwell, K. and R. W. Staiger (1999) "An Economic Theory of GATT", *American Economic Review*, 89(1), 215-248.

Balassa, B. (1967) "Trade Creation and Trade Diversion in the European Common Market", *The Economic Journal*, 77(305), 1-21.

Benczes, I. (2014) "The Globalization of Economic Relations", *The Sage Handbook of Globalization*, 1, 133-142.

Blanchard, E. J., C. P. Bown and R. C. Johnson (2017) "Global Value Chains and Trade Policy", Dartmouth College and Peterson Institute for International Economics, 2.

De Soyres, F., J. L. Y. Maire and G. Sublet (2019) "An Empirical Investigation of Trade Diversion and Global Value Chains", World Bank Policy Research Working Paper, 9089.

Estupiñán, J. M. T. (2017) "Theories and Methods of Regional Integration and Free Trade Agreements", *Revista de Economía Mundial*, 47.

Feenstra, R. C. (2015) *Advanced International Trade: Theory and Evidence*, Princeton University Press.

Gaulier, G. and S. Zignago (2010) *BACI: International Trade Database at the Product-Level (1994-2007 Version)*.

Grafe, F. and A. Mauleon (2000) "Externalities and Free Trade Agreements", *Annales d'économie et de statistique*, 63-88.

Ji, X., P. B. Rana, W. M. Chia and C. Li (2018) "Post-TPP Trade Policy Options for ASEAN and Its Dialogue Partners: 'Preference Ordering' Using CGE Analysis", *East Asian Economic Review*, 22(2), 177-215.

Johnson, H. G. (1953) "Optimum Tariffs and Retaliation", *The Review of Economic Studies*, 21(2), 142-153.

Kawai, M. and G. Wignaraja (2009) "The Asian 'Noodle Bowl': Is It Serious for Business?", ADBI Working Paper, 136.

Kemp, M. C. and H. Wan (1976) "An Elementary Proposition Concerning the Formation of Customs Unions", *Journal of International Economics*, 6, 95-97.

Magee, C. S. (2008) "New Measures of Trade Creation and Trade Diversion", *Journal of International Economics*, 75(2), 349-362.

Maggi, G. and A. Rodriguez-Clare (2007) "A Political-Economy Theory of Trade Agreements", *American Economic Review*, 97(4), 1374-1406.

Noguera, G. (2012) "Trade Costs and Gravity for Gross and Value Added Trade", Columbia University Job Market Paper, 4.

Petri, P. A. (2013) "The New Landscape of Trade Policy and Korea's Choices", *Journal of East Asian Economic Integration*, 17(4), 333-359.

Plummer, M. G., D. Cheong and S. Hamanaka (2011) "Methodology for Impact Assessment of Free Trade Agreements", Asian Development Bank.

Schott, J. J. (2025) "The CPTPP: Past, Present & Future", *Japan Spotlight*, 44(1).

Thanh, N. D., N. T. T. Hang, K. Itakura, N. T. L. Nga and N. T. Tung (2015) *The Impacts of TPP and AEC on the Vietnamese Economy: Macroeconomic Aspects and the Livestock Sector.*

Tinbergen, J. (1962) *Shaping the World Economy: Suggestions for an International Economic Policy.*

Urata, S. (2002) "Globalization and the Growth in Free Trade Agreements", *Asia Pacific Review*, 9(1), 20-32.

Viner, J. (1950) *The Customs Union Issue*, New York: Carnegie Endowment for International Peace.

WTO (n.d.) "Preferential Trade Agreements, Trade Creation and Trade Diversion", https://www.wto.org/english/res_e/publications_e/wtr11_forum_e/wtr11_12july11_bis_e.htm.

10. 21세기 브라질-중국 관계의 국제정치경제

Alvarenga, Bianca (2018) "O Apetite Chinês por Negócios no Brasil," https://veja.abril.com.br/economia/oapetitechinespornegociosnobrasil/.

Barbosa, Alexandre de Freitas and Ricardo Camargo Mendes (2006) "Economic Relations between Brazil and China: A Difficult Partnership," *Dialogue on Globalization*, Friedrich Ebert Stiftung Briefing Paper, 110.

Becard, Danielly (2017) "China y Brasil: modelo de relaciones Sur-Sur?" in Eduardo Buelvas and Hubert Gehring (eds.), *La proyección de China en América Latina y el Caribe*, Bogotá: Editorial Pontifícia Universidad Javeriana; Fundación Konrad Adenauer, 387 – 408.

Becard, Danielly, Antonio C. Lessa and Laura Urrejola Silveira (2020) "One Step Closer: The Politics and the Economics of China's Strategy in Brazil and the Case of the Electric Power Sector," in Raul Bernal-Meza and Li Xing (eds.), *China – Latin America Relations in the 21st Century: The Dual Complexities of Opportunities and Challenges*, Cham: Palgrave Macmillan.

Bernal-Meza, Raul (2020) "Introduction: Understanding China-Latin America Relations as Part of the Transition of the World Order," in Raul Bernal-Meza and Li Xing (eds.), *China – Latin America Relations in the 21st Century: The Dual Complexities of Opportunities and Challenges*, Cham: Palgrave Macmillan.

Bernal-Meza, Raúl and Li Xing (2020) *China – Latin America Relations in the 21st Century: The Dual Complexities of Opportunities and Challenges*, Cham: Palgrave Macmillan.

Cardoso, Daniel (2013) "China-Brazil: A Strategic Partnership in an Evolving World Order," *East Asia*, 30, 35 – 51.

Choi, Keumjoa (2019) "The Changes of Brazil-China Relations," *Korean Journal of Latin American and Caribbean Studies*, 38(1), 1 – 38.

Fukuyama, Francis (1992) *The End of History and the Last Man*, New York: Macmillan.

Gilpin, Robert (1987) *The Political Economy of International Relations*, Princeton: Princeton University Press.

Haibin, Niu (2010) "Emerging Global Partnership: Brazil and China," *Revista Brasileira de Política Internacional*, 53, 183–192.

Hirst, Paul and Grahame Thompson (1996) *Globalization in Question*, Cambridge: Polity Press.

Hong, Sung-Woo et al. (2020) "The Impact and Implications of US-China Competition on the Economy of Central and South America," *Global Regional Strategies Review*, Korea Institute for International Economic Policy.

Jang, Suhwan, Jun Juram and Yu Woon Jang (2018) "The Trend and the Prediction of Soybean Trade between China and Brazil," *Journal of Lusophone Area Studies*, 15(1), 147–170.

Jenkins, Rhys (2012) "China and Brazil: Economic Impacts of a Growing Relationship," *Journal of Current Chinese Affairs*, 41(1), 21–47.

Jung, Hoyoon (2021) "An Analysis of the Determinants of the Bolsonaro Administration's Pro-U.S. and Anti-China Diplomacy: Focusing on Political Leader's Personal Characteristics," *Journal of the Institute of Iberoamerican Studies*, 23(2), 93–134.

___________ (2023) "A Study on the Central Value of Domestic and Foreign Policy Through the Analysis of Brazilian President Lula's Presidential Speech (2003–2010)," *The Journal of Humanities and Social Science*, 14(3), 6105–6120.

Jung, Tae-Yo (2023) "A Study of the Evolution of China-Brazil Relations with a Focus on Economic and Cultural Exchange," *CSF China Expert Forum*, Korea Institute for International Economic Policy.

Keohane, Robert and Joseph Nye (1977) *Power and Interdependence: World Politics in Transition*, Boston: Little, Brown.

Kim, Ae Kyung (2020) "The Rise of China, a Responsible Great Power and the Perception of Sovereignty," *The Journal of Modern China Studies*, 21(4), 1–32.

Kim, Young Seok (2020) "A Study on the Export Competitiveness of the Brazilian Soybean Industry in the China Market," *Journal of Lusophone Area Studies*, 17(2), 7–37.

Klinger, Julie Michelle (2015) "Rescaling China-Brazil Investment Relations in the Strategic Minerals Sector," *Journal of Chinese Political Science*, 20, 227–242.

KOTRA (2021) "Deepening Chinese Influence Within Brazil," https://dream.kotra.or.kr/kotranews.

Lessa, Antonio Carlos (2010) "Brazil's Strategic Partnerships: An Assessment of the Lula Era (2003–2010)," *Revista Brasileira de Política Internacional*, 53, 115–131.

Melo, Maria Cristina and Jair do Amaral Filho (2015) "The Political Economy of Brazil-China

Trade Relations, 2000 - 2010," *Latin American Perspectives*, 42(6), 64 - 87.

OEC (n.d.) https://oec.world/en/profile/bilateralcountry/bra/partner/chn.

Oliveira, Henrique (2004) "Brasil-China: Trinta Anos de Uma Parceria Estratégica," *Revista Brasileira de Política Internacional*, 47(1), 7 - 30.

Oliveira, Gustavo (2019) "Chinese Land Grabs in Brazil? Sinophobia and Foreign Investments in Brazilian Soybean Agribusiness," in Ben Cousins et al. (eds.), *BRICS and MICs: Implications for Global Agrarian Transformation*, London: Routledge.

Park, Byungkwang (2013) "China's New Leadership and Xi Jinping's Foreign Policy: Focused on the Continuity and Changes," *Strategic Studies*, 60, 139 - 170.

Renato, Baumann (2009) "Some Recent Features of Brazil-China Economic Relations," Economic Commission for Latin America and the Caribbean Digital Repository.

Revelez, Lincoln B. and Andres Raggio (2020) "Cooperative Relations with China in Brazil's International Politics: Scope and Interests of the Global Strategic Partnership," in Raul Bernal-Meza and Li Xing (eds.), *China - Latin America Relations in the 21st Century*, Cham: Palgrave Macmillan, 83 - 110.

Ruiz, José Briceño and Norberto Molina-Medina (2020) "China-Venezuela Relations in a Context of Change," in Raul Bernal-Meza and Li Xing (eds.), *China - Latin America Relations in the 21st Century*, Cham: Palgrave Macmillan, 147 - 168.

Shin, Kyoung Jin (2023) "Longtime Friend from China: President Lula of Brazil Visits··· Discusses Ukraine Solution and More," https://www.joongang.co.kr/article/25154197.

Stenberg, Josh (2012) "The Chinese of São Paulo: A Case Study," *Journal of Chinese Overseas*, 8, 105 - 122.

Vigevani, Tullo and Gabriel Cepaluni (2007) "A Política Externa de Lula da Silva: A Estratégia da Autonomia pela Diversificação," *Contexto Internacional*, 29(2), 273 - 335.

Whalley, John and Dana Medianu (2013) "The Deepening China - Brazil Economic Relationship," *CESifo Economic Studies*, 59(4), 707 - 730.

Xing, Li (2010) *The Rise of China and the Capitalist World Order*, Farnham: Ashgate/Routledge.

Yoon, Sang Woo (2013) "A Comparative Study on Internalization of Neoliberalism in Korea and Brazil," *The Journal of Asiatic Studies*, 56(3), 358 - 391.

11. 제임스 쿡의 태평양 탐사(1768-1780)와 자유해 담론의 관철

도널드 프리먼 (2016), 『태평양』, 노영순 역, 서울: 도서출판 선인.

루크 카이버스 (1999), 『역사와 바다: 해양력의 세계여행』, 김성준 역, 한국해사문제연구소.

이학수 · 정문수 (2019), 「영국 범선의 용당포 표착 사건」, 『해항도시문화교섭학』, 20(9), 269-307.

정문수 (2022), 「바다 공간에 대한 담론과 태평양 탐사: 토르데시야스 조약(1494)에서 누트카 협정(1794)까지」, 『Journal of Global and Area Studies』, 6(2), 33-59.

조지 밴쿠버 · 윌리엄 로버트 브로튼 (2021), 『밴쿠버와 브로튼의 북태평양 항해기 1791-1795』, 김낙현 · 노종진 · 류미림 · 홍옥숙 옮김, 경문사.

크리스티안 G. 폰 크로크 (2005), 『쿡 선장과 게오르크의 바다의 학교』, 안미란 옮김, 들녘.

토니 호위츠 (2022), 『푸른항해』, 이순주 옮김, 뜨인돌.

휴고 그로티우스 (2023), 『자유해: 바다에서의 항해의 자유 또는 네덜란드인들의 동인도 교역에 참여할 권리』, 정문수 · 이수열 옮김, 선인.

Barnett, James K. and David L. Nicandri (2015) *An Account of the New Northern Archipelago: Lately Discovered by the Russians in the Seas of Kamtschatka and Anadir by J. von Stæhlin*[Online]. Available at: https://www.rct.uk/collection/1141487/an-account-of-the-new-northern-archipelago-lately-discovered-by-the-russians-in(Accessed: 12 July 2024).

Beaglehole, J. C. (1974) *The Life of Captain James Cook*, Stanford University Press.

___________ (1955) *The Journals of Captain James Cook on His Voyages of Discovery. Volume I: The Voyage of the Endeavour 1768 – 1771*, Cambridge University Press for the Hakluyt Society.

___________ (1961) *The Journals of Captain James Cook on His Voyages of Discovery. Volume II: The Voyage of the Resolution and Adventure 1772 – 1775*, Cambridge University Press for the Hakluyt Society.

___________ (1967a) *The Journals of Captain James Cook on His Voyages of Discovery. Volume III: The Voyage of the Resolution and Discovery 1776 – 1780, Part One*, Cambridge University Press for the Hakluyt Society.

___________ (1967b) *The Journals of Captain James Cook on His Voyages of Discovery. Volume III: The Voyage of the Resolution and Discovery 1776 – 1780, Part Two*, Cambridge University Press for the Hakluyt Society.

Bougainville, Louis Antoine de (1771) *A Voyage Round the World Performed by Order of His Most Christian Majesty in the Year 1766, 1767, 1768, and 1769*, translated by John Reinhold Foster, J. Nourse.

Britannica (2024) "James Weddell" [Online]. Available at: https://www.britannica.com/biography/James-Weddell(Accessed: 7 June 2024).

Captain Antarctica (2020) "Who First Stepped Foot on Antarctica" [Online]. Available at: https://captainantarctica.com.au/the-first-footprint-on-antarctica(Accessed: 7 June 2024).

__________________ (2018) "Fabian Gottlieb von Bellingshausen" [Online]. Available at: https://captainantarctica.com.au/exploration/bellinghausen (Accessed: 7 June 2024).

Captain Cook Society (2020) "The First Voyage (1768 – 1771)" [Online]. Available at: https://www.captaincooksociety.com/home/detail/the-first-voyage-1768-1771 (Accessed: 30 June 2024).

__________________ (2020) "January – March 1770" [Online]. Available at: https://www.captaincooksociety.com/cooks-voyages/first-pacific-voyage/january-march-1770 (Accessed: 30 June 2024).

Clayton, Jane (2014) *Ships Employed in the South Sea Fishery from Britain: 1775 – 1815*, Chania, Greece.

Collingridge, Vanessa (2011) *Captain Cook: The Life, Death and Legacy of History's Greatest Explorer*, Ebury Press.

Commonwealth of Australia (2008) "European Discovery and the Colonization of Australia" [Online]. Available at: http://www.australiaforeveryone.com.au/files/maritime-quiros.html (Accessed: 20 July 2024).

Dalrymple, Alexander (1771) *Historical Collection of the Several Voyages and Discoveries in the South Pacific Ocean (1770 – 1771)* [Online]. Available at: https://archive.org/details/cihm_35631 (Accessed: 6 July 2024).

David, Andrew C. F. (2004) "Furneaux Tobias (1735 – 1781)" in *Oxford Dictionary of National Biography*, Oxford University Press.

Day, Alan (2006) *Historical Dictionary of the Discovery and Exploration of the Northwest Passage*, Scarecrow Press.

Gillen, Mollie (1989) *The Founders of Australia: A Biographical Dictionary of the First Fleet*, Library of Australian History.

Hall, Basil (1818) *Account of Voyage of Discovery to the West Coast of Corea*, Abraham Small.

Howse, Derek (1998) "Britain's Board of Longitude: The Finances, 1714 – 1828", *The Mariner's Mirror*, 84(4).

Hiroa, Te Rangi (1953) *Explorers of the Pacific: European and American Discoveries in Polynesia*, translated by Peter H. Buck, Honolulu: Bernice P. Bishop Museum.

King, James (1784) *A Voyage to the Pacific Ocean*, Vol. III, W. and A. Strahan.

Kovach, N. A. (1965) *Abel Janszoon Tasman's Journal*, Frederik Muller and Co.

Mackenzie, Alexander (1801) *Alexander Mackenzie's Journals* [Online]. Available at: https://standardebooks.org/ebooks/alexander-mackenzie/journals (Accessed: 5 July 2024).

Pethick, Derek (1980) *The Nootka Connection: Europe and the Northwest Coast 1790 – 1795*, Douglas & McIntyre.

Price, Grenfell (1971) *The Explorations of Captain James Cook in the Pacific as Told by Selections of His Own Journals 1768 – 1779*, Dover Publications.

Thrapp, Dan L. (1991) *Encyclopedia of Frontier Biography: In Three Volumes*, University of Nebraska Press.

Wharton, W. J. L. (1893) *Captain Cook's Journal: First Voyage*, Elliot Stock.

Williams, Glyn (2009) *Arctic Labyrinth: The Quest for the Northwest Passage*, University of California Press.

___________ (2011) "Captain Cook: Explorer, Navigator and Pioneer" [Online]. Available at: https://www.bbc.co.uk/history/british/empire_seapower/captaincook_01.shtml (Accessed: 5 July 2024).

12. 멕시코-쿠바 에네켄 한인 이주민 후손의 모국 연계성 연구

김귀옥 (1995), 「1905년 멕시코 이민 한인노동자 연구: 하와이 이민과 비교하면서」, 『재외한인연구』, 5, 재외한인연구회.

김세건 (2005), 「멕시코 한인동포의 이주사와 생활문화」, 『재외한인동포 이주의 역사와 문화: 광복 60주년 기념학술대회 논문집』, 국립민속박물관.

김재기 (2016), 「쿠바한인 디아스포라의 독립운동 재조명과 정부 서훈 문제」, 『한국보훈논총』, 16(1), 한국보훈학회.

_____ (2018), 「북미지역 쿠바한인 독립운동 서훈 미전수자 후손 발굴연구」, 『한국보훈논총』, 17(1), 한국보훈학회.

마르타 임 외 (2011), 『쿠바의 한국인들』, 정경원 역.

서성철 (1995), 「멕시코 한인이민사 현황과 문제점: 초기 한인이민에 국한하여」, 『재외한인연구』, 5, 재외한인연구회.

_____ (2000a), 「쿠바한인이민사」, 『이베로아메리카연구』, 11.

_____ (2000b), 「라틴아메리카와 한국이민: 멕시코 한인사회와 현지적응」, 『세계화와 라틴아메리카의 이주와 이민』, 오름.

염미경 (2013), 「멕시코 이주와 현지 한인사회의 형성과 변화」, 『재외한인연구』, 30, 재외한인연구회.

이자경 (2006a), 『멕시코 한인 이민 100년사: 에네켄 가시밭의 100년 오딧세이 (상)』, 혼맥문학출판부.

_____ (2006b), 『멕시코 한인 이민 100년사: 에네켄 가시밭의 100년 오딧세이 (하)』, 혼맥문학출판부.

이종득 (2003), 「멕시코 한인 이민자들의 성격과 정체성 변화: 농장생활(1905-1909)을 중심으로」, 『스페인문학』, 28.

임안나 (2015), 「주말아파트와 공동체: 이스라엘 내 필리핀 노인 돌봄 노동자의 이주 공간 형성에 관한 연구」, 『비교문화연구』, 22(1).

임천택 (1954), 『큐바 이민사』, 태평양주보사.

한국이민사박물관 (2019), 『에네켄에 담은 염원, 꼬레아노의 꿈』.

Glik Schiller, Nina (1997) "The Situation of Transnational Studies", *Global Studies in Culture and Power*, 4(2).

Gutiérrez May, José Luis (2011) *"Sanos, fuertes y humildes": Los inmigrantes coreanos en Yucatán, 1905 – 1910*, Mérida: Universidad Autónoma de Yucatán.

Massey, Doreen (1994) *Space, Place, and Gender*, Minneapolis: University of Minnesota Press.

Rodman, Margaret C. (1992) "Empowering Place: Multilocality and Multivocality", *American Anthropologist*, 94(3).

Schiller, N., L. Basch and G. Blanc-Szanton (1992), "Towards a Transnational Perspective on Migration: Race, Class, Ethnicity, and Nationalism Reconsidered", *Annals of the New York Academy of Sciences*, 645, 1 – 258.

13. 환태평양 트랜스내셔널리즘과 브라질 야구의 발전

손지혜 (2024), 「사탕수수와 커피로 얽힌 이민자의 메커니즘: 브라질 이민자 사례를 중심으로」, 『라틴아메리카연구』, 37, 한국라틴아메리카학회, 29-51.

임영언 · 김태영 (2015), 「일계인 디아스포라의 모국 브라질과의 사회경제적 관계 고찰」, 『日本文化學報』, 66, 한국일본문화학회, 273-296.

일본 외무성 (2019), "Japan-Brazil Relations" [Online]. Available at: https://www.mofa.go.jp/region/latin/brazil/data.html.

정호윤 (2023), 「일계인(日系人) 디아스포라의 귀환이주와 브라질타운 형성과정: 시즈오카현 하마마쓰시 브라질타운 사례 연구」, 『포르투갈-브라질 연구』, 20, 한국포르투갈브라질학회, 139-165.

천병혁 (2025), "브라질, 13년 만에 WBC 본선 진출…내년 20개 참가팀 확정" [Online]. Available at: https://www.yna.co.kr/view/AKR20250307105900007.

Andrade de Melo, Victor and Michelle Carreirão Gonçalves (2018) "Antes do American Way of Life: Experiências com o Baseball no Rio de Janeiro e São Paulo da Transição dos Séculos XIX e XX", *História Unisinos*, 22(3), 442-452.

Azzoni, Carlos et al. (2006) "Brazil: Baseball is Popular, and the Players are Japanese!" [Online].

Available at: https://www.researchgate.net/publication/295770157_Brazil_Baseball_is_popular_and_the_players_are_Japanese.

Basch, Linda, Nina Glick Schiller and Cristina Blanc-Szanton (1992) "Transnationalism and the Construction of the Deterritorialized Nation: An Outline for a Theory of Post-National Practice", Paper presented at the Annual Meetings of the American Anthropological Association, Chicago.

Beisebol na Veia (n.d.) "Historia" [Online]. Available at: https://beisebolmaringa.wordpress.com/historias/.

Confederação Brasileira de Beisebol e Softbol (n.d.) "Sobre a CBBS" [Online]. Available at: https://cbbs.com.br/sobre-a-cbbs/.

Deckrow, Andre Kobayashi (2014) "How Baseball Became Brazilian" [Online]. Available at: https://defector.com/how-baseball-became-brazilian.

Dirlik, Arif (1998) *What Is in a Rim? Critical Perspectives on the Pacific Region Idea*, London: Bloomsbury Academic.

Florida, Richard, Tim Gulden and Charlotta Mellander (2008) "The Rise of the Mega-Region", 459-476.

Hoskins, Janet and Viet Nguyen (2014) *Transpacific Studies: Framing an Emerging Field*, Honolulu: University of Hawaii Press.

Kadia, Miriam (2015) "Repatriation But Not Return: A Japanese Brazilian Dekasegi Goes Back to Brazil", *The Asian-Pacific Journal*, 13(3), 1-14.

National Diet Library of Japan (2014) "100 Years of Japanese Emigration to Brazil" [Online]. Available at: https://www.ndl.go.jp/brasil/e/index.html.

Portes, Alejandro, Luis Guarnizo and Patricia Landolt (1999), "The Study of Transnationalism: Pitfalls and Promise of an Emergent Research Field", *Ethnic and Racial Studies*, 22, 217-237.

Ramshaw, Gregory and Sean Gammon (2022) *Baseball and Cultural Heritage*, Gainesville: University of Florida Press.

The Association of Nikkei & Japanese Abroad (n.d.) [Online]. Available at: https://jadesas.or.jp/en/.

Winter, Brian (2024) "Baseball in Brazil? U.S. Sports Rise in the Land of Soccer" [Online]. Available at: https://www.reuters.com/article/idUSBREA1C1EZ/.

World Baseball Softball Confederation (2020) "Special 30th Anniversary Logo Unveiled for Brazilian Baseball Softball Confederation" [Online]. Available at: https://www.wbsc.org/en/news/special-30th-anniversary-logo-unveiled-for-brazilian-baseball-softball-confederation.

저자 소개

차창훈

영국 워릭대학에서 정치학 박사학위를 취득하고 현재 부산대학교 정치외교학과 교수로 재직 중이다.

박상현

서울대학교에서 사회학 박사를 취득하고 현재 국립부경대학교 국제지역학부 교수로 재직 중이다.

이재승

부산대학교에서 국제학박사를 취득하고 현재 한국외국어대학교 국제지역연구센터에서 연구교수로 재직 중이다.

김석수

부산대학교에서 경영학 박사를 취득하고 현재 부산대학교 국제전문대학원 교수로 재직 중이다.

김동수

조지아대학교에서 정치학 박사를 취득하고 현재 국립부경대학교 교수로 재직 중이다.

마티외 아레스(Mathieu Arès)

캐나다 몬트리올대학교에서 정치학 박사학위를 취득하고 현재 캐나다 퀘벡주 셔브룩대학(Université de Sherbrooke) 응용정치학부의 조교수로 재직 중이다.

에리크 불랑제(Éric Boulanger)

몬트리올 퀘벡대학교(Université du Québec à Montréal)에서 정치학 박사학위를 취득하고 현재 몬트리올 퀘벡대학교 정치학과에서 강의하고 있다.

김호철

서울대학교 법학전문대학원에서 법학전문박사를 취득하고 현재 산업통상부 국장(국가기후위기대응위원회 파견)으로 재직 중이다.

현민

서울대학교에서 사회학 박사를 취득하고 현재 국립부경대학교 BK교육연구단 연구원으로 재직 중이다.

이준구

듀크대학교에서 사회학 박사를 취득하고 현재 한양대학교 교수로 재직 중이다.

김건휘

와세다대학교에서 국제경제학으로 박사를 취득하고 현재 가톨릭대학교 교수로 재직 중이다.

정호윤

하와이대학교에서 정치학 박사를 취득하고 현재 국립부경대학교 국제지역학부 교수로 재직 중이다.

임하람

한국해양대학교에서 해사인공지능보안 공학석사를 취득하고 현재 한국해양대학교 국제해양문제연구소에서 근무중이다.

정문수

부산대학교 사학과를 졸업하였으며 현재 한국해양대학교 항해융합학부 교수 및 국제해양문제연구소 소장으로 재직 중이다.

노용석

영남대학교에서 인류학 박사를 취득하고 현재 부경대학교 국제지역학부 교수로 재직 중이다.

이정화

국립부경대학교에서 글로벌지역학 박사를 취득하고 현재 국립부경대학교 산학협력단 연구교수로 재직 중이다.

격동의 환태평양
국가의 상쟁과 지역의 통합 그리고 초국적 연계성

초판인쇄 2026년 04월 01일
초판발행 2026년 04월 01일

지 은 이 차창훈, 박상현, 이재승, 김석수, 김동수, 마티외 아레스, 에리크 블랑제,
　　　　 김호철, 현민, 이준구, 김건휘, 정호윤, 임하람, 정문수, 노용석, 이정화
펴 낸 이 채종준
펴 낸 곳 한국학술정보(주)
주　　소 경기도 파주시 회동길 230(문발동)
전　　화 031-908-3181(대표)
팩　　스 031-908-3189
투고문의 ksibook1@kstudy.com
등　　록 제일산-115호(2000. 6. 19)

ISBN   979-11-7457-592-0 93300

이담북스는 한국학술정보(주)의 학술/학습도서 출판 브랜드입니다.
이 시대 꼭 필요한 것만 담아 독자와 함께 공유한다는 의미를 나타냈습니다.
다양한 분야 전문가의 지식과 경험을 고스란히 전해 배움의 즐거움을 선물하는 책을 만들고자 합니다.